本书获湘潭大学教材建设基金出版资助

21世纪法学系列教材

专业通选课系列

模拟审判

原理、剧本与技巧

（第三版）

廖永安　唐东楚　著

图书在版编目(CIP)数据

模拟审判:原理、剧本与技巧/廖永安,唐东楚著.—3版.—北京:北京大学出版社,2015.8

(21世纪法学系列教材·专业通选课系列)

ISBN 978-7-301-26117-0

Ⅰ.①模⋯ Ⅱ.①廖⋯ ②唐⋯ Ⅲ.①审判—中国—高等学校—教材 Ⅳ.①D925

中国版本图书馆CIP数据核字(2015)第175339号

书　　名	模拟审判:原理、剧本与技巧(第三版)
著作责任者	廖永安　唐东楚　著
责任编辑	王　晶
标准书号	ISBN 978-7-301-26117-0
出版发行	北京大学出版社
地　　址	北京市海淀区成府路205号　100871
网　　址	http://www.pup.cn
电子信箱	law@pup.pku.edu.cn
新浪微博	@北京大学出版社　@北大出版社法律图书
电　　话	邮购部 62752015　发行部 62750672　编辑部 62752027
印刷者	北京宏伟双华印刷有限公司
经销者	新华书店
	730毫米×980毫米　16开本　18.75印张　357千字
	2009年3月第1版　2013年3月第2版
	2015年8月第3版　2019年11月第3次印刷
定　　价	39.00元

未经许可,不得以任何方式复制或抄袭本书之部分或全部内容。

版权所有,侵权必究

举报电话: 010-62752024　电子信箱: fd@pup.pku.edu.cn

图书如有印装质量问题,请与出版部联系,电话: 010-62756370

内 容 提 要

　　模拟来自真实,高于真实。本书围绕模拟审判的原理、剧本与技巧而展开,为模拟法庭这个特殊的法律"实验室",提供了一套可行的"实验指导"或"操作指南"。其中的"原理"部分,深入阐述了模拟审判特有的示范、检验、实践和培育等教学作用,以及模拟审判的软硬件建设、组织实施等;其中的"剧本"部分,以四个典型的法院审判案例和真实的案卷材料为基础,分别以民事、刑事、行政和刑事附带民事诉讼案件审判的剧本形式,结合最新修正的三大诉讼法典及其各自的最新司法解释,将"真刀实枪"的庭审过程,一幕一幕地予以模拟和展现,有审判有调解,有程序有艺术,有唇枪舌剑的争锋,有妙笔生花的书状,有好学深思的点评与分析,有法条有情理,有权利有义务,有公正有效率,有真有假,有张有弛;其中的"技巧"部分,介绍和探讨了模拟审判,或曰真实审判的组织安排技巧、文书写作技巧、法庭语言技巧和角色扮演技巧,尤其是法庭语言中的"问、答、论、辩"和角色扮演中的"要"与"不要"。

　　本书既是法科学生包括本科生和研究生的司法(审判)实习教材,也是可供长期上架翻阅的工具书,尤其适合法硕(JM)学生。对于刚刚从事法律工作的人,或者感兴趣、有急需的其他人,也是一本上好的"法律实战手册"。

作者简介

廖永安 法学博士,教授,博士生导师,美国马萨诸塞大学波士顿分校访问学者。现任湘潭大学副校长,法学院、知识产权学院院长,"法治湖南建设与区域社会治理协同创新中心"首席专家,湖南省调解理论研究基地负责人,湘潭大学诉讼法学研究中心主任,国家级精品课程"诉讼证据法学"主持人,湖南省优秀青年社会科学专家,湖南省普通高校教学名师,2006年入选教育部新世纪优秀人才支持计划,2014年荣获第七届全国"十大杰出青年法学家"提名奖。兼任湖南省法学会副会长,湖南省法学会诉讼法学研究会会长,中国民事诉讼法学研究会常务理事,中国仲裁法学研究会常务理事。主持国家社科基金项目两项,省部级科研项目十余项。荣获国家教学成果二等奖,中国法学优秀成果一等奖,司法部科研成果一等奖、二等奖,教育部人文社会科学优秀成果三等奖等国家级和省部级奖励十余项。代表著作有《民事审判权作用范围研究》《民事证据法学的认识论与价值论基础》《诉讼费用研究》等,在《求是》《中国法学》《光明日报》《中外法学》等报刊发表学术论文百余篇。

唐东楚 法学博士,(哲学)伦理学博士后,中南大学法学院教授,执业律师,美国东北大学法学院访问学者。曾任(专家型)人民陪审员。兼任中国法学会民事诉讼法学研究会理事,湖南省诉讼法学研究会常务理事、学术委员会委员,湖南省教育科学管理研究会理事,湖南省依法治省领导小组办公室讲师团成员等。主持国家社科基金项目一项,主持和参加其他国家、省部级课题多项,曾获中南大学讲课"十佳"和湖南省教学成果二等奖、中南大学教学成果一等奖等,主编《民事诉讼法学》曾获中国大学出版社协会优秀教材一等奖,独著《诉讼主体诚信论:以民事诉讼诚信原则立法为中心》曾获湖南省第十五届优秀社科著作立项出版全额资助,并入选教育部"高校社科文库",合著多部,在《政法论丛》《河北法学》《当代法学》《现代大学教育》等 CSSCI 来源期刊发表法学论文四十余篇。

第三版前言

本次修订,是在我国《刑事诉讼法》《民事诉讼法》《行政诉讼法》《律师法》等进行全面修改的基础上,尤其是继党的十八届三中、四中全会关于全面深化改革和全面推进依法治国,这两个被称为"姊妹篇"的重要《决定》之后,根据三大诉讼法的最新司法解释,对本书进行的一次全面、完整的修订,很多内容几近重写。

这两年我国正处在一个前所未有的法治变革时期,法治中国、法治元年、中国梦、法治梦、公正梦等,正在成为热词,司法改革也是高潮迭起、如火如荼。中共中央全面深化改革领导小组连续审议通过了《关于深化司法体制和社会体制改革的意见及贯彻实施分工方案》《关于司法体制改革试点若干问题的框架意见》等"顶层设计",已经或者即将被纳入新的司法解释和立法,不少已经开始尝试摸索并付诸实践。这对我国未来的诉讼、审判和司法改革,将会产生极其深远的历史意义,比如跨行政区划法院的设置、错案责任倒追制、审判为中心的诉讼制度改革与庭审决定作用以及法学教育面临的新挑战和新机遇,等等。基于这样的时代背景和教学实践的跟踪式研究,本书的此次修订,主要作了以下三件事:

第一,根据最新的《行政诉讼法》及其司法解释(均于2015年5月1日开始施行),将原来的第三个剧本,即本书的"剧本(三):行政一审案件普通程序"进行了重新编写,所选的申请政府信息公开案件也很具有网络时代与"知情权时代"的特色。本书第一版和第二版时,《行政诉讼法》并没有规定简易程序,其当时所谓的"普通程序",尚无立法上的"对应物",现行的《行政诉讼法》规定了简易程序,使得"行政一审案件普通程序"变得名正言顺了。根据现行法规定,政府信息公开案件是"可以"适用简易程序,本剧本所选用的真实审判案件,当时适用的是普通程序,也完全合乎现行法规定的要求。

第二,考虑到本书的工具书和教材性质,以及连续再版对多年司法改革和立法变动的回应,本次修订特意在每个剧本后加上了"第五节 司考真题练习与时案模拟审判实验"的内容,在保留原来思考(辨析)题的基础上,增加了三五个历年全国司考的选择真题,供大家针对剧本内容进行小练,以回应部分同学"做点小题目增加成就感"的学习需求和兴趣;另外,除刑事附带民事诉讼剧本部分,因较少社会影响很大的真实时案,所以没有勉强附加外,其他三个剧本分别涉及的"南京彭宇案""许霆案"和"刘燕文诉北大博士学位纠纷案",均将案件简介,所有一、二审的裁判文书,以及扩展阅读的主要文献附上,这样不仅可以记录我国近十多年以来司法改革的真实历程,而且从正反两个方面,给我们的模拟审判教学提供了极好的真实审判样本。尤其是其中的"许霆案",与本书所选的盗窃(金融机构)案对比来看,简直就是我国刑法变革的生动再现,具有不谋而合的"法制当代史"价值。这三个时案或曰模拟审判的实验案例,目的就是让读者再一次置身于这些案件当初的语境中,去真实感悟和体会"司法与媒体""法律与道德""裁判与民意"等相互之间的深重关系。

第三,全书所有内容,都根据时间变迁和最新的法律法规、司法解释,予以重新的校对和完善,以期最新颖、最全面、最系统地反映三大诉讼法以及司法制度改革的最新教学和研究成果。

总之,本书不仅是一本法律的"专业通选课系列"教材,更是一本案头书架上的参考性工具书,还是一本体现当代中国司法改革脉动的"编年史"。这些都是作者的期望和努力方向,效果如何,还有待读者诸君的批评和指正。

本次修订的分工是:廖永安负责全书的策划、统筹和定稿工作,并撰写、修订第一、四章和附录一的所有内容;唐东楚负责第二、三、五、六章以及附录二的所有撰写和修订工作。

本书修订作为国家精品课程《诉讼证据法学》教材建设的阶段性成果,获得了湘潭大学教材建设出版基金与"法治湖南建设与区域社会治理协同创新中心"平台的资助,特此鸣谢。

最后还要感谢在本书修订过程中提出诸多批评建议的老师和同学,以及实务部门的律师和法官,尤其是湖南省高级人民法院的张坤世法官(博士、庭长)和北京大学出版社的王晶编辑。中南大学诉讼法学的硕士研究生李毅和黄玲同学,协助做了一些资料收集和文字校对的工作。十多年心血,更知成功从来不是一两个人的事,在此对你们致以最诚挚的谢意!

作者　谨识
2015 年 6 月

第二版前言

书要再版,于作者而言,无论如何都是件值得高兴的事,好比自家的孩子得到了人家的认可。也多半因了这种兴头,作者都会在前言或者后记之类的篇什中来点"王婆卖瓜",比如为何修订,又是如何修订再版等等,生怕大家不知道似的。本书自然不能脱俗,但为大家阅读愉快之心,确是十分真诚的。

说句实在话,本书的初版并没有当初预期的那么轰动和抢手。除了当今复印"价廉物美",以致不少学生无需,亦无心买书的缘故之外,当然也有版本自身的原因。主要不外乎二:一是读者群定位不清。当初书中有"原理"一编和附录之"教学经验谈",学生笑曰,又不当教授,管他什么原理和教学经验谈?!二是有失简练和突出。没有切合"快读"时代的需要。学生反映,书是好书,就是那么多密密麻麻的文字,读了半天都不到几页,很有点挫败感,不像鼠标可以"拖",不像插图可以"翻"。基此,本书再版时为定位法学本硕学生,尤其是JM即法律硕士的读者群,决意做了四件事,即"调、删、增、校"。

调,就是调整全书的结构,取消了初版的"编",对原来的章节内容进行了必要的整合。章以下(含章)用三个层级的标题予以注明,使得目录"一目了然",突出了其中的个性化内容。考虑到书名未变,所以"原理"的名字仍然以章标题的形式予以保留。本次修订后,全书正文共分六章,第一章是"模拟审判原理";第二章到第五章分别是四个不同案件的"模拟审判剧本",按照"民—刑—行—附"案件的章序排列;第六章是"模拟审判技巧"。不用"编"名,也简练体现和紧扣了书名中的"原理、剧本与技巧"。

删,就是删掉初版时附录中的"文书样式""教学经验谈""常用法规目录"等不适合学生群体阅读,或者过于冗长的内容,包括"教学评估"。附录中只保留了"各类案件的审判程序"和"学生模拟审判随想十则"。一些内容尽管有点依依不舍,想着"删除就是为了突出",也就只好放弃了。

增,就是增加每个剧本后的"实验案例",目的是为了教、学双方的互动。国内法律教学,向来老师包办多,学生动手少。到美国的大学一看,发现教授很"懒",既无幻灯片又少板书,只是坐在讲台上一个劲地问"what, how, why or why not",或者干脆让学生自己上台讲,老师在台下问,忙得学生不亦乐乎,效果却是出奇地好,还有一个好听的名字,叫"苏格拉底教学法"。不像国内,板子尽打在老师屁股上。本书的初衷是为学生提供"操作指南"和"模本",又怕学生"变懒",增加了这几个实验案例才觉得些许心安。法律是个技术活,如果自己不动手做一做,就成不了"卓越法律人才"。

校,就是根据法律的修订,对初版涉及的所有法律条文序号和内容,按新法进行校对和注释说明。众所周知,在我国,《刑法》自1997年至2011年,已经经过8次修正案修正;《刑事诉讼法》自1996年大修以来又进行了第2次修正;《民事诉讼法》自2007年修正以来也进行了第2次修正。两部新修订的诉讼法典都是从2013年1月1日起施行。基于"修订从新"的考虑,本次修订将初版"原理"和"技巧"中涉及的所有法律条款,都按新法进行了改动,一律采用了最新的条文序号和内容表述,但又基于"法不溯及既往"以及"模拟来自真实"的考虑,本次修订将初版"剧本"中涉及的所有内容,除了必要的交代和打印错误的校正外,基本原封不动。

特别有必要在这里向读者交代的,是本次修订的四个剧本为什么保持原样,又是如何应对最新法律变动的问题。

首先是四个剧本为什么保持原样的问题。初版时的四个剧本,为了避免国内传统案例书籍中太多类似"某年某月某日(×年×月×日)",或者"某某与某某(××与××)"等抽象的案例和枯燥乏味的表达,一律采用了现实生活中的真实案例,而且尽量采用了经过"模拟"处理后的"真实"具体的人物姓名和法院、检察院名称,以及具体的年、月、日、时、地等"仿真"表达。除了对人名和地址等进行了"防止对号入座"式的编辑和提醒外,初版四个剧本中的所有案件事实和审判过程,基本上都是"有据可查"的:其中第一个"商品房预售"的民事案件审判剧本,是根据最高人民法院当初的"改革示范片"编辑而成的;第二个"盗窃金融机构"刑事案件审判剧本,也是来自最高人民法院《刑事审判参考》中的真实案例;第三个"企业改制教师退休待遇"的行政案件审判剧本和第四个"故意伤害"的刑事附带民事案件审判剧本,都是作者根据法院的真实案卷材料,编辑加工而成的。当初的这些创新和苦心,在多年的试用和初版后的学生反馈中,都取得了很好的教学效果和示范效应。比如其中第二个剧本中的"盗窃金融机构案",被不少读者和学生誉为"经典"!因为案发和审判当时,司法界和社会民众对盗窃金融机构的犯罪"处无期徒刑或者死刑,并处没收财产"(1997年修订的《刑法》第264条第1项),并未想到有什么不妥。只是本案中如果按"贪污共犯"处理反而比"盗窃(金融机构)"可能要轻。本案被告及其律师,也是往贪污共犯方向辩护,力保被告人"以免一死",而检察机关和公诉人则往"盗窃(金融机构)"方向控诉,使得被告人"难逃一死"。本案的审判结果,中级人民法院一审判处被告人"死刑",二审最后认为其有悔罪表现,而改判"死刑缓期二年执行"。本书初版在这个剧本后的"点评与思考"部分,较为敏感和前瞻地引用了学界泰斗马克昌教授在2003年《法学家》杂志第1期上《有效限制死刑的适用刍议》一文的观点,认为监守自盗式的贪污罪,应该比一般盗窃罪处刑更重方为合理,而且对于盗窃罪,完全可以废除死刑,进而认为本案"值得探讨和研究"(见本书初版第223页)。没想到,本书试用几年后,轰动一时的"许霆案"发生了。借助网络的力量,"许霆案"引发了全社会对盗窃罪,尤其对盗窃金融机构犯罪法定刑的深刻反思。许霆最初被判处无期徒刑,后被改为5年有期徒刑,并且直接引发了"盗窃金融机构"这一量刑条款,以及整个盗窃罪"死刑"这一刑种的取消(见我国现行《刑法》第264条)。时过境迁,马老先生也已驾鹤仙去,回看我国法律的"与时俱进"和"法治进程",当令先生欣慰!所以,基于"模拟来自真实"的考虑,本次修订就没有对原来的四个真实案例进行变动,这样不仅可以"原汁原味",而且在某种程度上可以"再现历史"。何况,对于模拟审判中的程序操作和习练而言,变动并不大。美国的法学教材和课堂,经常讨论几十年甚至上百年以前的经典案例或曰"判例",法学教材也是连续修订和不断再版的。美国经验确实值得我们借鉴。只是要注意,我们的"成文法"与美国的"判例法"之间的法文化传统与法律体制性区别。

其次是这些剧本如何应对最新法律变动的问题。本次修订采取了两条途径:一是在每个剧本的"章"标题下的脚注中,提醒读者注意,本次修订对剧本及其法律文书中的时间、地点、人物、法律条款等,仍然保持初版原样不动,仍然采用旧法的条文内容和序号;二是在每个剧本的"点评与分析"中,加入一块"最新法律变动"的内容,对本次修订时最新的法律修改和司法动态,以及相应的法律条文序号变动,予以说明。再过几年以后,等到有了新版诉讼法典修正案的法律适用的经典真实案例,我们再对本书"剧本"部分的内容进行更新和整合。甚至还可以根据读者的反馈建议,加上一两个二审或者再审案件的剧本。

总之,本次修订是思虑再三,当初想把所有的案发时间、法律文书制作时间以及法律适用时间等,都按"模拟"的思路,改到2013年1月1日以后,但最后发现,那样"太假了",恐怕"误人子弟"。因为现在,根本还没有真实的、适用新法的经典案例出现。模拟有"假",但不能"太假",否则就没有针对性和生命力。法律教学中的模拟审判,应当来于(过去的)审判,高于(现在的)审判,引导(将来的)审判。因此为了忠于法律适用的"真相"和读者获取"真知"的考虑,作者最后只有在真理面前低头,仍然基本保持初版四个剧本的原样不变。还请大家理解这一番苦心。

遗憾的是,本次修订为读者的阅读"快感"和愉悦计,原来准备了不少插图,并配以简单有趣的文字解说,但终因知识产权的慎重考虑,只好由出版社统一决定"割爱"了。

尽管如此,本次修订使得本书变薄了,变新了,内容更突出了,"含金量"更高了。抛开知识产权的考虑不说,作者的真意,就是要让读者买得甚至比复印还要值。套用一句流行的话,就是"性价比高"。

4月17日,中国宋庆龄基金会与中国文化馆协会合作设立"中国宋庆龄基金会全民艺术普及专项基金",这是我国首个公共文化领域专项支持全民艺术普及的开放性、包容性、普惠性公益基金。

9月3日至5日,2023年中国文化馆年会在内蒙古自治区包头市举行,主题是"文化馆:人民的终身美育学校"。年会期间,由文化和旅游部全国公共文化发展中心、中国文化馆协会主办,中国文化馆协会摄影委员会、东莞市文化馆协办,北京大学国家现代公共文化研究中心提供学术支持的"中国文化馆发展历程展(1949—2023)"隆重推出。历程展以"赓续历史　勇毅前行"为主题,通过大量珍贵历史图片,反映出中国文化馆70多年发展历程中的重大历史事件、取得的主要成就和呈现的发展特点。这是新中国首次推出的全景式文化馆发展历程展。

9月3日,文化和旅游部在内蒙古自治区包头市举行2023年文化馆工作交流活动。文化和旅游部党组成员、副部长饶权出席并讲话。他说,文化馆是具有鲜明中国特色的公共文化机构,经过70多年发展,逐步成为公共文化服务领域体系最完善、内容最丰富、服务最广泛的载体和平台。其发展历程深刻体现了中国特色社会主义文化建设的本质属性和内在特点,也是波澜壮阔的中国式现代化进程在公共文化领域的缩影。上海、湖南等省市文化和旅游厅(局)负责同志,包头市政府负责同志,北京、广东、四川等地的文化馆代表在活动上作交流发言。

9月,《中国文化馆(第3辑)》刊行。

本次修订的分工如下(加*的章节为合写):廖永安(第一章、附录一*);唐东楚(第二、三、五、六章以及附录二);陈文曲(第四章、附录一*)。陈文曲负责提供了全书的实验案例。廖永安和唐东楚负责了全书的策划、统筹和定稿。

春去春回,花谢花开。在亲聆波士顿法学教育的课堂,接触美国法律文化和借鉴美国法学教育,尤其是美国的法律实践性教学之后,我们真心期待,本次修订,能给读者带来新的享受和收获。读者的参与,始终是本书保持清新的源头活水。

最后,要感谢恩师何文燕教授,是她教会了我们最初的法学知识和今日忝为人师的"为学为人"。还有身为中国司法问题专家的美国东北大学法学院终身教授、哈佛大学东亚法律研究中心联席研究员玛格瑞特(绮剑)·伍(Margaret Y. K. Woo)教授,是她的支持、鼓励和宽容,直接促成了此书的修订质量和时间。还有丁佩、吴长征、赵间东、谢欣雨、游汉雄、梁红云、席婷、李晓龙、李乐君等研究生同学,本次修订的不少改动,直接来自他们的学习反馈和书面心得。还有北京大学出版社和王晶编辑,本书再版全赖你们的赏识和支持!谢谢。

作者　谨识

2012 年 12 月

第一版前言

这本书,来于教学用于教学。写作本书的根本动机,是由于模拟审判教学中相关教材的长期匮乏。教师和学生在组织模拟审判时,很难找到一个相对规范的"操作指南",每次面对一大堆案卷和零散的复印资料,不知道从何下手。传统模拟审判教学对程序的进行以及模拟的理念,几乎都停留在"无言之知"的层面,似乎一切都是心照不宣不言自明的。其结果是,尽管指导者觉得没有太多话要说,但习练者却又往往觉得心里不踏实。

这本书的目的,首先,是想给模拟法庭这个特殊的法律"实验室",提供一个"实验指导"或曰"操作指南"。其次,是想给那些初次涉讼的当事人,或者那些初次从事法律实务的律师、法官、检察官们,提供一个可供参照的"审判剧本"。最后,是想给其他一切对诉讼和审判感兴趣的人们,提供一个法院审判的"全景图"。值得注意的是,尽管本书试图提供给初涉诉讼的读者一幅逼真的"审判全景",或者生动的"审判剧本",但却不能算作"真正意义上的教科书"。这不仅是因为书中几乎没有什么"标准答案",只有一些可供参考的方法,而且是因为作为实践性教学环节的模拟审判,是否有必要和有可能具备统一的"教科书",本来就是一个颇具争议的问题。何况法律适用本身的特点,也决定了很难有完全一致的所谓的"标准答案"。

这本书的内容,主要分三大块即 3 编共 8 章:第一编是模拟审判原理,旨在阐述模拟审判的一般规律和注意事项,打造模拟审判的理念和夯实模拟审判的知识功底;第二编是各类案件模拟审判剧本与点评,旨在将生动的案件处理过程,通过"剧幕或者演义"的方式呈现出来;第三编是模拟审判教学技巧与评估,旨在将模拟审判教学组织、文书写作、法庭语言的技巧,以及模拟审判教学的评估方法和评估体系介绍给大家;每编之后都有相应的附录,全书共 5 个附录,这些附录或详或略地介绍了相关的审判流程、文书样式、法规以及学生和教师的经验心得等,以供大家参考。

这本书的试用,最初是在 2003 年作为中南大学法学院模拟审判实习的胶印教材而推出的,后来又在湘潭大学的本科教学中被不断试用和修订,作为中南大学法学院和湘潭大学法学院的合作项目进行推广,并且有幸被纳入湘潭大学证据法国家精品课程建设的项目之中,成为《诉讼证据法学》系列教材建设的子项目。在试用过程中,老师和同学们又提出了许多宝贵的修改意见,加上作者近年主持的四个法律教改课题在深度、广度上的承延,经过多次修正后才交付出版。

这四个法律教改课题分别是:由唐东楚副教授主持的中南大学教改立项资助课题《将模拟法庭建成法学知识创新的基地研究》(中大教字[2000]05号)、《"激情、背景和技巧"型民事诉讼法教学平台研究与实践》(中大教字[2006]108号)和湖南省教育厅教改立项资助课题《法律实践性教学"刚柔差别机制"的研究与实践》(湘教通字[2004]344号),以及由廖永安教授主持的湖南省教育厅教改立项重点资助课题《地方性大学法学本科专业精品课程建设的理论与实践研究》(湘教通字[2006]171号)。

  门前草荣草枯,梅岭花开花落。多年的心血化作面前这本书。

  要感谢的人和事,实在太多。在这里只能笼统但绝对真诚地,谢谢师长、朋友、同事、同学——所有那些给过本书关怀和爱护的人们！尤其是那些可爱的同学们。虽然没能将你们尊贵的名字和感动心灵的事迹,充满敬意地一一说明,但内心那份深挚的感谢确实是难以用语言表达的。本书从构思、试用到出版,如果没有湘潭大学法学院和中南大学法学院领导集体一如既往的关心和支持,本书就没有存在的可能,如果没有出版界朋友的耐心打磨和宽容,本书就没有现在的水准和模样。还有读者诸君,没有你们百忙中的阅读,本书就没有真正的生命。谢谢你们！谢谢。

作者　谨识
2009年2月

目 录

第一章 模拟审判原理 (1)
第一节 模拟审判的概念和分类 (1)
第二节 模拟审判的教学地位和作用 (5)
第三节 模拟审判的主要参加主体 (11)
第四节 模拟审判的庭审阶段和任务 (30)
第五节 模拟审判的举证、质证、认证 (38)
第六节 模拟审判的基础建设 (49)
第七节 模拟审判的组织实施 (53)

第二章 剧本(一):民事一审案件普通程序 (57)
第一节 案情简介及争议焦点 (57)
第二节 本案的真实开庭审理 (58)
第三节 本案的"诉、辩、审"法律文书 (91)
第四节 本案的点评与分析 (97)
第五节 司考真题练习与"南京彭宇案"模拟审判实验 (103)

第三章 剧本(二):刑事一审案件普通程序 (111)
第一节 案情简介及争议焦点 (111)
第二节 本案的真实开庭审理 (112)
第三节 本案的"诉、辩、审"法律文书 (135)
第四节 本案的点评与分析 (142)
第五节 司考真题练习与"许霆案"模拟审判实验 (150)

第四章 剧本(三):行政一审案件普通程序 (162)
第一节 案情简介及争议焦点 (162)
第二节 本案的真实开庭审理 (163)
第三节 本案的"诉、辩、审"法律文书 (171)
第四节 本案的点评与分析 (176)
第五节 司考真题练习与"刘燕文诉北大博士学位纠纷案"模拟审判实验 (180)

第五章 剧本(四):刑事附带民事一审案件简易程序 (190)
第一节 案情简介及争议焦点 (190)

第二节　本案的真实开庭审理 …………………………………（191）
　第三节　本案的"诉、辩、审"法律文书 ……………………（199）
　第四节　本案的点评与分析 ……………………………………（204）
　第五节　司考真题与思考练习 …………………………………（209）
第六章　模拟审判技巧 ……………………………………………（211）
　第一节　组织安排技巧 …………………………………………（211）
　第二节　文书写作技巧 …………………………………………（217）
　第三节　法庭语言技巧 …………………………………………（228）
　第四节　角色扮演技巧 …………………………………………（239）
附录一　各类案件的审判程序 ……………………………………（248）
附录二　学生模拟审判随想十则 …………………………………（278）

第一章 模拟审判原理

第一节 模拟审判的概念和分类

一、模拟审判的概念和特征

模拟审判,是指为了达到普法宣传、法律专业教学或者司法改革的目的,在假设的法庭上,依据已有或者预设的实体法和程序法规定,由不同的人扮演当事人、法官、检察官、律师和警察等角色,对假设或者现实的案件,进行审理和裁判的活动。

与模拟审判紧密相关的概念是模拟法庭。考虑到"法庭"毕竟是一个静态的外部场所指称,而"审判"则是一个动态的活动过程,是法庭上最为核心的活动内容之一。

突出"模拟审判",而不使用人们惯用的"模拟法庭",是为了强调模拟审判的内在机理和功能。模拟审判与模拟法庭的关系,是血与肉的关系,内容和载体的关系,活动与场所的关系。这里的模拟审判,不仅包括审判人员的"审判"活动,而且包括诸如代理、辩护、公诉、审判、作证、记录、翻译等所有的庭审活动。虽然模拟审判与模拟法庭二者之间,一方面有形神旨趣上的高度一致;另一方面亦有概念上的细微差异。但是为行文表述的需要,如果不加特别说明的话,本书后文中的模拟审判与模拟法庭概念,仍是在同一意义上被使用的。

相比法院的真实审判而言,模拟审判具有以下五个方面的主要特征:

(一)审判目的的非诉讼性和参与主体身份的虚拟性

不像法院的真实审判是针对特定的诉讼案件进行审理并作出裁判,模拟审判是为了达到普法宣传、法律专业教学训练或者司法改革示范等目的而设置的;不像真实审判中当事人各方具有实际利益上的冲突和纠纷,而且要承担最后裁判所确定的法律责任,模拟审判没有事实上的争讼性,其中的"当事人、检察官、法官、律师和警察"等角色,都具有"演员"的性质。"当事人"之间没有事实上的利益冲突和纠纷,并不真正承担"裁判"所确定的法律责任;"检察官""法官""律师"和"警察"也并不是正在依法行使"控诉、审判、辩护、侦查"等特定职务行为的人,他们的身份都具有虚拟性。即便是生活中真正具有法律从业资格的检察官、法官、律师或警察,在模拟审判中也是如此。他们在模拟审判中的行为,并不会直接产生社会生活上各自权利义务的承担。模拟审判只是真实审判的话剧表演"示范片""演习"和"彩排"。

（二）庭审功能的多样性

模拟审判的庭审功能具有多样性，它不仅要解决已设案件的"依法"和"公正"①问题，而且还要发挥示范、习练和评价的功能。

示范功能是指通过模拟审判中案例的典型性、操作程序的科学性而向人们展示如何才能最大限度地保证司法公正。模拟审判中法官、检察官、律师、当事人的地位、作用，以及庭审阶段的分布、证据出示和采纳的方法，等等，都旨在指引和示范法庭审理和裁判"应该怎么做"。

习练功能是指通过模拟审判来锻炼法律专业学生或司法人员，尤其是对于新的法律法规或者新的审判方式的理解和操作能力。从这种意义上讲，模拟审判的法庭就好比自然科学的实验室。通过搜集、分析案例，撰写司法文书并且当庭操练，使学生不仅可以巩固所学的法学理论，熟悉法律条款，培养独立思考和创造性地运用法律的能力，而且还可以发现自己学习中存在的不足而加以弥补；教师则可根据学生存在的问题有针对性地进行指导。

评价功能是指通过模拟审判来评价案件的审判结果是否公正、科学，审判过程是否民主、高效。通过模拟审判，人们可以评价一个法官、检察官或律师的法律专业知识、办案能力和职业道德水平。

以上三种功能是相互作用、相互影响的。其中，习练是基础和关键，它决定示范和评价功能的发挥，而示范和评价功能又为习练提供参考和观照。不同的模拟审判主体，在这三大功能的价值取向上，是不同的：对于学习、观摩和考评者而言，它突出示范和评价功能；对于参与者而言，尤其是对于高等学校法律专业的学生和审判方式改革中的法律工作者的学习而言，它则突出习练功能。②

（三）场所情景的模拟性

模拟审判的场所、情景和人员的分工安排，都是仿照现实审判法庭的基本架构进行设计和加工的。模拟有两层含义：一是模仿、仿照；二是加工、设计。它与现实中的审判设施、程序和方法，基本相同，但又不完全相同。它不仅仅是对法院真实审判的简单模仿，而且还有"创新"的高度和意境。模拟审判中的模拟法庭、模拟案例、模拟程序和模拟文书，不仅要"以假逼真"，而且要"以假胜真"。

用于模拟审判的模拟法庭，又称模型法庭，在英文里被表述为"moot court"。

---

① 这里的"依法"和"公正"，与法院真实审判中的"依法"和"公正"，是有一定差异的。模拟审判比较侧重于理想性和神圣性，法院真实审判则更具现实性和世俗性。模拟审判中所依的"法"，并不一定是已经在现实生活中发生效力的既成法律法规，可能还处在创制或者酝酿准备出台的阶段；模拟审判中的"公正"，也比法院真实审判更为绝对化和理想化。

② 参见唐东楚：《论模拟法庭教学的误区与矫正》，原载《铁路高等教育研究》1999年第3期，转载于《中国学校教育研究》2001年第4期。

现在国内许多大学的法学院、系里面都设有这种模拟法庭,其室内布置、设施与人民法院审判案件的法庭完全一致,而且其中的电子摄像、音响等设备,往往比真实的法庭还要先进许多。许多学校甚至将其建设成为法律学科的"标志性项目",名曰"多功能模拟法庭",不仅用做模拟审判实习的固定基地,而且还用做中小型法律学术沙龙、学术讲座、案例讨论的专门场所,以体现法律的庄严和神圣。①

(四) 案件事实和审理程序的假设性和验证性

模拟审判中的案件事实,可以是现实生活中已经发生的真实案件事实,也可以是为了验证或尝试某一法律制度是否切实可行,有针对性地设想出来的"事实",或者是在现实生活中真实案件原形的基础上加工、改编而成的"事实";模拟审判中的程序,既可以是既成法律规定的程序,也可以是临时根据不同模拟审判的目的而设定的程序。这种程序如果可行,就可以通过法定的立法程序转化为立法建议,最后以立法的形式固定下来,成为日后的正式法律规范;如果不可行,就可以推倒重来,直到找到最能体现公正和经济要求的程序方案。

模拟审判中这种事实和程序的假设性和验证性,经常可以成为法学研究,尤其是诉讼法律规则创新的突破口和常规手段。当然,这里的验证性与自然科学实验的验证性,虽有一定的相似性,但又不能等同化。法律现象不同于自然现象,它没有所谓的唯一"标准答案"。法律的适用离不开对法律的理解和解释,而不同的人对法律的理解和解释,因其自身的社会地位、文化背景、个体人格的差异,是不可能完全一致的。法学不是完全的实证科学,它只具有特定社会历史条件下的"相对合理性",而不能像自然科学真理那样绝对化和普适化。模拟法庭这种"实验室",并非完全等同于自然科学的实验室。

(五) 适用范围的广泛性

模拟审判的适用范围十分广泛,它不仅可以用于普法宣传、法学专业教学和司法改革的行业训练等场合。而且,当法律语词逐渐成为一种强势话语的时候,"模拟法庭"或者"模拟审判"等语词,还经常被运用到经济学、社会学、教育学等领域。

二、模拟审判的分类

(一) 根据社会作用的不同,分为社会学意义上的模拟审判、内国法意义上的模拟审判和国际法意义上的模拟审判

社会学意义上的模拟审判,主要是利用模拟审判所体现出来的公平和公正,来处理和对待一般的社会现象。它并不十分在乎审判的法律专业知识和程序的

---

① 国内不少知名大学的法学院、系,都经常在模拟法庭举办学术讲座、学术沙龙、法学论坛和案例讨论等。

严格遵循,而是要达到一个社会宣示的效果。普法型的模拟法庭大抵可以归结到这类模拟审判中来。

内国法意义上的模拟审判,主要是为了加强法律专业教学和司法改革的行业训练,非常注重法律专门知识和技能、法定程序和职业操守的遵循,如现在高等院校中的法律专业模拟审判实习,以及人民法院审判方式改革中的模拟审判等。

国际法意义上的模拟审判,则是一种处理国际纷争的模拟审判,介于社会学和内国法意义的模拟审判之间。因为国际纷争的特殊性,这种模拟审判一方面是为了扩大国际影响,另一方面是为了争取国际法院的正式受理和审判。

以上三种类型的模拟审判中,内国法意义上的模拟审判最具根本性、基础性和完整性,其他两种模拟审判都是对内国法模拟审判的借鉴和发挥。

(二) 根据效力和方式的不同,分为教学研究型的模拟审判和司法改革型的模拟审判

教学研究型的模拟审判,主要由法律院系的师生进行,它对现实生活没有法律上的约束和强制效力,起到一种法律技巧训练、知识运用和疑难新奇案例的审判研究和探讨。这种形式的模拟审判,目前主要存在于各高等学校的法学院系内。本书重点探讨的也是这种教学研究型的模拟审判。

司法改革型的模拟审判,则主要是指在人民法院内部,为了改革审判方式而进行的示范性、尝试性、汇报性的模拟审判。它本身就是真实的法院审判,不仅对现实生活具有法律上的约束力和强制力,而且起到真实审判"范本"的作用。例如1997年全国民事、经济审判方式改革试点工作座谈会上,上海市高级人民法院和南汇县人民法院对两起民事、经济纠纷案件"汇报性"的开庭审理①等。另外,香港特别行政区律政司在香港回归之后不久,为了实现与内地司法制度的相互交流和学习,在内地设立模拟法庭进行模拟审讯,并派员至内地在模拟法庭中扮演法官、检察官等角色的做法②,也可以归属于这种司法改革型的模拟审判。

(三) 根据案件性质的不同,分为民事案件模拟审判、行政案件模拟审判、刑事案件模拟审判和综合案件模拟审判

不同性质的案件,其诉讼和审判的机理是不同的,现行三大诉讼法的分工就是根据不同的案件性质而创制的。同样,模拟审判也可以因此划分为民事、行政、刑事和综合案件的模拟审判。

---

① 参见最高人民法院研究室编:《走向法庭:民事经济审判方式改革示范》,法律出版社1997年版,第41页。
② 参见《香港将在内地设模拟法庭》,载《中国律师》1997年第12期,第41页。

第二节 模拟审判的教学地位和作用

除了人民法院内部司法改革和对外交流学习的模拟审判外,现实法律生活中最常见的模拟审判,还是高等学校法学院系内,用于法律认知、行业训练和法律专业教学的模拟审判。

一、模拟审判的教学地位:实践教学的必修环节

模拟审判在法律教学中的地位,可以从两个方面加以说明:

一方面,各法学院校非常重视模拟审判。各法学院校历来重视模拟审判,几乎没有不开展这项活动的。尽管在大数据和互联网时代的今天,各种有关法庭直播或者法制节目的资讯很多,但系统性的模拟审判资料并不多见,有的只是一些僵化、枯燥的模拟审判片段。[①] 系统化的模拟审判训练,历来受到法学教育界人士的推崇。著名法律教育家孙晓楼先生很早以前就说过:"在研究自然科学的课程像物理、化学、生物等,因为要注重实验,所以不可无实验室(laboratory)之设置。研究法律的当然也应当注意法律的实验,所以于学校的设备方面,所谓法律的实验室,即是模型(拟)法庭,也不可不加以相当的注意。"[②]

另一方面,教育部非常重视并积极推行模拟审判。随着社会对人才的要求越来越高,以及对人才培养认识的越来越深化,教育部也越来越认识到实践教学的重要性。2005 年教育部《关于进一步加强高等学校本科教学工作的若干意见》(教高[2005]1 号)指出:"大力加强实践教学,切实提高大学生的实践能力。高等学校要强化实践育人的意识,区别不同学科对实践教学的要求,合理制定实践教学方案,完善实践教学体系。要切实加强实验、实习、社会实践、毕业设计(论文)等实践教学环节,保障各环节的时间和效果,不得降低要求。……要不断改革实践教学内容,改进实践教学方法,通过政策引导,吸引高水平教师从事实践环节教学工作。"

2007 年教育部、财政部《关于实施高等学校本科教学质量与教学改革工程的意见》(教高[2007]1 号)指出:"大力加强实验、实践教学改革,重点建设 500个左右实验教学示范中心,推进高校实验教学内容、方法、手段、队伍、管理及实验教学模式的改革与创新。……择优选择 500 个左右人才培养模式创新实验区,推进高等学校在教学内容、课程体系、实践环节等方面进行人才培养模式的

[①] 然而,关于高等学校模拟审判较为详细的公开材料并不多见。对法学教育而言,这似乎是一种"无言之知"。尽管如此,还是可以从有限的文献资料中,依稀看出目前高等学校模拟审判教学的大致轮廓。

[②] 孙晓楼等:《法律教育》,中国政法大学出版社 1997 年版,第 92 页。

综合改革,以倡导启发式教学和研究性学习为核心,探索教学理念、培养模式和管理机制的全方位创新。"

2007年教育部《关于进一步深化本科教学改革全面提高教学质量的若干意见》(教高〔2007〕2号)指出:"高度重视实践环节,提高学生实践能力。要大力加强实验、实习、实践和毕业设计(论文)等实践教学环节,特别要加强专业实习和毕业实习等重要环节。列入教学计划的各实践教学环节累计学分(学时),人文社会科学类专业一般不应少于总学分(学时)的15%,理工农医类专业一般不应少于总学分(学时)的25%。推进实验内容和实验模式改革和创新,培养学生的实践动手能力、分析问题和解决问题能力。"

模拟审判是实践性教学的重要环节之一,教育部高等教育司1998年颁布的《普通高等学校本科专业目录和专业介绍》就将模拟审判作为"实践性教学环节",进行了列举式规定。该"目录和介绍"规定:"主要实践性教学环节,包括见习、法律咨询、社会调查、专题辩论、模拟审判、疑案辩论、实习等,一般不少于20周。"

教育部"卓越计划"的背景和初衷之一,也是要提高学生"善于解决问题的实践能力"。2011年教育部、中央政法委《关于实施卓越法律人才教育培养计划的若干意见》(教高〔2011〕10号)指出,我国高等法学教育的缺陷在于:"学生实践能力不强,应用型、复合型法律职业人才培养不足"。

综上两个方面可以说明,模拟审判属于法律实践教学的必修环节。

现实教学中的模拟审判,有两种典型的开展方式:活动表演式;教学习练式。

"活动表演式"的模拟审判,通常存在于早期一些条件相对较差的法学院系。这种模拟审判往往没有固定的模拟法庭场所和设施,或者没有充足的师资和设备,也谈不上规范的模拟审判教学管理制度。一般是每年搞一次,动员全年级、全系,甚至全校师生进行这种大型的公开"表演活动"。有的法学院系,从1986年开始由84级同学开展第一次模拟法庭演示到1997年,11年间一共才举办过6次模拟法庭教学活动。[①]

谈到这种模拟法庭的利弊,指导教师深有感触地说:"模拟法庭教学法是一种普法教育的好形式,以往学校请法院到校开庭公开审理案件,有时受种种原因的限制,时间拖得过长,影响旁听效果,我们公开进行的模拟法庭审理搞得这么轰动,不但对旁听的学生是个教育,对政法系的学生也是个激励。……但从确定案例到最后的公开'审理',一个完整的教学过程前后需要一个多月的时间,而且要求指导教师投入大量的精力,所以这种教学法在运用中不可能不受到限制,

---

① 参见王铮:《谈谈"模拟法庭"教学》,载《公安教育》1997年第1期,第28—29页。

一个年级一个学期能坚持搞上一次就很不错了"①;谈到这种模拟法庭的教学管理制度,有人分析了指导教师积极性不高的原因:"一不安排上课时间,二不给教师计算教学工作量……近十年时间都未曾计算教师一个课时,事实上都是教师义务劳动,影响了教师的积极性,模拟法庭组织、选题、排练都存在'组织自由,指导不足'的问题……未能达到院教学计划的要求"②。

谈到"法学"和"科学"的区别时,有学者曾深刻地指出:"从法学专业教学的角度看,如何从过于追求形式的'活动式'模拟转向具有实质效果的'教学式'模拟……在以理工类学科为主体的大学里,法律专业确实容易受到主流观念的左右,从而形成某种将法律视为可以适用数字化和公式化方法加以把握的科学体系的观念……但从模拟法庭的过程看,事实似乎并非如此,那激烈的法庭辩论背后,潜藏着关于法律的某种真谛。它告诉我们:辩论不仅仅是为了验证和支撑一个早已存在的固定命题和结论,而且还在于让每一个人真正认识到法律最终是'如何'得出一个'怎样'的结论的。"③

"教学习练式"的模拟审判,主要存在于一些设施条件较好、师资力量充足、教学管理规范的法学专业院系。这种模拟审判的目的,主要不在于表演或者汇报式的教学,而是通过仿真状态下的"控辩审"业务训练,使学生熟悉司法审判的实际过程,熟悉与案件相关的实体法和程序法,锻炼学生分析解决法律问题的能力、创新的能力、语言表达的能力和相互协调配合的能力,等等。有的学校将模拟审判安排在法学本科学习阶段的第4、5、6学期进行,保证每个学生都有模拟审判锻炼的机会,在教学计划中明确规定模拟审判是必修学分,不得以其他学分代替。所选的案例大多是有理论深度、在现实生活中有较大影响或者较多争议的案件,特别是一些新型案件。在模拟审判的准备阶段,实行全保密式的分组讨论,并且在模拟审判的过程中,邀请实践教学协作单位的审判长、业务骨干来参加审判和指导教学。④

虽然目前高校模拟审判在法律教学中已实际作为实践教学的必修环节之一,但具体做法还有待改进和加强。重视模拟审判这个实践教学的必修环节,就是要使它真正成为实体法课程与程序法课程、教师的教与学生的学、法学院的教

---

① 参见王天敏:《范例教学理论的创造性运用——模拟法庭教学法》,载《信阳师范学院学报(哲学社会科学版)》1999年第3期,第75—77页。
② 参见陈训敬:《模拟法庭应当成为法律专业的一门必修棵和综合课——福建经济管理干部学院经济法专业开设模拟法庭的十年实践和完善意见》,载《管理与效益》1998年第3期,第5—6页。
③ 参见杨开湘:《模拟法庭对法律专业教学的一点启示》,载《现代大学教育》1998年第6期,第71—72页。
④ 参见杨和义:《法学本科实践教学面向新世纪的思考与实践》,载韩大元、叶秋华主编:《走向世界的中国法学教育论文集》,中国人民大学法学院2001年"21世纪世界百所著名大学法学院院长论坛暨中国人民大学法学院成立五十周年庆祝大会"资料,第315—319页。

学科研与法院的司法实务、法律专业训练与普法宣传等相关项目之间的"链接中介"。①

二、模拟审判的教学作用：示范、检验、实践、培育

"模拟审判是法学教育的第二课堂，是实务教学的重要渠道和理论与实践相结合的最佳途径。"②它在法律教学中的作用，主要体现在以下四个方面：

（一）示范：程序操作和实体法律知识的运用

学生学习法律，首当其冲当然要学习实体法和程序法等各种法律知识。但法学是一门应用性非常强的社会科学，学习法律，就在于能运用法律。但法律知识的运用，需要学练结合，诚如学者所言："我们长见识，不是靠直接而简单的想象，也不是看一眼就行，而实际上是靠日积月累，靠一个心理过程，靠围绕一个目标孜孜以求，靠对许多不完整的意念的比较、综合、互相关联及不断调整，靠对大脑的许多机能及活动的运用、集中及共同作用。智力的这种联合与协作，这种扩增与发展，这种综合性，势必是一个训练的问题。"③模拟审判恰好就能提供这样一种训练过程：在老师的指导下，学习运用实体法律知识分析案情，学习运用程序法律知识操作审判程序，这些都能使学生了解并掌握程序操作和实体法律知识的运用。更重要的是，在法律知识的传授过程中，有些知识如个人经验等是无法用语言进行传授的，这时就需要借助一种学徒式的传授方法。模拟审判就是这样一种学徒式方法：老师手把手地教，学生亲身体验，自然就能学到法律知识运用的那些难以言传的"奥妙"之处。正如学者所言："就教学方法而言，学习比赛规则可以和比赛分开。选手可以通过阅读和讨论比赛规则很好地了解规则的基本含义和背景，但是要领会微妙之处，必须自己亲身体验。"④亲身体验后才能将所学的知识，内化为自己的知识，就像学者深刻指出的那样："才智扩展并不仅仅意味着被动地接受一堆原来不熟悉的观念，而是对这些奔涌而来的新观念进行积极、即时的处理。这是一种增进知识的活动，使我们获得的知识、素材变得有条理、有意义。这是使知识客体转变成我们自身的主体事物，或者，通俗地

---

① 有的法学院系的模拟审判实习，不仅从法律专业的创办开始就纳入了正常的教学管理之中，而且分为民事案件、刑事案件和(行政)综合案件的审判实习，共计5个学分，90个课时。将校外的参观学习、法庭旁听、查阅案卷和校内固定模拟法庭基地的模拟审判结合起来，让每个学生对每种类型的诉讼案件都有"实战训练"的机会。有时为了扩大影响和进行法制宣传，法学院的师生还不定期地进行一种面向全校师生的"活动表演式"模拟审判，如"12.4法制宣传日"的系列模拟审判以及"审判法轮功组织和李洪志"等大型的宣传式模拟审判，效果很好。

② 参见郭连恒：《论模拟法庭教学》，载《内蒙古财经学院学报(综合版)》2004年第3期，第84页。

③ ［英］约翰·亨利·纽曼：《大学的理想》，徐辉等译，浙江教育出版社2001年版，第71页。

④ James E. Moliterno：《法学院的职业道德教育分析——重树遗失于学术氛围中的学徒制度的优点》，载杨欣欣主编：《法学教育与诊所式教学方法》，法律出版社2002年版，第185页。

说,这是对我们接受到的知识进行消化吸收,使之融入我们原先的思想内容。"①

(二) 检验:对所学程序和实体法律知识进行检验

学生是否领会和掌握了所学的程序和实体法律知识? 当然要通过运用才能加以检验,而模拟审判是一种最佳的检验方法。在模拟审判过程中,学生要运用所学的实体法律知识分析案情,要运用证据法的知识调查证据,要适用法律,要按照程序法的要求开庭审理。学生是否能熟练运用? 学生的运用有无错误之处? 教师通过模拟审判教学活动,就能很清楚地看出并加以指正;学生就能检验和知晓自己是否真正领会和掌握了所学的程序和实体法律知识,并对尚未领会和掌握的知识点和技能,进行进一步的学习和提高。

(三) 实践:写作、语言、调查、阅卷等基本技能和技巧

美国律师协会(American Bar Association)法学教育与律师资格部下设关于法学院与法律职业特别工作组的报告《缩短脱节》(即《麦考利特报告》),概括归纳了法律职业的10种基本技能:(1) 解决问题的技能;(2) 法律分析和推理的技能;(3) 法学研究的技能;(4) 事实调查的技能;(5) 交流的技能;(6) 咨询的技能;(7) 谈判的技能;(8) 运用起诉和其他纠纷解决程序的技能;(9) 法律事务组织与管理的技能;(10) 确认并解决道德困境的技能。② 这些技能无疑是非常重要的,需要认真培养并在实践中得到提高。而模拟审判则是实践其中大部分技能,如写作、语言、调查、阅卷等,并使其提高的最合适的活动之一。

首先,在模拟审判中,起诉状或起诉书、答辩状、代理词、判决书等诉讼文书的撰写,是必不可少的。而撰写这些诉讼文书的过程,就是实践并提高写作技能的过程。

其次,模拟审判的开庭审理,则是另外一个最重要的环节。在这个环节中,法官整理争议焦点、律师陈述代理意见等,都涉及语言的运用,可以实践并提高语言技能。语言技能是模拟审判所展示的一种最直观的技能,是模拟审判能否成功的一个关键,也是旁听者最容易、最直接感受得到的技能,直接影响对模拟审判的评价。语言技能在法律职业上的重要地位,诚如学者所言:"要想在与法律有关的职业中取得成功,你必须尽力培养自己掌握语言的能力。语言是律师的职业工具。当人家求你给法官写信时,最要紧的就是你的语言。你希望使法官相信你的理由正确,所依靠的也是你的语言。当你必须解释制定法的某一款或规章的某一节时,你必须研究的还是语言。"③

最后,模拟审判需要调查证据和事实,需要阅览案卷材料以了解相关观点,

---

① 〔英〕约翰·亨利·纽曼:《大学的理想》,徐辉等译,浙江教育出版社2001年版,第54页。
② 《法学教育与职业发展——一种教育上的连续统一体》,载杨欣欣主编:《法学教育与诊所式教学方法》(诊所式法律教育丛书),法律出版社2002年版,第6—8页。
③ 〔英〕丹宁勋爵:《法律的训诫》,刘庸安、丁健译,群众出版社1985年版,第2页。

这就能实践并提高调查和阅卷的技能。

(四) 培育:法律职业道德和合作精神、人文关怀

对一个法律人才来说,法律职业道德(伦理)非常重要。"只有法律知识,断不能算作法律人才;一定要于法律学问之外,再备有高尚的法律道德。"① "因为一个人的人格或道德若是不好,那么他的学问或技术愈高,愈会损害社会。学法律的人若是没有人格或道德,那么他的法学愈精,愈会玩弄法律,作奸犯科。"②

法律职业道德的培育,除了开设专门的有关法律职业道德的课程供学习外,从已有的经验来看,更重要的还是通过角色扮演的方式来养成。"法律职业道德教育的独特性决定了法学教育必须寻求一种不同角色交往的教学方法,为学生提供情感体验的情感场,才能使学生将道德认知内化为道德判断和推理能力,并最终促进学生道德人格养成。"③"通过不同角色的扮演,使学生亲身体验到了法律职业中不同角色的道德要求,有利于其道德认知的内化即法律职业道德情感和态度的养成。"④模拟审判就是这样一种角色扮演的教学方式,它让学生分别担任法官、检察官、律师等角色,站在不同法律职业的立场,来跟其他人打交道,必须清楚哪些是能做的,哪些是不能做的,容易体验、领悟和养成法律职业道德。

模拟审判不是一个人的舞台,而是多人合作的成果。一个人即使再出色,如果不与其他人有效合作,模拟审判也不会成功,不会取得预想的效果。模拟审判离不开合作精神。模拟审判过程中,有时考虑到班级人数较多,而模拟审判的角色不可能过多,为尽量调动更大多数人的积极性,就有必要将班级人数按模拟审判角色需要,分成审判组、原告及其代理律师组、被告及其代理律师组等。在每个小组内,如何整理争议焦点,或调查哪些证据,或提出何种代理意见等,都需要经过充分协商、辩驳,才可能达成一致意见;在每个小组达成一致意见后,还需要与其他小组协调进程和基本的准备情况等。模拟审判就是一个不断协商、辩驳,并最后在互谅互让中达成一致的过程。在这个过程中,"学生就能习惯于用友好的眼光去看待甚至他们个人反对的观点,不久,他们就能获得区分任何一项摆在他们面前的主张的长处和弱点的某种技能,这些主张既有他们认可和赞同的,也有他们不熟悉或者道德上感到厌恶的"。⑤ 而在这样的过程中,合作精神也很明显地能得以形成和加强。

---

① 孙晓楼等:《法律教育》,中国政法大学出版社1997年版,第12页。
② 杨兆龙:《中国法律教育之弱点及其补救之方略》,载同上书,第164页。
③ 房文翠:《法学教育价值研究——兼论我国法学教育改革的走向》,北京大学出版社2005年版,第113页。
④ 同上书,第115页。
⑤ 〔美〕安索尼·T. 克罗曼:《迷失的律师:法律职业理想的衰落》,周战超、石新中译,法律出版社2002年版,第120页。

如果选择的是关注弱势群体的案件,这样的模拟审判还能培育学生的人文关怀精神。实际上,高校模拟审判选择的案件不少都是这样的案件。在为弱势群体维护合法权益的过程中,切身体验弱势群体的艰难与不易,学生就很容易受到感染,其人文关怀精神也就在不知不觉中得到激发和培育。

第三节 模拟审判的主要参加主体

一、人民法院

(一) 人民法院的组织体系

我国的审判机关是人民法院。《宪法》第 123 条规定:"中华人民共和国人民法院是国家的审判机关。"根据《宪法》和《人民法院组织法》的规定,我国人民法院的组织体系,由最高人民法院、地方各级人民法院,以及军事法院、海事法院等专门人民法院构成。最高人民法院是最高审判机关,最高人民法院监督地方各级人民法院和专门人民法院的审判工作。地方各级人民法院分基层人民法院、中级人民法院和高级人民法院,实行四级两审制,上级人民法院监督下级人民法院的审判工作。基层人民法院根据需要设立人民法庭,作为其派出机构。

2014 年,为落实中国共产党十八届四中全会关于全面依法治国的顶层设计,人民法院的组织体系迎来了三大变化:一是为了更好地发挥最高人民法院指导全国审判工作的职能,在深圳和沈阳设立了"一南一北"最高人民法院的两个巡回法庭,属于最高人民法院的派出机构;二是在北京、广州、上海先后成立了专门的知识产权法院,实行跨区域管辖,主要受理有关专利、植物新品种、集成电路布图设计、技术秘密、计算机软件的民事和行政诉讼案件,对国务院部门或者县级以上地方人民政府所作的涉及著作权、商标、不正当竞争等行政行为提起行政诉讼的案件,以及涉及驰名商标认定的民事诉讼案件;三是在北京、上海、天津等地依托原来的铁路运输法院和检察院,设立了跨行政区划的人民法院和检察院分院。这些跨行政区划的法院,主要审理以本市区人民政府为被告的行政案件、跨地区的重大环境资源保护案件、重大食品药品安全案件、新成立的市检察院分院提起公诉的案件、铁路运输中级法院原来管辖的刑事、民事案件以及高级法院指定管辖的案件等。

(二) 最高人民法院

最高人民法院是国家的最高审判机关。根据宪法、人民法院组织法和三大诉讼法的规定,最高人民法院行使下列职权:

(1) 监督地方各级人民法院和专门人民法院的工作。对地方各级人民法院和专门人民法院已经发生法律效力的判决和裁定,如果发现确有错误,有权提审或者指令下级人民法院再审。

（2）审判下列案件：① 法律规定由它管辖和它认为应当由自己审判的第一审案件。前者如刑事诉讼法规定的全国性的第一审重大刑事案件，民事诉讼法规定的全国范围内有重大影响的第一审民事诉讼案件，行政诉讼法规定的全国范围内重大、复杂的第一审行政诉讼案件；② 对高级人民法院、专门人民法院的判决和裁定提起上诉和抗诉的案件；③ 最高人民检察院按照审判监督程序提出的抗诉案件；④ 核准判处死刑的案件。①

（3）进行司法解释。即对于人民法院在审判过程中如何具体应用法律、法令的问题进行解释，包括出台、修改、废止具体法律的适用意见、解释、批复、规定等司法政策性文件，以及发布指导性案例、典型案例等。比如近年来配合三大诉讼法修改而出台的《关于适用〈中华人民共和国刑事诉讼法〉的解释》（以下均简称《刑诉法适用解释》）、《关于适用〈中华人民共和国民事诉讼法〉的解释》（以下均简称《民诉法适用解释》），以及《关于适用〈中华人民共和国行政诉讼法〉若干问题的解释》（以下均简称《行诉法适用解释》），等等。其中，2015年2月4日公布实施的《民诉法适用解释》条文达552条，共6万字，号称"史上最长的司法解释"。

（4）领导和管理全国各级人民法院的司法行政工作，包括人、财、物的管理等。

（三）地方各级人民法院

地方各级人民法院包括基层人民法院、中级人民法院、高级人民法院。

1. 基层人民法院

基层人民法院设在县级，包括县、自治县（旗）、不设区的市、市辖区，以前完全按行政区划设置。但根据近年来的司法改革动向，以后可能会在一些有条件和有必要的地方，尝试设立一些跨行政区划的基层人民法院。根据《人民法院组织法》的规定，基层人民法院的职权是：

（1）审判刑事、民事和行政案件的第一审案件，但是法律、法令另有规定的案件除外。对所受理的案件，认为案情重大应当由上级人民法院审判的，可以请求移送上级人民法院审判。

（2）处理不需要开庭审判的民事纠纷和轻微的刑事案件。

（3）指导人民调解委员会的工作。

基层人民法院由院长一人、副院长和审判员若干人组成。设刑事审判庭、民事审判庭和行政审判庭等。各庭设庭长、副庭长。

《人民法院组织法》还规定：基层人民法院根据地区、人口和案件情况，可以

---

① 自2007年1月1日起，全国所有死刑案件的核准权一律收归最高人民法院统一行使，从而结束了以往部分高级人民法院核准部分死刑案件的历史。

设立若干人民法庭。人民法庭是基层人民法院的组成部分,它的判决和裁定就是基层人民法院的判决和裁定。它作为基层人民法院的派出机构,在基层人民法院的领导下进行审判活动。

1963年最高人民法院制定了《人民法庭工作试行办法(草案)》。1979年《中华人民共和国法院法庭试行规则》颁布施行。1999年最高人民法院公布施行了《关于人民法庭若干问题的规定》。2005年最高人民法院颁行了《关于全面加强人民法庭工作的决定》,进一步贯彻中央关于加强人民法庭工作的指示精神。人民法庭的设立,旨在便利群众,是一项颇具中国特色的人民法院制度。

2. 中级人民法院

中级人民法院设立在省、自治区所辖的地级市,或者直辖市、省、自治区所辖市、自治州,以前完全按照行政区划设置,但2014年在北京、上海、天津,已经设立了跨行政区划的中级人民法院,这种布局开始有了细微的变化。

根据《人民法院组织法》的规定,中级人民法院审判下列案件:

(1) 法律规定由它管辖的第一审案件;

(2) 基层人民法院移送审判的第一审案件;

(3) 对基层人民法院判决和裁定提起上诉或者抗诉的案件;

(4) 人民检察院按照审判监督程序提出的抗诉案件。

中级人民法院对它所受理的刑事、民事和行政案件,认为案情重大应当由上级人民法院审判的,可以请求移送上级人民法院审判。

中级人民法院由院长一人,副院长、庭长、副庭长和审判员若干人组成。设刑事审判庭、民事审判庭、行政审判庭等,其中刑事审判庭又可以分为刑一庭、刑二庭,民事审判庭又可分为民一、民二、民三、民四、民五等不同专业分工的审判庭。此外,还可以根据需要可以设立其他综合性的审判庭,如环境保护庭等。

3. 高级人民法院

高级人民法院设立在省、自治区和直辖市。高级人民法院由院长一人,副院长、庭长、副庭长和审判员若干人组成,设刑事审判庭、民事审判庭、行政审判庭等,根据需要可以设其他审判庭。

根据《人民法院组织法》和有关的法律规定,高级人民法院的职权是:

(1) 审判下列案件:① 法律规定由它管辖的第一审案件。按照刑事诉讼法的规定管辖全省(自治区、直辖市)性的第一审重大刑事案件,按照民事诉讼法的规定管辖在本辖区内有重大影响的第一审民事和经济纠纷案件,按照行政诉讼法的规定管辖本辖区内重大、复杂的第一审行政案件;② 中级人民法院移送审判的第一审案件;③ 对中级人民法院判决和裁定提起上诉或者抗诉的案件。按照1984年全国人民代表大会常务委员会《关于在沿海港口城市设立海事法院的决定》的规定,海事法院所在地的高级人民法院,有权审判对海事法院判决和裁定不服的上诉案件;④人民检察院按照审判监督程序提出的抗诉案件。

（2）复核中级人民法院判处死刑,而被告人不上诉的第一审刑事案件。如果同意判处死刑,则报请最高人民法院核准,如果不同意判处死刑,则可以提审或者发回重新审判。

（3）核准中级人民法院判处死刑缓期二年执行的案件。

高级人民法院根据最高人民法院授权核准部分死刑案件的做法,肇始于1983年第六届全国人民代表大会常务委员会第二次会议通过的《关于修改人民法院组织法的决定》规定:"杀人、强奸、抢劫、爆炸以及其他严重危害公共安全和社会治安判处死刑的案件的核准权,最高人民法院在必要的时候,得授权省、自治区、直辖市的高级人民法院行使。"尽管1996年《刑事诉讼法》第199条和1997年修订的《刑法》第48条第2款都明确规定死刑由最高人民法院核准,但实践中一直存在着高级人民法院核准死刑的做法。自最高人民法院《关于统一行使死刑案件核准权有关问题的决定》2007年1月1日起施行后,死刑核准权一律全部收归最高人民法院行使,高级人民法院不再具有核准死刑的正当性。但根据现行《刑法》第48条第2款,以及《刑事诉讼法》第237条的规定,高级人民法院仍然具有核准中级人民法院判处死刑缓期二年执行案件的核准权。

（4）监督辖区内下级人民法院的审判工作。对下级人民法院已经发生法律效力的判决和裁定,如果发现确有错误,有权提审或者指令下级人民法院再审。

（四）专门人民法院

专门人民法院是我国人民法院组织体系的组成部分。它和地方各级人民法院共同行使国家的审判权。但是,它是我国审判体系中特定的、具有专门性质的审判机关,有其特殊性。专门人民法院的设置按照特定的组织系统或特定案件(如海事案件)建立,而不是按照行政区划建立。人民法院组织法规定,专门人民法院包括军事法院、海事法院、铁路运输法院等。

1. 军事法院

军事法院是设在军队中的专门人民法院,分基层军事法院、大军区级军事法院和中国人民解放军军事法院,它审判现役军人、军队文职干部和在编职工的刑事犯罪案件。现役军职人员的民事案件由地方人民法院受理。

2. 海事法院

海事法院是为行使我国海事司法管辖权,审理一审海事、海商案件而设立的专门人民法院。现已在广州、上海、青岛、天津、大连、武汉、海口、厦门、宁波、北海等沿海和内河港口城市设立了海事法院,海事法院相当于地方的中级人民法院。海事法院受理我国法人、公民之间,我国法人、公民同外国或地区法人、公民之间,外国或者地区法人、公民之间的海事、海商案件。海事法院的审判工作由它所在地的高级人民法院监督,对海事法院判决和裁定的上诉案件,由海事法院所在地的高级人民法院管辖。

3. 铁路运输法院

铁路运输法院是设在铁路沿线的专门人民法院。在铁路管理局所在地设中级法院,在铁路管理分局所在地设基层法院。铁路运输法院受理发生在铁路沿线的刑事犯罪案件和与铁路运输有关的经济纠纷案件。铁路运输中级法院的审判工作由所在地的高级人民法院监督,对铁路运输中级法院判决和裁定的上诉案件,由其所在地的高级人民法院管辖。近年来司法改革的趋势是撤销改组原来的铁路运输法院,将其划归地方法院,或将其改建为跨行政区划的地方中级人民法院。

(五)人民法院的审判组织

审判组织是指法院审判案件的组织形式。根据《人民法院组织法》《刑事诉讼法》《民事诉讼法》以及《行政诉讼法》的有关规定,人民法院的审判组织有独任庭、合议庭和审判委员会等三种组织形式。

1. 独任庭

独任庭是指由审判员一人依法独任审判案件的组织形式。采用独任审判可以节约人力、物力、财力,提高诉讼效率。

依照《刑事诉讼法》《民事诉讼法》和《行政诉讼法》的规定,独任庭适用的范围是:第一,基层人民法院适用简易程序审理的简单的第一审刑事、民商事和行政案件;第二,除选民资格案件或者其他重大疑难案件以外的,适用特别程序审理的案件。

独任审判具有以下特点:首先,仅仅适用于基层人民法院及其派出人民法庭,一般来说,其他三级人民法院都不适用,但行政诉讼案件的第一审中级人民法院可以适用简易程序的独任审判;其次,仅仅适用于第一审程序中的简易程序或者特别程序,普通程序和其他审判程序并不适用。最后,即使是基层人民法院适用简易程序审判案件,也不是一律实行独任审判,比如一些特定的刑事诉讼案件等。①

审判员独任审判案件时,与审判长权力相同,不需实行合议制。但要有书记员做记录,不得由审判员自审自记。独任庭审判案件同样要严格按照法定的程序和制度进行,切实保障当事人及其他诉讼参与人的诉讼权利,保证案件的审判质量。在适用简易程序进行独任审判的过程中,如发现案情复杂,需要转化为普通程序审理的,可以转化为普通程序,并组织合议庭对案件进行审理。同时应及

---

① 可以参见我国《刑事诉讼法》第210条第1款,以及《刑诉法适用解释》第294条、第296条等规定。

时通知双方当事人。

2. 合议庭

合议庭是由数名(一般是3名以上的单数)人民法院的审判人员共同审判案件的组织形式,是一种集思广益、集体审判的制度。

依照《人民法院组织法》《刑事诉讼法》《民事诉讼法》以及《行政诉讼法》的有关规定,除基层人民法院适用简易程序的第一审案件可以由审判员一人独任审判外,其他诉讼案件都应当由合议庭进行审判。包括基层人民法院适用普通程序审判的各类第一审案件,中级人民法院、高级人民法院和最高人民法院适用普通程序审判的各类第一审案件以及适用第二审程序审判的各类上诉案件和适用审判监督程序审判的各类再审案件。因此,合议庭是人民法院的基本审判组织。

合议庭的成员对案件共同负责。由合议庭审判案件,有利于发扬民主,发挥集体智慧,防止主观片面、独断专行和徇私舞弊。对于保证客观、公正地审判案件具有重要的意义。

合议庭的组成因审判程序和人民法院级别的不同而有所不同。通常有以下几种情况:第一,基层人民法院、中级人民法院审判第一审案件,应当由审判员3人,或者由审判员和人民陪审员共3人组成合议庭进行;第二,高级人民法院、最高人民法院审判第一审案件,应当由审判员3人至7人,或者由审判员和人民陪审员共3人至7人组成合议庭进行;第三,中级人民法院以上的各级人民法院审判上诉和抗诉的案件,由审判员3人至5人组成合议庭进行;第四,最高人民法院和高级人民法院复核死刑和死刑缓期执行的案件,应当由审判员3人组成合议庭进行。

在合议庭的组成上,应当注意以下几点:

首先,合议庭依法只能由经过合法任命的本院人民法院审判员和在本院执行职务的人民陪审员组成。除此之外,其他任何人不得参加合议庭审判案件。合议庭由法院院长或者庭长指定一人担任审判长。院长或者庭长参加案件审判的时候,自己担任审判长。人民陪审员不得担任审判长。

其次,第一审程序的合议庭可以吸收人民陪审员参加。人民陪审员是来源于人民群众的非专职审判人员。陪审制度是人民群众参加国家管理活动的一种形式,是诉讼民主的体现。人民陪审员在人民法院执行职务时,同审判员的权利、义务相同。

再次,合议庭的人员组成只能是单数。这是因为合议庭实行少数服从多数的评议原则。合议庭在评议和表决的时候,每名成员有平等的发言权和表决权。如果意见分歧,应当按照多数人的意见作出决定。但少数人的意见应当写入笔录,记录在案。

最后,合议庭开庭审理并且评议以后,应当作出判决。只有对于疑难、复杂、重大的案件,合议庭认为难以作出决定的,才可建议庭长提请院长提交审判委员会讨论决定。庭长或者院长认为不必要的,可以建议合议庭复议一次。对于审判委员会的决定,合议庭必须执行。审判委员会也应当认真考虑合议庭的意见,充分发挥合议庭的作用。

根据最高人民法院《人民法院审判长选任办法(试行)》的规定,人民法院实行审判长制,这是对合议庭制度的完善和发展。人民法院可以按照本法院审判人员的素质和条件,选任审判长负责合议庭的工作,合理界定合议庭处理案件的权限,使合议庭在审判案件时承担应尽的职责,以充分发挥合议庭的主动性和积极性,最大限度地实现司法的独立、公正与高效。

3. 审判委员会

审判委员会是人民法院内部对审判工作实行集体领导的一种组织形式。根据《人民法院组织法》第10条的规定,各级人民法院均设立审判委员会,实行民主集中制。审判委员会的任务是总结审判经验,讨论重大或者疑难复杂案件以及其他有关审判工作的问题。审判委员会在人民法院内部的领导地位,及其对案件实体问题的决定权,表明它具有审判组织的性质。

审判委员会不同于合议庭。它与合议庭的主要区别是:第一,组织稳定性不同。审判委员会委员由院长提请本级人民代表大会常务委员会任免,其成员具有相对稳定性,是一个相对固定的审判组织。而合议庭的成员则是由院长或者庭长指定的,也可以经过选任担任。可以根据案件情况进行调整和变化,是相对临时性的审判组织;第二,人员构成不同。每个人民法院均设立一个审判委员会,由院长主持。其成员必须是本院的审判员,通常包括院长、各主要审判业务庭的庭长及资深审判员。而合议庭是根据审理案件的需要组成的。每个审判庭可以有多个合议庭,且合议庭的成员不仅是本院的审判员,还可以包括人民陪审员。第三,案件范围与审判方法不同。审判委员会不直接开庭审理案件,也不对所有的案件进行讨论并且作出决定。它只对合议庭难以作出决定的疑难、复杂、重大的案件进行讨论并作出决定。判决书或者裁定书上仍应由审理案件的合议庭成员签署,并以合议庭的名义发布。第四,具体分工不同。审判委员会对具体案件讨论后作出的决定,合议庭必须执行。

审判委员会实行民主集中制,各成员享有平等的发言权和表决权。审判委员会讨论案件,应当在合议庭审理的基础之上进行,并且应当充分听取合议庭成员关于审理和评议情况的说明。如果审判委员会的成员间有意见分歧,则按照少数服从多数的原则进行表决。对于少数人的意见,应当记入笔录。

审判委员会的主要职责是:

(1) 讨论重大或者疑难、复杂的案件。审判委员会不直接审判案件,只对经合议庭审理的重大或者疑难、复杂案件进行讨论和作出决定。判决书或裁定书仍由合议庭成员署名。根据审判实践,需要提交审判委员会讨论决定的案件通常有以下6种:① 案情复杂、影响较大的案件;② 需要判处死刑的案件;③ 在适用法律上有疑难的案件;④ 需要再审和提审的案件;⑤ 涉外案件;⑥ 适用法律类推判决的案件,等等。

(2) 总结审判经验。这是人民法院除审判案件以外的一项重要工作,也是审判委员会的一项重要任务。根据多年的实践总结审判经验,包括:① 对某一特定时期审判工作经验的总结;② 对某类案件审判经验的总结;③ 对某个重大的典型案件的审判经验的总结;④ 对审判案件适用某项法律的经验总结;⑤ 对审判工作方法和审判作风经验的总结;等等。通过这些活动,分析审判工作中出现的新情况、新问题,检查适用法律、政策的得失。对于提高司法水平,保证公正审判都有十分重要的意义。

(3) 讨论其他有关审判工作的问题。审判委员会是人民法院内部对审判工作实行集体领导的组织,凡是有关审判工作的重大问题都必须提交审判委员会讨论并作出决定。例如,最高人民法院对审判过程中如何具体应用法律的问题所作的司法解释,都须提交审判委员会讨论通过后,方能生效。

审判委员会是我国特有的一种审判组织形式。它集中了本法院法律政策水平较高、经验比较丰富的审判员,可以集思广益,发挥集体领导的作用,对重大或者疑难、复杂的案件,以及其他有关审判工作的重大问题作出正确的决定。院长主持讨论案件和问题,应当充分发扬民主,尊重每个审判委员会委员的权利。遇有意见分歧时,按少数服从多数的原则,进行表决。审判委员会是否认真实行民主集中制,严格依法办事,对一个法院司法水平的高低,办案质量的优劣,有着直接的关系。

二、人民检察院

(一) 人民检察院的机构设置

根据《宪法》和《人民检察院组织法》,人民检察院是法律的专门监督机关。国家设立最高人民检察院、地方各级人民检察院和军事检察院等专门人民检察院。

1. 最高人民检察院

最高人民检察院是国家的最高检察机关,领导地方各级人民检察院和专门人民检察院的工作,对全国人民代表大会及其常委会负责。最高人民检察院领导地方各级人民检察院工作。上级人民检察院领导下级人民检察院工作。这表明上下级检察机关系领导与被领导的关系。

2. 地方各级人民检察院

地方各级人民检察院分为：

（1）省、自治区、直辖市人民检察院；

（2）省、自治区、直辖市人民检察院分院，自治州和省辖市人民检察院；

（3）县、市、自治县和市区人民检察院。

省一级人民检察院和县一级人民检察院，可以根据工作需要，提请本级人民代表大会常务委员会批准，在工矿区、农垦区、林区设置人民检察院，作为其派出机构。

3. 专门人民检察院

根据《人民检察院组织法》第2条规定，设专门人民检察院。专门人民检察院的设置、组织和职权，由全国人民代表大会常务委员会另行规定。在实践中，凡是设置专门人民法院的地区，就相应地设置专门人民检察院或分院，如各级军事检察院、铁路运输检察院和水上运输检察院等。不过，铁路运输检察院即将全部划归地方，实行属地管辖。

（二）人民检察院的职责

根据《人民检察院组织法》第5条的规定，各级人民检察院行使下列职权：

（1）对于叛国案、分裂国家案，以及严重破坏国家的政策、法律、政令统一实施的重大案件行使检察权；

（2）对于直接受理的刑事案件进行侦查；

（3）对于公安机关侦查的案件进行审查、决定是否逮捕、起诉或者不起诉，并对侦查活动是否合法进行监督；

（4）对刑事案件提起公诉，支持公诉，并对人民法院的审判活动是否合法进行监督；

（5）对刑事案件判决或裁定的执行，以及监狱、看守所、劳动教养机关的活动是否合法实行监督。

总之，人民检察院对法律的执行和遵守情况实行监督。其监督对象包括国家机关、国家机关工作人员和公民。

三、律师

（一）律师的执业条件

我国从1988年开始，实行律师资格与律师职务分离的制度。要想成为一位执业律师，首先要取得律师资格，然后通过律师事务所申请，经过国家有关机关批准，取得律师执业证书。仅取得律师资格而没有取得律师执业证书，只是律师的后备力量，还不是律师。没有取得律师执业证书的人员，不得以律师的名义执业，不得为牟取经济利益从事诉讼代理或者辩护业务。

(二) 律师资格的取得

律师资格的获取必须经过一定的法律程序。以前获取律师资格,必须通过全国统一的律师资格考试。现在国家实行司法统一资格考试制度,把过去的律师资格、法官资格、检察官资格和公证员资格考试统一起来了。经过统一司法考试合格的,由国务院司法行政部门授予司法资格。

根据我国《律师法》第 8 条的规定,具有高等院校本科以上学历,在法律服务人员紧缺领域从事专业工作满 15 年,具有高级职称或者同等专业水平并具有相应的专业法律知识的人员,申请专职律师执业的,经国务院司法行政部门考核合格,准予执业。具体办法由国务院规定。

(三) 律师执业证书的取得

律师必须经过一定的法律程序,才能取得律师执业证书,在律师工作机构即律师事务所从事律师工作。律师取得执业证书,要拥护中华人民共和国宪法并符合下列条件:(1) 拥护中华人民共和国宪法;(2) 通过国家统一司法考试,在实行国家统一司法考试前取得的律师资格凭证,与国家统一司法考试合格证书,在申请律师职业时,具有同等效力;(3) 在律师事务所实习满 1 年;(4) 品行良好。

申请律师执业,应当向设区的市级或者直辖市的区人民政府司法行政部门提出申请,并且提交下列材料:(1) 国家统一司法考试合格证书;(2) 律师协会出具的申请人实习考核合格的证明;(3) 律师事务所出具的同意接受的证明;(4) 申请人的身份证明。申请兼职律师执业的,还需提交申请人所在单位的同意证明。

有下列情形之一的,不予颁布律师执业证书:

(1) 无民事行为能力或者限制行为能力的;
(2) 受过刑事处罚的,但过失犯罪的除外;
(3) 被开除公职或者被吊销律师执业证书的。

律师只能在一个律师事务所执业,不得同时在两个以上律师事务所执业,但不受地域限制。公务员不得兼任执业律师。律师担任各级人民代表大会常务委员会组成人员期间,不得从事诉讼代理或者辩护业务。

中国律师分为专职律师和兼职律师两种。专职律师是指取得律师执业证书,经批准在律师事务所专门从事律师工作的专业法律工作者。兼职律师是指取得律师资格和执业证书,在不脱离本职工作的同时兼做律师工作的专业法律工作者。

(四) 我国律师的执业范围

律师执业范围是指律师以担任法律顾问、代理、辩护、代书、调解和提供法律咨询等方式,向国家机关、企事业单位、社会团体和公民提供法律服务的专业工

作。依据现行《律师法》(2012年第三次修正并于2013年1月1日起施行)第28条的规定,我国律师可以从事下列业务:

(1) 接受自然人、法人和其他组织的委托,担任法律顾问;

(2) 接受民事案件、行政案件当事人的委托,担任代理人参加诉讼;

(3) 接受刑事案件犯罪嫌疑人、被告人的委托或者依法接受法律援助机构的指派,担任辩护人,接受自诉案件自诉人、公诉案件被害人或者其近亲属的委托,担任代理人,参加诉讼;

(4) 接受委托,代理各类诉讼案件的申诉;

(5) 接受委托,参加调解、仲裁活动;

(6) 接受委托,提供非诉讼法律服务;

(7) 解答有关法律咨询,代写诉讼文书和有关法律事务的其他文书。

律师与法官、检察官同为法律工作者,均属于法律职业共同体成员,只是分工不同。法官是依法行使国家审判权的审判人员,检察官是依法行使国家检察权的检察人员,而律师则是依法取得律师执业证书,接受委托或者指定,为当事人提供法律服务的人员,三者均负有保障法律的正确实施,维护人民合法权益的共同目的。

值得注意的是,我国自1993年提出要建立和发展公职律师和公司律师,2002年司法部全面启动了试点工作,截至2014年10月,据司法部统计,全国共有公职律师4600多人,公司律师1700多人。中共中央十八届四中全会《关于全面推进依法治国若干重大问题的决定》提出要积极推行政府法律顾问制度和各级党政机关和人民团体普遍设立公职律师、公司律师。这些公职律师或公司律师,可以为本单位决策提供法律意见和建议,处理具体法律事务,代理本单位参加诉讼、仲裁活动。但总体来说,还是以社会执业律师为主体,目前我国社会执业律师约25万人,占律师队伍的97.5%。[①]

四、诉讼当事人

(一) 民事诉讼当事人

原告、被告是典型的民事诉讼当事人。没有原告的起诉,诉讼就不能开启。同样,没有被告的参与,也就不成其为诉讼。原告和被告的诉讼行为,直接影响或决定着诉讼的发生、发展和终结。整个民事诉讼过程,就是当事人的诉讼行为与法院的审理裁判行为,相互影响和相互作用的过程。没有当事人,就没有民事诉讼。但究竟何谓当事人,究竟什么样的人才有可能成为具体民事诉讼案件中

---

① 参见《党的十八届四中全会〈决定〉学习辅导百问》编写组编:《党的十八届四中全会〈决定〉学习辅导百问》,学习出版社、党建读物出版社2014年版,第57、153、154页。

的当事人,是一个基础性的民事诉讼法学理论问题。

民事诉讼当事人的概念,总体上已经经历了,或者说正在经历着,由传统的"实体利害关系当事人说"到现代"程序当事人说"的演变。

实体利害关系当事人说认为,当事人是指因民事权利义务关系发生纠纷,以自己的名义进行诉讼,并受人民法院裁判约束的直接利害关系人。① 我国现行《民事诉讼法》②关于原告、第三人的有关规定,都是从实体法角度来理解和把握当事人的含义。现行《民事诉讼法》第119条关于起诉条件的规定中,规定原告必须是与本案"有直接利害关系"的公民、法人和其他组织;第56条第2款也规定,对于无独立请求权的第三人,只有在人民法院判决承担民事责任时,才具有当事人的诉讼权利义务,才是当事人。换言之,如果没有被判决承担民事责任,无独立请求权的第三人就不具有当事人的诉讼权利义务,就不是当事人。尽管对"利害关系"的理解各有不同,但不管如何,实体利害关系当事人说的观点和立法,都是从实体权利义务的角度来理解和把握当事人的。从实体法上的权利义务关系来判断提起诉讼的人是否是真正的当事人,是否有资格提起诉讼,表面看来,确实更有利于实际争议的权利义务纠纷得到解决。但细究之,至少具有以下四个方面的缺陷:

第一,容易形成先入为主的成见。从认识论和审判规律出发,当事人是否与本案具有实体上的利害关系,只有在诉讼进行到一定程度,或者说只有到诉讼结束作出判决之时,才能作出准确的判断。如果从一开始,就要求起诉人和被起诉人都是实体法律关系的真正权利人和真正义务人,显然是不切实际的,有"未审先判"之嫌。

第二,不利于实体权利全面、普遍的救济。受这种实体利害关系当事人说的影响,就可能使许多真正的权利侵害得不到救济,就可能使许多潜在的当事人告状无门,就可能使许多实体法律关系的实现和回复受到限制,因而缩小了实体权利全面救济的可能性。

第三,不能科学、合理地解释一些常见的诉讼现象。比如,消极确认之诉(如确认借贷关系不存在)中,当事人没有实体权利却能成为当事人的现象。比如,财产争议的民事诉讼中,财产管理人、破产管理人、遗嘱执行人等不是财产的所有人,却可以作为当事人的现象,等等。

第四,不利于解决诉讼开始时的一系列程序问题。比如因为当事人概念的不确定而带来的管辖权难以确定的问题,等等。可见,实体利害关系当事人说,实质上是对起诉进行实体审查后,才予以受理的诉讼观念的反映。

---

① 柴发邦主编:《民事诉讼法学新编》,法律出版社1992年版,第147页。
② 如果没有加书名号(《》),则指广义的民事诉讼法,而非狭义上的《民事诉讼法》法典。

从程序上看,只要原告提起诉讼,法院就应当受理。从逻辑上,也只有受理后才能进行各种审查,并发现是否符合起诉的条件。如果在起诉后,没有立案前就进行审查,极易造成起诉难或受理难的问题。不予受理实际上就是驳回当事人的起诉,而我国现行《民事诉讼法》却用"不予受理"和"驳回起诉"两种不同的裁定形式来加以处理,只是对案件在受理前后的不同处理方式,并无充分的法理基础。换言之,对原告起诉不予受理适用裁定是否妥当,的确是存在疑问的。[①]

而从理论上说,法院不得拒绝裁判,只要当事人认为有纠纷,法院就应当对其进行审理和裁判。至于是否真正具有纠纷,当事人是否合格,当事人在本案中的实体权利义务关系究竟如何,只有等到诉讼进行到一定程度,或者等到审判结束后的判决作出之时,才能作出判断。所以,在受理起诉阶段,注定只能对当事人的资格条件进行形式审查,而不可能也没有必要作实质审查。

程序当事人说认为,当事人是指以自己的名义要求人民法院保护其民事权利或法律关系的人及其相对方。[②] 这样,程序当事人说就克服了实体利害关系当事人说"先入为主"的局限,并不从正当当事人或曰适格当事人的角度来定义当事人。判断某人是否属于诉讼当事人,只看实际的当事人是谁,无须从实体法上考察他与诉讼标的的关系。在这种学说看来,"诉讼当事人可以不是利害关系人或合格当事人。在诉讼过程中,不合格的当事人可能要败诉,甚至可能从庭审记录中被取消资格。但在此前,他是诉讼中的当事人,并且具有程序法上的地位所生效力"。在程序当事人说看来,当事人是一个纯粹的诉讼法上的概念,即所谓形式上的当事人。程序当事人说不仅适应了近、现代社会中存在实体权利义务关系与程序运作相分离的现实,而且对于保护公民的裁判请求权,对于民事诉权的保护,对于民事实体权利的普遍性救济,对于民众接近司法、接近法院、接近诉讼正义,提供了理论基础。

在程序当事人学说的基础上,可将民事诉讼的当事人定义为:是指以自己的名义,就特定的民事争议要求法院行使民事裁判权的人及相对人。主动向法院提起诉讼,要求法院行使裁判权的人是原告。被起诉的相对人则是被告。按照上述界定,民事诉讼当事人具有以下三个方面的特征:

第一,以自己的名义起诉应诉,进行诉讼活动。诉讼代理人参加诉讼不是以自己的名义进行诉讼,所以不是当事人。

第二,要求法院就具体案件行使审判权,并就其诉讼请求作出裁判。证人、鉴定人、翻译人等诉讼参与人,虽然也参加诉讼,但他们并不要求法院就具体的

[①] 见张卫平:《民事再审:基础置换与制度重建》,载《中国法学》2003年第1期。
[②] 江伟主编:《民事诉讼法学原理》,中国人民大学出版社1999年版,第377页。

案件行使审判权,并不具有诉讼上的利益主张,所以不是当事人。

第三,必须在诉状中明确表示。不管是通过口头起诉的笔录,还是书面的民事诉状,其中明确表示为原告和被告的人,不问是不是民事权利和法律关系的主体,也不问其对诉讼标的有无实体处分权,都是当事人。原告与被告,在具体诉讼中必须是明确具体的①,否则就不能称其为诉讼。

在理解民事诉讼当事人的含义和特征时,还要注意以下两点:

(1) 并不必然要求与本案真正具有实体上的利害关系

确实,绝大多数民事诉讼当事人都会与本案真正具有实体上的利害关系,但在起诉之时尚未审判之前,是很难从实质上准确审查和判断,起诉者和被起诉者是否与本案真正具有实体上的利害关系,而只能从形式上大致加以审查和判断。当事人是否与本案真正具有实体上的利害关系,只有等审理到一定程度,或者等作出判决,才能得出准确的结论。如果从一开始,就要求当事人必须与本案真正具有实体上的利害关系,不仅没有现实可能性,而且还会使一些表面上看来没有实体利害关系,实质上却与本案真正具有实体利害关系的当事人被拒之门外,不利于诉权的保护和实体权利的普遍性救济。

(2) 并不必然要求为维护自己的权益进行诉讼

确实,绝大多数民事诉讼当事人是为了维护自己的私人权益而进行诉讼的,但在涉及国家或者社会公共利益保护的民事诉讼中,就很难说当事人一定要为维护自己的权益而进行诉讼,否则就不利于公共利益的诉讼救济。这样说并不意味着当事人可以打着公益保护的旗号任意提起诉讼。法院在审查起诉时,不仅要对公共利益和私人利益作出判断,而且要对案件是否具有诉的利益作出判断。一般而言,诉的成立必须要有诉的利益,没有利益的诉,只会导致司法资源的浪费和民事生活无端处于不确定的状态。诉的利益问题,是诉是否成立和是否拥有诉权的问题。

民事诉讼当事人的诉讼权利,是指法律赋予当事人在诉讼过程中可以为自己的合法权益而自行处分的自由。当事人在诉讼中的自由处分,无非围绕实体权益或者有关诉讼本身的权利进行。但不管是对实体权益的维护、处分和实现,还是对当事人进行诉讼本身的保障,都是通过当事人行使诉讼权利来得以实现的。对当事人诉讼权利的保障,在另外一种意义上,就是对当事人实体权益的维护。当事人通过对诉讼权利的行使,一边处分着自己的民事实体权益,一边决定和推动着诉讼的发生、发展和终结。而其他诉讼参与人,除非诉讼代理人经过当事人的特别授权,是不能对案件的实体权益进行处分,不能对案件的诉讼进程起决定性作用的。这是当事人的诉讼权利,区别于诉讼代理人、鉴定人、翻译人、记

---

① 我国《民事诉讼法》第119条第2项规定,起诉的条件之一就是"有明确的被告"。

录人、证人等其他诉讼参与人的诉讼权利的地方。根据我国《民事诉讼法》第44、45、49、50、51条以及相关条文的规定,当事人的诉讼权利概括起来主要有以下两类:

(1) 用以处分和实现实体权利的诉讼权利。这类权利又分两种:第一种是用以处分实体权利的诉讼权利,主要包括:承认、放弃、变更诉讼请求权,请求和接受调解权、和解权,等等;第二种是用以实现实体权利的诉讼权利,主要包括:申请执行权、申请先予执行权等;

(2) 用以保障当事人进行诉讼的诉讼权利。这类权利主要包括:(原告)起诉权,(被告)反诉权,上诉权,申请再审权,撤回起诉和撤回上诉权,使用本民族语言文字进行诉讼权,委托诉讼代理人权,申请回避权,收集提供证据权,质证权,辩论权,申请保全权,查阅和复制本案有关材料权,等等。

民事诉讼当事人的诉讼义务,是指法律对当事人在诉讼过程中应当为或者不为一定行为的要求。根据我国《民事诉讼法》及相关司法解释的规定,当事人在诉讼过程中应当履行以下主要诉讼义务:

(1) 依法、正确行使诉讼权利。不得滥用诉讼权利而损害国家、集体或者他人的合法权益,不得侵害对方当事人和其他诉讼参与人的诉讼权利。

(2) 遵守诉讼秩序。如,接受法院传唤、按时到庭、遵守法庭纪律、服从法庭指挥等。

(3) 履行发生法律效力的判决、裁定和调解书。

(4) 按照规定交纳一定的诉讼费。

有独立请求权的第三人,相当于原告的地位,因此其享受权利承担义务与原告相同。无独立请求权的第三人,一般不具有实体上的处分权,只有在人民法院判决其承担民事责任时,才具有当事人的诉讼权利义务,才是当事人。因此其在诉讼过程中的诉讼权利,相对于原告、被告而言是有限的。

(二) 行政诉讼当事人

行政诉讼当事人,是指因具体行政行为发生争议,以自己的名义到法院涉诉应诉和参加诉讼,并受法院裁判约束的公民、法人、其他组织以及行政机关。行政诉讼的当事人有广义和狭义之分。广义的当事人包括原告、被告、共同诉讼人和第三人。狭义的当事人,仅指原告和被告。行政诉讼当事人具有以下特征:

(1) 以自己的名义进行诉讼;

(2) 与行政案件有直接或间接的利害关系;

(3) 受人民法院裁判的拘束。

行政诉讼当事人在行政诉讼中享有广泛的诉讼权利,主要有:

(1) 使用本民族语言文字进行诉讼的权利;

(2) 进行辩论的权利;

(3) 委托代理人进行诉讼的权利;

(4) 经人民法院许可,查阅本案庭审材料的权利,但涉及国家秘密和个人隐私的材料除外;

(5) 在证据可能灭失或以后难以取得的情况下,向人民法院申请证据保全的权利;

(6) 申请财产保全的权利;

(7) 申请回避和对人民法院回避决定不服时申请复议的权利;

(8) 经审判长许可,向证人、鉴定人和勘验人员发问的权利;

(9) 查阅并申请补正庭审笔录的权利;

(10) 提起上诉的权利;

(11) 对已生效的人民法院裁判有提出申诉的权利;

(12) 申请法院强制执行生效裁判的权利;

(13) 向人民法院提起行政诉讼的权利;

(14) 申请人民法院裁定停止被诉具体行政行为的权利;

(15) 放弃、变更、增加诉讼请求的权利;

(16) 申请先予执行的权利;

(17) 应诉和答辩的权利;

(18) 在第一审程序中有改变被诉具体行政行为的权利。

行政诉讼当事人在享受权利的同时,须履行下列义务:

(1) 必须依法正确行使权利,不得滥用诉讼权利的义务;

(2) 必须遵守诉讼秩序,服从法庭指挥,不得实施妨害诉讼秩序行为的;

(3) 应当自觉履行人民法院生效裁判的义务;

(4) 被告行政机关在行政诉讼中负有举证和提供证据的义务;

(5) 被告行政机关在诉讼过程中不得自行向原告和证人收集证据的义务。

(三) 刑事诉讼当事人

刑事诉讼当事人,是指在诉讼中处于追诉(原告)或被追诉(被告)的地位,执行控诉(起诉)或辩护(答辩)职能,并同案件事实和案件处理结果具有切身利害关系的诉讼参与人。《刑事诉讼法》第 106 条第 2 项规定,刑事诉讼当事人是指被害人、自诉人、被告人、犯罪嫌疑人、附带民事诉讼的原告人和被告人。

1. 被害人

被害人是指在刑事案件中其人身、财产或其他权益遭受犯罪行为侵害的人。广义上的被害人,既包括刑事自诉案件的被害人,也包括刑事公诉案件的被害人。狭义上的被害人,仅指公诉案件中的被害人。在刑事诉讼中,被害人属于当事人之一。

被害人的诉讼权利主要有:① 请求立案;② 申请回避;③ 委托诉讼代理人;

④ 要求赔偿损失；⑤ 对不立案和不起诉的决定向检察机关提出申诉或依法向法院提起自诉；⑥ 出席法庭并陈述案情,发问被告人,参加证据调查与质证,申请通知新的证人到庭,调取新的物证,重新鉴定或勘验,参加法庭辩论；⑦ 对一审判决在法定期限内请求抗诉；⑧ 对生效判决或裁定提出申诉,要求重新审判等。

被害人承担的主要义务有：① 如实向公安司法机关陈述案件事实的义务；② 接受公安司法机关对其进行人身检查的义务；③ 接受公安司法机关传唤的义务；④ 在法庭上接受询问和回答问题的义务；⑤ 遵守法庭秩序的义务等。

2. 自诉人

在刑事诉讼案件中,以自己的名义直接向人民法院提起诉讼,要求追究某人刑事责任的当事人,称为自诉人。通常情况下,自诉人往往就是被害人。对于自诉案件,没有公诉机关的公诉活动,自诉人的告诉会直接引起刑事自诉程序的进行。从这个意义上说,自诉人的地位类似于民事诉讼中的原告,当然也就具有原告的诉讼权利和义务。

自诉人的诉讼权利有下列几项：

（1）直接向人民法院提起诉讼的权利；

（2）随时委托诉讼代理人的权利；

（3）在告诉才处理的案件和被害人有证据证明的轻微刑事案件中,人民法院宣判前,同被告人自行和解或撤回自诉的权利；

（4）在轻微刑事案件中,在人民法院的主持下,与被告人达成调解的权利；

（5）参加法庭调查和法庭辩论权的权利；

（6）申请回避的权利；

（7）对因客观原因不能取得的有关证据,申请人民法院调查取证的权利；

（8）对第一审人民法院还没有发生法律效力的判决、裁定提出上诉的权利；

（9）对生效判决、裁定提出申诉的权利。

自诉人的诉讼义务有：

（1）对自己的主张和请求提供证据证明的义务；

（2）不得捏造事实诬告陷害他人或者伪造证据的义务；

（3）按时出庭的义务；

（4）遵守法庭纪律,听从审判人员指挥的义务。

刑事附带民事诉讼的原告与被告的权利义务,与民事诉讼中一样。

3. 被告人

被告人是指对涉嫌犯罪而受到正式刑事控诉的人。控诉是指依法拥有起诉权的部门或个人,向法院提出正式控告,要求追究某人刑事责任的法律行为,它是刑事审判程序的启动器。在正式控诉之前,涉嫌犯罪之人称为犯罪嫌疑人。

刑事诉讼中,被告人享有以下主要诉讼权利:

(1) 运用本民族语言文字进行诉讼的权利。

(2) 获得辩护的权利。

(3) 申请回避的权利。

(4) 对于司法工作人员侵犯其合法的诉讼权利和人身侮辱的行为提出控告的权利。

(5) 未经法院依法判决,不得被确定有罪的权利。任何人未经人民法院判决,不能被确认为有罪和处以刑罚。公民无需证明自己的无罪和清白,指控方若不能提出有罪证据,被告人就是无罪的,举证责任应当由指控方承担。

(6) 参与法庭审理的权利,具体又包括:① 了解被指控的犯罪事实和证据的权利;② 辨认物证、书证,申请审判长对证人、鉴定人发问,或者经审判长许可直接发问的权利;③ 了解未到庭的证人证言、鉴定人鉴定意见、勘验笔录的内容,并提出意见的权利;④ 通知新的证人到庭,调取新的物证、书证,申请重新鉴定或者勘验的权利;⑤ 阅读法庭庭审笔录并请求补充和更正的权利;⑥ 拒绝回答与本案案情无关的问题的权利;等等。

(7) 进行最后陈述的权利。

(8) 参加法庭辩论的权利,对一审判决、裁定提起上诉的权利,对于已经发生法律效力的判决、裁定提出申诉的权利,等等。

在享有诉讼权利的同时,犯罪嫌疑人或被告人也负有相应的诉讼义务。如:应当如实陈述案情,回答法庭的提问,不得伪造证据、隐匿证据,对司法工作人员依法进行的诉讼活动应当给予配合,遵守法庭规则等。

五、证人和鉴定人

(一) 证人

证人是指通过其自身感觉器官直接了解案件情况并受法院传唤到庭作证的人。此处所称证人是指狭义的证人,即通过其亲身感知而知悉案件事实的诉讼外第三人。两大法系有关国家将鉴定人、专家证人、当事人,均视为广义上的证人。

证人作证应具有证人资格。证人资格是由以下特征所决定的:

其一,是了解案件事实的自然人。只有自然人才能凭借感官感知案件事实。

其二,是就自己所了解的情况向法院进行相关陈述的人。这就要求证人须具备一定的语言表达能力,以便真实、清楚地表达自己所感知的案件事实。

其三,一般情况下是诉讼当事人以外的第三人。

证人在诉讼中享有一定的权利并承担相应的义务。证人的权利有:

(1) 用本民族语言文字提供证言、证词的权利;

(2) 刑事诉讼中的证人在侦查期间可要求对其姓名保守秘密的权利;

(3) 客观地充分提供证据的权利;

(4) 对司法人员的侵权行为提出控告的权利;

(5) 因作证而受到当事人等侮辱、诽谤、殴打或者打击报复的,有要求对行为人予以制裁的权利;要求经济补偿的权利;拒绝证言的权利;及时得到出庭作证的通知的权利。

证人的义务有:① 及时出庭作证的义务;② 如实作证的义务;③ 宣誓的义务;④ 接受法官、当事人等的询问的义务;⑤ 遵守法庭秩序的义务;等等。

(二) 鉴定人

鉴定人应当具备下列条件:第一,必须是具有鉴定权的单位的成员;第二,必须是成年的公民;第三,必须具备较充分的专门知识。根据2005年《关于司法鉴定管理问题的决定》第4条和司法部2005年《司法鉴定人登记管理办法》第12条的规定,个人申请从事司法鉴定业务,应当具备下列条件:

(1) 拥护中华人民共和国宪法,遵守法律、法规和社会公德,品行良好的公民。

(2) 具有相关的高级专业技术职称,或者具有相关的行业执业资格或者高等院校相关专业本科以上学历,从事相关工作5年以上。

(3) 申请从事经验鉴定型或者技能鉴定型司法鉴定业务,应当具备相关专业工作10年以上经历和较强的专业技能。

(4) 所申请从事的司法鉴定业务,行业有特殊规定的,应当符合行业规定。

(5) 身体健康,能够适应司法鉴定工作的需要。

鉴定人与证人存在以下五个方面的主要区别:

其一,证人陈述的是自己耳闻目睹的具体事实,其向法庭提供的是一种感知证据;鉴定人提供的鉴定报告旨在利用其专有知识、学识、经验对案件事实所涉及的专门性问题进行判断与分析,以补充法官在相关专业、学识和经验上的不足。鉴定人向法庭提供的是一种意见证据。

其二,证人因亲身感知过案件事实而有不可替代性,不能任意在主观上决定某一个人具有这种特定资格;鉴定人向法庭所采用的作证方式与一般证人不同,鉴定人资格具有任意性,即凡是具备某种特定专门知识,学识和经验的人,都有可能具备鉴定人资格。并且,具有鉴定人资格的人在人数上也是不确定的,甚至是无法计算的。鉴定人具有可替代性。

其三,证人不存在是否需要回避的问题;而鉴定人只要与本案当事人有利害关系或其他法定情况,便应当回避,以保证鉴定的客观、公正性。

其四,传唤证人出庭作证只能由当事人向法院提出申请;而由鉴定人对审判上所遇到的专门性问题从事鉴定,除依法由当事人向法庭提出申请外,还可由法院依职权进行委托。

其五,如证人拒不到庭又无正当理由,必要时对证人可采取拘传迫使其到庭;而鉴定人无正当理由拒不到庭的,则不适用拘传,只能更换鉴定人。

根据司法部 2005 年《司法鉴定人登记管理办法》第 21 条的规定,司法鉴定人享有下列主要权利:

(1) 了解、查阅与鉴定事项有关的情况,询问与鉴定事项有关的当事人、证人的权利;

(2) 要求鉴定委托人无偿提供鉴定所需的鉴材、样本的权利;

(3) 进行鉴定所需的检验、检查和模拟实验的权利;

(4) 拒绝解决、回答与鉴定无关的问题的权利;

(5) 鉴定意见不一致时,保留不同意见的权利;

(6) 获得合法报酬的权利;

(7) 法律、法规规定的其他权利。

司法鉴定人承担以下主要义务:

(1) 按照规定时限独立完成鉴定工作,并出具鉴定意见的义务;

(2) 对鉴定意见负责的义务;

(3) 依法回避的义务;

(4) 妥善保管送鉴的鉴材、样本和资料的义务;

(5) 保守在执业活动中知悉的国家秘密、商业秘密和个人隐私的义务;

(6) 依法出庭作证,回答与鉴定有关的询问的义务;

(7) 法律、法律规定的其他义务。

第四节 模拟审判的庭审阶段和任务

模拟审判开庭审理的阶段和任务,与真实审判在大体一致的前提下,又具自身的教学特色。"三大诉讼"一审案件普通程序的模拟审判开庭审理,大致均可按照以下顺序进行:模拟审判开庭的准备——开庭——法庭调查——法庭辩论——法庭调解——休庭评议——宣判——签阅庭审笔录和闭庭——即兴问答——统计模拟庭审现场评分和指导教师点评。

一、模拟审判开庭的准备

开庭前的准备是模拟审判中的起点和龙头,开庭审理是否能够成功、教学目标是否能够达到,关键看准备。这些准备工作包括:

(1) 实习动员和注意事项讲授;

(2) 审判小组的分配和组内审判角色的分工;

(3) 案件的选择;
(4) 案件资料的教学处理和加工;
(5) 相关审前文书的撰写;
(6) 问答论辩的预演和配合训练;
(7) 教师答疑和指导,等等。

这些准备工作,有些由教师和学生分别单独完成,有些需要师生共同配合完成,统一服务于每次具体模拟审判教学的需要。尤其要引导学生利用网络时代的资讯信息,如司法公开"三大平台"(中国裁判文书网、审理流程信息平台、执行信息平台)及新媒体的法院动态信息等。

每次模拟审判庭审开始时,为了让旁听学生了解本次模拟审判案件的大致案情及主要争点,可以要求模拟审判小组予以介绍。具体工作由书记员完成。条件许可的,可以印发简单的资料,或者在模拟法庭室内的教学黑板上写明本次模拟审判的简要案情和主要争点。

二、开庭

书记员宣布当事人及其诉讼代理人入庭,然后宣布法庭纪律。书记员宣布全体起立,请审判长、审判员、陪审员入庭。书记员向审判长报告当事人及其诉讼代理人的出庭情况。审判长核对当事人及其诉讼代理人的身份,并询问各方当事人对于对方出庭人员有无异议。

在刑事案件模拟审判中,审判长宣布开庭,传被告人到庭后,应当查明被告人的下列情况:(1) 姓名、出生年月、民族、出生地、文化程度、职业、住址,或单位名称、住所地、辩护人或诉讼代理人的姓名、职务;(2) 是否曾受过法律处分及处分的种类、时间;(3) 是否被采取强制措施及强制措施的种类、时间;(4) 收到人民检察院起诉书副本的日期,附带民事诉讼被告人收到民事诉状的日期。根据最高人民法院《关于适用〈中华人民共和国刑事诉讼法〉的解释》(以下简称《刑诉法适用解释》)第190条的规定,被告人人数较多的,可以在开庭前查明上述情况,但开庭时审判长应当作出说明。

然后,审判长宣布案由,不公开审理的应当说明理由。

刑事公诉案件中的被害人、诉讼代理人、证人、鉴定人,经人民法院传唤或者通知未到庭,不影响开庭审判的,人民法院可以开庭审理。刑事自诉案件中的自诉人经两次依法传唤,无正当理由拒不到庭的,或者未经法庭许可中途退庭的,按撤诉处理。根据《刑诉法适用解释》第274条的规定,部分自诉人撤诉或者被裁定按撤诉处理的,不影响案件的继续审理。

审判长宣布合议庭组成人员、书记员、公诉人、辩护人、鉴定人和翻译人员等诉讼参与人的名单。

民事诉讼中的被告经人民法院传票传唤,无正当理由拒不到庭的,审判长可以宣布缺席审理,并说明传票送达合法和缺席审理的依据。无独立请求权的第三人经人民法院传票传唤,无正当理由拒不到庭的,不影响案件的审理。

审判长应当告知当事人、法定代理人,在法庭审理过程中依法享有下列权利:(1)可以申请合议庭组成人员、书记员、公诉人、鉴定人和翻译人员回避;(2)可以提出证据,申请通知新的证人到庭、调取新的证据、重新鉴定或者勘验、检查;(3)被告人可以自行辩护;(4)被告人可以在法庭辩论终结后作最后的陈述。

审判长应当分别询问当事人、法定代理人,是否申请回避,申请何人回避,以及申请回避的理由。

如果当事人、法定代理人申请审判人员、出庭支持公诉的检察人员回避,合议庭认为符合法定情形的,应当宣布休庭;认为不符合法定情形的,应当当庭驳回,继续法庭审理。

如果申请回避人当庭申请复议,合议庭应当宣布休庭,待作出复议决定后,决定是否继续法庭审理。同意或者驳回回避申请的决定及复议决定,由审判长宣布,并说明理由。必要时,也可以由院长到庭宣布。

三、法庭调查

法庭调查的任务,主要是通过宣读起诉书和当事人陈述、证人作证、出示书证、物证和视听资料,宣读鉴定意见和勘验、检查笔录等举证和质证活动,查明案件事实,审查核实证据。

我国《民事诉讼法》第138条规定:"法庭调查按照下列顺序进行:(一)当事人陈述;(二)告知证人的权利义务,证人作证,宣读未到庭的证人证言;(三)出示书证、物证、视听资料和电子数据;(四)宣读鉴定意见;(五)宣读勘验笔录。"

民事、行政案件模拟审判的法庭调查,可以按照下列顺序进行:

(1)当事人陈述。陈述的顺序按"原告—被告—第三人"进行。陈述后由对方当事人提出承认、异议或者反驳的意见。

(2)争点归纳或法庭调查重点提示。审判长或独任审判员归纳本案争议焦点或者法庭调查重点,并征求当事人的意见。原告增加诉讼请求,被告提出反诉,第三人提出与本案有关的诉讼请求,可以合并审理的,人民法院应当合并审理。

(3)证据出示(含证人作证)和质证。原告出示证据,被告质证;被告出示证据,原告质证。原被告对第三人出示的证据质证,第三人对原告或者被告出示的证据质证;审判人员出示法庭收集的证据,原告、被告和第三人质证。经审判长许可,当事人可以向证人发问,当事人也可以互相发问。证据出示的顺序,按照"告知出庭证人的权利义务——证人作证或者宣读未到庭证人的证言——出示书证、物证、视听资料和电子数据——宣读鉴定意见——宣读勘验笔录"依次进行。

（4）证据的认定。经过庭审质证的证据能够当即认定的,应当当即认定;不能当即认定的,可以休庭合议后再予以认定;合议后认为需要继续举证或者进行鉴定、勘验的,可以在下次开庭质证后认定。

（5）法庭调查结束前的归纳和总结。法庭调查结束前或者决定再次开庭的休庭前,审判长或者独任审判员,应当就法庭调查认定的事实和当事人争议的问题,进行归纳和总结。

刑事案件模拟审判的法庭调查,应当先由公诉人宣读起诉书;有附带民事诉讼的,再由附带民事诉讼的原告人或者其法定代理人、诉讼代理人宣读附带民事起诉状。起诉书指控被告人的犯罪事实为两起以上的,法庭调查时,一般应当就每一起犯罪事实分别进行。根据《刑诉法适用解释》的规定,经审判长许可,被害人及其法定代理人、诉讼代理人可以就公诉人讯问的犯罪事实补充发问;附带民事诉讼原告人及其法定代理人、诉讼代理人可以就附带民事部分的事实向被告人发问;被告人的法定代理人、辩护人、附带民事诉讼被告人及其法定代理人、诉讼代理人,可以在控诉一方就某一问题讯问完毕后,向被告人发问。审判人员可以讯问被告人。必要时,可以向被害人、附带民事诉讼当事人发问。证人作证,审判人员应当告知其要如实作证的义务,以及有意作伪证或者隐藏罪证的法律责任。证人、鉴定人作证前,应当保证向法庭如实提供证言,说明鉴定意见,并在保证书上签名。公诉人、当事人和辩护人、诉讼代理人经审判长许可,可以对证人、鉴定人发问。向证人、鉴定人发问,应当先由提请通知的一方进行;发问完毕后,经审判长许可,对方也可以发问。控辩双方的讯问、发问方式不当,或者内容与本案无关的,对方可以提出异议,申请审判长制止,审判长应当判明情况予以支持或者驳回;对方未提出异议的,审判长也可以根据情况予以制止。审判人员认为必要时,可以询问证人、鉴定人、有专门知识的人;公诉人、辩护人应当向法庭出示物证,让当事人辨认,对未到庭证人的证言笔录、鉴定意见、勘验、检查、辨认、侦查实验等笔录和其他作为证据的文书,应当当庭宣读。审判人员应当听取公诉人、当事人和辩护人、诉讼代理人的意见;法庭审理过程中,合议庭对证据有疑问的,可以告知公诉人、当事人及其法定代理人、辩护人、诉讼代理人补充证据,或者作出说明;必要时,可以宣布休庭,对证据进行调查核实。当事人和辩护人、诉讼代理人,有权申请通知新的证人到庭,调取新的物证,申请重新鉴定或者勘验。法庭对于上述申请,应当作出是否同意的决定。

四、法庭辩论

法庭辩论是指在审判人员的主持下,各方当事人或者控辩双方在法庭调查举证、质证的基础上,对案件事实和证据以及法律适用问题,阐明自己的观点,相互之间进行言辞辩论的诉讼活动。法庭辩论的主要任务,是通过当事人及其诉讼代理人、辩护人围绕争议焦点进行口头辩论,进一步查明案件事实、分清是非、明确责任。

民事、行政案件审判中的法庭辩论,按照下列顺序进行:
(1) 原告及其诉讼代理人发言;
(2) 被告及其诉讼代理人答辩;
(3) 第三人及其诉讼代理人发言或者答辩;
(4) 互相辩论。

辩论应当以理服人。必要时,审判长可以根据案情,限定当事人及其诉讼代理人每次发表意见的时间。第一轮辩论结束,审判长应当询问当事人是否还有补充意见。当事人要求继续发言的,应当允许,但要提醒不可重复。当事人没有补充意见的,审判长宣布法庭辩论结束。法庭辩论终结前,审判长按照原告、被告、第三人的先后顺序,征询各方的最后意见。

刑事案件审判中的法庭辩论,按照下列顺序进行:
(1) 公诉人发言;
(2) 被害人及其诉讼代理人发言;
(3) 被告人自行辩护;
(4) 辩护人辩护;
(5) 控辩双方进行辩论。

附带民事诉讼部分的辩论,应当在刑事诉讼部分的辩论结束后进行。先由附带民事诉讼原告人及其诉讼代理人发言,然后由被告人及其诉讼代理人答辩。

如果被告人当庭拒绝辩护人为其辩护,或者辩护人依照有关规定当庭拒绝继续为被告人进行辩护的,合议庭应当准许,宣布延期审理,由被告人另行委托或者由人民法院为其另行指定辩护律师。

如果再次开庭后,被告人再次当庭拒绝重新委托的辩护人或者人民法院指定的辩护律师为其辩护的,合议庭应当分别作出处理:如果被告人是成年人的,合议庭可以准许,但被告人不得再另行委托辩护人,人民法院也不再另行指定辩护律师,被告人可以自行辩护;如果被告人是盲、聋、哑人或者限制行为能力的人,或者开庭审理时不满18周岁的未成年人,或者可能被判处死刑的人,合议庭不予准许。

上述另行委托或指定辩护人的准备时间从案件宣布延期审理之日起至第

10日止,准备辩护时间不计入审限。

在法庭辩论活动中,还应注意以下几个问题:

(1)审判人员应当引导当事人围绕争议的事实和法律焦点问题进行辩论。具体来说,对被告人认罪的案件,法庭辩论时,可以引导控辩双方主要围绕量刑和其他有争议的问题进行。对被告人不认罪,或者辩护人作无罪辩护的案件,法庭辩论时,可以引导控辩双方先辩论定罪问题,后辩论量刑问题。对于当事人或控辩双方与案件无关、重复或者互相指责的发言应当制止。

(2)各方当事人在法庭辩论中依次发言,一轮辩论结束后当事人要求继续辩论的,可以进行下一轮辩论,但下一轮辩论不得重复上一轮辩论的内容。

(3)法庭辩论时,审判人员不得对案件性质、是非责任发表意见,不得与当事人进行辩论。

(4)在法庭辩论过程中,如果合议庭发现新的事实,认为有必要进行调查时,审判长可以宣布暂停辩论,恢复法庭调查,待事实查清后再继续法庭辩论。

五、法庭调解

对于民事案件或者刑事案件的附带民事诉讼部分,或者告诉才处理和被害人有证据证明的轻微刑事自诉案件,人民法院可以进行调解。

根据我国《民事诉讼法》第122条,适宜调解的民事纠纷,当事人不予拒绝的,应当先行调解。但行政诉讼案件(行政赔偿诉讼除外)、刑事公诉案件以及被害人有证据证明对被告人侵犯自己人身、财产权利的行为应当依法追究刑事责任,而公安机关或者人民检察院不予追究被告人刑事责任的刑事自诉案件,不适用调解。

法庭调解的具体程序和方法如下:

(1)调解所处的阶段和场合。法庭辩论终结至判决以前可以进行调解,可以当庭调解,也可以休庭后进行调解。

(2)调解所需的前提保证。应当在自愿、合法,不损害国家、集体和其他公民利益的前提下进行。

(3)调解方案的提出。调解时,可以先由各方当事人提出调解方案。必要时,合议庭可以根据双方当事人的请求提出调解方案,仅供各方当事人参考;也可以先分别征询各方当事人意见,而后进行调解。

(4)调解结果的准许与生效。经过调解达成协议的,合议庭应当宣布调解结果。各方当事人应当在调解协议上签字盖章,人民法院据此制作调解书送达当事人,并经各方当事人签字后即发生法律效力。如果当即履行完毕的,可以记入笔录而不制作调解书,各方当事人、合议庭成员、书记员签名盖章后即发生法律效力。

调解没有达成协议或者调解书签收前当事人反悔的,人民法院应当进行判决。刑事自诉案件中,人民法院裁定准许自诉人撤诉或者当事人自行和解的案件,被告人被采取强制措施的,应当立即予以解除。

六、休庭评议

民事案件或者刑事案件的附带民事诉讼部分,当事人不愿意调解或者调解不成的,合议庭应当休庭进行评议。刑事案件审理经过被告人最后陈述后,应当宣布休庭,合议庭进行评议。

休庭评议主要围绕案件的性质、认定的事实、适用的法律、是非责任和处理结果等方面进行。

具体就刑事案件而言,合议庭评议案件,应当根据已经查明的事实、证据和有关法律规定,在充分考虑控辩双方意见的基础上,确定被告人是否有罪、构成何罪,有无从重、从轻、减轻或者免除处罚的情节,应否处以刑罚、判处何种刑罚,附带民事诉讼如何解决,查封、扣押、冻结的财物及其孳息如何处理等,并依法作出判决、裁定。

合议庭评议案件应当秘密进行,并实行少数服从多数的原则。评议应当制作笔录,由合议庭成员在笔录上签名。评议中的不同意见,书记员也必须如实记入笔录。评议笔录不得对外公开。

评议中如果发现案件事实尚未查清,需要当事人补充证据或者由人民法院自行调查收集证据的,可以决定延期审理,由审判长在继续开庭时宣布延期审理的理由和时间,以及当事人提供补充证据的期限。

七、宣判

宣告判决,一律公开进行。

宣告判决时,法庭内全体人员应当起立。

公诉人、辩护人、被害人、自诉人或者附带民事诉讼的原告人未到庭的,不影响宣判的进行。

宣判的方式分为当庭宣判和定期宣判。

当庭宣判是指在合议庭评议后,由审判长宣布继续开庭并宣读裁判结果。民事、行政案件当庭宣判的,应当在10日内发送判决书。刑事案件当庭宣判的,应当在5日以内将判决书送达当事人和提起公诉的人民检察院。

定期宣判又称另定期日宣判,即在开庭审理之日以后的期日公开宣告判决。定期宣判的,宣判后立即发送判决书。

宣判的内容包括:认定的事实、适用的法律、判决的结果和理由、诉讼费用的负担、当事人的上诉权利、上诉期限和上诉的法院。

宣告离婚判决,还必须告诉当事人在判决发生法律效力之前不得另行结婚。

八、签阅庭审笔录和闭庭

法庭审理的全部活动记入笔录后,由审判人员和书记员签名。

法庭笔录可以当庭宣读,也可以告知当事人和其他诉讼参与人当庭或者在闭庭后5日内阅读。当事人和其他诉讼参与人认为自己的陈述记录有遗漏或者差错的,有权申请补正。如果不予补正,应当将申请记录在案。

法庭笔录由当事人和其他诉讼参与人签名或者盖章。拒绝签名盖章的,记明情况附卷。

履行了庭审笔录的必要手续后,审判长宣布闭庭。书记员宣布全体起立,合议庭成员等退庭。然后,再由书记员宣布当事人和旁听人员退庭。刑事公诉案件的审理中,要注意先将被告人押出法庭重新羁押,然后再宣布闭庭。

九、即兴问答

模拟审判闭庭后,整个审理活动已经告一段落。但作为一种法律教学形式,指导教师可以设计"即兴问答"项目。即由旁听学生或群众向参加模拟审判的审判人员、公诉人员、书记员、当事人等提出自己对本次模拟审判的观感和疑问,被问的相关人员应当作出回答和解释。

提出的问题也不必局限于模拟审判中出现的情况,一些本案未曾涉及的问题也可以提问。如管辖、回避、延期审理、诉讼中止、撤诉、反诉、缺席判决等程序法问题以及相关的实体法问题,等等。

这样既解开了问者的疑惑,也检验了被问者的法学功底和临场反应能力。对于其他旁听群众或学生,也开阔了法学知识的视野。指导教师也可以从中发现教学中存在的问题,甚或完善法律制度的研究课题和方向,引导和培育学生日后法律实务或研究的责任感和使命感。

这样就将模拟审判与书本知识、司法实务有机地结合起来,避免了"只想不做"或者"只做不想",或者以往只审理不总结、只模仿不创新的做法。

十、统计模拟庭审现场评分和指导教师点评

即兴问答后,可以由指导教师(含临时外聘的司法实务工作者)和事先指定的旁听学生组成评委,对本次模拟审判中担任角色的人员,分别比照本角色的要求,从仪表、表达能力、法律运用技巧、回答问题情况、本模拟审判小组的整体表现,以及本小组模拟审判所选案件的典型性、难易度、新颖性、现实性等方面,进行现场评分。并将现场评分当场公布和统计,使同学们找到自己的差距和以后需要努力的方向。指导教师可以在这个时候现场点评,指出不足和肯定优点,并

对即兴问答中未能解决的问题给出明确的结论或观点。值得注意的是,对于法律并未明文规定或者尚未形成共识的问题,指导教师在阐明自己观点的基础上,切忌武断地下结论,而应引导学生进行思考和研究,一味追求所谓"标准答案"的法律教学是不可取的。

第五节　模拟审判的举证、质证、认证

一、模拟审判的举证

模拟审判中所有的证据都必须当庭出示,负有举证证明责任的当事人如果不能提出证据证明自己的诉讼主张,就要承担败诉的风险。

民事诉讼证据收集提供的主体,主要是当事人及其诉讼代理人。民事诉讼中的绝大多数证据都应当由当事人及其诉讼代理人负责收集和提供。但人民法院应当调查收集当事人及其代理人因客观原因不能自行收集的证据,以及人民法院认为审理案件需要的证据。根据现行民事诉讼法和有关的司法解释,当事人对自己提出的主张,有责任而且应当及时提供证据。人民法院应当在审理前的准备阶段确定当事人的举证期限,或者由当事人协商举证期限并经法院准许,但不得低于法定的期限。当事人确有困难在确定期限内提供证据的,人民法院可以根据其申请,予以适当延长。当事人逾期提供证据的,应当向人民法院说明理由。对当事人故意或者因重大过失逾期提供的证据,人民法院不予采纳,或者对与案件基本事实有关的证据予以采纳但对当事人予以训诫、罚款。当事人向人民法院提供证据,应当提供原件或原物。如需自己保存证据原件、原物或者提供原件、原物确有困难的,可以提供经人民法院核对无异的复制件或者复制品。当事人向人民法院提供的证据如果是在中华人民共和国领域外形成的,该证据还应当经所在国的公证机关予以证明,并经中华人民共和国驻该国使领馆予以认证,或者履行中华人民共和国与该国有关条约中规定的证明手续。当事人向人民法院提供的证据如果是在我国香港、澳门、台湾地区形成的,也应当履行相关的证明手续。根据我国现行《民事诉讼法》第66、67条的规定,人民法院收到当事人提交的证据材料后,应当出具由经办人员签名或者盖章的收据,写明证据名称、页数、份数、原件或者复印件以及收到时间等。同时,人民法院有权向有关单位和个人调查取证,有关单位和个人不得拒绝。

行政诉讼证据的收集提供,除了自身的特性外,其他原理与民事诉讼证据收集提供基本相同。其中,作为被告的行政机关是主要的举证主体,应当向法院提供证据证明被诉具体行政行为的合法性。由于行政诉讼的原告不负举证证明责任,所以一般情况下原告是"可以"提供证据。原告只在两种情形下"应当"提供

证据：一是在起诉被告不作为的案件中，除非"被告应当依职权主动履行法定职责"或"原告因被告受理申请的登记制度不完善等正当事由不能提供相关证据材料并能够作出合理说明"，原告应当提供其在行政程序中曾经提出申请的证据材料；二是在行政赔偿诉讼中，原告应当对被诉具体行政行为造成损害的事实提供证据。值得注意的是，根据行政诉讼的基本原理，一般情况下，法院只能根据原告或者第三人的申请调取证据，而不能根据被告的申请调取证据。被告申请法院调取的证据，应当仅限于行政机关在行政程序中已经取得复印件、复制件而无法收集证据原件或者原物等情形。即法院调取的证据，只限于印证行政机关原有证据的真实性。①

刑事诉讼证据收集提供的主体，主要是公安机关、检察机关、人民法院和自诉案件中的自诉人。根据我国现行《刑事诉讼法》第 39、40、41、49、50、52 条的规定，被告人有罪的举证责任，由公诉案件中的人民检察院，或者自诉案件中的自诉人承担。不得强迫任何人"自证其罪"。审判人员、检察人员、侦查人员必须依照法定程序，收集能够证实犯罪嫌疑人、被告人有罪或者无罪、犯罪情节轻重的各种证据。严禁刑讯逼供和以威胁、引诱、欺骗以及其他非法方法收集证据。必须保证有关公民，有客观、充分提供证据的条件。犯罪嫌疑人、被告人及其辩护人，有提供证据的权利，他们可以向公安司法机关提供证据，证明其无罪、罪轻或者减轻、免除刑事处罚。辩护人有权申请人民检察院和人民法院调取，其认为在侦查、起诉期间，公安机关、人民检察院收集但未提交的，证明犯罪嫌疑人、被告人无罪或者罪轻的证据材料。辩护人也应当，将其收集的有关犯罪嫌疑人不在犯罪现场、属于依法不负刑事责任的精神病人、未达到刑事责任年龄的证据等，及时告知公安机关和人民检察院。辩护律师经证人或者其他有关单位和个人同意，可以向他们收集与本案有关的材料，也可以申请人民检察院、人民法院收集、调取证据，或者申请人民法院通知证人出庭作证。辩护律师经人民检察院或者人民法院许可，并且经被害人或者其近亲属、被害人提供的证人同意，可以向他们收集与本案有关的材料。人民法院、人民检察院和公安机关，有权向有关单位和个人收集、调取证据，有关单位和个人应当如实提供。对涉及国家秘密、商业秘密和个人隐私的证据，应当保密。无论何方，伪造、隐瞒或者毁灭证据的，都必须受到法律追究。

二、模拟审判的质证

模拟审判的质证，是指在审判人员的主持下，当事人双方就法庭审理中提出

---

① 参见李国光主编、最高人民法院行政审判庭编著：《最高人民法院〈关于行政诉讼证据若干问题的规定〉释义与适用》，人民法院出版社 2002 年版，第 257 页。

的证据材料,围绕其真实性、关联性、合法性以及证明力等问题进行辨认和质对的诉讼活动。

质证的程序主要涉及证据出示,发问或讯问的顺序、方式和内容等。质证的方法主要围绕证据的客观真实性、程序合法性、与案件的关联性以及与其他证据的关系等方面进行。

民事案件模拟审判中的质证,按下列顺序进行:(1)原告出示证据,被告、第三人与原告进行质证;(2)被告出示证据,原告、第三人与被告进行质证;(3)第三人出示证据,原告、被告与第三人进行质证。

行政案件模拟审判中的质证,可参照上述民事诉讼的质证顺序进行。

掌握民事、行政诉讼的质证顺序时,还应当注意:(1)人民法院依照当事人申请调查收集的证据,作为提出申请的一方当事人提供的证据,由该方当事人在庭审中出示,并由对方当事人质证;(2)人民法院依职权调查收集的证据应当在庭审时出示,听取当事人意见,并可就调查收集该证据的情况予以说明;(3)案件有两个以上独立的诉讼请求的,当事人可以逐个出示证据进行质证。

刑事诉讼中的质证,根据现行刑事诉讼法和有关的司法解释规定,一般按以下顺序进行:控诉方出示证据——辩控双方质证——辩护方出示证据——控辩双方质证。

下面是几种主要证据的质证方法和程序:

(一)对书证、物证、视听资料的质证

1. 质证的原物、原件优先规则

对物证、书证、视听资料进行质证时,当事人应当出示证据的原件或原物,而且有权要求对方当事人出示原件或原物。视听资料应当当庭播放或者显示,并由当事人进行质证。但在下列两种情况中,可以出示复制件或复制品:(1)出示原件或原物确有困难并经法庭准许的;(2)原件或者原物已不存在,但可以出示其他证据证明复制件、复制品与原件或者原物一致的。

2. 质证的具体内容和范围

对书证、物证、视听资料的质证,当事人双方或控辩双方应当围绕下列问题进行:(1)真伪、来源及是否为原件,视听资料的形成及时间、地点和周围的环境;(2)与本案的联系及与其他证据的联系;(3)物证的属性或书证、视听资料的内容以及所要证明的问题;(4)取得证据的程序是否合法;(5)播放视听资料的设备是否可靠,视听资料是否被伪造、变造;(6)在民事、行政诉讼中出示的,是否在举证时限内提出,是否按照法律规定和法院的指定进行了证据交换。如果超过举证时限提出,就不能进行质证。如果在庭前的证据交换中,双方都没有争议的书证、物证、视听资料,经审判人员在庭审中说明后,也没有必要质证;(7)在刑事诉讼中出示的,是否属于公诉方出示的证据目录范围,如果是证据目录以外的书证、物证、视听资料,辩护方有权建议法庭不予采信,或者要求延期审理。

(二) 对证人和证人证言的质证

1. 证人的条件和范围

凡是知道案件情况的人,除不能正确表达意思的人以外,都可以作为证人。但不能正确表达意思的人,不能作为证人。待证事实与其年龄、智力状况或者精神健康状况相适应的无民事行为能力人和限制民事行为能力人,可以作为证人。

2. 证人出庭作证的义务和可以不出庭的情况

证人有出庭作证的义务,但须经人民法院通知。

根据我国现行《民事诉讼法》第73条的规定,民事、行政诉讼中的证人,存在下列不能出庭的特殊情况,经人民法院许可,可以通过书面证言、视听传播技术或者视听资料等方式作证:"(1) 因健康原因不能出庭的;(2) 因路途遥远,交通不便不能出庭的;(3) 因自然灾害等不可抗力不能出庭的;(4) 其他有正当理由不能出庭的。"

下列两种例外情况,证人不必再出庭作证:(1) 民事诉讼中的证人在人民法院组织双方当事人交换证据时出席陈述证言的,可视为出庭作证,因而不必再出庭作证;(2) 行政诉讼中的当事人在行政程序或者庭前证据交换中,对证言无异议的,经法院许可,庭审时当事人也可以提交书面证言,因而也不必再出庭作证。

刑事诉讼中,证人符合下列情形时,经法院许可,可以不出庭作证:

(1) 在庭审期间身患严重疾病或者行动极为不便的;

(2) 居所远离开庭地点且交通极为不便的;

(3) 身处国外短期无法回国的;

(4) 有其他客观原因,确实无法出庭的。

具有上述规定情形的,可以通过视频等方式作证。①

3. 申请和通知证人出庭作证的程序和条件

民事诉讼中,当事人申请证人出庭作证的,应当在举证期限届满前提出,并经人民法院许可。人民法院对当事人的申请予以准许的,应当通知申请人预缴证人出庭作证的费用,并在开庭审理前通知证人出庭作证,告知其应当如实作证及作伪证的法律后果,并责令其签署保证书。

行政诉讼中,当事人申请证人出庭作证的,应当在举证期限届满前提出,并经人民法院许可。人民法院许可证人出庭作证的,应当在开庭审理前通知证人出庭作证。当事人在庭审中要求证人出庭作证的,法庭可以根据审理案件的具体情况,决定是否准许以及是否延期审理。有下列情形之一的,原告或者第三人

---

① 薄熙来案件审判时,其妻薄谷开来就是通过视频方式作证的。

可以要求相关行政执法人员作为证人出庭作证：(1) 对现场笔录的合法性或者真实性有异议的；(2) 对扣押财产的品种或者数量有异议的；(3) 对检验的物品取样或者保管有异议的；(4) 对行政执法人员身份的合法性有异议的；(5) 需要出庭作证的其他情形。

刑事庭审过程中，控辩双方都可以提请审判长传唤证人出庭作证。

4. 证人出庭作证的要求

证人出庭作证，应当出示证明其身份的证件。出庭作证的证人不得旁听案件的审理。法庭询问证人时，其他证人不得在场，但组织证人对质的除外。证人出庭作证，应当客观陈述其亲身感知的事实，不得使用猜测、推断或者评论性的语言。证人为聋哑人的，可以用其他表达方式作证。证人拒绝签署保证书的，不得作证，并自行承担相关费用。

5. 对出庭的"证人"以及不出庭证人的"书面证言"的质证方法和范围

审判人员以及经过人民法院许可的当事人，都可以对出庭的证人进行询问。询问证人时，不得使用威胁、侮辱及不适当引导证人的语言和方式，发问的内容应当与案件的事实有关。

对出庭证人进行质证时，可以从以下几个方面进行：(1) 证人本身的健康状况、心智水平以及案发时的外界环境和条件，是否影响对案件的真实感知和陈述；(2) 证人是否与本案或者本案的当事人有利害关系；(3) 证人作证是否受到外界的干扰或影响；(4) 证人对案件的了解是否原始和直接；(5) 证人的证言是否前后矛盾；(6) 证人的证言能否被其他证据所推翻。

对于未出庭证人提供的书面证言，除了可以从上述几个方面进行质证外，还可以从以下方面进行质证：(1) 证人不能出庭作证的原因及对本案的影响；(2) 证人证言的形式和来源是否合法，内容是否完整、准确。

(三) 对鉴定人和鉴定意见的质证

当事人要求鉴定人出庭接受询问的，鉴定人应当出庭。鉴定人因正当事由不能出庭的，经法庭准许，可以不出庭，由当事人对其书面鉴定意见进行质证。鉴定人不能出庭的正当事由与证人不出庭的情形相同。当事人对鉴定人的询问方式也与询问证人相同。当事人也可以根据《民事诉讼法》第79条以及《民诉法适用意见》第122条的规定，申请1至2名具有专门知识的人出庭，代表其对鉴定意见进行质证，或对案件事实所涉专门问题提出意见，其在法庭上就专业问题提出的意见，视为当事人的陈述，其相关费用由提出申请的当事人承担。

对出庭的鉴定人和鉴定意见，可以从以下几个方面进行质证：(1) 鉴定人是否具有鉴定资格；(2) 鉴定人与案件本身或者案件的当事人是否具有利害关系；(3) 鉴定的设备是否先进、方法是否科学，以及得出意见的推理过程是否符合逻辑；(4) 作出鉴定意见的依据和材料是否可靠；(5) 鉴定程序是否符合法律、有关规定;(6)鉴定意见是否明确;(7)鉴定意见与案件待证事实有无关联;(8)鉴定意见能否被其他证据推翻;等等。

对未出庭的鉴定人出具的鉴定意见,除了从上述方面进行质证外,还可以参照未出庭证人书面证言的质证方式进行质证,也可以对当事人申请出庭的具有专门知识的人进行询问和对质。

(四)对被告人供述和辩解的质证

刑事诉讼中,对被告人供述和辩解的质证,先由控诉方对被告人进行讯问或者询问,再由辩护人对被告人进行发问。被害人及其诉讼代理人、附带民事诉讼的原告人、辩护人的发问,必须经审判长的同意。对于控辩双方认为对方讯问或者发问的方式不当,或者内容与本案无关并提出异议的,审判长应当判明情况,予以支持或者驳回。公诉人向被告人提出威逼性、诱导性或者与本案无关的问题的,辩护律师有权提出反对意见。审判长对使用不正当的方式或者内容与本案无关的讯问、发问,可以根据情况予以制止。审判人员认为有必要时,也可以向被告人进行讯问。

对被告人的质证,可以从以下几个方面进行:(1)进行供述和辩解的心理动机,是否有避重就轻或者包庇、隐瞒等情况;(2)被告人供述和辩解的收集程序是否合法,是否有刑讯逼供或诱供、骗供等情况;(3)供述和辩解的内容本身是否有矛盾;(4)被告人的供述和辩解与其他证据的关系,是否有串供的可能。

三、模拟审判的认证

模拟审判的认证,是指审判人员对于当事人或者控辩双方经过举证和质证的证据材料,进行分析、研究和鉴别,决定证据的取舍和证明力的大小,并对案件事实作出认定的诉讼活动。它既包括对单个证据材料的个别认证,也包括对全案证据的综合审查判断和对案件事实的认定。

根据案件的性质不同,模拟审判中的具体认证规则各有不同:

(一)民事案件模拟审判认证的具体规则

根据民事诉讼法和有关的司法解释,尤其是最高人民法院《关于民事诉讼证据的若干规定》(以下简称《民事证据规定》)以及《民诉法适用解释》的内容和精神,民事案件审判认证的具体规则包括:

1. 证据排除规则

根据《民事证据规定》第68条与《民诉法适用解释》第106条的规定,以严重侵害他人合法权益、违反法律禁止性规定,或者以严重违背公序良俗的方法形成或获取的证据,不能作为认定案件事实的依据。

2. 补强证据规则

根据《民事证据规定》第69条,下列证据不能单独作为认定案件事实的依据:(1)未成年人所作的与其年龄和智力状况不相当的证言;(2)与一方当事人或者其代理人有利害关系的证人出具的证言;(3)存有疑点的视听资料;(4)无法与原件、原物核对的复印件、复制品;(5)无正当理由未出庭作证的证人证言。根据《民事证据规定》第76条,当事人对于自己的主张,只有本人陈述而不能提出其他相关证据的,其主张不予支持。但对方当事人认可的除外。

3. 适格证据的确认规则

关于书证、物证、视听资料和勘验笔录,根据《民事证据规定》第70条,一方当事人提出的下列证据,对方当事人提出异议但没有足以反驳的相反证据的,人民法院应当确认其证明力:(1)书证原件或者与书证原件核对无误的复印件、照片、副本、节录本;(2)物证原物或者与物证原物核对无误的复制件、照片、录像资料等;(3)有其他证据佐证并以合法手段取得的、无疑点的视听资料或者与视听资料核对无误的复制件;(4)一方当事人申请人民法院依照法定程序制作的对物证或者现场的勘验笔录。

关于鉴定意见,根据《民事证据规定》第71条,人民法院委托鉴定部门作出的鉴定意见,当事人没有足以反驳的相反证据和理由的,可以认定其证明力;

关于证人证言,根据《民事证据规定》第78条,人民法院认定证人证言,可以通过对证人的智力状况、品德、知识、经验、法律意识和专业技能等的综合分析作出判断;

关于公证法律行为、事实和文书,根据《民事诉讼法》第69条,经过法定程序公证证明的法律事实和文书,人民法院应当作为认定事实的根据,但有相反证据足以推翻公证证明的除外。

4. 自认及排除自认的规则

根据《民诉法适用解释》第92条与《民事证据规定》第72条、第74条的规定,当事人认可的证据证明力的认定,按照下列方式进行:

(1)一方当事人提出的证据,另一方当事人认可或者提出的相反证据不足以反驳的,人民法院可以确认其证明力;

(2)一方当事人提出的证据,另一方当事人有异议并提出反驳证据,对方当事人对反驳证据认可的,可以确认反驳证据的证明力;

(3)诉讼过程中,当事人在起诉状、答辩状、陈述及其委托代理人的代理词中承认的对己方不利的事实和认可的证据,人民法院应当予以确认,但当事人反悔并有相反证据足以推翻的除外;对于涉及身份关系、国家利益、社会公共利益等应当由人民法院依职权调查的事项,不适用自认的规定。自认的事实与查明的事实不符的,人民法院不予确认。

根据《民事证据规定》第67条,在诉讼中,当事人为达成调解协议或者和解目的作出妥协所涉及的对案件事实的认可,不得在其后的诉讼中作为对其不利的证据。

5. 争议证据的认定规则

根据《民事证据规定》第 73 条,双方当事人对同一事实分别举出相反的证据,但都没有足够的依据否定对方证据的,人民法院应当结合案件情况,判断一方提供证据的证明力是否明显大于另一方提供证据的证明力,并对证明力较大的证据予以确认。因证据的证明力无法判断而导致争议事实难以认定的,人民法院应当依据举证证明责任分配的规则作出裁判。

6. 当事人拒不提供证据时的推定规则

根据《民事证据规定》第 75 条,有证据证明一方当事人持有证据无正当理由拒不提供,如果对方当事人主张该证据的内容不利于证据持有人的,可以推定该主张成立。

根据《民诉法适用解释》第 112、114 条的规定,持有书证的一方当事人在人民法院依对方当事人申请责令其提交的情况下,无正当理由拒不提交的,人民法院可以认定申请人所主张的书证内容为真实;国家机关或者其他依法具有社会管理职能的组织,在其职权范围内制作的文书所记载的事项推定为真实,但有相反证据足以推翻的除外。

7. 最佳证据规则

根据《民事证据规定》第 77 条,人民法院就数个证据对同一事实的证明力,可以依照下列原则认定:

(1) 国家机关、社会团体依职权制作的公文书证的证明力一般大于其他书证;

(2) 物证、档案、鉴定结论、勘验笔录或者经过公证、登记的书证,其证明力一般大于其他书证、视听资料和证人证言;

(3) 原始证据的证明力一般大于传来证据;

(4) 直接证据的证明力一般大于间接证据;

(5) 证人提供的对与其有亲属或者其他密切关系的当事人有利的证言,其证明力一般小于其他证人证言。

8. 证据采纳理由的说明规则

根据《民事证据规定》第 79 条和第 81 条,人民法院应当在裁判文书中阐明证据是否采纳的理由。对当事人无争议的证据,是否采纳的理由可以不在裁判文书中表述。但适用简易程序审理的案件,不受此规定的限制。另外,根据《民诉法适用解释》第 105 条的规定,人民法院应当依照法律规定,运用逻辑推理和日常生活经验法则,对证据有无证明力和证明力大小进行判断,并公开判断的理由和结果。

（二）行政案件模拟审判认证的具体规则

根据行政诉讼法和有关的司法解释，尤其是最高人民法院《关于行政诉讼证据若干问题的规定》（以下简称《行政证据规定》）的内容和精神，行政案件审判认证不仅要对未采纳的证据应当在裁判文书中说明理由，而且不得将非法手段取得的证据作为认定案件事实的根据，还包括以下具体规则：

1. 证据排除规则

根据《行政证据规定》第57条、第58条、第59条，下列证据材料不能作为定案依据：

（1）严重违反法定程序收集的证据材料；

（2）以偷拍、偷录、窃听等手段获取侵害他人合法权益的证据材料；

（3）以利诱、欺诈、胁迫、暴力等不正当手段获取的证据材料；

（4）当事人无正当事由超出举证期限提供的证据材料；

（5）在中华人民共和国领域外或者在中华人民共和国香港特别行政区、澳门特别行政区和台湾地区形成的未办理法定证明手续的证据材料；

（6）当事人无正当理由拒不提供原件、原物，又无其他证据印证，且对方当事人不予认可的证据的复制件或者复制品；

（7）被当事人或者他人进行技术处理而无法辨明真伪的证据材料；

（8）不能正确表达意志的证人提供的证言；

（9）以违反法律禁止性规定或者侵犯他人合法权益的方法取得的证据材料；

（10）被告在行政程序中依照法定程序要求原告提供证据，原告当时依法应当提供而拒不提供，却在诉讼程序中提供的证据；

（11）不具备合法性和真实性的其他证据材料。

2. 被诉行政行为合法性证据排除规则

根据《行政证据规定》第60条、第61条、第62条，下列证据不能作为认定被诉行政行为合法的依据：

（1）被告及其诉讼代理人在作出行政行为后或者在诉讼程序中自行收集的证据；

（2）被告在行政程序中非法剥夺公民、法人或者其他组织依法享有的陈述、申辩或者听证权利所采用的证据；

（3）原告或者第三人在诉讼程序中提供的、被告在行政程序中未作为行政行为依据的证据；

（4）复议机关在复议程序中收集和补充的证据，或者作出原行政行为的行政机关在复议程序中未向复议机关提交的证据，不能作为人民法院认定原行政行为合法的依据；

（5）对被告在行政程序中采纳的鉴定意见,原告或者第三人提出证据证明有下列情形之一的,人民法院不予采纳:其一,鉴定人不具备鉴定资格;其二,鉴定程序严重违法;其三,鉴定结论错误、不明确或者内容不完整。

另外,根据2015年5月1日起施行的《行诉法适用解释》[①]第19条的规定,当事人在调解中对民事权益的处分,不得作为审查被诉行政行为合法性的根据。

3. 补强证据规则

根据《行政证据规定》第71条,下列证据不能单独作为定案依据:

（1）未成年人所作的与其年龄和智力状况不相适应的证言;

（2）与一方当事人有亲属关系或者其他密切关系的证人所作的对该当事人有利的证言,或者与一方当事人有不利关系的证人所作的对该当事人不利的证言;

（3）应当出庭作证而无正当理由不出庭作证的证人证言;

（4）难以识别是否经过修改的视听资料;

（5）无法与原件、原物核对的复制件或者复制品;

（6）经一方当事人或者他人改动,对方当事人不予认可的证据材料;

（7）其他不能单独作为定案依据的证据材料。

4. 最佳证据规则

根据《行政证据规定》第63条,证明同一事实的数个证据,其证明效力一般可以按照下列情形分别认定:

（1）国家机关以及其他职能部门依职权制作的公文文书优于其他书证;

（2）鉴定意见、现场笔录、勘验笔录、档案材料以及经过公证或者登记的书证优于其他书证、视听资料和证人证言;

（3）原件、原物优于复制件、复制品;

（4）法定鉴定部门的鉴定意见优于其他鉴定部门的鉴定意见;

（5）法庭主持勘验所制作的勘验笔录优于其他部门主持勘验所制作的勘验笔录;

（6）原始证据优于传来证据;

（7）其他证人证言优于当事人有亲属关系或者其他密切关系的证人提供的对该当事人有利的证言。

---

① 该《行诉法适用解释》共27条,内容涉及立案登记制、起诉期限、行政机关负责人出庭应诉、复议机关作共同被告、行政协议、一并审理民事争议、一并审查规范性文件、判决方式、有限再审与新旧法衔接等10个大的方面。最高人民法院此前发布的司法解释,与本解释不一致的,以本解释为准。本解释没有涉及的内容,比如2000年最高人民法院《关于执行〈中华人民共和国行政诉讼法〉若干问题的解释》(以下简称《执行行诉法若干解释》)与本解释没有冲突的规定,仍然有效。

(8) 出庭作证的证人证言优于未出庭作证的证人证言；

(9) 数个种类不同、内容一致的证据优于一个孤立的证据。

5. 自认及排除自认的规则

根据《行政证据规定》第65条，庭审中一方当事人或者其代理人在代理权限范围内对另一方当事人陈述的案件事实明确表示认可的，人民法院可以对该事实予以认定。但有相反证据足以推翻的除外。根据《行政证据规定》第66条，在行政赔偿诉讼中，人民法院主持调解时，当事人为达成调解协议而对案件事实的认可，不得在其后的诉讼中作为对其不利的证据。

6. 电子证据规则

根据《行政证据规定》第64条，以有形载体固定或者显示的电子数据交换、电子邮件以及其他数据资料，其制作情况和真实性，经对方当事人确认，或者以公证等其他有效方式予以证明的，与原件具有同等的证明效力。

7. 被告拒不提供证据时的推定规则

根据《行政证据规定》第69条，原告确有证据证明被告持有的证据对原告有利，被告无正当事由拒不提供的，可以推定原告的主张成立。

(三) 刑事案件模拟审判认证的具体规则

我国现行刑事案件审判认证的具体规则，主要参见2012年修订的《刑事诉讼法》及其相关司法解释，其中，尤其要注意2010年7月1日施行的"两院三部"（最高人民法院、最高人民检察院、公安部、国家安全部、司法部）的两个司法解释：《关于办理刑事案件排除非法证据若干问题的决定》和《关于办理死刑案件审查判断证据若干问题的规定》。大致归纳如下：

1. 非法证据排除规则

根据《刑事诉讼法》第54条至第58条的规定，严禁刑讯逼供和以暴力、威胁等非法方法收集证据。凡经查证确属上述非法方法取得的证人证言、被害人陈述、犯罪嫌疑人和被告人供述，应当予以排除；对于不符合法定程序收集的物证、书证，可能严重影响司法公正的，应当予以补正或者作出合理解释，否则，对该证据应当予以排除。

2. 不轻信口供的规则

根据《刑事诉讼法》第53条的规定："对一切案件的判处都要重证据，重调查研究，不轻信口供。只有被告人供述，没有其他证据的，不能认定被告人有罪和处以刑罚。没有被告人供述，证据确实、充分的，可以认定被告人有罪和处以刑罚。证据确实、充分，应当符合以下条件：（一）定罪量刑的事实都有证据证明；（二）据以定案的证据均经法定程序查证属实；（三）综合全案证据，对所认定事实已排除合理怀疑。"

3. 原始证据优先规则

根据《刑诉法适用解释》第 70 条、第 71 条的规定,据以定案的物证应当是原物。原物不便搬运、不易保存,依法应当由有关部门保管、处理,或者依法应当返还的,可以拍摄、制作足以反映原物外形和特征的照片、录像、复制品。据以定案的书证应当是原件。取得原件确有困难的,可以使用副本、复制件。书证有更改或者更改迹象不能作出合理解释,或者书证的副本、复制件不能反映原件及其内容的,不得作为定案的根据。书证的副本、复制件,经与原件核对无误、经鉴定为真实或者以其他方式确认为真实的,可以作为定案的根据。

4. 定案证据必须当庭出示、辨认和质证的规则

根据《刑事诉讼法》第 59 条的规定,证据必须经过当庭出示、辨认、质证等法庭调查程序查证属实,否则不能作为定案的根据;证人证言必须经公诉人、被害人和被告人、辩护人双方质证,并且查证属实后,才能作为定案的根据。如果证人有意作伪证,或者隐匿罪证,一经法庭查明,应当依法处理。

第六节 模拟审判的基础建设

一、模拟法庭场所建设

模拟审判是法学教育不可缺少的一个环节,要使这一环节达到教学目的,模拟法庭场所的建设是必不可少的。模拟法庭就好比理工科的实验室,现在在众多开设法学专业的院校,不少是把模拟法庭列入实验室来进行建设和日常管理的。模拟审判活动基本上,在模拟法庭进行的,模拟法庭的建设是模拟审判的前提和物质保障,应当从"硬件"和"软件"两个方面进行。

(一)模拟法庭的"硬件建设":场所布局和设施配备

模拟法庭的"硬件建设"包括两个方面:场所建设和设施建设。场所建设是指场所的选定和装修。模拟法庭应有面积不小于 150—200 平方米,能容纳 200—300 人旁听的专门场所为宜。具体装修可以完全参照人民法院的真实中型法庭实行,可以考虑在法庭的正面标明"模拟法庭"的字样。有条件的法学院系,可以将模拟法庭装修成为集法律讲座、案例讨论、学术沙龙和英美法系陪审团制模拟法庭等诸多功能于一身的"多功能模拟法庭"。

模拟法庭的设施建设是指模拟法庭里的配套设备建设,和正规的法庭有些不同。模拟法庭不仅要配备正规法庭的基本设施如法官服和法槌等,还要配备公诉人、律师、法警的服饰。

模拟法庭的硬件建设一定要正规,这不仅让学生有一个标准的模拟审判场所,促使学生角色到位,渲染庭审气氛,而且可以作为正式法庭邀请人民法院来

模拟法庭审理真实案件,让学生能在校内观摩人民法院的审判活动,创造"请进来"的基本条件。

(二) 模拟法庭的"软件建设":审判规则的拟订

对于常规的模拟审判实习而言,模拟审判规则的拟订其实属于模拟法庭基地的"软件建设"范围,不是每个案件都必须进行,但这是模拟法庭作为法学实验得以正常运转必不可少的。拟订模拟审判的规则,主要是为了让大家了解模拟审判的基本知识和注意事项。对于固定的模拟法庭,应该将这些简要的规则悬挂在显眼的位置,使旁听的群众和学生能够一目了然。主要包括模拟法庭简介、法庭纪律、举证和质证规则、模拟审判操作规则和模拟审判考评规则等。

1. 模拟法庭简介

应该围绕该模拟法庭的历史沿革、实习接待能力、固定资产、师资力量、社会资源,以及该模拟法庭的教学宗旨、教学特色等,予以介绍。突出模拟法庭功能的研究开发和实施,改革传统高校模拟法庭"重形式轻内容、重表演轻习练、重模仿轻创新"的弊端,真正做到模拟法庭进课堂、进头脑,充分发挥模拟法庭示范、习练、评价和创新功能,成为联系理论学习和实践操作的桥梁。并在某种程度上弥补司法实习耗时、面窄的局限,增强学生综合运用法律的能力。

2. 法庭纪律

诉讼参与人应当遵守法庭纪律,不得喧哗、吵闹;发言、陈述和辩论,须经审判长许可。公开审理的案件,允许公民旁听。但下列人员不准参加旁听:(1) 不满18岁的未成年人;(2) 精神病人和醉酒的人;(3) 被剥夺政治权利、正在监外服刑的人和被监视居住的人;(4) 携带武器、凶器和其他危险物品的人;(5) 其他有可能妨碍法庭秩序的人。

旁听人员必须遵守下列纪律:(1) 服从法庭指挥,遵守法庭礼仪;(2) 不准录音、录像和摄影或者通过发送邮件、博客、微博客等方式传播庭审情况(但经人民法院许可的新闻记者除外);(3) 不准进入审判区;(4) 不准鼓掌、喧哗、吵闹和其他妨碍审判活动的行为;(5) 不准发言、提问;(6) 不准吸烟和随地吐痰。对违反法庭纪律的人,人民法院可以予以训诫、责令退出法庭或者予以罚款、拘留。对严重扰乱法庭秩序的,可以依法追究刑事责任。

3. 举证和质证规则

(1) 举证规则:当事人或律师举证时,应向法庭说明证据的形式、内容、来源以及所要证明的问题,并特别注意根据案件的性质突出证据来源与取得证据程序的合法性、证据内容的真实性、证据与案件以及证据与证据之间的关联性。对本方举证,如果对方提出异议的,应当有针对性地进行辩论,维护本方证据的可信性。

(2) 质证规则:对于当事人具有争议的任何证据必须经过当庭质证,否则不予认证。法庭调查应根据案件的性质(刑事、民事或行政案件)和不同证据形式的特点,注意从证据的真实性、关联性和合法性进行质证。

(3) 模拟审判的主要证据形式包括:① 刑事诉讼证据(《刑事诉讼法》第48条)共8种:物证;书证;证人证言;被害人陈述;犯罪嫌疑人、被告人的供述和辩解;鉴定意见;勘验、检查、辨认、侦查实验等笔录;视听资料、电子数据。② 民事诉讼证据(《民事诉讼法》第63条)共8种:当事人的陈述;书证;物证;视听资料;电子数据;证人证言;鉴定意见;勘验笔录。③ 行政诉讼证据(《行政诉讼法》第33条):书证;物证;视听资料;电子数据;证人证言;当事人的陈述;鉴定意见;勘验笔录、现场笔录。

4. 模拟审判操作规则

(1) 设施维护和管理:所有师生必须爱护法庭的一切设施。每次开庭前由当庭小组长负责组织3—4人提前一天清扫,务求几净窗明。提前一天到系办领取服装,注意保护,损坏照赔。每次庭审后,务必在当天下班以前交还服装。领送服装必须经过有关老师验收,如有破损问题,必须当场声明并记录。

(2) 庭前准备:每次开庭的模拟审判小组务必在前两天将本组的案情简介及案由、人员分工等情况书面汇报指导教师并将此内容写在法庭的黑板上,此项工作由小组长负责。

(3) 庭审课堂:每次2个课时,分准备、庭审、即兴问答、统计分数和案例讨论等五个阶段。庭审阶段根据案件的性质分开庭、法庭调查、法庭辩论、合议庭评议、宣告判决等。

(4) 其他事宜:班长、学习委员应配合任课教师或辅导员负责请送校外专家及有关的接待工作。

5. 模拟审判考评规则

(1) 考评内容:① 模拟法庭现场表现情况;② 本组文书制作情况;③ 出勤情况;④ 模拟审判实习心得和实习小结的情况。

(2) 考评重点:模拟审判实习的中心是模拟开庭。因此学生模拟法庭中的表现是考评重点,对该部分的考评应有一套比较科学和详细的方案,各院校可根据自身具体情况制作具体方案。

可将所有同学均分为若干审判小组,每组大约11—15人;各组推选1名小组长,由各组长(被评组的组长除外)与老师或校外兼任指导教师的法官、检察官或者律师组成评委。按标准分项积分,然后将所有评定的最终得分进行平均,即为各人的模拟法庭现场成绩分数。模拟法庭现场评分表可由被评同学事先填好姓名、学号、角色和本组案由等,并贴上照片或提供其他身份识别信息,然后由各评委在7大板块中勾选,再在右下角统计最终得分并签名。

(3) 考评办法:具体考评办法可用百分制或等级制。

附:模拟法庭现场评分表

被评同学姓名				班级学号		照片(身份识别)	
本组案由				扮演角色			
序号	板块名称	板块分值	考察因素		板块等级	等级分值	得分勾选项
1	本组选题	10	本组所选案例的典型性、难易度、新颖性以及与社会现实联系的紧密程度等		优	10	
					良	8	
					中	6	
					差	4	
2	实体法知识	20	实体法基本知识点的掌握情况,有无常识性错误,是否能将部门法知识融会贯通		优	20	
					良	16	
					中	12	
					差	8	
3	仪表形象	10	个人的仪表是否端庄、严肃,是否与本人所扮演角色的精神气质相符		优	10	
					良	8	
					中	6	
					差	4	
4	语言表达	10	是否使用普通话,声音洪亮,语速掌握恰当,表述准确等		优	10	
					良	8	
					中	6	
					差	4	
5	庭审技巧	20	语言是否具有说服力、艺术性、理论性,能否把握举证、质证以及认证、论辩等庭审技巧		优	20	
					良	16	
					中	12	
					差	8	
6	现场回答	10	相关知识的掌握以及临机应断的能力,回答较好的为优或良,错误为差,没有被提问的为中		优	10	
					良	8	
					中	6	
					差	4	
7	本组表现	20	本组角色分工合作的协调性,庭审气氛、程序、手续、方法是否得当,精神面貌,裁判结果是否体现程序和实体公正等		优	20	
					良	16	
					中	14	
					差	8	
所有板块的总分值		100	评委签名:			最终得分	

二、观摩基地建设

观摩是模拟审判一个重要环节,建立一个稳定的观摩基地,可以使模拟审判达到事半功倍的作用。有条件的学校可以分别在基层人民法院、中级人民法院、高级人民法院分别建立观摩基地。至少应在基层人民法院和中级人民法院建立观摩基地,以保证学生有机会观摩到一审和二审案件,了解一审程序和二审程序的实际运作情况。为了稳定观摩基地,应注意与法院保持良好的联系与沟通。有时也可以邀请人民法院到模拟法庭审理真实案件,由学生在校观摩人民法院的审判活动。

三、案例库建设

案例库的建设包括两个方面:一是典型案件的收集,二是模拟审判案件档案归档建设。

典型案件的收集是指利用各种途径收集国内外有代表性的案例,以备学生模拟实习时选用。模拟审判案件档案归档建设是将学生模拟审判的案件让学生按真实法院建档要求建档归档,以练习学生的案卷建档归档能力,同时方便下一届学生借用、学习、参考。

案例库的建设不仅是模拟法庭建设的需要,也是案例教学的基本条件,因此,加强案例库的建设是一举两得之事。

第七节 模拟审判的组织实施

一、现场观摩

现场观摩是指组织学生到真实的审判现场,去旁听、观摩人民法院审理真实的案件。这是模拟审判不可缺少的一个环节,却往往被忽视,被忽视的重要原因是对现场观摩在模拟审判中的作用认识不够。

现场观摩具有以下重要作用:其一,有利于学生了解现实的审判活动,对审判工作形成感性认识;其二,有利于学生创新与思考。学生观摩了真实审判或示范性的模拟审判之后,会主动地把自己所学与书本知识进行比较,会发现许多问题或疑惑,对这些问题或疑惑的思考,会促使学生认识司法实践的问题,深化学生对书本知识的认识和研究,有利于知识的创新。

值得注意的是,现场观摩的时间选择上可灵活掌握,并非一定要等到模拟审判实习时间,可在模拟审判之前根据实情,特别是观摩基地的审判情况,予以合理的安排。

二、案例的选取

每次模拟审判的案例选取,都应该根据本次模拟审判实习的任务,有针对性地进行,案件可以是国内外已经公布的成案,也可以是正在诉讼过程中的疑案和新案。每个审判小组可以选取互不相同的案件,比如民事模拟审判实习,可以分别选取知识产权、房地产、人身侵权、婚姻财产继承、合同纠纷等不同案件;也可以每两个审判小组选取一对相同的案件,以便相互比较、参照和借鉴。具体案件由每个审判小组先自行确定,然后报指导教师最后确定。这样不仅可以调动学生的积极性,也可以避免重复,让同学们在同一次模拟审判实习中接触到同类诉讼性质的不同案件,互相指正、互相学习,不仅做"当局者",而且做"旁观者"。

在案例选取时,要给予必要的咨询和引导,对选定的案件可以进行适当的技术处理,如对真实案件的当事人和法院改用化名等。案件难易要适度,而且要注意典型性,尽量做到具有较强的可辩性。如果案件是指导教师亲自承办或者从附近法院查阅复印的案卷,切忌对审判结果先入为主,除了依照法定程序进行必要的庭前证据交换外,庭审前控辩双方的诉讼意见必须相互保密,千万不能"联合办案"或者"未审先定",这样才能保证公正审判结果的"自然得出"。

三、模拟审判人员角色的分工

每次模拟审判实习在分组后,各小组内部要进行角色分工。每个同学在明确了自己的角色分工后,要学习有关本角色的职业道德、行业规范,尽快地进入角色。

承担审判人员的同学,要明确合议庭中审判长的职责范围,根据情况决定是否确立主审法官,其他审判人员到底是审判员,还是人民陪审员。合议庭成员之间要对庭审的指挥过程有一个内部分工,要共同学习法官职业道德、法槌的使用规定和法官袍的穿着规定等;

承担检察人员的同学,要明确案件审理中检察机关的公诉和法律监督双重任务,内部也要进行分工合作,要共同学习检察官职业道德和检察官着装规定等;

承担辩护人或代理人的同学,要明确律师的权利义务和职业道德,如果是公民辩护或代理,要注意与律师辩护或代理的区别;

承担当事人的同学,要使自己融入案件的利害关系中去,从当事人的角度来看待和处理问题。

承担证人、鉴定人的同学,也要注意自身的诉讼权利和义务,诚实客观地作证或者鉴定。

模拟审判的角色分工,要尽可能做到每个学生在各次模拟审判中承担不同的角色,这样才能保证每个同学得到全面的法律训练。

四、模拟审判庭审前准备

模拟审判的审前准备,是在短时间内将模拟庭审前的准备工作模仿一次。主要包括模拟法庭庭审材料的准备,送达起诉状副本和举证通知书,进行必要的庭前证据交换,公告开庭的时间、地点和案由等。

(一) 模拟法庭庭审材料的准备

参加模拟审判的学生进行分组和诉讼角色分工后,就应当根据各自的角色准备相应的材料。在刑事案件中,公诉人应当准备起诉书、公诉意见书,辩护人应当准备辩护词,被告人应当准备法庭上的发言,被害人应当准备法庭上的陈述内容,附带民事诉讼当事人应当准备起诉状和答辩词;

在民事案件和行政案件中,原告应当准备起诉状,被告应当准备答辩状;双方代理人应当准备代理词。

在各类案件中担任合议庭组成人员的同学,应当准备庭审提纲;担任证人、鉴定人的同学,应当准备好证人证言和鉴定意见等。

(二) 送达起诉状副本和举证通知书

模拟审判选定的案例经过指导教师的审查同意后,控(原告)方按照法定程序提交起诉书(状)。承担合议庭成员和书记员的同学,要将起诉书(状)副本和举证通知书送达对方当事人。举证通知书要载明举证责任的分担、举证的时限和逾期举证的法律后果,等等。

(三) 进行必要的庭前证据交换

为了使当事人能够彼此了解对方持有的证据,防止证据突袭,应尽快确定双方当事人的争议焦点,为开庭审理的顺利进行做准备。

在民事、行政案件的开庭审理之前,可以由审判人员主持,诉讼双方当事人彼此交换己方持有的证据。庭前证据交换可以依当事人的申请进行。对于证据较多或者复杂疑难的案件,合议庭应当组织当事人在答辩期届满后、开庭审理前交换证据。

证据交换的具体时间,可以由当事人协商一致并经合议庭认可,也可以由合议庭指定;合议庭组织当事人交换证据的,交换证据之日举证期限届满。当事人申请延期举证经合议庭准许的,证据交换日期相应顺延;当事人收到对方交换的证据后提出反驳并提出新证据的,合议庭应当通知当事人在指定时间进行交换。在证据交换的过程中,审判人员对当事人无异议的事实、证据,应当记录在卷;对有异议的证据,按照需要证明的事实分类记录在卷,并记载异议的理由。

证据交换一般不超过两次。但重大、疑难和案情特别复杂的案件,合议庭认为确有必要再次进行证据交换的除外。

(四）公告开庭的时间、地点和案由

这种公告可以用海报形式在校园内张贴，也可以利用微信、QQ、网络公告等方式，欢迎其他院系的同学旁听，尽量做到庭审气氛与真实审判一样。

五、模拟审判的排练、演出与点评、总结

(一）模拟审判的排练、演出

模拟审判的排练是学生自我熟悉案件和审判程序的重要环节，也是学生自我发现问题的重要过程。学生拿到案例之后，应当根据角色分工，积极进入角色，自行排练。排练的地点可以在模拟法庭，也可以在教室，但不管在何处排练，都应按正式场景进行，排练的目的就是正式开庭的预演，以便发现问题，加深理解各种庭审程序和角色。在排练过程中，应当主动邀请指导老师现场指导，及时发现问题予以纠正。排练可多次进行，直到满意合格为止。

演出是在正式的模拟法庭公开会演，就像人民法院真实审理案件一样，要营造一种使在场的每一个人感觉到真实开庭的氛围。

(二）对整个模拟审判的过程和结果进行讨论和点评

这种讨论和点评，可以由指导教师组织学生在模拟法庭现场进行。也可以在模拟审判实习结束后，指导教师根据学生提交的实习作业和实习心得，加上各组的临场表现，一次性地集中讨论和点评。这样不仅可以加深学生对实体法和程序法知识的理解和把握，而且还可以得到一种法学理论上的提升。

(三）对模拟审判教学文件的整理和归档

对每次模拟审判后的学生作业和案卷材料，以及教师撰写的实习大纲、实习总结分析等材料进行整理、装订成册并且归档，不仅可以为以后的教学提供借鉴，而且可以提高学生的总结分析能力。这是模拟法庭软件建设中最常规、最关键的一环。

第二章 剧本(一):民事一审案件普通程序①

第一节 案情简介及争议焦点

一、案情简介

原告:吴天海,男,34岁,住××小区×栋×号房。
被告:滨江市宏源房地产开发公司。
法人代表:马国栋(经理),男,35岁,住××大道×号。
第三人:环宇商贸有限责任公司。
法人代表:刘玉珏(总经理),女,57岁,住××新村×号楼。
案由:商品房预售合同纠纷②。

原告吴天海,诉前系环宇商贸有限责任公司职员。原告声称,由于他对环宇商贸公司的突出贡献,公司总经理刘玉珏决定奖励他100万元用于购买一套高级公寓。2012年9月,他和他当时的女朋友刘丽与被告宏源房地产开发公司签订了标的为18号公寓的房屋预售合同,合同号为00108。根据合同,被告应该在2014年3月之前交付房屋。如果逾期不能交付,被告应该承担相应的违约责任。原告吴天海用公司奖励的100万元,以首付定金20万元和后期付款80万元的方式,先后分两次付清了房款。而被告在合同逾期近一年后,仍然没有交付房屋。于是原告诉至滨江市人民法院。要求被告:按合同约定退还购房款80万元、支付购房款利息20万元和双倍返还定金40万元。

被告宏源房地产开发公司在答辩中声称,原告的诉讼主体资格不成立。因为,刘丽后来又代表环宇商贸有限责任公司与被告于2013年签订了变更00108号合同当事人的00456号合同,该合同已经将18号公寓预售房屋的权利人改为

---

① 本章民事案件的审判过程示例,系根据最高人民法院1997年的庭审示范片《走向法庭:民事经济案件庭审示范》改编而成。2009年本书第1版改编时,对原片进行了适当的整理,并且加进了《法槌使用规定》《民事证据规定》等最新司法解释的内容;2013年本书第2版修订时,只在后面加上了"最新立法变动说明"和"最新立法条款变动明细表";2015年本书此次第3版修订,则根据2012年修正的《民事诉讼法》和2015年公布实施的《民诉法适用解释》,对其中的法律问题进行了全面的修订,并将其中的案件事实发生时间等进行了"与时俱进"的修订。本案的案情简介和基本的诉讼文书是作者根据原案整理、"模拟"而成。原案雏形见最高人民法院研究室编:《走向法庭:民事经济审判方式改革示范》,法律出版社1997年版,第251—320页。

② 可参见最高人民法院《民事案件案由规定》(法[2011]42号),该规定将民事案件案由从大到小分为4级,归属于10部分43类,其中第3级案由共424种。

环宇商贸公司,所以,被告宏源房地产公司现在与原告吴天海已经不存在房屋买卖关系。同时,被告辩称,未按合同要求交付房屋并非被告有意不按期交付,而是客观的不可抗力原因造成的,所以不应该承担违约责任。

第三人环宇商贸有限责任公司声称,该公司总经理刘玉珏对吴天海的100万元奖励违背了公司的章程规定,是无效的。原告吴天海因涉嫌侵吞公司财产也已经被公司辞退,所以,用该100万元奖金购买的18号公寓的房屋权利也理应属于该公司,而不是原告吴天海。而且,根据该公司代表刘丽与宏源房地产公司后来签订的00456号合同,原00108号合同已经失效。原告吴天海不是真正的购房者,真正的购房者是环宇商贸公司。同时,该公司不同意被告的不可抗力之说,认为被告应该承担违约责任。所以,该公司要求被告:双倍返还定金40万元和支付延迟交付期间的资金利息8万元,并且在3个月内交付房屋。

二、争议焦点

1. 第三人对原告的100万元奖励是否有效?18号公寓预售房屋的真正权利人到底是原告吴天海,还是第三人环宇商贸公司?

2. 被告逾期交付房屋是否为不可抗力的原因?被告到底是否应该承担违约责任?

第二节 本案的真实开庭审理

序幕 审理前的准备

根据现行的民事诉讼法律规定及本案的实际情况,审理前的准备工作主要如下:

1. 登记立案并发送诉讼文书。人民法院接到原告的起诉状后,应当予以登记立案,并在法定期限内分别向其他当事人(包括被告和第三人)发送应诉通知书、举证通知书和起诉书、答辩状副本。

2. 追加当事人。决定是否追加原告、被告或第三人,并通知被追加的当事人参加诉讼。

3. 组成合议庭。确定合议庭组成人员名单并告知当事人申请回避等诉讼权利。

4. 调查收集必要的证据,或者委托鉴定,要求当事人提供证据,进行勘验和证据保全。人民法院调查取证一般依当事人申请,必要时也可以依照法律规定的职权范围主动进行。

5. 组织庭前证据交换。可以依当事人申请或者依照法律规定主动进行。

6. 财产保全、证据保全或者先予执行。这些庭前的活动都只能依当事人申请进行。

7. 召开庭前会议。以明确诉讼请求和答辩意见,归纳争议焦点,进行调解等。准备庭审纲。合议庭成员在明确分工的前提下,对开庭审理分别进行针对性的准备。

8. 公告和通知开庭。在法定期限内进行开庭公告、送达传票和开庭通知书。

第一幕　开庭准备

法庭内。审判台中央上方,鲜艳的国徽格外引人注目。

黑里透红的审判台,比原告和被告席位高30到60公分,显得庄严、沉稳;审判台中央审判长的法椅比两旁的审判员法椅略高。

审判台正中下边是书记员席位。

原告、被告及其诉讼代理人席位分列审判台两边相对而设;在被告及其代理人席位一侧,是第三人及其诉讼代理人席位。

与审判台相对而设的是证人、鉴定人席位。

(旁听席里座无虚席。人们一边等待,一边窃窃私语。)

[法律提示:在开庭审理前,书记员应该核查当事人及其诉讼参与人是否到庭。原告经传票传唤,无正当理由拒不到庭的,或者未经法庭许可中途退庭的,可以按撤诉处理;被告经传票传唤无正当理由拒不到庭的,或者未经法庭许可中途退庭的,可以缺席判决。如果当事人和其他诉讼参与人有正当理由没有到庭的,人民法院可以延期开庭审理。]

书记员引领原告吴天海及其诉讼代理人、被告滨江市宏源房地产开发公司马经理及其诉讼代理人、第三人环宇商贸有限责任公司的董事长兼总经理刘玉珏及其诉讼代理人进入法庭,在各自的席位上就座。书记员入座。

书记员:(对着话筒)请大家安静!(嗡嗡的窃窃私语声渐渐消失)

书记员:现在宣布法庭纪律。(略停一下)(1)法庭内要保持安静,不得鼓掌、喧哗和实施其他扰乱法庭秩序、妨害审判活动的行为,禁止抽烟;(2)开庭过程中不得随便走动和进入审判区;(3)未经法庭允许不得录音、录像、摄影,或者以移动通信等方式现场传播审判活动;(4)未经法庭允许不得发言、提问;(5)所有诉讼参与人以及旁听人员必须关闭手机等所有的通讯设备。对违反法庭规则的人,将视具体情况分别予以训诫、暂扣录音录像、摄影和其他传播审判活动的器材、责令删除有关内容或者予以强制删除、责令退出法庭、罚款、拘留,直至追究刑事责任。

此处的法庭纪律,内容主要根据最高人民法院1994年颁布施行的《人民法院法庭规则》,以及《民事诉讼法》第 110 条、《民诉法适用解释》第 176、177、181 条之规定编订而成。司法实践中,也一般由各法院根据前述《规则》和《民事诉讼法》及其司法解释自行编订实行,三大诉讼(民事、刑事和行政诉讼)案件审判的法庭纪律,基本上大同小异。

书记员:(略停一下)现在请审判人员入庭,全体起立。

审判长:(与两位审判员站着面对旁听席。略停一下,然后清晰而严肃地吐出两个字)坐下。

(法庭内人声宁息、气氛庄严。只有书记员清脆的声音在法庭内回荡。)

书记员:报告审判长,吴天海诉宏源房地产开发公司房屋预售合同纠纷一案的原告、被告和第三人以及他们的诉讼代理人已到庭,其身份均已核实无误。法庭准备工作就绪,可以开庭。报告完毕。

(审判长向书记员点点头。书记员入座,坐下。)

审判长:(先用力敲击一下法槌,然后大声地宣布)滨江市人民法院,公开审理吴天海诉滨江市宏源房地产开发公司购房合同纠纷一案,现在开庭。

审判长:(略停一下)现在宣布合议庭组成人员。本案由滨江市人民法院审判员唐德化、王涛和李丽绢(以下称王审判员和李审判员)依法组成合议庭对本案进行审理,由审判员唐德化担任审判长;由刘志韦担任书记员。

审判长:现在宣布当事人的诉讼权利。(略停一下)根据《中华人民共和国民事诉讼法》的有关规定,当事人享有以下权利:(1)委托诉讼代理人;(2)原告可以放弃或变更诉讼请求;(3)被告可以承认或反驳诉讼请求、提起反诉;(4)当事人有权提供证人、证物;(5)有权进行辩论;(6)有权自行和解;(7)有权请求调解;(8)有权提起上诉;(9)经本院许可,可以查阅本案的庭审材料;(10)当事人如果有理由认为合议庭的组成人员、书记员与本案有利害关系,或与本案当事人有其他关系,可能影响对案件公正审理的,有权请求上述人员回避。

审判长:原告,上述权利你听清楚了吗?

吴天海:听清楚了。

审判长:对本案合议庭成员和书记员申请回避吗?

吴天海:不申请。

审判长:被告,上述权利听清楚了吗?是否申请回避?

马经理:听清楚了,不申请回避。

审判长:第三人听清楚了吗?是否申请回避?

刘玉珏:(略迟疑)不申请回避。

审判长:现在宣布当事人必须履行的诉讼义务。(略停一下)(1)诉讼当事人必须遵守诉讼秩序;(2)履行发生法律效力的判决、裁定和调解;(3)在庭审中,双方当事人必须服从法庭指挥,未经法庭许可不得随意发言或打断对方发言。

(审判长宣读完毕,一一询问当事人是否听清楚,各位当事人均表示听清楚了。)

审判长:本案受理后,滨江市环宇商贸有限责任公司,以原告主张的宏源房地产开发公司的18号公寓不属于原告而属于该公司为由,向本院申请参加诉讼。经本法庭审查,准许环宇商贸公司以第三人身份参加诉讼。

审判长:(略停一下)根据《中华人民共和国民事诉讼法》的有关规定,经本院审查,准许张军、刘伟为原告诉讼代理人,准许谢家兵为被告诉讼代理人,准许武鹏举为第三人诉讼代理人。

(审判长说完,用严肃的目光扫视一下法庭。)

第二幕 法庭调查

审判长:(大声而十分清楚地)现在进行法庭调查。先由原告宣读起诉状或者诉讼请求要点及其理由。

[法律提示:根据民事诉讼法的有关规定,法庭调查开始后,先由原告宣读起诉书或者诉讼请求要点及其简要理由;再由被告宣读答辩状或者答辩状要点及其理由;由第三人宣读诉讼请求要点及其理由或者宣读答辩要点及其答辩理由。

案情提示:据称,环宇商贸有限责任公司总经理刘玉珏,代表公司奖励吴天海一套公寓。吴天海与其女友刘丽到宏源房地产开发公司签订了18号公寓的房屋预售合同,吴天海、刘丽以及宏源公司的售房代表都在合同上签了字。吴天海以环宇商贸公司奖励的支票20万元付了定金,而且约定剩下的80万元房款仍然以环宇商贸公司奖励的支票支付。]

吴天海:(从座位上站起来,理一理衣服)审判长,2012年9月,我和我当时的女朋友刘丽,与被告宏源房地产开发公司签订了房屋预售合同,合同号为00108。根据合同,被告应该在2014年3月之前交付房屋。如果逾期不能交付,被告应该根据我们的意愿,或者不再履行原合同,而退还全部房款、支付购房款利息、并双倍返还我们的定金;或者继续履行合同,由被告支付逾期交付期间的购房款利息,并赔偿相应的损失。但时至今日,合同已经逾期近一年,被告仍然没有交付房屋。此前,我以没有必要再继续履行合同为由,向被告提出按合同约定退还购房款80万元、支付购房款利息20万元和双倍返还定金40万元的请求,但被告拒绝按合同规定履行。(停了一下)为了维护我的合法权益,我特别请求人民法院根据合同的约定,判决被告宏源公司承担相应的法律责任。我的上述主张有合同、被告出具的收款发票等证据为证。我的话完了,谢谢!

(吴天海向审判长点点头,平静地坐下。马经理静静地听完吴天海的发言。)

审判长:现在由被告答辩。

马经理:(站起来镇定地说)审判长,本公司认为,姑且不论原告的主张是否合理,单就原告的诉讼主体资格就值得商榷。事实上,根据我公司与环宇商贸有限责任公司2013年签订的变更00108号合同当事人的00456号合同的规定,我公司现在与原告并不存在房屋买卖关系,我公司也不存在要退还原告购房款、购房款利息和双倍返还定金问题。同时,我公司虽然未按合同要求交付房屋,但并非我公司有意不按期交付,而是客观的不可抗力原因。(停了一下)我公司的上述答辩有合同、环宇商贸公司的来函以及各种不可抗力的事实等证据为凭。我的答辩完了,谢谢!

(马经理说完,向审判长点点头,坐下。)

审判长:现在由第三人陈述。

刘玉珏:(她显得精明强干,神情冷漠)审判长,刚才,原告向被告提出返还购房款、支付购房款利息和双倍返还定金的诉讼请求。我方认为,根据我公司与宏源房地产公司2013年签订的00456号合同,原告无权提出这一请求。因为原告并非真正的购房者,真正的购房者是我环宇商贸公司。(转头看一看马经理,又十分沉稳地继续说)同时,我公司认为:被告没有按期交付房屋,应该承担违约责任。不过,它不应该对原告,而应该对第三人,也就是对我环宇公司承担法律责任。我公司要求被告承担的责任不是返还购房款,而是向我公司双倍返还定金40万元和支付延迟交付期间的资金利息8万元;同时要求被告在3个月内交付该房屋。至于被告所说的不可抗力之说,(停了一下)我公司是不能同意的。对此,我方将在以后的法庭审理过程中阐明自己的观点。我的陈述完了,谢谢!

(刘玉珏说完,向审判长点点头,坐下。她那没有笑意的脸上似乎稳操胜券。)

[法律提示:在原告宣读诉讼请求及其理由、被告答辩和第三人陈述以后,法庭应该对在庭前证据交换时,当事人没有争议的证据,在诉讼当事人认可后给予认定。]

审判长:根据刚才原告的诉讼请求及其理由、被告的答辩、第三人的陈述,以及在本法庭正式开庭前,诉讼当事人交换证据的情况,下列事实是没有争议的事实:(1)原告提供的,由被告出具的房屋定金和余款的收款发票,要求返还购房款本金、本金利息和双倍返还定金的请求书;(2)被告提供的,土地使用权证书、项目开发批准书和施工批准书;(3)第三人提供的,双倍返还定金和支付逾期交付房屋期间购房款利息的请求书。

审判长:(宣读完毕,严肃地巡视一周后)各当事人对于上述事实如有异议,可以提出。

(对审判长的问题,各位当事人均表示没有异议。)

审判长:鉴于各位诉讼当事人对上述事实没有争议,本法庭决定对上述事实给予认定!

审判长:(接着说)根据刚才诉讼当事人的起诉、答辩、陈述和本法庭正式开庭前交换证据的情况,本法庭认为,本案争议的焦点是:(1)原告提出的00108号合同和被告、第三人提供的00456号合同中,哪一个现在仍具有法律效力;(2)被告逾期交付房屋是否为不可抗力所致。

审判长:(接着说)据此,本法庭对本案举证责任分配如下:(1)原告对其陈述的00108号合同的存在和现在是否仍具有法律效力承担举证责任;(2)被告和第三人对其陈述的00456号合同是否存在和是否具有法律效力共同承担举证责任;(3)被告对自己提出的不可抗力的主张承担举证责任;(4)各方当事人有权举证反驳对方当事人的主张,有权举证证明自己所举证据的真实、合法和与自己主张的事实的关联性。

审判长:(略停一下)对本法庭归纳的上述争议焦点和举证责任的分配,各当事人如有不同意见,可以向本法庭提出。

(对法庭归纳的争议焦点,各诉讼当事人均表示没有异议。)

[法律提示:(1)当事人应该对自己的主张承担举证证明责任,如果不能用证据证明自己诉讼请求成立或者不能用证据驳倒对方的诉讼主张,就要承担不利于自己的法律后果;(2)法庭有权决定应调查事实的先后顺序,并指挥、引导当事人围绕争议事实正确、合法地进行举证;(3)一方当事人举证后,另一方当事人有权对对方当事人所举证据进行质证。质证主要围绕证据的真实性、关联性、合法性和证明力进行。未经法庭当庭质证的证据材料,不能作为定案的根据。]

审判长:现在继续进行法庭调查!

(审判长向李审判员示意,应由其进行法庭调查。李审判员会意。她先将目光环视一下法庭,然后转向原告。)

李审判员:(严肃地)现在由原告举证。

原告律师:我们向法庭提供的证据首先是原告与被告签订的00108号房屋预售合同书。该合同规定,如果开发公司逾期不能交付房屋,该公司可以根据当事人的意愿,退还购房款、支付购房款利息,并双倍返还定金。

李审判员:请法警将原告提供的00108号合同文本提交被告辨认。(法警将该合同文本送被告辨认。)被告,你方对原告提交的合同文本有无异议?

马经理:(认真地看完合同,抬起头)这份合同的确是我公司与原告签订的。

但这份合同已经由环宇商贸公司的刘丽,代表环宇商贸公司重新与我公司做了变更,原合同已经作废,不再具有法律效力。

李审判员:环宇商贸公司为什么要废除原告签订的合同,现在由你方对此作出陈述。

马经理:是。那是2013年7月的一天下午,环宇商贸公司的刘丽小姐带着公司的函件要求将00108号合同的购房方由原来的吴天海、刘丽更改为环宇商贸公司,并声称环宇公司愿意承担由此带来的不便和损失。并说,原来环宇公司老板答应对吴天海的奖励只是口头答应的,后来因为发现吴天海侵吞公司财产,老板不仅没有将奖励问题提交董事会,反而将吴开除了。看在刘丽说得合情合理,而且手续齐全,我公司就与刘丽小姐签订了00456号合同,将原来的00108号合同的买方变更为环宇商贸公司。

被告律师:(站起来,拿出一份文件向法庭出示)这就是00456号合同,合同当事人是环宇商贸公司与宏源房地产公司,房屋是18号公寓。按照本合同规定,本合同签订后,原00108号合同同时作废。

李审判员:请法警将被告出示的合同书交原告质证。(法警将合同书递给原告律师。原告律师看后递给吴天海。两人低语)

李审判员:原告,你方对被告方所述事实和00456号合同有什么问题可以向被告提问。

原告律师:(站起来,问被告)请问被告方,你方所说的变更合同的刘丽是哪一个刘丽?

马经理:就是与吴天海一起到我公司来签订买房合同的刘丽。

原告律师:(转向审判台)审判长,我们认为,且不说被告描绘的合同变更事实是否真实合法,单就被告提供的合同文本而言,也很难证明变更合同是环宇商贸公司的真实意思表示。仅以这种本身真实性都难以证明的证据,来反驳我方合同的合法有效性,显然是无力的。

李审判员:被告,你方还有没有其他证据证明你们出示的合同具有法律效力?

被告律师:有!(左手拿出一份文件向法庭出示)这是环宇商贸公司给我公司的函。函件的内容是:"宏源公司:我公司原职员吴天海和现任总经理助理刘丽小姐,去年来你公司购得18号公寓。此公寓的权利属于我公司,因为购房款是从我公司划出的公司资金。现在为了防止公司财产流失,我公司决定将此公寓的权利方由吴天海、刘丽更改为环宇商贸公司。为此,我公司特派刘丽小姐去你处办理更名事宜,望协助为盼。特此函告。环宇商贸有限责任公司,2013年7月15日。"(读完函件,律师停了一下说)以上函件直接证明了变更合同是环宇商贸公司的真实意思表示。

被告律师:(略停一下。继续说)另外,我还要特别说明一下,我方提供的合同的真实性,除本函件可以证明外,今天出庭的第三人环宇商贸公司也完全可以证明。

李审判员:请法警将被告提供的合同和函件提交给第三人辨认。

(法警将合同和函件交给第三人的法人代表刘玉珏辨认。)

李审判员:第三人,你方对被告出示的证据有无异议?

刘玉珏:被告提供的合同文本正是我方准备提交法庭的合同文本,函也是我方向被告方出具的函,是完全真实的。我方可以非常负责任地说,00456号合同是我公司与宏源房地产公司在平等基础上,根据诚实信用原则签订的,是真实有效的。

李审判员:请法警将被告提供的第三人给宏源房地产公司的函交原告辨认。

(法警将函交给原告律师。原告律师仔细阅读函件。)

李审判员:原告对被告提供的00456号合同以及环宇商贸公司的函,有什么异议?

原告律师:审判长,对于第三人给被告的函,我方对其真实性不持异议。但它只能证明第三人有变更合同当事人的意愿,而不能证明这种意愿本身具有合法性。至于00456号合同,我方认为是无效合同。因为,环宇公司和刘丽的变更合同行为,并没有得到我方当事人的同意和授权。而且,刘丽此前已经明确表示放弃00108号合同的当事人权利。

李审判员:(向原告)你方就刘丽放弃00108合同一事,有证据吗?

原告律师:有!(出示证据)这是刘丽亲笔书写的弃权书。

李审判员:请法警将弃权书交给被告质证。(被告从法警手里接过弃权书认真地看。)

李审判员:你方对弃权书有何异议?

被告律师:我方看不出这就是刘丽的亲笔所书。除非进行笔迹鉴定,不然很难说明证据的真实性。

李审判员:你方有证据证明弃权书是不真实的吗?

马经理:(迟疑一下)没有。

李审判员:第三人,你方对原告方提供的刘丽的弃权书有无异议?

刘玉珏:(看过弃权书后说)该弃权书是真实的。刘丽是我的侄女,她的笔迹我能辨认。

[法律提示:在当事人举证和质证后,法庭应该及时认证。对证据材料的审查和采信,应该从证据的来源、内容、形式、种类以及证据与证据之间的联系等入手进行。认证应当当庭进行。至于认证具体在哪一阶段进行,根据法庭调查的具体情况决定,但都必须说明认证的具体理由。]

审判长:(与审判员交换意见后)对于被告提供的环宇商贸公司给宏源房地产公司的函,本法庭认为,其证明对象是环宇商贸公司对00108号合同进行变更的真实意思表示;至于环宇公司是否有权对该合同进行变更,则是另一个证明对象。因此,本法庭对环宇商贸公司给宏源房地产公司的函给予认定。

审判长:(停一下)对于原告提供的刘丽的弃权书,其证明对象是刘丽不再是00108号合同中的房屋权利人,至于00108号合同是否现在仍具有法律效力,是另一个证明对象。因此,本法庭对刘丽的弃权书给予认定。

审判长:(停一下)原告提供的00108号合同和被告提供的00456号合同,因还有其他事实尚未查清,本法庭暂不作认定,待其他事实查清后,再决定是否认证。

审判长:现在继续进行法庭调查。(向王审判员示意应由其进行法庭调查。)

王审判员:(领会审判长的示意。环视一下法庭后,语调缓慢而清晰地问)第三人,你方对原告提供的00108号合同文本有无异议?

刘玉珏:对于原告提供的00108号合同文本的真实性,我方没有异议。但是,我方不承认原告是该房屋的真正购买方。

王审判员:请你方向法庭陈述理由。

刘玉珏:(向王审判员点点头)是。原告吴天海曾经是本公司的职员,刘丽现在还是本公司的职员,他们当时所购房屋是本公司的资金而不是他们自己的自有资金。

王审判员:你方有证据吗?

刘玉珏:有。(说着从皮包里拿出两张委托银行付款凭证即回单)这就是我公司付款于宏源公司的证据。(停顿一下,然后很自信地说)既然购房是我公司的资金,18号公寓的权利人当然应该是本公司,而不是原告。

审判长:请法警将回单交给原告辨认。

原告律师:(从法警手中接过回单看后,交给原告。与另一律师低语)就回单的真实性和合法性,原告没有疑义。但是我还有一个问题要问第三人……

王审判员:(打断原告律师的话)如果是其他问题以后再说,你方现在回答对回单还有什么异议?

原告律师:有。回单的真实性和合法性只能证明环宇商贸公司向宏源房地产公司付过款,但这并不能证明所付的购房款就属于环宇商贸公司。因为,现代经济生活中,委托付款的现象是十分普遍的。第三人没有证据能证明环宇公司的付款不是原告方的委托付款。

王审判员:被告,你方对第三人提供的回单有什么意见?

被告律师:(看回单后)我方没有疑义。

(审判长与左右两位审判员低声交换意见后,抬起头。)

审判长:对于第三人提供的回单,经原告、被告质证,双方对其真实性和合法性均无疑义。本法庭认为,第三人提供的银行回单,是证明第三人已经付款。至于所付款项到底属谁所有,那是另一个证明对象。因此,本法庭对第三人提供的付款为100万元人民币的两张回单给予认定。

[法律提示:法庭的认证,可以根据具体情况采用下列方法:(1)"一证一质一认"法;(2)分阶段认证法;(3)综合认证法。]

(第三人提供的回单被认证后,又向法庭出示了00456号合同文本。)

审判长:第三人,你方现在提供的00456号合同文本与被告提供的00456号合同文本,是同一合同吗?

刘玉珏:是的。

审判长:你方提供这一合同文本的目的是什么?

刘玉珏:是要证明18号公寓的权利人是我方,而不是原告。同时,此合同可以证明我方对被告方提出的诉讼请求是有合同和法律依据的。

审判长:原告,现在你方有什么问题需要向第三人发问?

原告律师:请问第三人,你方既然认为原告签订的00108号合同的权利人是你公司,那当初为什么又同意以原告的名字作为合同当事人呢?后来为什么又要更改呢?

第三人律师:我反对!原告律师所问问题与证明00456号合同有无效力无关!

原告律师:(赶紧向审判长声明)审判长,我的问题是要通过对第三人的询问,谁是00108号合同房屋的真正权利人,00456号合同是否具有合法性。请求审判长同意我向第三人发问。

审判长:反对无效,第三人应该如实回答问题。

[法律提示:如果当事人或者诉讼代理人在询问时,所问问题与本案无关,或者在诱导对方当事人或者证人,对方当事人或者诉讼代理人有权向法庭提出反对意见;法庭对提出的反对意见应该及时作出"反对有效"和"反对无效"的决定,以平等地保护当事人诉讼权利的正确行使。如果"反对有效",被询问人有权拒绝回答询问者的询问;如果"反对无效",被询问人必须回答询问者的询问。]

刘玉珏:我公司之所以同意以原告吴天海的名字作为购买方,是因为我曾经认为吴天海工作成绩出色和为人诚实,便口头答应奖励他100万元购买一套公寓。但是后来……我终于发现吴天海并不是我想象中的那种诚实的年轻人,他通过在其他公司回扣入股等方式,将环宇商贸公司的大量财产转移到了自己的名下。

吴天海:(猛地站起来,愤怒地向刘玉珏喊道)你这个无耻的女人,完全是污蔑、诽谤、造谣、中伤!

审判长:(猛地敲击一下法槌,对吴天海大声地制止道)安静!

(法警上前用手势示意吴天海坐下,原告律师按住吴的肩头低声劝阻。审判长与两位审判员交换意见。骚动的旁听席也渐渐安静。)

[法律提示:根据我国《民事诉讼法》第110条第2款的规定,对于违反法庭规则的人,人民法院可以予以训诫、责令退出法庭或者予以罚款、拘留;根据第111条第4项的规定,对司法工作人员、诉讼参加人、证人、翻译人员、鉴定人、勘验人等进行侮辱、诽谤、诬陷、殴打或者打击报复的,人民法院可以根据情节轻重予以罚款、拘留;构成犯罪的,依法追究刑事责任。]

审判长:(非常严肃地对吴天海)原告吴天海,起立!

(吴天海极不情愿地站起来,但已经开始冷静。他面向法庭站着。)

审判长:(站起来,极严肃地对吴天海说)鉴于你刚才公然辱骂其他诉讼当事人的行为,本法庭根据我国《民事诉讼法》第110条第2款的规定,决定对你进行训诫。原告吴天海,你刚才公然辱骂其他当事人的行为,破坏了法庭的正常秩序,侵害了他人的人格权,是一种违法行为。对于你刚才行为的违法性,你必须要有正确的认识;对被你辱骂的第三人的法人代表刘玉珏,你必须当庭道歉。

审判长:原告,刚才本法庭的话听清楚了吗?

吴天海:(虽然还余气未消,但已经冷静下来了。)听清楚了。(停了一下,然后慢慢地说)审判长,通过刚才法庭的训诫,我明白了我刚才错误行为的性质。对我刚才的粗鲁、冲动行为,我向法庭表示歉意,以后保证决不再发生类似行为。(转身对刘玉珏。刘面无表情。)刘玉珏女士,我对我刚才的错误行为向你道歉。(说完,又面对法庭。)

审判长:原告,如果你以后再出现违反法庭纪律的行为,本法庭将给予更严厉的处理。听清楚了吗?

吴天海:听清楚了。

审判长:你坐下。(吴坐下。)

审判长:(面容严肃。大声地)现在继续进行法庭调查!第三人,你刚才所述就是你公司为什么要变更合同的原因吗?

刘玉珏:是的。正因为上述原因,我决定不再将原来准备奖励吴天海100万元人民币的意见提交董事会讨论。这就是说我虽然以前口头上决定奖励吴天海,但因为这一奖励没有经过董事会正式决定,它还不具有正式的法律效力。因此公司作为真正的房屋权利人,有权更改00108号合同当事人。

原告律师:审判长,我能向第三人提个问题吗?

审判长:准许。

原告律师：(转向刘玉珏)既然吴天海像你说的那样侵吞了环宇商贸公司的财产,那你为什么不去控告吴天海的侵占财产罪,反而让他逍遥法外呢?

第三人律师：我反对!原告律师所提问题与本案无关。

原告律师：审判长,我现在是想查明第三人法定代表人陈述的真实性。

审判长：反对无效,第三人应该回答。

刘玉珏：(脸上闪过一丝很难让人察觉的得意微笑)吴天海虽然作出对不起我的事,但是他毕竟为环宇商贸公司做过贡献,让公司赚了不少钱。他现在侵吞的公司财产,我粗算了一下,与他为公司赚的钱差不多。就算给他吧,我将他辞退了,以后我们两不相欠。但是,在宏源房地产公司的房屋,已经超出了他的贡献,我不能再相让了。(以冷漠而傲慢的口吻)原告律师,你还有问题吗?

原告律师：(非常沉着地)我很佩服你的干练精明和滴水不漏的口才,但我相信谎言是掩盖不住事实的……

审判长：(敲击一下法槌,然后打断原告律师的话)原告律师,与本案无关的话不要说。你们对第三人就变更合同所做的说明和他们提供的00456号合同具体还有什么意见需要向法庭陈述?

原告律师：第三人对于变更合同所做的陈述,我们认为是编造得十分动人的故事。老实说,我很佩服刘女士编造故事的能力,如果她去从事文学工作……

审判长：(打断原告律师的话)原告律师,本法庭再次提醒你:直接回答本法庭提出的问题,不要讲与本案无关的话。

原告律师：是。至于合同,我方对第三人提供的00456号合同的真实性没有疑义,但对于该合同的合法性,我方认为不能承认,因为回单不能证明购房款的权利归属,也就不能证明第三人对18号公寓的权利,更不能证明第三人未经原告同意私自更改合同当事人的做法是合法的。

审判长：也就是说原告仅承认00456号合同的真实性而不承认该合同的合法性,是吗?

原告律师：是的。

审判长：被告,你方对第三人提供的00456号合同有什么意见?

被告律师：我方对该合同没有意见。

审判长：对于第三人提供的00456号合同书,原、被告对其真实性均无疑义,但对该合同的合法性原告尚存异议。本庭对该合同的真实性给予认定,对其合法性暂不认定,待其他事实查清后再决定是否认证。

[法律提示：法庭对于质证后的证据材料,如果对证据材料只查清"真实性"或者"合法性",没有查清"关联性",可以对查清部分先进行认定。但是,对该证据的全面认证,应该在"三性"具备的情况下才能认定。]

审判长：第三人还有什么证据需要向法庭出示?

第三人律师：(思索了一下)暂时没有了。

审判长：现在由原告继续举证。

原告律师：审判长，原告与被告、第三人的争议焦点在于购房款到底是第三人的还是原告吴天海的。换句话说，第三人是否已经通过奖励将购房款给了吴天海。现在原告要求法庭传原环宇商贸公司会计李蓓蕾小姐出庭作证，以证明刘玉珏奖励吴天海这一事实的存在。

审判长：准许。传证人李蓓蕾出庭。

(证人李蓓蕾在法警的带领下走进法庭，来到证人席。)

[法律提示：根据《民事诉讼法》和《民事证据规定》的有关规定，经人民法院通知，证人应当出庭作证，接受当事人的质询。符合《民事诉讼法》第73条第4项"其他有正当理由不能出庭的"，经人民法院许可，证人可以通过书面证言、视听资料或者视听传输技术等方式作证。证人作证时，不得使用猜测、推断或者评论性的语言。证人不得旁听法庭审理；询问证人时，其他证人不得在场。人民法院认为有必要的，可以让证人进行对质。证人出庭时，法庭应当查明证人身份，告知其如实作证的义务以及作伪证的法律后果，并责令其签署保证书，但无民事行为能力人和限制行为能力人除外。证人拒绝签署保证书的额，不得作证，并自行承担相关费用。证人应向法庭宣读保证书；如果证人是文盲，可由书记员领读。保证书宣读完毕，证人应该在保证书上签字；如果证人是文盲，可以在保证书上打手模。]

审判长：你的姓名？职业？现在哪里工作？住址在何处？

李蓓蕾：李蓓蕾。职业是会计。现在五星房地产公司担任会计……

审判长：证人李蓓蕾，根据我国法律规定，公民有作证的义务。你应该如实将你知道的情况向法庭陈述。对于与本案无关的问题，你有权拒绝回答。但如果作伪证，你将受到法律制裁。对此，你听清楚了吗？

李蓓蕾：听清楚了。

审判长：现在你向法庭宣读作证保证书。

李蓓蕾：(拿着保证书，面对法庭。十分严肃地宣读)我，证人李蓓蕾，以我个人的人格向庄严的法庭保证：我将坚决履行法律规定的公民作证的义务，保证我以下所作证言是真实的；如有谎言，愿受法律制裁和道德的谴责。保证人，李蓓蕾，2015年4月1日。

(保证书宣读完毕，李蓓蕾在保证书上签字。)

审判长：证人李蓓蕾，现在你将所知道的刘玉珏奖励吴天海的情况向法庭作如实陈述。

李蓓蕾：2012年9月初，我正在财务部做账，刘总经理将我叫到她的办公室。递给我一张她的批条，叫我依据该批条向吴天海支付奖金。根据这一批条，我大约分两次共开了两张支票:一次是2012年9月开的,刘丽代吴天海来领的支票,票面金额大约是20万元;另一次是2013年初开的,也是刘丽代吴天海来领的支票,票面金额是80万元。我知道的就这些。

审判长:其他还有没有?

李蓓蕾:没有了。

审判长:原告对证人有什么需要问的吗?

原告律师:有。(面向李蓓蕾)刚才你讲了根据刘玉珏总经理的批条分两次开出了总数是100万元的支票。是吗?

李蓓蕾:是的。

原告律师:你还能记得批条的内容吗?

李蓓蕾:(思考了一下,慢慢地)好像是这样的:财务部:鉴于吴天海先生……对公司的重大……贡献,决定给予……吴天海先生……100万元的奖励。请你部根据……此决定准备相应支付金。后面好像还说了可以根据吴天海的意愿进行支付,具体表述记不清了。最后就是刘玉珏自己的签名。

原告律师:批条上最后写的是什么时间?

李蓓蕾:(停下来,思考了一会儿。)

原告律师:(看着李蓓蕾)你好好想一想。

李蓓蕾:哦……好像是……2012年的……9月初。对,2012年的9月初。因为我拿到批条后大约一周,刘丽来财务部开的第一张支票。

原告律师:你刚才说刘丽领支票时是代吴天海领取的,那刘丽在代领时留下手续没有?

李蓓蕾:当时刘丽写了领条。

原告律师:领条是格式化领条还是白条?

李蓓蕾:当然是格式化领条啦,公司的管理还是相当正规的。

原告律师:刘丽在代吴天海领取支票时说了什么没有?

李蓓蕾:(想了一会儿)刘丽说吴天海认为直接领取现金去交房款不太方便,最好开转账支票安全些。

原告律师:刘丽在填写领条时有没有留下什么字句之类的东西。

第三人律师:我反对!原告律师在对证人进行诱导。

审判长:反对有效!原告律师不要诱导证人。

原告律师:是。刘丽在填写领条时只填写了规定填写的内容吗?

李蓓蕾:(低头思考了一阵)哦!除了填写支取的金额外,两张支票的备注栏都写上了代吴天海领取奖金的字样。对!就是写的代领奖金。

原告律师:审判长,我的话问完了。

审判长:第三人及其代理人,你方现在可以向证人提问。

第三人律师:(站起来,面对证人)请问你是从什么时候到环宇商贸公司工作的?

李蓓蕾:从2011年底开始。

第三人律师:什么时间离开的?

李蓓蕾:2013年8月。

第三人律师:什么原因离开的?

李蓓蕾:(迟疑一下)因与刘玉珏总经理为做账的事吵了一架后,我自己离开了。

第三人律师:这么说,你与刘玉珏总经理一直有些不愉快,是吗?

原告律师:我反对! 第三人的律师问的问题完全与本案无关。

审判长:反对无效。证人应该回答第三人律师的问题。

李蓓蕾:当时确实有些不愉快,所以负气离开了公司。不过我对刘玉珏女士还是很佩服的,她一个女人能干这么大的事业,的确很不容易。那次虽然吵了架,我也离开了环宇公司,但回想起来我们两人都有感情冲动的地方。所以,我对刘玉珏女士现在已经没有什么了。这次出庭作证,我只是依法履行一个公民应该履行的义务。(说完向审判长点点头)

审判长:第三人还有什么问题询问证人吗?

第三人律师:有。李蓓蕾,你刚才非常准确地背出了刘玉珏总经理给财务上的批条,请问你在环宇公司财务部担任的什么职务?

李蓓蕾:就是财务部的一般会计,没有什么职务。

第三人律师:既然你仅仅是一般会计,那刘玉珏为什么会找你去办理这么大一笔数目的奖金呢?

李蓓蕾:因为当时负责财务部工作的余凤莲出差去了,我临时代理一下余凤莲的工作。

第三人律师:后来刘玉珏的那张批条呢?

李蓓蕾:后来余凤莲回来后,我把刘总的批条给她看后,就做账了。

第三人律师:也就是说刘总经理的批条应该在账本里喽?

李蓓蕾:当时我把刘总的批条和开出支票后银行的回单、刘丽代吴天海领取支票的两张领条粘在一起做的账。我想在账本里应该有这张批条。

第三人律师:批条的事,事关购房款到底是谁的。所以,我方想请环宇公司财务部的经理余凤莲出庭,就刘玉珏是否奖励过吴天海一事作证。

审判长:第三人律师的请求可以考虑。被告,你们对证人李蓓蕾还有什么问题要问?

被告律师:我方没有问题可问。

审判长:证人还有什么要补充的吗?

李蓓蕾:没有了。

审判长:在本法庭休庭后,证人应该到本法庭书记员处,核对庭审证言笔录并签字。(略停一下)现在证人李蓓蕾退庭。(法警上前与李蓓蕾一起离开法庭。)

审判长:传证人余凤莲出庭作证。

(一会儿,法警带余凤莲走进法庭。入证人席。其他手续同前,此处略。)

审判长:证人余凤莲,请你就刘玉珏是否向财务部写过奖励吴天海的批条和对吴天海实际进行奖励的事如实向法庭陈述。

余凤莲:是。在我的记忆中从没有公司要求我们办理对吴天海进行奖励的决定,至于刘总给财务部写批条的事我也没有印象。刘总决定对吴天海进行奖励的事只是听到过传闻,没有见公司落实。我就知道这些。

审判长:第三人,你现在可以向证人余凤莲提问。

第三人律师:证人余凤莲,你刚才说你记不得刘总给财务部写过批条,是记不得还是刘总根本就没有写过?

原告律师:我反对!第三人律师在诱导证人。

审判长:反对有效。第三人询问证人时不能诱导证人。

第三人律师:是。你作为环宇公司财务部的负责人,2012年8月底到9月初,你在什么地方?

余凤莲:好像是去深圳出差了。记得当时是去催款,一去就是二十多天,回来时已经是9月20号左右了。

第三人律师:你回来以后,李蓓蕾给你谈了些什么?

余凤莲:我回来后,李蓓蕾给我汇报了我走以后财务部的工作进展情况。

第三人律师:当时李蓓蕾有没有给你看过刘总写的什么批条之类的东西?

余凤莲:(想了想,肯定地说)没有,肯定没有。因为当时谈的时候两人都是两手空空,没有拿什么东西啊。

第三人律师:你作为财务部门的负责人,你见过购买宏源房屋的账目吗?

余凤莲:账目……(沉思了一下)我见过。对了,这次诉讼前,刘总经理叫我拿购买宏源房屋的支票回单时,我也只见支票回单而没有看见刘总的批条。

第三人律师:审判长,我的问题问完了。

审判长:原告,现在可以向证人余凤莲提问。

原告律师:(面向余凤莲)请问,你现在还在环宇商贸公司工作吗?

余凤莲:还在。

原告律师:担任什么职务?

余凤莲:财务部经理。

第三人律师:我反对!原告律师的问题与本案无关!

审判长:反对无效！原告律师可以继续提问。

原告律师:你说你在账本上没有见过刘玉珏的批条,是吗？

余凤莲:是的。肯定没有。

原告律师:那你根据刘玉珏的指示从账本上取支票回单时,发现过有撕取的痕迹吗？

余凤莲:(迟疑了一下,低声地)我没有注意到。

原告律师:审判长,根据以上证人作证的具体情况,我方正式向法庭提出两点请求:(1) 请求法院对第三人提交的两张支票回单进行物证鉴定,看批示和领条的纸张是否有粘贴在回单上的痕迹;(2) 鉴于批条和回单是由第三人保管的,我方不可能直接提取,特请法庭向第三人直接提取证据。另外,由于证人余凤莲现在还在环宇公司工作,其利益受制于刘玉珏,所以其证言的真实性、证明力值得推敲。这一点我想请法庭给予注意。

[法律提示:根据《民诉法适用解释》第96条第1款的规定,人民法院只在5种情形下依职权主动调查收集证据:一是涉及可能有损国家、社会公共利益的证据;二是涉及身份关系的证据;三是涉及《民事诉讼法》第55条公益诉讼的证据;四是涉及当事人有恶意串通损害他人合法权益可能的证据;五是涉及依职权追加当事人、中止诉讼、终结诉讼、回避等与实体争议无关的程序事项。除此以外,应当依当事人的申请进行。当事人及其诉讼代理人申请人民法院调查收集的证据应当符合下列条件之一:(1) 属于国家有关部门保存,当事人及其诉讼代理人无权查阅调取的证据;(2) 涉及国家秘密、商业秘密、个人隐私的证据;(3) 当事人及其诉讼代理人因客观原因不能自行收集的其他证据。人民法院依当事人申请调查收集的证据,作为提出申请的一方当事人提供的证据;人民法院依职权调查收集的证据应当在庭审时出示,听取当事人意见,并可就调查收集该证据的情况予以说明。]

审判长:被告还有什么要询问证人的？

被告律师:没有。

审判长:在本法庭休庭后,证人应该到本法庭书记员处,核对庭审证言笔录并签字。(略停一下)现在证人余凤莲退庭。(法警上前与余凤莲一起离开法庭。)

审判长:鉴于原告的证人所举证言与被告提出的证人所举的反驳证言还有矛盾之处,双方证言的真伪,待其他事实查清后再做认定。

审判长:(略停一下)现在由原告继续举证。

原告律师:经过以上法庭调查,问题已经接近它的核心,这就是刘玉珏到底有没有写过奖励吴天海的批条,到底是否已经履行对吴天海的实际奖励。现在,我想请本案始终没有出场但又十分重要的关键人物刘丽出庭作证！

(法庭旁听席开始出现骚动,议论声开始出现。)

审判长:准许。传刘丽到庭。

(刘丽在法警的带领下走进法庭。马经理与刘玉珏等有些吃惊。旁听席有人站起来,议论声更大了。)

审判长:(大声地对旁听席喊道)请安静!旁听席的旁听者应该遵守法庭纪律,不得影响法庭审理的正常进行。

(旁听席安静下来。核对证人身份、证人宣读保证书等同前,此处略。)

审判长:证人刘丽,请你将刘玉珏是否写过奖励吴天海的批条以及环宇公司是否已经向吴天海履行奖励义务向法庭做如实的陈述。

刘丽:(点一点头)好的。审判长……

(她看一看刘玉珏,在刘玉珏严肃的目光下迅速地将目光转向审判台,并长长呼吸了一下,挺了挺胸脯。)

刘丽:审判长,关于姑妈,哦,刘总经理写批条奖励吴天海一事,我是自始至终参与了的。刘总经理写批条的时候,我在她的办公室。以后又是我根据刘总经理的批条,分两次从公司会计李蓓蕾那里,代吴天海领取了两张支票,第一张是向宏源公司交购房定金,是20万。第二张是80万。这一点李蓓蕾是最清楚的。

审判长:你还知道些什么?

刘丽:我不知道该说些什么。

审判长:原告,你方现在可以向证人刘丽提问。

原告律师:请问证人刘丽,刘玉珏是你的什么人?

刘丽:是我的姑妈。

原告律师:你现在在什么地方就职?

刘丽:香港环宇商贸有限责任公司。

原告律师:是你姑妈的公司吗?

刘丽:是的。

原告律师:既然你在你姑妈的公司工作,你姑妈待你也不薄,你为什么要出庭作出对你姑妈不利的证言呢?

刘丽:当一个人知道自己被虚伪的事实所蒙骗而对另一个人造成伤害时,如果他还是一个正直的、有良心的人,他所应该做的是什么呢?应该是将真相告白于天下,为这位无辜的人洗刷干净他身上的污垢,还他一个清白!

第三人律师:我反对!原告方律师的问题和证人的回答像是在演戏,与本案无关!

原告律师:(赶紧声明)不,审判长,我现在正在对证人作证的主观动机进行询问,这对于证明证人证言的真实性十分重要。

审判长:反对无效。证人应该如实回答问题。

刘丽:是,审判长。在我到宏源房地产公司办理了合同当事人变更后,我的心里非常痛苦,又怕再见到吴天海。于是我向姑妈申请到香港环宇商贸有限责任公司工作,姑妈同意了。一个多月前,姑妈回香港办事……

[法律提示:由于刘丽的陈述涉及刘玉珏30年前的个人隐私,为了维护公民的隐私权,根据《民事诉讼法》第120条的规定,合议庭立即休庭合议后决定,暂时中止公开审理,转入本院2号小法庭内继续进行法庭调查,在公开公民隐私的可能性消除后,再继续公开审理。转入2号小法庭后,刘丽继续陈述了刘玉珏与吴天海的父亲吴运涛年轻时的感情纠葛,以及如何想报复而捏造吴天海侵吞公司财产的经过。在刘丽作完陈述后,合议庭合议后认为,危及刘玉珏个人隐私的可能性已经消失,应恢复案件的公开审理。因此,本案又回到原来的法庭继续进行法庭调查。]

审判长:原告,你还有什么要问的?

原告律师:没有了。

审判长:第三人代理人,你们现在可以向证人刘丽提问。

第三人律师:请问证人刘丽,你原来是00108号合同的购买方吗?

刘丽:以前是,但现在已经不是了。

第三人律师:不!(比较激动,说得较快)你是该房屋的实际权利享有者。你表面上放弃了权利,但是你与原告那种众所周知的关系,这种放弃仅仅是形式上的。为了保住这套房屋,你不顾亲情,甚至不惜以你姑妈的个人隐私为代价……

原告律师:(几乎与刘丽同时)我反对!

刘丽:(几乎与原告律师同时)绝对不是!

审判长:(大声地)安静!(在二人安静后)一个一个地讲,未经本法庭许可,任何人不得发言!现在先由原告律师发言!

原告律师:我反对!第三人的代理人在侮辱、诽谤证人!

审判长:反对有效!第三人的代理人以后不能这样对待证人!如果你再以这种方式对待证人,本法庭将把你的行为视为妨碍民事诉讼的行为给予处理。(对刘丽)证人对于第三人代理人的问题可以不必回答。

刘丽:审判长,由于我以前与原告存在某种关系,使人很难相信我的证言。为了让法庭了解我作证的动机,从而证明我的证言的真实性,我想把我与原告的关系和我姑妈的关系简要地做一个说明,行吗?

审判长:(简短地思考了一下)准许,但要简短一点。

(刘丽将她对吴天海所谓侵吞公司财产情况的调查经过,详细陈述了一遍。)

刘丽:(继续)应该特别说明的是,在姑妈决定变更合同时,就已经将该公寓送给我。同时,姑妈待我如亲生女儿,对她来说就是把整个公司给我她也不会吝啬。如果我像第三人的代理人说的那样真是为了钱财,我又何必要以伤害姑妈为代价呢?

刘丽:不得已,我根据刘总经理的盼咐去宏源房地产公司对合同做了变更。然后……(她转过目光看了一看刘玉珏,低头不语。)

原告律师:(着急地)然后什么,你快说呀!

刘丽:(又看一眼刘玉珏,刘玉珏叹一口气低下头,闭上眼睛。刘丽眼含泪花,猛一抬头)然后,我就到财务部,以代总经理查看账目为名,将我姑妈的批条和我代吴天海领取支票的领条从账本上撕了下来。

(旁听席上又是一阵嗡嗡的声音,人们的情绪被这戏剧性的场面调动起来。)

审判长:(对旁听席大声喊道)安静!(旁听席渐渐安静下来)证人刘丽,继续陈述。

刘丽:(从口袋里掏出几张纸)这就是刘玉珏,也就是我姑妈所写的奖励吴天海的批条和两张领条。批条上写着……(停一下)因为我前天接到原告律师第三次要求我出庭作证的电话,接到电话后,我想了几乎一夜。最后,我的良心促使我昨天从香港飞了回来。因为时间紧迫,来不及交给原告。现在我将批条和两张领条交给原告,由他决定是否向法庭出示。

(向走过来的法警交出批条和领条。法警将批条和领条交给原告。吴天海十分激动地接过来,看后又交给原告律师。律师与吴低语后,转向法庭。)

原告律师:现在我方正式向法庭出示刘玉珏女士亲笔书写的奖励吴天海的批条和刘丽代吴天海领取支票的两张领条。

(法警从原告律师手里接过批条和领条交给审判长。)

审判长:(接过批条和领条看后,又交给左右两位审判员查看。阅毕后)请将刘玉珏的批条和刘丽的两张领条交给第三人辨认。

(刘玉珏从法警手中接过批条,看了看,递给律师。)

审判长:第三人,该批条是你亲笔写的吗?

刘玉珏:这批条……(停顿了一下。极力想用自己的冷漠掩盖内心的犹豫和矛盾)它的字迹比较模糊……我已经记不清是否写过这张批条了。

刘丽:姑妈!你……

审判长:证人,未经本法庭许可,不准发言!

刘玉珏:(冷峻地注视审判台,不理睬刘丽。)

审判长:被告,你方对证人刘丽有无问题需要询问?

被告律师:没有。

审判长:第三人,你方还有什么需要问证人吗?

第三人律师:没有。

(旁听席的听众十分认真地注视着法庭审理的发展。不时有人相互低声评价。显然,人们对法庭的审理十分满意。)

审判长:现在证人刘丽退庭。

(刘丽在法警的带领下离开法庭。)

审判长:第三人代理人,你对批条和领条有无异议?

第三人律师:对于批条,刘玉珏女士自己都看不清,我方显然很难承认其真实性。至于领条,从笔迹看,我方不否认是刘丽书写。但备注栏里的代吴天海领取奖金字样,证人完全可以在事后、甚至在一个月以前或者昨天填写。因此我方很难承认备注栏里的话是在领取支票时写的。

审判长:也就是说,你方不承认批条和领条的真实性,是吗?

第三人律师:是的。

审判长:原告,你方对第三人律师对批条和领条的陈述有无异议?

原告律师:有。尽管第三人律师不承认批条和领条的真实性,但事实胜于雄辩。我方正式向法庭提出对该批条和领条进行笔迹鉴定的申请。(停一下,充满自信地说)我方相信,在科学面前一切均会真相大白。

审判长:被告,你们对批条和领条有什么意见陈述?

马经理:没有。

(审判长征求左右两位审判员的意见,两位审判员分别递过来自己写有意见的纸条。审判长看纸条,不由自主地点点头。他显然同意两位审判员的意见。然后,他抬起头面向前方,开始宣布合议庭意见。)

审判长:对于证人刘丽的证言、原告出示的刘玉珏书写的奖励吴天海批条、刘丽代吴天海领取支票的两张领条,已经过原告、被告和第三人的质证,鉴于批条字迹比较模糊、原告方的申请和第三人的异议,本庭决定将该批条和两张领条交有关技术部门进行笔迹鉴定;同时,对原告提出的第三人提交的回单与批条、领条之间是否曾经粘连一体,也一同提交鉴定。在鉴定后,再对证人刘丽等人的证言和原告提出的批条和两张领条作出是否认证的决定。至于原告提出的请求本法庭直接向第三人提取证据材料的申请,因原告已经提交了该证据材料,本法庭不再提取。

审判长:(继续)各当事人还有与本案相关的证据,在下次开庭后的法庭辩论结束之前向本法庭正式提出;如当事人在法庭辩论结束后提出证据的,该证据不能影响本法庭对本案作出判决。现在本庭决定休庭,重新开庭时间为 2015 年 4 月 16 日上午 9 时。休庭!(重重地敲击一下法槌)

(2015 年 4 月 16 日上午 9 时。滨江市法院审判庭内。情形一如从前。)

审判长:(先用力敲击一下法槌,然后大声地宣布)滨江市人民法院审理吴天海诉宏源房地产开发公司预售房屋合同纠纷一案,现在继续开庭。现在继续进行法庭调查。

审判长:(略停一下)根据我院的委托,鉴定机关对刘玉珏的批条、刘丽代吴天海领取支票的领条和诉讼第三人提供的银行回单进行了是否曾经粘连一体的物证鉴定。对刘玉珏的批条和刘丽代吴天海领取支票的领条分别进行了笔迹鉴定。因为两鉴定人员现正在外地出差,无法及时赶回,经本人申请和本院批准,同意两位鉴定人不出庭宣读鉴定结论。如果当事人对鉴定意见有异议,有权向法庭提出。现在由审判员王涛宣读我院委托鉴定机关所做的物证鉴定意见和笔迹鉴定意见。

王审判员:物证鉴定书。鉴定人在鉴定批条、领条和回单是否粘连一体时,发现:第三人提供的20万元的银行回单正面粘附有原告提供的批条上的纸纤维,而批条的背面也同样粘有该回单上的纸纤维。……回单和批条上都有同一厂家同一时期生产的胶液的干痕。意见:批条和回单曾经粘连为同一物体。其粘连的顺序依次是批条、20万元的回单、20万元的领条、80万元的回单、80万元的领条。

王审判员:笔迹鉴定书。鉴定人在鉴定批条时发现:两份材料使用的墨水相同、纸张相同、运笔连贯、行走自然、书写习惯相同……意见:两份材料为同一人书写;鉴定人在鉴定领条时发现:……意见:20万元的领条书写在先,80万元的领条书写在后;同一张领条内的备注栏与其他填写栏内的字迹是同一时间书写。

审判长:原告,你方对上述鉴定意见有无异议?

原告律师:没有异议。

审判长:第三人,你方对鉴定意见有无异议?

第三人律师:(与刘玉珏低语一下后抬起头)有异议。

审判长:第三人,你方可以对鉴定意见发表异议。

第三人律师:上述鉴定意见听说是由两位未学过专业知识的年轻人做的,我方怀疑该鉴定意见的科学性和权威性。

审判长:你方可以对鉴定意见发表具体意见和理由,如果有证据也可以向法庭提供。

第三人律师:(迟疑了一下)现在没有。

审判长:被告,你方对鉴定意见有无异议?

被告律师:没有异议。

审判长:鉴于第三人对鉴定人的鉴定资格有异议,本法庭对鉴定机关所做的物证鉴定和笔迹鉴定暂不做认证,待鉴定人的资格被核实后再做认证。

审判长:原告,你方还有无证据出示?

原告律师：没有了。

审判长：现在由第三人继续举证。

第三人律师：现在我方向法庭提供环宇商贸公司的章程，该《环宇公司章程》第 58 条的规定："财务部门应该根据国家的财务规定和本章程进行财务支出。对以口头方式要求财务部门进行财务支出的违章请求，财务部门负责人和有关责任人员有权拒绝。"我方出示这一证据的目的是要证明刘玉珏采用口头方式奖励吴天海是不符合公司章程的无效奖励行为。

李审判员：请法警将环宇公司的章程交给原告质证。

原告律师：（接过章程与吴天海低语）对于诉讼第三人提供的环宇公司这一规定，我方对其真实性和合法性没有异议。但它与本案没有关系，不能证明刘玉珏对吴天海的奖励是无效奖励行为。

李审判员：被告对第三人提供的公司章程有无异议？

被告律师：（看过章程后）我方没有异议。

审判长：（与两位审判员交换意见后）对于第三人提供的环宇公司章程及规定，经原告和被告质证，双方对其真实性和合法性没有异议。经本法庭合议，决定对该《环宇公司章程》第 58 条的真实性和合法性给予认定。

李审判员：现在由第三人继续举证。

第三人律师：现在我方向法庭提交环宇商贸公司董事会的决定。"……董事会对刘玉珏董事长兼总经理奖励吴天海 100 万元人民币一事进行了讨论，一致认为该奖励违背了董事会一贯的重大问题应该以书面形式提交董事会研究决定的惯例。其行为从一开始就不具有法律效力，故董事会决定：责令刘玉珏对全体董事作出检查，收回吴天海用公司资金购买的宏源房地产公司的 18 号公寓。环宇商贸公司全体董事签名。2015 年 4 月 1 日。"

李审判员：请法警将环宇公司董事会的决定交给原告质证。

原告律师：（从法警手中接过决定看后）对于董事会的这份决定是否为环宇公司作出，我方不持异议。但是我方认为，这份董事会的决定不能证明刘玉珏的奖励行为是否真正有效，因而这份决定对于本案没有任何价值。

原告律师：（从皮包里拿出一份资料对法庭说）最近，我们对环宇公司的章程进行了研究，发现该章程在第 36 条规定的总经理权限和职责中，第三项是这样规定的："总经理有权根据公司职员的贡献大小，对公司员工进行奖励。"显然，它并没有规定总经理只有提请奖励的权利，或者超过一定数额只有提请奖励的权利，而是直接授予了总经理奖励的权利。

李审判员：请法警将原告提供的证据材料交给第三人辨认。

（法警上前接过资料，然后交给第三人）

李审判员：第三人及其代理人，对原告方提供的资料有无异议？

刘玉珏:这是本公司的章程,但是……

第三人律师:(抢着说)环宇公司的章程虽然规定了总经理有奖励职员的权力……

李审判员:(打断第三人的话)你们只需要认定这份公司章程是否是你公司现在的有效章程,至于根据该章程如何适用法律,在法庭辩论时再谈。

第三人律师:这确实是环宇公司的有效章程。

李审判员:请法警将第三人提供的证据材料交给被告辨认。

李审判员:被告对第三人提供的环宇公司董事会的决定和原告提供的公司章程有无异议?

被告律师:没有。

(审判长与审判员低声交换意见。)

审判长:根据原告、被告和第三人对第三人提出的环宇商贸公司董事会的决定所进行的相互质证,本法庭认为,第三人提出的环宇公司董事会决定具有真实性,本法庭给予确认。原告提供的环宇公司的现行章程,经被告和第三人质证,本法庭认为具有真实性和合法性,给予确认。至于第三人提出的董事会决定是否具有合法性和关联性,原告提出的第三人的公司章程与本案的关联性,本法庭在休庭评议后再做认定。

李审判员:第三人,你们还有无证据出示?

第三人律师:没有。

王审判员:现在由被告为自己的主张举证。

被告律师:我方现在向法庭提供的一组证据有 7 份:(1) 市政建设预埋管线工程通知书;(2) 本市气象台出具的 2001 年雨季雨水量证明书;(3) 本市建筑管理部门提供的宏源公司 A 项目基础工程地下水跑冒返工的证明;(4) 被告与某商业银行的贷款合同;(5) 某商业银行不能如期贷款给宏源公司的通知书;(6) 被告与某建筑工程公司的建筑承包合同;(7) 某建筑公司对未能如期完工给宏源公司的函。(读完证据目录,停了一下)我方向法庭提供上述证据的目的,是要证明我方未能按期交房是遭到了非我公司的能力所能抗拒的不可抗力。

王审判员:(对被告)鉴于你方所出示证据的证明对象为同一对象,你方可以将其一并向法庭提供。

(法警将被告提交的证据材料交给法庭。王审判员看后交给审判长与李审判员。阅毕后)

王审判员:请法警将被告提供的证据提交原告质证。

原告律师:(从法警手中接过材料,看后交给原告)被告提交的这些证据材料,在真实性和合法性上我方没有异议。不过,这些材料只能说明被告没有按合同交付房屋有一定理由,不能证明被告获得了合法延期交付房屋的权利。这一点,我方将在法庭辩论阶段详细阐述自己的理由。

王审判员:请法警将被告提供的证据材料提交第三人质证。

第三人律师:(从法警手中接过证据材料看,而后与刘玉珏低声交换意见)对于被告提交的证据材料,我方的意见与原告一样,在真实性和合法性上没有异议。但是,它没有证明力,不能作为被告延期交付的理由,具体理由我方将在法庭辩论时进行阐述。

审判长:(与两位审判员交换意见后)对于被告方提供的7份证明被告延期交付是由不可抗力造成的证据材料,经原告、第三人的质证,双方均对该证据材料的真实性和合法性均没有异议。本合议庭经合议后认为,被告提供的证据材料具有真实性、合法性,至于该证据材料是否有关联性,待本法庭休庭合议后再行认定。

王审判员:被告,你方还有没有其他证据向法庭出示?

被告律师:没有了。

审判长:(环视一下整个法庭)我宣布:法庭调查结束,现在开始进行法庭辩论。

第三幕　法庭辩论

[法律提示:法庭辩论主要围绕未被法庭认证的争议事实和根据事实应该如何适用法律的问题进行辩论。辩论顺序为原告及其诉讼代理人发言,被告及其诉讼代理人答辩,第三人及其诉讼代理人发言或者答辩。]

审判长:现在由原告发言。

原告律师:审判长、审判员,我接受原告吴天海的委托,担任本案的诉讼代理人。根据我们的调查和法庭调查核实的事实,特提出以下代理意见:

(1) 2012年9月,原告与被告宏源房地产开发公司签订了00108号房屋预售合同,购买了18号公寓,共支付购房款100万元,其中包括定金20万元。但时至今日,宏源公司仍未向原告交付房屋。因此,原告认为继续履行原合同已无必要,要求被告按合同约定退还购房款和资金利息,并双倍返还定金的请求符合法律要求,应该得到法律保护。

(2) 被告和第三人提出的00456号合同,因没有征得原告的同意而造成了原告合法权利的侵害,因而是无效的。

(3) 第三人提出购房资金是该公司支付的,因此该预售房屋的权利应属于第三人的说法,经法庭调查的事实,证明是站不住脚的。事实上,该购房款是原告获得的奖金。这一点,刘玉珏对吴天海的奖励批条和刘丽代吴天海领取支票的领条已经给予证明。因此,环宇商贸公司的支付行为是根据刘玉珏的批条、按原告的指令进行的代理行为,而不是以自己的名义独立进行的购买行为。

(4) 第三人提出的董事会决定,是与该公司的章程相违背的。该公司董事长根据原告的贡献对原告的奖励并未超越职权。第三人以这种方式否认原告对购房款的合法占有显然是不正确的。

根据上述意见,本律师代表原告向法庭请求:第一,确认原告与被告签订的00108号合同是合法、有效的合同;第二,请求确认第三人与被告签订的00456号合同无效;第三,判令被告返还原告的购房款80万元和它三年的利息24万元人民币;第四,判令被告双倍返还原告定金40万元;第五,判令被告承担本案诉讼费。以上意见恳请合议庭予以考虑。我的意见发表完了。谢谢!

审判长:现在由被告发表意见。

被告律师:审判长、审判员,我接受被告宏源房地产公司的委托,担任本案的诉讼代理人。接受委托后,我对与本案相关的事实进行了调查。现在,我代表被告向法庭做如下答辩意见:

第一,被告之所以没有能在合同规定的时间内交付房屋,是因为遇有不可抗力的原因造成的。正如在法庭调查中所查实的那样,与原告签订合同后,由于市政建设需要铺设地下管线,使原基础工程被耽误了近两个月;在开始基础工程建设后,又遇到出现地下水,施工单位的基础工程两次返工,使工期又延误了近两个月;进入地面施工后,我市又进入雨季,而2001年的雨季又比以前长近一个月,使施工又不得不延期;在与被告签订合同时,我公司曾与某商业银行签订了贷款合同,但后因国家宏观调控,银行不能及时给我公司贷款,使建筑材料不能及时提供,使工期又耽误了好几个月;另外,施工单位又违约不能按时完工,使工期延误。这些情况都不是我公司事先所能预见的,出现以后也不是我公司能够以自己的能力避免的。

第二,因为我公司没能按合同规定交付房屋是由于不能预见和无法抗拒的原因造成的,所以根据有关的法律规定,我公司不能按期交付房屋不应该作为违约处理,而应该根据我公司的具体情况,给予免责。

因为上述事实和法律上的缘故,原告和第三人指控我公司违约不符合国家法律规定。对他们的诉讼请求,我公司不能同意。我们在请求法庭驳回原告和第三人的诉讼请求的同时,要求原告和第三人承担本案的诉讼费用。以上意见恳请合议庭予以考虑。我的发言完了。谢谢!

审判长:现在由第三人发表意见。

第三人律师:审判长、审判员,我接受第三人的委托,担任本案的诉讼代理人。接受委托后,我对与本案相关的事实进行了调查,现向法庭提出如下代理意见:

首先,根据法庭调查,原告在向被告购房时,其购房款是第三人支付的。这一点是原、被告均承认的不争事实。

其次,第三人法人代表虽然口头表示对原告进行过奖励,但该奖励未经董事会讨论,不应具有法律效力。当时支出的购房款所有权不发生转移,用它购回的预售房屋的权利自然也不应发生转移。故第三人应该是以原告名义所购房屋的真正权利人。

再次,正因为房屋真正的权利人是第三人,故第三人为避免以后发生纷争,而与被告协商从形式上变更合同当事人的行为是合法有效的,也就是说,00456号合同应该受到法律保护。而原告所持有的00108号合同,因为已被00456号合同所否定,所以是无效合同。

最后,对于被告提出的没有按期交付房屋是不可抗力造成的说法,我方不能同意。因为:

(1)关于市政建设埋设管线问题。根据《城市规划法》,市政建设预埋管线是任何一个城市规划都有的,任何一位房地产开发商在进行房屋开发时,都应该考虑到。被告如果在设计图纸、计算工期时没有考虑到,责任在被告,不能以此作为不可抗力的理由。

(2)关于施工期间出现地下水和雨季等自然情况问题。国家建设管理机关在有关建筑管理规范中对这种自然现象对施工的影响,早已折算了施工日期。现在被告提出雨水等自然现象对施工的影响,是对施工日期的重复计算,是完全不合理的。以这一不合理的理由作为不可抗力的根据,显然是站不住脚的。

(3)关于银行等单位没有履行协议问题。银行除中国人民银行为国家行政管理机关外,其余均为企业性质的商业银行,它与所有的企业一样都是平等的市场主体,它与这些市场主体签订的协议都应该履行。如果这些协议没有履行,那是被告与商业银行之间的纠纷问题,应由它们之间自行解决或者诉请人民法院依法判决。所以,被告以商业银行没有履行协议作为不可抗力的理由是不能成立的。

根据上述理由,本律师认为:第一,第三人与被告签订的变更房屋买方权利人的00456号合同是有效合同,而原告与被告原来签订的00108号合同已经失去效力,而成为无效合同;第二,被告没有按期交付房屋已经违约,应该向第三人双倍返还定金;第三,被告应该在三个月内交付房屋;第四,被告应该从合同规定的交付房屋时间开始,到实际交付房屋时止,向第三人支付购房款的利息8万元人民币;第五,诉讼费应该由原告或者被告承担。我方上述请求,希望法庭能够给予支持。我的发言完了,谢谢!

审判长:刚才原告、被告和第三人都发表了自己的意见。从各方发表的意见看,争议的焦点主要集中在两个方面:一是合同的购买方到底是谁?二是被告是否已经构成违约?下一轮发言请诉讼各方围绕上述两方面展开。重复的意见请不要再讲。现在由原告发言。

原告律师：审判长，对被告律师和第三人律师刚才的发言，我方认为有些是没有道理的。（看一看被告）首先从被告来看。被告以不可抗力为由推卸违约责任，是不正确的。有关理由第三人已经说得十分清楚，我方完全同意，不再重复，但补充一点理由：根据我国法律规定，所谓不可抗力，应该是不可预见也不可避免的，而本案中被告提出的不可抗力的理由，却都是可以预见和可以避免的。因此，被告应该承担违约责任，只不过是这一违约责任应该向我方当事人承担，而不是向第三人。

其次，（眼光从被告席转向刘玉珏和第三人律师，信心十足地）从第三人方面看。第三人律师称第三人是购房款的支付者和房屋的真正权利人。这一观点是建立在这样一个前提上的，即对原告的奖励没有经过董事会讨论，奖金的所有权从一开始就没有发生转移，所以预售房屋权利始终在第三人手中。（放慢速度，很自信地）如果这种前提存在，那只有一种可能，即环宇公司的章程与公司法的有关规定相矛盾，而从前面的法庭调查看出，二者并不矛盾。可见，第三人律师的上述观点也是站不住脚的。我们认为，刘玉珏对吴天海的奖励是按公司章程行使权力的职务行为，没有违反公司章程和公司法的规定，相反，倒是董事会的决定违反了公司章程，因而是无效的。当刘玉珏作出奖励吴天海的决定、并由刘丽代吴天海领取支票后，该奖金就应该属于吴天海所有，由该奖金购买的房屋权利也当然属于吴天海！这完全是无可争议的事实，是谁也否定不了的事实！这就是我的发言。谢谢！（向审判长点点头，坐下。）

审判长：现在由被告发言。

被告律师：（站起来）审判长，刚才原告和第三人的发言，否定我方逾期交付的原因是不可抗力。我认为这种否定是轻率的！试问：当政府决定铺设管线，你能不准吗？当老天要下雨，你能叫它不下吗？当你的合作伙伴要违反合同，你能绝对地阻止他不违反吗？我想谁也做不到……

审判长：（敲击一下法槌，打断被告律师的话）被告诉讼代理人，你应该谈自己的新观点和看法，不要重复已经说过的看法。

被告律师：我是要告诉原告和第三人的诉讼代理人，看问题应该从实际出发，而不应该从想当然出发。

审判长：（对被告说）你方还有没有新的看法？

被告律师：没有了。

审判长：现在由第三人发言。

第三人律师：（站起来向审判长点点头）审判长，对于被告方刚才的发言，我想我在第一轮发言中已经回答清楚，没有必要再说。现在，我想对董事会的决定是否有效谈一下我的看法。（略停顿一下，看一看原告律师）我认为，我方的公司章程虽然规定了总经理有奖励职员的权力，但并未规定奖励数额大小和具体奖励的方法,所以应该由总经理提出方案交董事会或者股东会讨论决定。如无这种限制,总经理完全可能借奖励为由,将整个公司财产进行转移。这对任何一个公司都是不可思议的灾难!我想任何一个国家的立法都要对行为人的行为进行规范,而不是要有意对某人给予放纵。因此,我方认为,刘玉珏总经理对吴天海100万元的奖励实际上是个人随意性的表现,是完全不合适的!无效的!我的话完了。谢谢!(向审判长点点头,坐下)

审判长:在第二轮辩论中,各方诉讼代理人都发表了自己的看法。现在各方还有什么新的看法,可以继续发表,但必须是新的看法,如果是重复的话就不必说了。

原告律师:(举起手)审判长,我还有点意见要谈。

审判长:准许。原告可以发言。

原告律师:(站起来)刚才第三人律师谈到如果同意刘玉珏对吴天海的奖励,就会放纵某些人借奖励为由转移公司财产。(看一看第三人律师)我认为,这种看法是没有道理的。首先,它是在脱离公司法和公司章程的基础上的一种猜测。如果这种看法是在环宇公司修改公司章程时发表的,无疑是很值得听取的真知灼见。但用来证明本案的奖励行为无效和董事会决定成立的问题上,无疑是极其愚蠢的做法……

审判长:(敲击一下法槌,打断原告律师的话)原告诉讼代理人!在发言中不能对他人使用攻击性语言!

原告律师:是!其次,第三人律师的看法脱离了本案的事实基础。刘玉珏对吴天海的奖励不仅是针对吴天海的一次贡献,而是针对好几次他对公司的重大贡献,这一点环宇公司是最清楚的。而且,刘玉珏是环宇公司的最大股东,她的股份占到全公司的65%,即使召开董事会或者股东会,她的意见都是决定性的,她奖励职员的行为也没有伤害其他小股东的利益。所以,说她的行为是一种放纵,显然是不合适的。最后,我还要向第三人说一句话,不要为了胜诉,不惜以贬低自己作为代价,这太不值得。

审判长:(敲击一下法槌,对原告律师说)原告诉讼代理人,你以后的发言再出现违背法庭纪律的现象,法庭将停止你发言!(略停一下)

审判长:被告诉讼代理人和第三人诉讼代理人,你们还有什么新的意见需要补充吗?

(看了看被告席和第三人席,两方均摇摇头表示没有。)

审判长:原告,你方还有什么要补充的吗?

吴天海:没有。

审判长:(抬起头看一看整个法庭,大声而严肃地)现在我宣布,法庭辩论结束!

第四幕　休庭评议

审判长:现在我宣布:本法庭休庭1小时,对本案进行评议!(用力敲击一下法槌)

[法律提示:法庭辩论结束后,法庭应该询问当事人的最后意见,然后应当进行合议庭评议。其询问的顺序是:原告、被告、诉讼第三人。合议庭评议的主要内容包括:(1)对尚未认证的证据决定是否认证;(2)查明证据与案件事实之间的关系;(3)讨论决定如何适用法律。如果案件是重大疑难案件,合议庭应该将合议庭的意见在院长同意后上报院审判委员会讨论决定,然后根据审判委员会的决定进行判决。其他案件如果合议庭在适用法律上意见难以统一,经院长同意,也可以提交审判委员会讨论决定,合议庭根据审判委员会讨论决定的意见进行判决。除上述案件之外,合议庭应根据合议的决定进行判决。]

第五幕　调解和判决

(1小时后,审判长与两位审判员回到法庭。继续开庭。)

(旁听席上议论纷纷,对案件的结果做着各种猜测。)

审判长:(大声地向旁听席喊道)安静!(略停一下,待旁听席逐渐安静后,先用力敲击一下法槌,然后大声地宣布)滨江市人民法院现在继续开庭!

审判长:(继续)本法庭经过休庭评议,现对吴天海诉滨江市宏源房地产开发公司房屋预售合同纠纷一案法庭调查中尚未认证的有关证据认定如下:

(1)关于本案物证鉴定和笔迹鉴定的认证问题。本案的鉴定是国家认可的鉴定机关所做的鉴定,第三人提出的鉴定人没有专业知识的说法,经本庭与鉴定机关联系后查明,纯系传闻,不足为凭。因此,本庭对前述批条、回单和领条是否粘连一体的物证鉴定以及批条、两张领条的笔迹鉴定给予认定。

(2)关于证人李蓓蕾的证言的认证问题。李蓓蕾的证言,有刘丽的证言、刘玉珏的奖励批条以及上述物证鉴定和笔迹鉴定相互印证,具有真实性、合法性和与本案的关联性,所以本法庭对之给予认定。

(3)关于证人刘丽的证言的认证问题。刘丽的证言,有李蓓蕾的证言、刘玉珏的批条和上述物证和笔迹鉴定相互印证,本庭对之给予认定。

(4)关于环宇公司总经理刘玉珏奖励吴天海100万元的批条的认证问题。刘玉珏的批条,有李蓓蕾的证言、刘丽的证言、鉴定机关的物证鉴定和笔迹鉴定相互印证,本庭对之给予认定。

(5)关于刘丽代吴天海领取支票的领条的认证问题。刘丽的领条,有鉴定机关的笔迹鉴定、李蓓蕾的证言、刘丽自己的证言相互印证,本庭对之给予认定。

(6)关于证人余凤莲的证言的认证问题。余凤莲的证言,因没有其他证据印证,难以证明刘玉珏没有写批条;同时,该证言与环宇公司董事会关于刘玉珏奖励吴天海 100 万元批条无效的决定相互矛盾。因此,本法庭对余凤莲的证人证言不予认定。

(7) 关于第三人提供的《环宇公司章程》第 58 条的认证问题。第三人提供该证据的目的是为了证明刘玉珏对吴天海的口头奖励违背了该规定而无效。经本庭查证的事实证明,刘玉珏对吴天海的奖励不是口头行为,而是通过批条进行的书面奖励。因此,该章程规定与本案情况不符,本庭对之不予认定。

(8) 关于原告提供的《环宇公司章程》第 36 条的认证问题。原告提供该证据的目的是为了证明刘玉珏对吴天海的奖励没有违反公司章程。经本庭查明,该规定没有违背公司法和其他有关的法律、法规,可以证明刘玉珏对吴天海的奖励具有合法性。因此,本庭对之给予认定。

(9) 关于环宇公司董事会决定的认证问题。鉴于刘玉珏对吴天海的奖励没有违反公司章程,也没有违反公司法和其他法律、法规,也没有损害其他小股东的合法利益。所以,对于该撤销刘玉珏对吴天海奖励的董事会决定,本庭不予认定。

(10) 关于被告提出的"市政建设预埋管线工程通知书"等 7 份证据材料的认证问题。被告提出该组证据的目的是,为了证明其延期交付房屋是由于不可抗力造成的。质证中,原告和第三人对其真实性和合法性均无异议,但均否定这些证据材料能够证明被告的延期交付行为是不可抗力所致。本庭认为,该组证据的情形均是可以预见和能够避免的。因此,本庭对该组证据材料不予认定。

除上述认证外,本庭对庭前证据交换中没有争议的证据也均予以认定。

[法律提示:对法庭调查中提出的证据进行认证或者不予认证后,法庭应该对法庭调查和法庭辩论的情况进行小结。在小结中,法庭应根据查实的证据和有关法律,对诉讼各方提出的诉讼请求给予肯定或否定,并说明理由。]

审判长:根据查实的上述证据,本法庭认为:(1) 原告吴天海与宏源房地产公司于 2012 年 9 月签订的 00108 号房屋预售合同合法有效。其主要理由有以下几点:

首先,该合同的当事人符合国家法律的许可范围。其次,该合同的签订是本着平等自愿、诚实信用的原则进行的,是双方真实意思的表示,合同内容没有发现有违反法律、法规的规定。再次,原告购房所支付的购房款是环宇商贸公司奖励给他的奖金。这一点已经得到法庭调查和法庭辩论的证实。虽然第三人环宇公司方提出口头奖励无效,但经法庭查明,环宇公司总经理刘玉珏对原告吴天海的奖励不是口头奖励,而是批条式的书面奖励。故该奖励有效,100 万元奖金归原告吴天海所有。最后,环宇公司董事会的决定,已被本法庭认定无效,故该决定已不能否认奖励行为的有效性。

(原告席上吴天海眼含泪花,静静地听着。原告律师开始露出微笑。)

审判长:(继续用他那清晰的声音讲着)(2) 第三人与宏源房地产公司签订的变更预售房屋权利人的00456号合同是无效合同。其主要理由有以下几点:

首先,第三人环宇公司在支付原告吴天海奖金后,就不再是该购房款的所有人。用该购房款购得的18号公寓的权利当然属于原告。其次,第三人与被告对00108号合同当事人的更改,没有得到原告的同意,而且也未获原告追认,故该更改行为从00456号合同签订之日起就没有法律效力。最后,刘丽虽是00108号合同的预售房屋购买者之一,但在她去宏源房地产公司办理合同变更手续之前,已经宣布放弃权利。也就是说,此时预售房屋——18号公寓的权利人只剩下原告吴天海一人。而00456号合同是在吴天海不知情的情况下,由刘丽代表第三人环宇商贸公司与被告宏源房地产公司签订的,所以该变更合同无效。

审判长:(稍微停顿一下)(3) 被告关于房屋延期交付是不可抗力造成的主张不能支持。在法庭调查中,被告所举证据虽然都是真实的,但都是可以预见和可以避免的。其主要理由有以下几点:

首先,根据《城市规划法》的规定,任何房地产的开发都必须根据国家批准的城市规划进行。被告在进行项目开发时,未及时与城市规划部门联系,在进行基础工程的同时,将市政建设需要的预埋管线同时搞好,因而造成自己的基础工程返工,其责任在被告自己,不能转嫁给他人。其次,关于基础工程中跑冒地下水和施工期间雨水影响施工问题。国家建设行政管理部门颁布的施工日期计算规范已经做了折算。被告施工日期的计算又是根据国家规定的施工日期规范确定的。因此,被告不能将跑冒地下水和雨水问题归结于不可抗力。最后,某商业银行未能及时履行贷款协议和某建筑公司未能不能如期完工,均属被告与其他合同当事人的纠纷,与本案无关,不能作为被告向本案当事人履行义务的抗辩理由。据此,本法庭认为,被告应该承担不能按期交付的违约责任。

[法律提示:根据民事诉讼法的规定,人民法院审理民事案件,应当在事实清楚、是非分明的前提下,根据当事人自愿的原则进行调解。如果当事人一方或者双方不愿意进行调解,应该进行判决。]

审判长:根据《中华人民共和国民事诉讼法》的有关规定,在法庭判决前,应该根据当事人的意思进行法庭调解。(目光转向原告)原告,你方是否愿意调解?

吴天海:愿意。

审判长:那你方的调解方案是什么?

吴天海:(平静地站起来,向审判长点一点头,开始慢慢地说)审判长,我非常感激法庭对本案的公正审理。尽管现在法庭还未最后判决,但我已经感受到法律的公正无私。我这次之所以向人民法院提起诉讼,起初是为了拿回本应属于我自己的财产。但是,当我知道还有比这笔财产更重要的东西需要我重新找回来时,我更坚定了要将这场官司打下去的决心。现在我可以负责地说,我现在的诉讼,已经不是为了一套高级公寓,而是要在世人面前找回我的人格尊严。现在我的目的达到了,遗憾已经没有……

审判长:(打断吴天海的话)原告,本法庭要你谈的是你有什么调解方案,你应该直接回答法庭的问题。其他问题留待以后再说!

吴天海:(控制住自己的情绪,对审判长)对不起,审判长,我刚才说多了。下面我郑重宣布我的调解方案:(将目光转向第三人席的刘玉珏,慢慢地说)如果刘玉珏女士承认我是18号公寓的真正权利人,我愿意将这套高级公寓赠还给刘玉珏女士,加上我以前对环宇公司的贡献,作为我替父亲的还债。如果刘玉珏女士不愿意承认我是该公寓的真正权利人,如果法庭最后认为我确实是权利人,那我也同样愿意将其赠给刘玉珏女士。就我个人而言,我只能做到这一点。当然,我知道,恋人之间的感情是无法用金钱来弥补的,但目前我只能替父亲做到这一点。我的这一行为,希望得到刘玉珏女士的理解,并希望刘玉珏女士以后不要再做将上一辈的恩怨转移到下一辈身上的事。

(吴天海说完,向审判长点点头,然后从容坐下。)

(吴天海出人意料的调解方案使旁听席上的听众哗然。议论声四起。)

(刘玉珏愕然!听着吴天海充满真情的话,她神情木然、颓丧,继而渐渐低下自己的头。)

审判长:(大声地对旁听席喊道)安静!(议论渐息)被告,原告的调解方案你听清楚了吗?

马经理:听清楚了。不过这一方案没有涉及我方的问题,我方不能表示同意。

审判长:第三人,你方对原告的调解方案听清楚了吗?

第三人律师:(与刘玉珏低语,刘情绪颓废)听清楚了,但我方愿意听从法庭判决。

审判长:由于被告和第三人不愿意进行调解,根据我国《民事诉讼法》的规定,本法庭依法进行判决!

审判长:(站起来,挺一挺胸膛,声音清晰而洪亮地)滨江市人民法院,关于吴天海诉宏源房地产开发公司房屋预售合同纠纷一案,经过本法庭认真审理,事实已经查清。现根据《中华人民共和国合同法》第8条、第107条、第113条第1款、第115条、第117条第2款和《中华人民共和国民法通则》第84条第2款、第88条第1款、第134条第4项的规定,判决如下:

书记员:(大声地)全体起立!

(整个法庭内全体人员起立。一片寂静,只有审判长清脆的声音在法庭回荡。)

审判长:(大声地宣读判决)

(1)吴天海、刘丽与被告宏源房地产开发公司签订的00108号房屋预售合同合法有效,因刘丽已放弃所购房屋权利,故预售房屋权利归原告;第三人与被告签订的 00456 号合同无效。

（2）被告宏源房地产开发公司,在本判决生效 10 天内返还原告吴天海购房款 80 万元,并按银行流动资金贷款同期利率支付利息 199865 元,双倍返还定金 40 万元人民币。

（3）第三人向被告提出的双倍返还定金、支付逾期交付房屋期间的购房款利息、3 个月内交付房屋的诉讼请求于法无据,予以驳回。

（在宣读完判决主文和本案的诉讼费用的分担决定和询问各位当事人是否听清楚后,审判长继续说）

审判长:（继续）本判决正本将在 10 日内发送各诉讼当事人。

本案诉讼当事人如不服从本院上述判决,在接到判决书正本 15 日内有权向上一级人民法院提起上诉。

本案庭审笔录,本案诉讼当事人和其他诉讼参与人有权在 5 日内到本院阅读。

（宣读完判决后,审判长用力地敲击一下法槌。）

审判长:（对诉讼当事人）各位当事人都听清楚了吗?

各位诉讼当事人:听清楚了。

审判长:（停一下,然后大声地宣布）滨江市人民法院,吴天海诉滨江市房地产开发公司房屋预售合同纠纷一案,现在审理完毕。现在我宣布:闭庭!（用力地敲击一下法槌）

尾声　退庭和庭审笔录的签名

书记员在合议庭成员退庭后,再宣布当事人和旁听人员退庭。

闭庭以后,审判人员和书记员应该在庭审笔录上签名。当事人和其他诉讼参与人认为对自己的陈述记录有遗漏或者差错的,有权申请补正。如果不予补正,应当将申请记录在案。

法庭笔录由当事人和其他诉讼参与人签名或者盖章。拒绝签名盖章的,记明情况附卷。

第三节　本案的"诉、辩、审"法律文书

一、本案的民事起诉状

民事起诉状

原告:吴天海,男,34 岁,汉族,住××小区×栋×号房,手机号码:×××

被告:滨江市宏源房地产开发公司,位于××高新技术开发区内

法定代表人:马国栋,经理,男,35岁,汉族,住××大道×号,电话:×××

诉讼请求:

1. 判令被告按合同约定退还购房款80万元、支付购房款利息20万元和双倍返还定金40万元,共计140万元人民币。

2. 判令被告承担本案的诉讼费。

事实和理由:

2012年9月,我和我当时的女朋友刘丽与被告宏源房地产开发公司签订了房屋预售合同,合同号为00108。根据合同,被告应该在2014年3月之前交付房屋。如果逾期不能交付,被告应该根据我们的意愿,或者不再履行原合同,而退还全部房款、支付购房款利息并双倍返还我们的定金;或者继续履行合同,但由被告支付逾期交付期间的购房款利息,并赔偿相应的损失。合同签订后,我首付了20万元定金,后来又付清了余下的80万元房款,共计100万元房款早已按合同要求全部付清。但时至今日,合同已经逾期近一年,被告仍然没有交付房屋。此前,我以没有必要再继续履行合同为由,向被告提出按合同约定退还购房款80万元、支付购房款利息20万元和双倍返还定金40万元的请求。但被告拒绝按合同规定履行。为了维护我的合法权益,特请人民法院根据合同的约定,判令被告:按合同约定退还购房款80万元、支付购房款利息20万元和双倍返还定金40万元,共计140万元人民币;并承担本案的诉讼费。

证据和证据来源:

1. 我与被告签订的00108号房屋预售合同;

2. 被告出具的20万元定金和80万元余款的收款发票;

3. 我要求被告返还购房款本金、本金利息和双倍返还定金的请求书。

此致

滨江市人民法院

起诉人:吴天海(签名或盖章)

二〇一五年二月十五日

附:本诉状副本1份

二、本案的民事答辩状

民事答辩状

答辩人:滨江市宏源房地产开发公司,位于××高新技术开发区内

法定代表人:马国栋,经理,男,35岁,汉族,住××大道×号,手机号码:×××

因原告吴天海诉本公司房屋预售合同纠纷一案,特提出答辩如下:

首先,原告吴天海的诉讼主体资格不成立。本公司确实于2012年9月,与原

告吴天海以及刘丽小姐签订了房屋预售合同,合同号为00108。但是后来,刘丽小姐又代表环宇商贸有限责任公司与本公司于2013年签订了变更00108号合同当事人的00456号合同,该合同已经将18号公寓预售房屋的权利人,由原来的吴天海和刘丽更改为现在的环宇商贸有限责任公司。至于更改的原因,据说是吴天海因涉嫌侵吞公司财产已被环宇公司辞退,而且吴天海两次用环宇公司支票支付的购房款是环宇公司的奖金,而该奖励后来已被该公司董事会的决定所否定。所以,购房款不是吴天海的,而是环宇商贸有限责任公司的。本公司看在环宇公司代表刘丽小姐的说法合乎情理,并且手续齐全,就与其签订了更改房屋权利人的00456号合同。不管如何,本公司现在与原告吴天海已经不存在房屋买卖关系。

其次,本公司未按合同要求交付房屋并非被告有意不按期交付,而是客观的不可抗力原因造成的,所以不应该承担违约责任。本公司在施工过程中,碰到5个方面不可预料的客观阻碍:一是恰逢滨江市市政建设需要铺设地下管线,使原基础工程被耽误了近2个月;二是在开始基础工程建设后,又遇到出现地下水,施工单位的基础工程两次返工,使工期又延误了近2个月;三是进入地面施工后,我市又进入雨季,而且滨江市该年的雨季比以前多了近1个月,使施工不得不延期;四是本公司与某商业银行的贷款合同,因为国家宏观调控政策的改变而迟迟不能兑现,建筑材料因此不能及时提供,使工期又耽误了好几个月;五是本公司与某建筑工程公司的建筑承包合同,也因建筑公司的原因未能如期完工。以上情况均有相应的证据可以证明。鉴于这些不可抗拒的原因,我方尽管也对购房者表示遗憾和歉意,但责任不在我方。从法律的角度,本公司不应承担逾期交付房屋的违约责任。但本公司可以保证,加快工程速度,以最快的速度完工交房,以取得客户的信赖和理解。

此致
滨江市人民法院

答辩人:滨江市宏源房地产开发公司(盖章)
二〇一五年二月二十五日

附:本答辩状副本2份

三、本案的民事判决书

海北省滨江市人民法院
民事判决书

(2015)滨民一初字第36号

原告:吴天海,男,34岁,住××小区×栋×号房
委托代理人:张军、刘伟,二人均系滨江市铁肩律师事务所律师

被告：滨江市宏源房地产开发公司
法定代表人：马国栋（经理），男，35岁，住××大道56号
委托代理人：谢家兵，滨江市天衡律师事务所律师
第三人：环宇商贸有限责任公司
法定代表人：刘玉珏（总经理），女，57岁，住××新村×号楼
委托代理人：武鹏举，滨江市正道律师事务所律师

原告吴天海诉滨江市宏源房地产开发公司预售房屋合同纠纷一案，本院受理后，依法组成合议庭，公开开庭进行了审理。原告吴天海及其诉讼代理人张军、刘伟，被告滨江市宏源房地产开发公司的法定代表人马国栋及其诉讼代理人谢家兵，第三人滨江市环宇商贸责任有限公司的法定代表人刘玉珏及其诉讼代理人武鹏举等到庭参加了诉讼。本案现已审理终结。

原告吴天海诉称，由于他对环宇商贸公司的突出贡献，公司总经理刘玉珏决定奖励他100万元用于购买一套高级公寓。2012年9月，他和他当时的女朋友刘丽与被告宏源房地产开发公司签订了标的为18号公寓的房屋预售合同，合同号为00108。根据合同，被告应该在2014年3月之前交付房屋。如果逾期不能交付，被告应该承担相应的违约责任。原告吴天海用公司奖励的100万元，以首付定金20万元和后期付款80万元的方式，先后分两次付清了房款。而被告在合同逾期近一年后，仍然没有交付房屋。原告诉请本院判令被告：按合同约定退还购房款80万元、支付购房款利息20万元和双倍返还定金40万元，共计140万元人民币。

被告宏源房地产开发公司辩称，原告的诉讼主体资格不成立，并且被告逾期交付房屋是不可抗力所致，因而不应承担违约责任。因为，当时与吴天海一起签订00108号房屋预售合同的刘丽，后来又代表环宇商贸有限责任公司与被告于2013年签订了变更00108号合同当事人的00456号合同，该合同已经将18号公寓预售房屋的权利人由原来的吴天海、刘丽更改为后来的环宇商贸公司。所以，被告宏源房地产公司与原告吴天海已经不存在房屋买卖关系。同时，被告向本院提供了7份证据，声称，未按合同要求交付房屋并非被告有意不按期交付，而是由于碰上了市政建设预埋管线、基础工程地下水跑冒返工、较长的雨季、国家宏观调控政策改变致使贷款合同迟迟不能兑现、因建筑公司的原因使得建筑工程合同迟迟不能履行等5个客观方面的不可抗力原因造成的，所以不应该承担违约责任。

第三人环宇商贸有限责任公司声称，该公司总经理刘玉珏对吴天海的100万元奖励违背了公司的章程规定，是无效的。原告吴天海因涉嫌侵吞公司财产也已经被公司辞退，所以，用该100万元奖金购买的18号公寓的房屋权利也理应属于该公司，而不是原告吴天海。而且，根据该公司代表刘丽与宏源房地产公

司后来签订的00456号合同,原00108号合同已经失效。原告吴天海不是真正的购房者,真正的购房者是环宇商贸公司。同时,该公司不同意被告的不可抗力之说,认为被告应该承担违约责任。所以,该公司要求被告:双倍返还定金40万元和支付延迟交付期间的资金利息8万元,并且在3个月内交付房屋。

本院经当事人举证、质证和法庭认证,现已查明:

(1) 原告吴天海与宏源房地产公司于2012年9月签订的00108号房屋预售合同合法有效。其主要理由有以下几点:首先,该合同的当事人符合国家法律的许可范围;其次,该合同的签订是本着平等自愿、诚实信用的原则进行的,是双方真实意思的表示,合同内容没有发现有违反法律、法规的规定;再次,原告购房所支付的购房款是环宇商贸公司奖励给他的奖金。这一点有证人李蓓蕾的证言、证人刘丽的证言、环宇商贸有限责任公司总经理刘玉珏奖励原告吴天海的批条、刘丽代吴天海领取奖金支票的领条以及鉴定机关的物证鉴定和笔迹鉴定等可以证明。虽然第三人环宇公司方提出口头奖励无效,但经法庭查明,环宇公司总经理刘玉珏对原告吴天海的奖励不是口头奖励,而是批条式的书面奖励。故该奖励有效,100万元奖金归原告吴天海所有;最后,环宇公司董事会关于撤销对吴天海奖励的决定,与本案事实以及该公司的章程不相符合,本院不予采纳。该决定不能否认对原告吴天海奖励行为的有效性。

(2) 第三人与宏源房地产公司签订的变更预售房屋权利人的00456号合同是无效合同。其主要理由有以下几点:首先,第三人环宇公司在支付原告吴天海奖金后,就不再是该购房款的所有人。用该购房款购得的18号公寓的权利当然属于原告。其次,第三人与被告对00108号合同当事人的更改,没有得到原告的同意,而且也未获原告追认,故该更改行为从00456号合同签订之日起就没有法律效力。最后,刘丽虽是00108号合同的预售房屋购买者之一,但在她去宏源房地产公司办理合同变更手续之前,已经宣布放弃权利。也就是说,此时预售房屋——18号公寓的权利人只剩下原告吴天海一人。而00456号合同是在吴天海不知情的情况下,由刘丽代表第三人环宇商贸公司与被告宏源房地产公司签订的,所以该变更合同无效。

(3) 被告关于房屋延期交付是不可抗力造成的主张不能支持。其主要理由有以下几点:

首先,根据《城市规划法》的规定,任何房地产的开发都必须根据国家批准的城市规划进行。被告在进行项目开发时,未及时与城市规划部门联系,在进行基础工程的同时,将市政建设需要的预埋管线同时搞好,因而造成自己的基础工程返工,其责任在被告自己,不能转嫁给他人。其次,关于基础工程中跑冒地下水和施工期间雨水影响施工问题。国家建设行政管理部门颁布的施工日期计算规范已经作了折算。被告施工日期的计算又是根据国家规定的施工日期规范确定的。因此,被告不能将跑冒地下水和雨水问题归结于不可抗力。最后,某商业银行未能及时履行贷款协议和某建筑公司未能不能如期完工,均属被告与其他合同当事人的纠纷,与本案无关,不能作为被告向本案当事人履行义务的抗辩理由。

据此,本院认为,被告提出的延误房屋交付的因素都是可以预见和可以避免的,不属法律上的不可抗力,所以应该承担不能按期交付房屋的违约责任。

根据《中华人民共和国合同法》第 8 条、第 107 条、第 113 条第 1 款、第 115 条、第 117 条第 2 款和《中华人民共和国民法通则》第 84 条第 2 款、第 88 条第 1 款、第 134 条第 4 项①的规定,判决如下:

(1) 被告宏源房地产开发公司返还原告吴天海购房款 80 万元,并按银行流动资金贷款同期利率支付利息 199865 元,并双倍返还定金 40 万元。此款限被告在本判决生效 10 天内付清。

(2) 驳回原告吴天海的其他诉讼请求。

(3) 驳回第三人环宇商贸有限责任公司的诉讼请求。

本案受理费 17400 元,由被告宏源房地产开发公司和第三人环宇商贸有限责任公司各自承担 8700 元。其他诉讼费 630.90 元,由原告、被告和第三人各自承担 210.30 元。

如不服本判决,可在接到判决书送达之日起 15 日内,向本院提交上诉状,并按对方当事人的人数提出副本,上诉于海北省滨海市中级人民法院。

审判长　唐德化

审判员　王　涛

审判员　李丽绢

二〇一五年四月十六日

(滨江市人民法院院印)

本件与原本核对无误

书记员　刘志韦

---

① 一般而言,正式法律文书中引用法律条文的序数时用汉字,教材或者著作中引用法律条文的序数时则用阿拉伯数字较为常见。

第四节 本案的点评与分析

一、实体事实问题

本案的实体事实问题主要涉及两个关键问题：一是本案中18号公寓预售房屋的权利人到底是谁？是原告吴天海，还是第三人环宇商贸有限责任公司？二是本案中被告逾期交付房屋的原因是否为不可抗力？怎样理解合同法意义上的不可抗力？

关于第一个问题，主要取决于原告吴天海两次以环宇商贸公司的奖金名义，而且以该公司支票形式支付的总计100万元的购房款是否真正为他所有。如果购房款属于原告吴天海，那么他就是该预售房屋合同的真正权利人，任何人在没有征得他的事先同意或者事后追认的情形下，无权对00108号合同进行变更。所以，这种情况下，环宇商贸公司代表刘丽和被告宏源房地产开发公司事后签订的00456号合同是不具有法律效力的无效合同。虽然从表面上看，钱是谁的，房就是谁的，本案的第三人环宇商贸公司因为是房款的实际支付者，所以就有权变更原来的购房合同，故而00456号合同就是有效合同，原来的00108号合同因被更改而自然失效。但不管是从《民法通则》，还是从《合同法》有关合同有效性的规定来看，购房款的来源并不能改变购房合同的效力，也就是说，00108号合同没有吴天海的同意，是不可能因00456号的变更而失效的。这一点，尤其随着我国《物权法》的出台，以及房地产买卖的兴起，对以不属于自己的钱款购买的房地产，该如何认定购房人的债权性权利抑或物权性权利问题，确实值得研究。本案将焦点对准购房款的真正归属，围绕着环宇商贸公司刘玉珏对原告吴天海的奖励是否有效这些问题，一层又一层地连环解扣，本案法庭审理的举证、质证和认证可谓是环环相连、丝丝入扣。最后，法庭否定了第三人关于奖励是口头表示因而无效的说法，对与本案事实以及该公司的章程不相符合的该公司董事会撤销奖励的决定，也不予认定。认为，环宇公司总经理刘玉珏对原告吴天海的奖励不是口头奖励，而是批条式的书面奖励。故该奖励有效，100万元奖金归原告吴天海所有，进而确认了00108号合同的合法有效和00456号合同的无效。加之，00108号合同另一权利人刘丽书面明确表示弃权，所以原告吴天海成为18号预售房屋的唯一权利人。

关于第二个问题，法庭审理中原告和第三人方对于被告提供的一组证据（共7份）的真实性和合法性，均不存异议。问题是如何理解合同法意义上"不可抗力"的正确内涵。在被告看来，除自己以外的一切客观阻碍因素，都是不可抗力，这显然无限地扩大了不可抗力的外延。我国《合同法》第117条第2款明确规定:"本法所称不可抗力,是指不能预见、不能避免并不能克服的客观情况。"法庭经审理认为,被告提出一组证据材料所要证明的延误房屋交付的因素,如市政建设预埋管线工程、基础工程地下水跑冒以及较长的雨季时间、商业银行贷款合同和建筑公司的建筑施工合同等不能如期履行等,都是可以预见和可以避免的,不属法律上的不可抗力,所以应该承担不能按期交付房屋的违约责任。

从以上两个关键事实问题的认定,可见滨江市人民法院对实体事实问题的认证和分析是非常到位的。对实体事实的认定和相关法律的理解是比较公正和科学的。

二、庭审程序问题

本案的庭审过程原型作为民事经济案件的庭审示范,相对于审判方式改革以前而言,真正突出了审判过程中为了切实保护当事人及其诉讼代理人充分行使诉讼权利,以公正裁决为目的的"一个重心,三个强化"的改革模式。即真正做到"以公开审判为重心,强化庭审功能,强化当事人举证责任,强化合议庭职责"。这与2013年和2014年党中央的十八届三中、四中全会的两个《决定》中关于落实"让审理者裁判,让裁判者负责",以及推进以审判为中心的诉讼制度改革,也有惊人的相似。① 本案的整个庭审过程有条不紊、公开透明,从开庭、法庭调查、法庭辩论、休庭评议到调解和判决,整个案件的审判节奏明快、衔接恰当,体现了较高的审判技巧和审判艺术,使案件的公正实现过程以"一种看得见的方式"得以充分地体现出来,突出了"一个重心,三个强化"。

(一)以公开审判为中心

本案的整个审理过程坚持了公开审判制度,做到三个公开,即"公开开庭,公开举证、质证,公开宣判"。首先,在公开开庭方面,本案既坚持了公开审理的原则,又兼顾了不公开审理的例外。按照规定,在滨江市人民法院审判庭进行,允许群众旁听,并且在涉及第三人环宇公司总经理刘玉珏年轻时情感隐私的证言时,合议庭果断决定暂时中止公开审理,让证人刘丽转入本院2号小法庭内继续进行证言陈述,在公开隐私的可能性消除后,合议庭又果断决定回到原来的法

---

① 中共中央十八届四中全会《关于全面推进依法治国若干重大问题的决定》(简称《决定》)提出,要"保证庭审在查明事实、认定证据、保证诉权、公正裁判中发挥决定性作用"。也就是说,要举证、质证、认证在法庭,诉讼权利保护在法庭,辩论交锋在法庭,裁判说理在法庭,尤其是在适用普通程序审理案件的第一审法庭。

庭继续进行法庭调查。这样,既营造了公开审理的良好氛围①,又保护了公民的隐私权。其次,在公开举证、质证方面,本案的审理始终坚持了言辞审理的原则。例如,审判长对原告吴天海辱骂第三人代表刘玉珏行为的训诫,对原告律师和被告律师与本案无关的话的打断和提醒等,都让旁听者感觉到了庭审公正的点点滴滴,体现了言辞审理相较书面审理的公正、透明和便利高效的优势。我国民事诉讼法虽然并未直接将言辞审理确立为一项基本原则,但从普通程序中"开庭审理"的各项具体规定来看,言辞审理的要求显然是客观存在并贯穿始终的②;最后,在公开宣判方面,本案采取的是当庭宣判。

(二) 强化庭审功能

本案的庭审,改变了我国民事诉讼案件处理长期存在的"谈话—调查—调解—开庭"的模式,改变了"先清后审,先定后审"即先查清事实、分清是非或者先确定判决方案再开庭审理的做法,避免了庭审形式的走过场。摆正了审判人员的位置,明确了审判人员的"裁判"和"节目主持人"的角色,而不是过去的"裁判兼运动员""节目主持人兼演员"的模糊角色。在整个庭审中,合议庭的审判人员始终处于中立的地位,驾驭、指挥整个庭审活动有条不紊地进行,伴随举证、质证、认证和法庭辩论的进行,证据材料被一步步地肯定或者否定,案件事实得以一步步地澄清和证实。比如围绕原告吴天海是否为预售房屋的真正权利人这个关键问题,法庭审理紧紧围绕"李蓓蕾的证言——购房款的银行回单——环宇公司的支票——刘丽的支票领条——刘玉珏的奖励批条——余凤莲的证言——刘丽的证言——条单粘连的物证鉴定和领条、批条的笔迹鉴定——环宇公司的章程——环宇公司董事会决定的可采性"等,来认定100万元奖金的真正归属,从而解决了以100万元奖金购买的房屋权利归属。最后,又根据原合同权利人之一刘丽的弃权书,最终认定原告吴天海为00108号房屋预售合同的唯一权利人。案情随着"对簿公堂"的深入,激荡起伏并且逐渐明朗,使官司赢得踏实、输得心服、听得明白。

当然,强化庭审功能也不是一味地否定庭前的必要准备和庭外的证据调查,而是要将它们有机地统一起来,围绕庭审这种中心来进行。本案中审判长在原告宣读诉讼请求及其理由、被告答辩和第三人陈述以后,对在庭前证据交换时,当事人没有争议的购房款收款发票,原告的返还购房款请求书,被告的土地使用权证书、项目开发批准书和施工批准书,第三人的返还购房款请求书等证据给予

---

① 根据最高人民法院1999年《关于严格执行公开审判制度的若干规定》,人民法院公开审理案件,庭审活动应当在审判法庭进行,需要巡回依法公开审理的,应当选择适当的场所进行。审判法庭和其他公开进行案件审理活动的场所,应当按照最高人民法院关于法庭布置的要求悬挂国徽,设置审判席和其他相应的席位。

② 参见江伟主编:《民事诉讼法》,高等教育出版社、北京大学出版社2000年版,第244页。

认定,就是庭审前必要准备的一种体现,这样不仅明确了争议焦点,也避免了不必要的重复举证和质证;本案中合议庭委托鉴定机关对单证是否粘连的物证鉴定和领条、批条的笔迹鉴定,就是人民法院庭外证据调查活动的体现。

(三) 强化当事人举证证明责任

当事人是民事诉讼的主体,强化当事人的举证责任是与民事诉讼的私权处分原则分不开的。过去,由于对当事人的举证责任强调不够,导致当事人对于诉讼的积极性和诉讼风险意识得不到提高和加强,往往是"当事人动动嘴,法官跑断腿",不仅不能提高审判效率,而且导致民事诉讼功能的"异化"。本案在当事人陈述后举证前,审判长对当事人举证责任的分配和举证指导是很可取的。他要求:(1) 原告对其陈述的 00108 号合同的存在和现在仍具有法律效力承担举证责任;(2) 被告和第三人对其陈述的 00456 号合同是否存在和具有法律效力共同承担举证责任;(3) 被告对自己提出的不可抗力的主张承担举证责任。并且指出,各方当事人有权举证反驳对方当事人的主张,有权举证证明自己所举证据的真实、合法和与自己主张的事实的关联性。

但是,对于当事人的举证、质证和人民法院的认证,有几个问题是值得探讨和注意的:

其一,关于举证责任与证明责任的关系问题。国内学界对于举证责任和证明责任的观点和认识,曾经存在一定的混乱状态。《民事诉讼法》第 64 条"谁主张谁举证"的规定,在某种程度上只是"看起来很美",操作起来就各有不同。尤其是对举证责任在行为意义上的提供证据义务,与结果意义上的败诉风险承担二者的理解上,普遍存在三种观点[1],分别代表了我国不同时期,人们对举证责任的理解:第一种观点是行为责任说,认为,举证责任就是当事人对自己提出的主张所负的提供证据加以证明的责任;第二种观点是双重含义说,认为,举证责任既包括由谁提供证据来证明案件事实的责任(行为责任),也包括由谁承担不能证明案件事实的法律后果的责任(结果责任);[2]第三种观点是败诉风险负担说,认为,举证责任是指法律要件事实处于真伪不明状态时,负有证实法律要件事实责任的当事人一方承受的法官作出对其不利判定的危险。鉴于目前国内诉讼理论和实践对于当事人提供证据的义务、人民法院认定证据的职责、举证、证明、责任、证明责任、举证责任、举证证明责任等概念的混乱认识,建议在三大诉讼中取消"举证责任"的概念,而统一使用"证明责任"的概念,并且明确树立"人民法院不是证明责任主体"[3]的诉讼理

---

[1] 参见何文燕主编:《民事诉讼法学》,湖南人民出版社 2001 年版,第 199—200 页。

[2] 2015 年 2 月公布实施的《民诉法适用解释》第一次采取"举证证明责任"的新表述,有点类似于该观点。

[3] 参见唐东楚:《论人民法院不是证明责任的主体》,载《河北法学》2002 年第 5 期,第 26—31 页。

念,这样才能更好地发挥控辩双方的诉讼积极性,增强控辩双方的危机感,保证人民法院的中立裁判。

其二,关于举证(证明)责任"转换"或"转移"的问题。既然,败诉风险是举证(证明)责任的基本属性,举证(证明)责任是由实体法的预置和法官基于自由裁量权而事先分配的,不可能也没必要,存在"转换"或"转移"的问题。而在不少人看来,根据我国民事诉讼法"谁主张谁举证"的举证(证明)责任一般分配规则,通常情况下,举证(证明)责任是由原告承担的,当原告已尽举证(证明)责任后,则由被告负担举证(证明)责任,这个过程就是所谓的"转换"或"转移",其实是一种误区。其实,本案中合议庭对于举证(证明)责任的分配,还是一种"(法官)预设",而非"转换"或"转移"。最高人民法院2001年《民事证据规定》在第5条和第7条的规定,其实还是举证(证明)责任的预置和法官对举证(证明)责任的分配,是具有确定性的,没有"转换"或"转移"。

同样是反对举证(证明)的"转换"或"转移",叶自强教授对《民事证据规定》中该两条的规定是否违背举证(证明)责任的确定性,与本书观点又恰好相反。[1]

这也从另一个方面说明,不少人包括我国现行的立法、司法,仍有将"举证责任"等同于"提供证据的义务"的迹象。应当引起注意和反思。

其三,关于质证的顺序、法庭认证的方式和时间阶段问题。在质证的顺序上,本案采取了"原告出示证据并接受被告和第三人的质询——被告出示证据并接受原告和第三人的质询——第三人出示证据并接受原告和被告的质询"的模式[2];在法庭认证的方式上,对于"一证一质一认"法、分阶段认证法、综合认证法都有采用的情况。法庭的认证放在庭审的哪一个阶段进行,是充满程序性和技术性的问题。本案主要放在法庭辩论结束休庭评议之后调解之前[3],对法庭调查阶段当事人经过质证都没有异议的证据也应该当即认证。这种认证时段的安排显然是比较科学和合理的。这样既避免了重复质证和认证,明确和缩小了争议的范围,避免了庭审的盲目性,又能保证法庭辩论不受到过早认证带来的干扰和虚化。更为值得一提的是,质证过程中的辩论与法庭辩论过程中的辩论应该在目的和对象问题上要有所区别,不要顾此失彼或混作一团。质证过程中的辩论,是要解决当事人提供的证据材料是否能够采信的问题,而法庭辩论过程中

---

[1] 参见叶自强:《民事证据研究》(第2版),法律出版社2002年版,第二版序言及正文第268—270页。
[2] 最高人民法院2001年《民事证据规定》第50条对此进行了明确规定。
[3] 不排除某些案件对庭前证据交换没有争议的证据在开庭之初进行认定。

的辩论,是要解决是非责任和法律适用问题。这种区别当然并不是绝对的①,但是如果没有一定的引导和区分,就会使法庭审理分不清头绪,当事人也就无所适从。

(四) 强化合议庭职责

强化合议庭的职责主要是要解决好两个问题:一是合议庭与审判委员会的关系问题;二是合议庭内部的分工配合问题。前者如果处理不好,就会造成"审者不判、判者不审"所带来的负面效果或者重大疑难案件的轻率处理;后者如果处理不好,就会造成"合而不议、陪而不审"所带来的合议庭虚设,影响庭审功能的发挥。

在对待第一个问题上,合议庭应该在法庭辩论结束后的休庭评议中讨论决定如何适用法律。如果案件是重大疑难案件,合议庭应该将合议庭的意见在院长同意后上报院审判委员会讨论决定,然后根据审判委员会的决定进行判决。其他案件如果合议庭在适用法律上意见难以统一,经院长同意,也可以提交审判委员会讨论决定,合议庭根据审判委员会讨论决定的意见进行判决。除上述案件之外,合议庭应根据合议的决定进行判决。

在对待第二个问题上,要明确合议庭内部的分工,强调庭审指挥上审判长与其他审判员之间的分工和协调,避免审判长的"一言堂",落实具体案件审判的合议庭集体负责制。合议庭工作制度可以参见最高人民法院2002年颁发的《关于人民法院合议庭工作的若干规定》。一般来说,审判长和其他审判员的具体分工如下:(1) 审判长。在合议庭中处于主导地位,具体负责主持召开庭前预备会,检查、督促开庭前的各项准备工作;主持庭审活动和合议庭评议;审核、签发授权范围内的司法文书;主持研究审理中的其他事项,阅看案卷材料,熟悉案情。(2) 主办案件的审判员。主要负责仔细阅看案卷材料,把好案件事实关;调查、收集证据,做好开庭前的各项准备工作;拟订庭审方案;庭审时负责主审案件事实;合议庭评议时,提出拟处意见;制作结案报告和裁判文书等。(3) 合议庭其他审判人员。对所审理的案件阅看案卷材料,掌握案情;协助主办案件的审判人员调查取证,作好开庭前的各项准备工作;协同审判长在庭审中对案件进行审理;评议案件时提出自己对案件的处理意见。

在这两个问题上,本案的合议庭做得很好。审判长唐德化和审判员王涛、李丽绢(庭审示范中简称王审判员和李审判员)的分工配合非常好,值得学习和借鉴。

---

① 也有学者认为,这种将法庭调查和法庭辩论分立的庭审构造过于僵化,硬性割裂了事实的调查与事实问题、法律问题辩论的关联性。参见张卫平:《法庭调查与辩论:分与合之探究》,载杨荣新主编:《民事诉讼法修改的基本问题》,中国法制出版社2002年版,第301—310页。

第五节　司考真题练习与"南京彭宇案"模拟审判实验

一、司考真题①

1. 关于对当事人及其法定代理人的缺席判决,下列哪些选项是正确的?（　　）(2008 年全国司考真题卷 3 第 79 题)

A. 原告经法院传票传唤,无正当理由拒不到庭,或者未经法庭许可中途退庭的,可以按撤诉处理;被告反诉的,法院可以缺席判决

B. 无民事行为能力人离婚案件,当事人的法定代理人应当到庭,法定代理人不能到庭的,法院应当在查明事实的基础上,依法作出判决判决

C. 有独立请求权第三人经法院传票传唤,无正当理由拒不到庭的,或者未经法庭许可中途退庭的,法院可以缺席判决

D. 无独立请求权第三人经法院传票传唤,无正当理由拒不到庭的,或者未经法庭许可中途退庭的,法院可以缺席判决

2. 法院开庭审理时一方当事人未到庭,关于可能出现的法律后果,下列哪些选项是正确的?（　　）(2011 年全国司考真题卷 3 第 81 题)

A. 延期审理

B. 按原告撤诉处理

C. 缺席判决

D. 采取强制措施拘传未到庭的当事人到庭

3. 关于民事诉讼的裁定,下列哪一选项是正确的?（　　）(2012 年全国司考真题卷 3 第 47 题)

A. 裁定可以适用于不予受理、管辖权异议和驳回诉讼请求

B. 当事人有正当理由没有到庭的,法院应当裁定延期审理

C. 裁定的拘束力通常只及于当事人、诉讼参与人和审判人员

D. 当事人不服一审法院作出的裁定,可以向上一级法院提出上诉

二、思考辨析

1. 通过民事诉讼案件的法庭审理,你对我国现行的举证(证明)责任制度有何体会和感想?如何看待其"确定性"抑或"可转移性"的问题?

2. 如何协调和区别质证过程中的辩论和法庭辩论过程中的辩论?

3. 本案的级别管辖应如何确定?

---

① 答案:1. ABD;2. ABCD;3. C

4. 如何理解审判公开的完整内涵？
5. 本案的诉讼费应该如何计算？
6. 如何确定庭审中合议庭成员的内部分工和合作？
7. 法庭审理中使用法槌的主体、程序和意义如何？
8. 试分析行政附带民事诉讼的可行性问题。
9. 如何对待法庭调查和法庭辩论的"分"与"合"？
11. 如何看待简易程序中的效率与公正之间的冲突与协调？
12. 如何看待本案法庭调解中的问话顺序？

三、"南京彭宇案"模拟审判实验

（一）实验要求

1. 实验前由指导教师根据时案（如"南京彭宇案"等）的背景材料，给出必要的起诉答辩文书和有关的证据材料，供各审判小组演练使用。

2. 各审判小组在审判结束之前，尽量不浏览该案的媒体报道资讯，在一个"封闭"的环境中进行模拟和习练，各审判角色之间，不能私下交流，严格按照各自的角色要求进行准备和演练。

3. 中途每次小练时，可以设观察员（或者就是理论和实务的指导老师），把观看模拟演练的心得和演练者的不足记录下来，演练完后进行分享和点评，直到最后一次开庭演练结束。

4. 整个模拟审判实验结束后，再上网浏览有关时案的所有资讯，与指导老师一起对照本组的模拟审判表现，与时案审判之间的异同，进行对比、归纳和总结，最后填写实验报告和进行实验文书资料的归档。

（二）"南京彭宇案"简介

2006年11月20日上午，南京青年彭宇在下公交车时，发现正欲上公交车的年长妇女徐寿兰倒地受伤，遂将其扶至旁边，后又与徐的亲属一起将其送至医院，并给付两百多元，日后也未曾要求偿还。伤者徐寿兰将彭宇告上法庭，要求其赔偿撞人摔伤的医药费、残疾金、精神损害赔偿等共计13万余元，南京市鼓楼区人民法院受理并审理了该人身损害赔偿纠纷一案，并于2007年一审判决彭宇补偿徐寿兰损失共计4.5万余元。

该案在社会上引起轩然大波，成为"史上最受争议的民事诉讼案件"。舆论几乎一边倒地认为彭宇是做好人好事反受了冤枉，"老人倒地该不该扶"一时成为舆论关注的焦点。该案的一审判决书被晒在网上后，更是引来骂声一片，甚至被指责"让道德倒退了50年"。后来发生的"天津彭宇案""郑州彭宇案"，以及小孩被车撞后遭路人漠视的"小悦悦事件"等，更是使该案成了一个公共话题。

事隔五年后的2012年1月，媒体正式曝光该案的"真相"是彭宇承认撞倒徐寿兰并同意补偿 1 万元,二审双方达成和解撤诉,且约定不得在媒体上披露相关信息和发表相关言论。此时徐寿兰已逝世,法官已调离,彭宇淡出公众视野,但舆论仍然质疑,使得该案成为一个注定"没有赢家的官司"。

2012 年 3 月 5 日的"学雷锋纪念日",民间公益网站"中国好人网"首届"搀扶老人奖"在授予彭宇本人本届获得"委屈奖"5000 元的同时,另外又对其颁发特别奖奖金 20000 元。①

(三)"南京彭宇案"的一审判决书(全文)②

南京市鼓楼区人民法院
民事判决书

(2007)鼓民一初字第 212 号

原告徐××,女,汉族,1942 年 8 月 9 日生,住本市×××12 号。

委托代理人唐×,南京×××律师事务所律师。

被告彭×,男,汉族,1980 年 7 月 2 日生,江苏×××有限公司职工,住本市×××2 з-1 号。

委托代理人李×,女,汉族,198×年 8 月 8 日生,住本市×××19 号。

委托代理人高××,江苏××××师事务所律师。

原告徐××与被告彭×人身损害赔偿纠纷一案,本院受理后,依法组成合议庭,公开开庭进行了审理,原告徐××及其委托代理人唐宁,被告彭×及其委托代理人李舒、高式东到庭参加诉讼。本案现已审理终结。

原告徐××诉称,2006 年 11 月 20 日上午,原告在本市水西门公交车站等 83 路车。大约 9 点半左右,2 辆 83 路公交车进站,原告准备乘坐后面的 83 路公交车,在行至前一辆公交车后门时,被从车内冲下的被告撞倒,导致原告左股骨颈骨折,住院手术治疗。因原、被告未能在公交治安分局城中派出所达成调解协议,故原告诉至法院,请求判令被告赔偿原告医疗费 40460.7 元、护理费 4497 元(住院期间护理费 897 元、出院后护理费 3600 元)、营养费 3000 元、伙食费 346 元、住院期间伙食补助费 630 元、残疾赔偿金 71985.6 元、精神损害抚慰金 15000 元、鉴定费 500 元,共计人民币 136419.3 元,并由被告承担本案诉讼费。

被告彭×辩称,被告当时是第一个下车的,在下车前,车内有人从后面碰了被告,但下车后原、被告之间没有碰撞。被告发现原告摔倒后做好事对其进行帮

---

① 参见百度百科,载 http://baike.baidu.com/link?url=ph2EW1uQjEJPR_kGFhsau7v35uMSdLjNx_eIpDKzD4voFkJk5QkmxPMSlMsHyZZZ7xcMnNyOmU4S88UnrckLbq,最后访问日期:2015 年 4 月 14 日。

② 该判决书来源于"北大法意"数据库,原文不动,只是作为一个"历史样本"立此存照。鉴于其曾引起社会舆论的轩然大波,建议读者从理性、客观、专业的角度予以观察。

扶,而非被告将其撞伤。原告没有充分的证据证明被告存在侵权行为,被告客观上也没有侵犯原告的人身权利,不应当承担侵权赔偿责任。如果由于做好事而承担赔偿责任,则不利于弘扬社会正气。原告的诉讼请求没有法律及事实依据,请求法院依法予以驳回。

经审理查明,2006年11月20日上午,原告在本市水西门公交车站等候83路车,大约9时30分左右有2辆83路公交车同时进站。原告准备乘坐后面的83路公交车,在行至前一辆公交车后门时,被告第一个从公交车后门下车,原告摔倒致伤,被告发现后将原告扶至旁边,在原告的亲属到来后,被告便与原告亲属等人将原告送往医院治疗,原告后被诊断为左股骨颈骨折并住院治疗,施行髋关节置换术,产生了医疗费、护理费、营养费等损失。

事故发生后,南京市公安局公共交通治安分局城中派出所接到报警后,依法对该起事故进行了处理并制作了讯问笔录。案件诉至本院后,该起事故的承办民警到法院对事件的主要经过作了陈述并制作了谈话笔录,谈话的主要内容为:原、被告之间发生了碰撞。原告对该份谈话笔录不持异议。被告认为谈话笔录是处理事故的民警对原、被告在事发当天和第二天所做询问笔录的转述,未与讯问笔录核对,真实性无法确定,不能作为本案认定事实的依据。

案件审理期间,处理事故的城中派出所提交了当时对被告所做讯问笔录的电子文档及其誊写材料,电子文档的属性显示其制作时间为2006年11月21日,即事发后第二天。讯问笔录电子文档的主要内容为:彭×称其没有撞到徐××;但其本人被徐××撞到了。原告对讯问笔录的电子文档和誊写材料不持异议,认为其内容明确了原、被告相撞的事实。被告对此不予认可,认为讯问笔录的电子文档和誊写材料是复制品,没有原件可供核对,无法确定真实性,且很多内容都不是被告所言;本案是民事案件,公安机关没有权利收集证据,该电子文档和誊写材料不能作为本案认定事实的依据。

被告申请证人陈××出庭作证,证人陈××证言主要内容:2006年11月20日其在21路公交车水西门车站等车,当时原告在其旁边等车,不久来了两辆车,原告想乘后面那辆车,从其面前跑过去,原告当时手上拿了包和保温瓶;后来其看到原告倒在地上,被告去扶原告,其也跑过去帮忙;但其当时没有看到原告倒地的那一瞬间,也没有看到原告摔倒的过程,其看到的时候原告已经倒在地上,被告已经在扶原告;当天下午,根据派出所通知其到派出所去做了笔录,是一个姓沈的民警接待的。对于证人证言,原告持有异议,并表示事发当时是有第三人在场,但不是被告申请的出庭证人。被告认可证人的证言,认为证人证言应作为本案认定事实的依据。

另查明,在事发当天,被告曾给付原告二百多元钱,且此后一直未要求原告返还。关于被告给付原告钱款的原因,双方陈述不一:原告认为是先行垫付的赔偿款,被告认为是借款。

审理中,对事故责任及原、被告是否发生碰撞的问题,双方也存在意见分歧。原告认为其是和第一个下车的被告碰撞倒地受伤的;被告认为其没有和原告发生碰撞,其搀扶原告是做好事。

因原、被告未能就赔偿问题达成协议,原告遂诉至法院,要求被告赔偿原告医疗费、护理费、营养费、住院伙食补助费等损失,并承担本案诉讼费用。

审理中,原告申请对其伤情的伤残等级进行司法鉴定,本院依法委托南京鑫盾司法鉴定所进行鉴定,鉴定结论为:被鉴定人徐××损伤构成八级伤残。

因双方意见不一,致本案调解无效。

上述事实,有双方当事人陈述;原告提供的住院记录、医疗费票据;被告申请的证人陈××的当庭证言;城中派出所提交的对原告的询问笔录、对被告讯问笔录的电子文档及其誊写材料;本院委托鉴定的鉴定报告、本院谈话笔录以及本院开庭笔录等证据证实。

本院认为,当事人的合法权益受法律保护。对于本案的基本事实,即2006年11月20日上午原告在本市水西门公交车站准备乘车过程中倒地受伤,原、被告并无争议。但对于原告是否为被告撞倒致伤,双方意见不一。根据双方诉辩观点,本院归纳本案的争议焦点为:一、原、被告是否相撞;二、原告损失的范围和具体数额;三、被告应否承担原告的损失,对此分别评述如下:

一、原、被告是否相撞

本院认定原告系与被告相撞后受伤,理由如下:

1. 根据日常生活经验分析,原告倒地的原因除了被他人的外力因素撞倒之外,还有绊倒或滑倒等自身原因情形,但双方在庭审中均未陈述存在原告绊倒或滑倒等事实,被告也未对此提供反证证明,故根据本案现有证据,应着重分析原告被撞倒之外力情形。人被外力撞倒后,一般首先会确定外力来源、辨认相撞之人,如果相撞之人逃逸,作为被撞倒之人的第一反应是呼救并请人帮忙阻止。案事发地点在人员较多的公交车站,是公共场所,事发时间在视线较好的上午,事故发生的过程非常短促,故撞倒原告的人不可能轻易逃逸。本根据被告自认,其是第一个下车之人,从常理分析,其与原告相撞的可能性较大。如果被告是见义勇为做好事,更符合实际的做法应是抓住撞倒原告的人,而不仅仅是好心相扶;如果被告是做好事,根据社会情理,在原告的家人到达后,其完全可以在言明事实经过并让原告的家人将原告送往医院,然后自行离开,但被告未作此等选择,其行为显然与情理相悖。

城中派出所对有关当事人进行讯问、调查,是处理治安纠纷的基本方法,其在本案中提交的有关证据能够相互印证并形成证据锁链,应予采信。被告虽对此持有异议,但并未提供相反的证据,对其抗辩本院不予采纳。根据城中派出所对原告的询问笔录、对被告讯问笔录的电子文档及其誊写材料等相关证据,被告当时并不否认与原告发生相撞,只不过被告认为是原告撞了被告。综合该证据内容并结合前述分析,可以认定原告是被撞倒后受伤,且系与被告相撞后受伤。

2. 被告申请的证人陈××的当庭证言,并不能证明原告倒地的原因,当然也不能排除原告和被告相撞的可能性。因证人未能当庭提供身份证等证件证明其身份,本院未能当庭核实其真实身份,导致原告当庭认为当时在场的第三人不是出庭的证人。证人庭后第二天提交了身份证以证明其证人的真实身份,本院对证人的身份予以确认,对原告当庭认为当时在场的第三人不是出庭的证人的意见不予采纳。证人陈××当庭陈述其本人当时没有看到原告摔倒的过程,其看到的只是原告已经倒地后的情形,所以其不能证明原告当时倒地的具体原因,当然也就不能排除在该过程中原、被告相撞的可能性。

3. 从现有证据看,被告在本院庭审前及第一次庭审中均未提及其是见义勇为的情节,而是在二次庭审时方才陈述。如果真是见义勇为,在争议期间不可能不首先作为抗辩理由,陈述的时机不能令人信服。因此,对其自称是见义勇为的主张不予采信。

4. 被告在事发当天给付原告二百多元钱款且一直未要求原告返还。原、被告一致认可上述给付钱款的事实,但关于给付原因陈述不一:原告认为是先行垫付的赔偿款,被告认为是借款。根据日常生活经验,原、被告素不认识,一般不会贸然借款,即便如被告所称为借款,在有承担事故责任之虞时,也应请公交站台上无利害关系的其他人证明,或者向原告亲属说明情况后索取借条(或说明)等书面材料。但是被告在本案中并未存在上述情况,而且在原告家属陪同前往医院的情况下,由其借款给原告的可能性不大;而如果撞伤他人,则最符合情理的做法是先行垫付款项。被告证人证明原、被告双方到派出所处理本次事故,从该事实也可以推定出原告当时即以为是被被告撞倒而非被他人撞倒,在此情况下被告予以借款更不可能。综合以上事实及分析,可以认定该款并非借款,而应为赔偿款。

二、原告损失的范围和具体数额

1. 医疗费。根据原告提供的住院记录、伤残鉴定书等证据,原告主张的医疗费用均是治疗事故造成的有关疾病所必需,且有相应医疗票据加以证明,故原告主张医疗费40460.7元,符合法律规定,本院予以确认。

2. 护理费。原告主张的护理费为4497元,包含住院期间护理费897元以及出院后护理费3600元。由于本案原告为六十多岁的老人,本次事故造成其左股骨颈骨折且构成八级伤残,其受伤后到康复前确需护理,原告主张该4497元护理费用,符合法律规定,本院予以确认。

3. 住院伙食补助费。原告住院共计35天,原告主张该费用为630元,符合法律规定,本院予以确认。

原告另主张伙食费346元,并提供了住院记录和票据予以证明。由于该费用在住院伙食补助费范围内,该346元与上述630元住院伙食补助费的主张重复,故本院不予支持。

4. 鉴定费。原告主张伤残鉴定费为500元,有鉴定费发票予以证明,本院予以确认。

5. 残疾赔偿金。原告主张的残疾赔偿金71985.6元。但根据原告病历及伤残鉴定报告,原告伤病为八级伤残,根据相关规定,该费用应依法确定为67603.2元$[14084×(20-4)×30\%]$。

6. 营养费。结合原告伤情,本院酌定1000元。

综上,原告各项损失合计为114690.9元。

三、被告应否承担原告损失

根据前述分析,原告系在与被告相撞后受伤且产生了损失,原、被告对于该损失应否承担责任,应根据侵权法诸原则确定。

本案中,原告赶车到达前一辆公交车后门时和刚从该车第一个下车的被告瞬间相撞,发生事故。原告在乘车过程中无法预见将与被告相撞;同时,被告在下车过程中因为视野受到限制,无法准确判断车后门左右的情况,故对本次事故双方均不具有过错。因此,本案应根据公平责任合理分担损失。公平责任是指在当事人双方对损害均无过错,但是按照法律的规定又不能适用无过错责任的情况下,根据公平的观念,在考虑受害人的损害、双方当事人的财产状况及其他相关情况的基础上,判令加害人对受害人的财产损失予以补偿,由当事人合理地分担损失。根据本案案情,本院酌定被告补偿原告损失的40%较为适宜。

关于原告主张的精神损害抚慰金问题。本次事故虽给原告的精神上造成了较大痛苦,因双方均无过错,故原告要求赔偿精神损害抚慰金15000元的诉讼请求于法无据,本院不予支持。

综上,为维护当事人的合法权利,依据《中华人民共和国民法通则》第98条、第119条、最高人民法院《关于审理人身损害赔偿案件适用法律若干问题的解释》第17条之规定,判决如下:

被告彭×于本判决生效之日起10日内一次性给付原告徐××人民币45876.36元。

被告彭×如果未按本判决指定的期间履行给付金钱义务,应当按照《中华人民共和国民事诉讼法》第232条之规定,加倍支付迟延履行期间的债务利息。

本案受理费890元、其他诉讼费980元,合计1870元由原告徐××负担1170元,由被告彭×负担700元(原告已预交,故由被告在履行时一并将该款给付原告)。

如不服本判决,可在判决书送达之日起 15 日内,向本院递交上诉状,并按对方当事人的人数提出副本,上诉于江苏省南京市中级人民法院。

审判长　×××
代理审判员　×××
代理审判员　×××
二〇〇七年九月三日
见习书记员　×××

(四)"南京彭宇案"的扩展阅读主要文献

(1) 张卫平:《司法公正的法律技术与政策——对"彭宇案"的程序法思考》,载《法学》2008 年第 8 期,第 138—152 页;

(2) 傅郁林:《当信仰危机遭遇和谐司法——由彭宇案透视司法与传媒关系》,载《法律适用》2012 年第 12 期,第 2—6 页;

(3) 唐东楚、李毅:《由"彭宇案"看裁判诚信与依良心审判——兼谈〈民诉法〉第 13 条第 1 款对法院和法官的适用性》,载《中南大学学报(社会科学版)》2014 年第 5 期,第 119—125 页;

(4) 熊德中:《事实推定的实务探讨——从彭宇案到许云鹤案》,载《上海政法学院学报(法治论丛)》2012 年第 4 期,第 139—143 页[①];

(5) 刘文会:《法科学习和思考的几个层次:以彭宇案为例》,载《中国研究生》2014 年第 2 期,第 50—51 页。

[①] 值得注意的是,最高人民法院 2014 年 7 月 24 日发布 4 起有关侵权的典型案例,其中就包括天津许云鹤案,明确指出:在无直接证据的情况下,法官应当排除社会舆论的压力,可以依法调查取证、综合判断形成内心确信,或者根据证明责任原则作出判决。最高人民法院民一庭负责人在答记者问时也提到,南京彭宇案的一审判决认定事实并无错误,适用法律亦无不当,但没有正确理解和运用生活经验推理。参见杨夏怡:《应对社会舆论压力 依法独立公正审判——最高人民法院民一庭负责人答记者问》,载《人民法院报》2014 年 7 月 25 日第 01、04 版。

第三章　剧本(二):刑事一审案件普通程序[①]

第一节　案情简介及争议焦点

一、案情简介

被告人:吴金友,男,×年×月×日出生,个体户。因涉嫌贪污罪,于2014年8月15日被逮捕。

被告人:陈娜,女,×年×月×日出生,原系陕东省金川市城区信用社川口业务处主任。因涉嫌窝藏罪,于2014年8月19日被逮捕。

2014年7月初,中国人民银行陕东省金川市分行业务部出纳彭玉生(在逃),多次找被告人吴金友商议盗窃彭与另一出纳共同管理的保险柜内的现金,吴未同意。后彭玉生多次约吴吃饭、喝酒,做吴的工作,并把自己的作案计划、安排告诉吴,同时还几次让吴看自己掌管的钥匙。吴金友同意作案后,彭即向吴金友要了一把中号螺丝刀和一只蛇皮袋放在自己的办公桌内,又用事先准备好的钢锯条,将业务部的钢筋护窗栏锯断,为作案后逃离现场做准备。7月23日上午10时许,彭玉生将吴金友带至金川市分行业务部熟悉地形,并暗示了存放现金的保险柜和开启保险柜的另一把钥匙的存放地点。7月27日晚,彭玉生找到被告人吴金友,告知其近日将提款40万元存放保险柜的情况,并详细告诉吴金友作案的时间、步骤、开启保险柜的方法及进出路线等。

7月30日上午7时,彭玉生将被告人吴金友带进该行业务部套间,藏在自己保管的大壁柜内。其他工作人员上班后,彭玉生与另一出纳从金库提回现金40万元,放进保险柜内的顶层。10时许,本市邮政财务科取走现金10万元。10时30分左右,彭进入套间向被告人吴金友指认了放款的保险柜,后与其他本行职员聊天。10时40分,彭玉生乘其他工作人员外出吃饭离开办公室之际,打开壁柜将自己保管的一把保险柜钥匙交给吴金友,并告知人都走了,自己即离开业

[①] 本案最初来源于最高人民法院刑事审判第一庭编:《刑事审判参考》2000年第2辑,法律出版社2000年版,第31—36页。为了教学的需要,案中的人名、地名和法院均用化名。因2012年的《刑法修正案(八)》取消了盗窃金融机构(犯罪)的量刑情节,故本次修订将实体部分原案吴金友辩护为贪污共犯以免定盗窃金融机构"判死"的危险,改为现案辩护为盗窃罪,而避免以贪污共犯判处更重的罪名和刑罚。本案的审判过程和基本法律文书均根据2012年修正的《刑事诉讼法》和《刑诉法适用解释》等最新司法解释"模拟"而成。本次修订将涉及的时间、法律条款内容和序号等,按照最近几年的时间以及最新的法律和司法解释,进行了更新。

务部去吃饭。被告人吴金友撬开另一出纳员的办公桌抽屉,取出另一把保险柜钥匙,然后利用两把钥匙打开保险柜将 30 万元人民币装入蛇皮袋里,又在办公室将彭玉生等人的办公桌撬开,然后从后窗翻出办公室逃离现场。

8 月 1 日晚,彭玉生将作案经过告诉了其妻陈娜,让陈通知吴金友带款在本市青年旅社等候。8 月 2 日中午,被告人陈娜找到了吴,讲了彭的要求。当日下午,吴金友依彭的要求到了青年旅社。8 月 3 日晨见面后,二人一同来到吴金友家,吴拿出蛇皮袋说钱都在里面。彭要吴一起逃走,吴不同意,彭即给吴留下 3 万元,然后携带其余赃款潜逃。破案后,从被告人吴金友家中起获赃款 3 万元。

陕东省金川市人民检察院以被告人吴金友犯贪污罪、被告人陈娜犯窝藏罪,向金川市中级人民法院提起公诉。

二、争议焦点

1. 在整个案件中,被告人吴金友到底是主犯还是从犯?

2. 对被告人吴金友是定贪污罪,还是盗窃罪?换言之,外部人员与银行工作人员勾结窃取银行现金的行为如何定性?

3. 被告人陈娜的行为是否符合窝藏罪的犯罪构成?

第二节 本案的真实开庭审理

序幕 开庭前的准备

对公诉案件的程序性审查[①] 金川市中级人民法院对金川市人民检察院提起的吴金友贪污并陈娜窝藏一案审查后,发现起诉书中有明确的指控犯罪事实并且附有证据目录、证人名单和主要证据的复印件、照片,决定开庭审判。

开庭前的准备 在决定开庭审判后,金川市中级人民法院依法进行了以下开庭前的准备工作:(1) 决定由审判员刘加深、万美娟、李长农依法组成合议庭,由刘加深担任审判长;(2) 在开庭 10 日以前,将人民检察院的起诉书副本送达了被告人吴金友和陈娜;(3) 将开庭的时间、地点在开庭 3 日以前通知了金川市

---

① 相关的法律规定可见:《刑事诉讼法》第 181 条,《刑诉法适用解释》第 180、181 条,最高人民法院、最高人民检察院、公安部、国家安全部、司法部、全国人大常委会法制工作委员会(简称"两院四部委")2012 年《关于刑事诉讼法实施中若干问题的规定》第 25 条,最高人民检察院 2012 年《人民检察院刑事诉讼规则(试行)》第 396 条。根据规定,人民法院对于按照普通程序审理的公诉案件,决定是否受理,应当在 7 日内审查完毕,审查期限计入人民法院的审理期限;如果人民检察院移送的材料中缺少上述材料,人民法院可以通知人民检察院补充材料,人民检察院应当自收到通知之日起 3 日内补送。对于人民法院要求补充提供的材料超越《刑诉法适用解释》第 180 条规定的范围或者要求补充提供材料的意见有其他不当情况的,人民检察院应当向人民法院说明理由,要求人民法院开庭审判,必要时应当根据《刑事诉讼法》第 203 条的规定向人民法院提出纠正意见。

人民检察院;(4) 在开庭3日以前,将传唤被告人吴金友和陈娜的传票分别送达看守所,向辩护人、证人、鉴定人送达出庭的通知书;(5) 在开庭3日以前先期公布案由、被告人姓名、开庭的时间和地点。上述活动均写入了笔录,由主审法官李长农和书记员肖中南签名。主审法官李长农还拟就了法庭审理提纲。

第一幕 开庭

时间:2014年12月1日9时
地点:金川市中级人民法院第一刑事审判庭内。
法庭内。审判台中央上方,鲜艳的国徽格外引人注目。
黑里透红的审判台,比控辩双方的席位高30到60公分,显得庄严、沉稳;审判台中央审判长的法椅比两旁的审判员法椅略高。
审判台正中下边是书记员席位。
公诉人、辩护人的席位分列审判台两边相对而设。
与审判台相对,靠公诉人方向的是证人、鉴定人席位,靠辩护人方向的是被告人席位。
(前来旁听本案的一般群众,已在法庭内入座。人们一边等待,一边窃窃私语。)
书记员:(依法查明了公诉人和辩护人的到庭情况,然后对着话筒)请安静!现在宣读法庭纪律。(略停一下)(1) 服从法庭指挥,遵守法庭礼仪;(2) 不得鼓掌、喧哗、哄闹、随意走动;(3) 不得对庭审活动进行录音、录像、摄影,或者通过发送邮件、博客、微博客等方式传播庭审情况,但经人民法院许可的新闻记者除外;(4) 旁听人员不得发言、提问;(5) 不得实施其他扰乱法庭秩序的行为。
书记员:(请公诉人、辩护人入庭就座后,环视一下整个法庭,然后大声地)全体起立。
书记员:(略停一下)请审判长、审判员入庭!
审判长:(与两位审判员站着面对旁听席。略停一下,然后清晰而严肃地吐出两个字)坐下。
(法庭内人声宁息、气氛庄严。只有书记员清脆的声音在法庭内回荡。)
书记员:报告审判长,被告人吴金友贪污并被告人陈娜窝藏一案的公诉人和辩护人已到庭。法庭准备工作就绪,可以开庭。报告完毕。
(审判长向书记员点点头。书记员入座,坐下。)
审判长:(用眼光环顾了一下法庭,用力敲击一下法槌,然后大声地宣布)金川市中级人民法院,公开审理被告人吴金友贪污并被告人陈娜窝藏一案,现在开庭!
审判长:(略停一下)传本案第一被告人吴金友到庭!

(第一被告人吴金友由两位法警带到被告席,站着。)

审判长:(看了一下被告人席,然后用十分清晰的声音念)被告人吴金友,男,1973年5月21日出生,汉族,初中文化,个体户,住金川市第三纺织厂宿舍,未受过刑事处罚。2014年8月10日因涉嫌盗窃、贪污犯罪被金川市公安局刑事拘留,同月14日经金川市人民检察院批准,次日被执行逮捕。现押于金川市第一看守所。

审判长:(看一下被告人席)被告人吴金友,以上关于你个人的情况是否属实?

第一被告人:属实。

审判长:被告人吴金友,你是何时收到起诉书副本的?

第一被告人:2014年11月19日。

审判长:坐下。

审判长:(略停一下)传本案第二被告人陈娜到庭!

(第二被告人陈娜在两位女法警带到被告席,站着。)

审判长:(看了一下被告人席,然后用十分清晰的声音念)被告人陈娜,女,1976年1月6日出生,汉族,高中文化,原系陕东省金川市城区信用社川口业务处主任,住金川市城区信用社家属宿舍。因涉嫌窝藏犯罪,于2014年8月15日被金川市公安局刑事拘留,同月18日经金川市人民检察院批准,次日被执行逮捕。现押于金川市第一看守所。

审判长:被告人陈娜,以上关于你个人的情况是否属实?

第二被告人:属实。

审判长:被告人陈娜,你是何时收到起诉书副本的?

第二被告人:2014年11月19日。

审判长:陕东省金川市中级人民法院刑事审判庭今天在此依法公开开庭审理金川市人民检察院依法提起公诉的吴金友贪污并陈娜窝藏一案。

审判长:(略停一下)本案由本院审判员刘加深、万美娟和李长农依法组成合议庭,由审判员刘加深担任审判长,书记员肖中南担任本庭记录。金川市人民检察院指派检察员刘建华、张并归、谢同到庭支持公诉。陕东省铜牙律师事务所律师马高,接受委托担任本案被告人吴金友的辩护人。金川市天平律师事务所律师刘金柱,接受委托担任本案被告人陈娜的辩护人。鉴定人柳园也按通知到庭。

审判长:(略停一下)在庭审过程中,被告人及其辩护人依法享有下列诉讼权利:(1)可以申请合议庭组成人员、书记员、公诉人、鉴定人和翻译人员回避;(2)可以提出证据,申请通知新的证人到庭、调取新的证据,申请重新鉴定或者勘验、检查;(3)被告人可以自行辩护;(4)被告人可以在法庭辩论终结后作最后陈述。

审判长:以上权利,被告人和辩护人,是否都听清楚了?

(第一被告人、第二被告人及其各自的辩护人都表示听清楚了。)

审判长:被告人吴金友,你是否申请回避?

第一被告人:不申请。

审判长:被告人陈娜,你是否申请回避?

第二被告人:不申请。

审判长:下面进行法庭调查。

第二幕　法庭调查

审判长:现在进行当庭陈述。首先由公诉人宣读起诉书。

公诉人刘:(站起来,用十分清晰的声音宣读)陕东省金川市人民检察院起诉书。金检刑诉(2014)第308号。被告人吴金友,男……现押于金川市第一看守所。被告人陈娜,女……现押于金川市第一看守所。被告人吴金友贪污、被告人陈娜窝藏一案,由金川市公安局侦查终结,于2014年9月10日移送本院审查起诉,现查明:2014年7月初,被告人吴金友与中国人民银行陕东省金川市分行业务部出纳彭玉生(在逃),按照事先的约定盗窃彭玉生与另一出纳共同管理的保险柜内的现金。7月30日上午7时,被告人吴金友在彭玉生的掩护下,溜进该行业务部套间,藏在彭玉生保管的大壁柜内。10时40分左右,被告人吴金友乘彭玉生与其他工作人员外出吃饭离开办公室之际,撬开另一出纳员的办公桌抽屉,取出保险柜的一片钥匙,并同彭玉生给他的另一片保险柜钥匙,打开保险柜盗走现金30万元人民币。为了制造假象,吴又将办公室将彭玉生等人的办公桌撬开,然后从后窗翻出办公室逃离现场。8月2日中午,被告人陈娜找到了被告人吴金友,说彭玉生要他带款在本市青年旅社等候。吴、彭见面以后,给吴留下3万元,其余款项由彭携带潜逃。破案后,从被告人吴金友家中起获赃款3万元。上述犯罪事实有书证、物证、证人证言、鉴定意见以及被告人供述和辩解等证据在案佐证,事实清楚,证据确实充分,足以认定。本院确认:被告人吴金友与身为国家银行出纳的彭玉生勾结,利用彭玉生的职务便利,窃取银行现金,数额特别巨大,其行为触犯了《中华人民共和国刑法》第382条之规定,已构成贪污罪的共同犯罪。被告人陈娜的行为触犯了《中华人民共和国刑法》第310条之规定,已构成窝藏罪。为惩罚犯罪,保护国家公共财产不受侵犯,维护正常的司法秩序,依据《中华人民共和国刑事诉讼法》第172条之规定,特将被告人吴金友、陈娜提起公诉,请依法判处。此致,金川市中级人民法院。检察员,刘建华。2014年9月25日。附移送案卷二册(内含证据目录、证人名单和主要证据复印件)。

（宣读完起诉书后,公诉人刘环视了一下法庭,坐下。）

审判长:(目光转向第一被告人席)被告人吴金友,你对起诉书中指控的犯罪事实有何异议?

第一被告人:没有。

第一被告人的辩护人:(举手)审判长,我想询问我的当事人。

审判长:准许。但必须围绕本案事实进行。

第一被告人的辩护人:(站起来)谢谢审判长。

第一被告人的辩护人:(继续)吴金友,你与彭玉生是什么关系?

第一被告人:朋友关系。

第一被告人的辩护人:彭玉生是怎样要你去伙同贪污的?

第一被告人:他找我好几次,说没有任何风险,并且说我之所以不愿干,是担心分配不均,对他彭玉生不信任。

第一被告人的辩护人:为什么在分钱时你只拿了3万元?

第一被告人:我本来就不在乎钱的多少。

第一被告人的辩护人:分钱的时候,你跟彭玉生说了什么?

第一被告人:我把他爱人陈娜的担心告诉他,说是不是把钱悄悄地补回去。

第一被告人的辩护人:彭玉生怎么说?

第一被告人:他说顾不得那么多了。问我要多少钱,我说无所谓。他就留了3万元,把其他的钱都拿走了。

第一被告人的辩护人:(转向审判台)审判长,我的话问完了。(说完坐下。)

审判长:(目光转向第二被告人席)被告人陈娜,你对起诉书中指控的犯罪事实有何异议?

第二被告人:有,我去通知吴金友,并劝说他们去投案自首,并不是想窝藏他们。

审判长:你陈述一下通知吴金友的过程。

第二被告人:7月30日晚上,我丈夫彭玉生打电话回来说,他这两天都要值夜班可能不能回来,要我自己去幼儿园接小孩。我问他有什么事,他说行里保险柜被偷了。第三天晚上,我丈夫回来了,我问他保险柜被盗的事怎样了,他笑了笑,说如果盗保险柜的不是别人,而是我们自己人,你会怎么想?我说你别开玩笑,快告诉我。他问我认不认识吴金友,我说认识,难道是他干的不成?接着,我丈夫就把前两天保险柜被盗的事告诉了我。我当时吓蒙了。要他去投案自首,我丈夫很生气,说我不理解他为家里的一片好心,我说我能理解,但违法犯罪的钱我们一分也不能要。我丈夫说,问题是现在已经做了,没有回头路了。他生气地说,你去投案,去呀?!杀了我的头,看你和儿子怎么办?我吓哭了,我丈夫就跟我说,现在哭也没用。不如,明天你帮我去告诉一下吴金友,我们见了面以后,再商量怎样把钱退回去,可能罪行会轻些。于是,我就根据我丈夫的意思,第二天去找了吴金友,把投案自首和悄悄把钱退回去的想法告诉了吴。所以,我不是故意想窝藏他们,而是想怎样让他们减轻罪行,投案自首。

审判长:公诉人有没有话要问?

公诉人张:(站起来问道)被告人陈娜,你去通知吴金友的时候,知不知道30万元赃款的数目?

第二被告人:知道。

公诉人张:你是否想怎样才能减轻他们的罪责?

第二被告人:想。

公诉人张:你有没有想到过,怎样才能让别人不知道?

第二被告人的辩护人:审判长,(大声地)我抗议!公诉人在诱导我的当事人。

审判长:(敲击一下法槌)抗议有效。被告人可以不予回答。请公诉人注意讯问方式。

公诉人张:(继续)被告人陈娜,你见到吴金友,是怎样跟他说的?

第二被告人:我说你们闯了杀头的祸了。赶快想办法去自首吧。

公诉人张:你这样说的时候,吴金友如何回答?

第二被告人:他说他对钱本来就无所谓。不过也没有必要去退钱,相信彭玉生会有办法。

公诉人张:你又怎么说?

第二被告人:我说死到临头了,还说钱无所谓,你们两个自己看着办吧。我再也不管你们了。

公诉人张:后来怎么样了?

第二被告人:后来我就哭着走了。

公诉人张:你丈夫和吴金友伙同贪污银行巨款的事,你与别人说过吗?

第二被告人:没有。

公诉人张:你为什么不向公安机关报案?

第二被告人:不敢。

审判员李:(插了一句)与彭玉生在青年旅社碰面的话,是你告诉吴金友的吗?

第二被告人:是的。

审判长:公诉人,你还有什么话要问吗?

公诉人张:没有了。(说完坐下。)

审判长:辩护人还有什么话要问的吗?

(第一被告人的辩护人和第二被告人的辩护人都摇头表示没有。)

审判长：被告人陈娜，你还有什么要说的吗？

第二被告人：没有了。

审判长：当庭陈述完毕，下面进行当庭举证和质证。（说完示意审判员李，由他主持当庭举证，李会意。）

审判员李：对证人和鉴定人发问，应当先由提请传唤的一方进行；发问完毕后，对方经本庭准许，也可以发问。但询问、讯问或者发问，应当遵守以下规则：(1) 内容应当与案件的事实相关；(2) 不得以诱导方式发问；(3) 不得威胁被问话人；(4) 不得损害被问话人的人格尊严。法庭调查中当庭出示的物证、书证、视听资料等，应当由出示证据的一方就所出示的证据的来源、特征等做必要的说明，然后由另一方进行辨认并发表意见。控辩双方可以互相质问、辩论。

审判员李：现在先由公诉方举证。

公诉人谢：审判长、审判员，我方在这里有7份证据材料需要向法庭出示。

公诉人谢：（略停一下，继续）现在请传我方第一号证人向明生出庭作证。

审判员李：传证人向明生出庭。

（证人向明生在法警的带领下走进法庭，来到证人席。）

[法律提示：根据《刑事诉讼法》和最高人民法院《刑诉法适用解释》，证人应当出庭作证。符合法定情形，经人民法院许可，证人可以不出庭，或者通过视频等方式作证。证人出庭时，审判人员应当先核实证人的身份、与当事人以及本案的关系，告知有关作证的权利义务和法律责任。证人作证前，应当在如实作证的保证书上签名。]

审判员李：你的姓名？职业？现在哪里工作？住址在何处？

向明生：向明生。职业是保安。现在中国人民银行金川市分行营业部负责门卫、保安工作。

审判员李：证人向明生，根据我国法律规定，公民有作证的义务。你应该如实将你知道的情况向法庭陈述。对于与本案无关的问题，你有权拒绝回答。但如果作伪证，你将受到法律制裁。对此，你听清楚了吗？

向明生：听清楚了。

审判员李：现在请你在如实作证的保证书上签名。

审判员李：（待向明生在保证书上签了名后）证人向明生，现在将你所知道的本案情况向法庭作如实陈述。

向明生：7月30日上午7时左右，还不到上班时间，营业部出纳彭玉生就带着另一个人来到营业部，说是他的朋友。因为他们要到营业部工作间里去玩，我说按照规定，麻烦登记一下，彭玉生不太高兴，但还是进行了登记，登记是由彭玉生写的。

公诉人谢：登记上是怎么写的？

向明生:"马胜利,男,本市邮政局财务科职员,前来洽谈业务事宜。"

公诉人谢:后来呢?

向明生:后来我就让他们进去了,大概在10点钟左右,邮政财务科的人来取钱,我以为登记上的"马胜利"可能就是与来取钱的人是一起的,也就没有再问。

公诉人谢:业务部发生保险柜被盗,你是什么时候知道的?

向明生:大概中午12点左右,业务部的人吃完饭回来发现办公室被盗。

公诉人谢:报案后,公安机关向你了解情况没有?

向明生:了解了。

公诉人谢:你向公安机关汇报了吗?

向明生:汇报了。但公安机关当时没说什么,我也就不太在意。

公诉人谢:后来你是怎么知道该案侦破的?

向明生:大概过了一个星期左右,金川市公安局通知我去指认犯罪嫌疑人。我到那里一看,那天登记的"马胜利"就是被抓住的吴金友。

公诉人谢:向明生,你仔细看清楚了,案发当天与彭玉生一起到营业部玩的那个人是否就是现在站在被告席上的吴金友。

向明生:(仔细看了一下被告人吴金友,很肯定地说)没错,就是他!

审判员李:第一被告人辩护方,你们有什么要问的吗?

第一被告人的辩护人:没有。

审判员李:请法警带证人向明生暂时退庭。

公诉人谢:请法庭传我方的第二号证人宋明霞出庭作证。

审判员李:传证人宋明霞出庭作证。

审判员李:(待证人宋明霞在法警的带领下来到证人席后)你的姓名?职业?现在哪里工作?住址在何处?

宋明霞:宋明霞。现为人民银行金川市分行营业部出纳。住分行家属宿舍内。

审判员李:证人宋明霞,根据我国法律规定,公民有作证的义务。你应该如实将你知道的情况向法庭陈述。对于与本案无关的问题,你有权拒绝回答。但如果作伪证,你将受到法律制裁。对此,你听清楚了吗?

宋明霞:听清楚了。

审判员李:现在请你在如实作证的保证书上签名。

审判员李:(待宋明霞在保证书上签了名后)证人宋明霞,现在你将所知道的本案情况向法庭作如实陈述。

宋明霞:7月30日上午上班后,我与另一出纳彭玉生从金库提回现金40万元,放进保险柜内的顶层。10时许,本市邮政财务科取走现金10万元。10时40分左右,我、彭玉生以及其他工作人员外出吃饭,彭玉生在最后锁的门。因为那天大家高兴,吃饭到中午 12 点多才回来,反正是早餐中餐一起吃的。回来才发现我和彭玉生等人的办公桌都被撬了,保险柜打开,保险柜里的 30 万元人民币不翼而飞。

公诉人谢:当时现场的情况怎么样?

宋明霞:办公室的门没有被弄坏,就是后面的窗子铁条被锯断,犯罪分子肯定是从后窗进来作案,然后又从后窗出去的。

公诉人谢:彭玉生是负责什么的?

宋明霞:我和彭玉生每人负责保管一把保险柜的钥匙,我们都是分行营业部的出纳。

公诉人谢:彭玉生平时表现怎么样?

宋明霞:为人挺好的,就是有点怀才不遇,经常开玩笑说只有给别人点票子的命。

公诉人谢:他经常这样说吗?

宋明霞:经常说,不过这也是干我们这一行的通病。彭玉生与他老婆的关系也挺好的,他老婆经常到我们那里来找他……

审判长:(插一句)证人宋明霞,回答问题要简练,与案情无关的话不要说。

公诉人谢:彭玉生案发当时的表现怎么样?

宋明霞:跟我一样,非常紧张和害怕。我们两个的责任太大了。

公诉人谢:后来呢?

宋明霞:后来,彭玉生与我们马上报了案。公安机关进行了现场勘验,分别找我们谈话。我们的心情也不好,一直守在办公室随时等待问话。一直到 8 月 1 日晚上,公安机关说我们可以回家了。我才松了一口气。

公诉人谢:第二天彭玉生来上班了没有。

宋明霞:再也没有来过,后来听说他携款潜逃了,我们简直不敢相信。

公诉人谢:审判长、审判员,我的话问完了。

审判员李:被告人和辩护人,你们有话要问证人吗?

(第一被告人、第二被告人以及他们的辩护人都表示没有。)

审判员李:请法警领证人宋明霞暂时退庭。(略停一下)公诉方继续举证。

公诉人谢:现在出示我方的第三份证据材料——银行巨款被盗现场的勘查笔录。

审判员李:请公诉人宣读勘查笔录。

公诉人谢:金川市公安局刑侦大队现场勘查笔录。2014 年 7 月 30 日中午 12 时 20 分左右,我刑侦大队值班室接到金川市分行营业部保险柜被盗的报案电话,我队当即派人前往案发现场勘查。案发现场,没有遭到破坏,出纳办公室的房门完好无损,办公室后窗的两根钢筋铁条被锯断并扳歪,现场发现有踏痕和模糊的鞋印,但钢筋护栏铁条被锯断处周围,没有发现明显的金属粉末。办公室的几个抽屉被撬,其中出纳彭玉生和宋明霞存放保险柜钥匙的抽屉被破坏得最为厉害。经现场认真搜索后,未发现其他物证。现场勘查于当日下午3点钟结束。提取了现场鞋印、被锯断的铁条、被撬的锁等物品。拍摄了现场照片20张,绘制了现场图2张,复印了当日资金进账的明细表。并询问了出纳彭玉生、宋明霞和保安向明生的有关情况。制作了现场笔录一份。在对现场的勘查和对相关人员的询问后,经初步分析认为:该盗窃案是有预谋的,后窗铁条在案发前就已经被锯断。犯罪分子可能是男性,并且是单人作案。另据出纳宋明霞反映当天的现金都是面值为100元的1990年版新钞,号码从TC40280299至TC40284298。其中邮政财务科提走的10万元没有在记录号码。也就是说,被盗的30万元钞号是从记录钞号中除去邮政财务科的1000张钞票的号码。勘查人,金川市刑侦大队副队长郑明、队员金石松、孙加委。现场见证人,宋明霞、彭玉生。现场记录人刘银河。2014年7月30日。

审判员李:被告和辩护人,你们对刚才宣读的勘查笔录有何异议?

第一被告人的辩护人:没有。

(审判员李示意公诉人谢继续举证。)

公诉人谢:现在出示我方的第四份证据材料——关于鞋印、锁痕和铁条锯痕的物证鉴定意见。请法庭传鉴定人柳园出庭宣读物证鉴定意见书。

审判员李:传鉴定人柳园出庭宣读物证鉴定意见。

(鉴定人柳园在法警的带领下来到证人席,法庭对其核实身份、告知如实提供鉴定意见和作虚假鉴定要负的法律责任,并且要求其在如实说明鉴定意见的保证书上签名。具体操作与前述针对证人的方式同。)

鉴定人柳园:物证鉴定意见书。根据金川市公安刑侦大队先后送来的鞋印、锁痕、铁条锯痕和鞋样、中号螺丝刀、起子以及钢锯条的样本,本鉴定中心对其一一进行了仔细的鉴定,发现,鞋印、锁痕、铁条锯痕和送来的鞋样、螺丝刀、起子和钢锯条样本基本相符。而且铁条断处的锯痕接口很好,没有折断蹦碎的情况,如果不仔细观察,很难看出断痕。意见:送检的样本和鞋印、锁痕、铁条锯痕相符。锯断铁条系案前精心准备所为,不是案发当时所为。鉴定人,柳园。金川市中级人民法院司法鉴定中心。2014年8月12日。

公诉人谢:鉴定人,你鉴定的鞋印、锁痕和铁条锯痕,是从哪里来的?

鉴定人:是公安刑侦大队先后送来的现场勘查照片和提取的实物。

公诉人谢:刚才你说的"先后送来"是什么意思?

鉴定人:勘查照片、被撬坏的锁和断铁条是8月3日送来的,鞋样、螺丝刀和起子是8月11日送来的,据送样品来的同志说,案件基本可以告破了。

公诉人谢:(举起手边的几样东西,问)你鉴定的鞋样、起子和螺丝刀就是这几件吗?

鉴定人:(犹豫了一下)能将东西给我过目一下吗?

审判员李:请法警将公诉方出示的东西给鉴定人辨认。

鉴定人:(仔细看了一下法警递过来的鞋样、起子和螺丝刀后,抬起头说)是的,就是这些。

公诉人谢:审判长、审判员,我的话问完了。

第一被告人的辩护人:(举手示意)审判长、审判员,我想询问鉴定人几个问题。

审判员李:准许。

第一被告人的辩护人:请问鉴定人,你刚才开始时讲的"基本相符",后来在鉴定结论部分又讲"相符",是不是前后矛盾?

公诉人张:(大声地)抗议!辩护人在诱导鉴定人。

第一被告人的辩护人:我是在澄清事实,请法庭支持。

审判长:(用力敲击一下法槌)抗议无效。鉴定人必须回答。

鉴定人:这样说,是因为其中的鞋印在照片上看比较模糊,但大体轮廓和粗纹仍然清楚。后来结论中说相符,是根据鉴定经验和对送检方提供的其他材料认定的。

第一被告人的辩护人:我的话问完了。

审判员李:其他被告人和辩护人,对鉴定结论还有什么异议吗?

审判员李:(用眼光看了一下被告人席,没有发现异议要求,继续说)请法警领鉴定人暂时退庭。公诉方继续举证。

公诉方谢:现在出示我方的第五份证据材料——从被告人吴金友家中提取的鞋样、起子和螺丝刀。

(旁听席内一时有点骚动,有人不断抬起头想看个明白,同时互相议论。)

审判长:(用力敲击一下法槌,大声地说)安静!

审判员李:(待旁听席安静下来以后)请法警将公诉方证据交第一被告人及其辩护人质证。

审判员李:(待第一被告人辨认了法警递交的证据后,问)被告人吴金友,这些东西都是你的吗?

第一被告人:是的。

审判员李:第一被告人的辩护人,你对这些证据有什么异议吗?

第一被告人的辩护人:没有。

审判员李:请法警将上述物证交本庭书记员处登记。

公诉人谢:现在出示我方的第六份证据——从第一被告人吴金友家中搜出的3万元现金钞样和装钱用的蛇皮袋。

(法警将现金钞样和袋子交由被告人吴金友辨认。)

公诉人谢:被告人吴金友,这些现金钞样和蛇皮袋是不是从你家里搜出来的?

第一被告人:钱我不好说,袋子是我的。

公诉人谢:现在出示我方的第七份证据——两被告人的供述和辩解。其中一份是第一被告人吴金友的,另一份是第二被告人陈娜的。

审判员李:请公诉人宣读被告人的供述和辩解。

公诉人谢:被告人吴金友的供述和辩解。我叫吴金友……以上是我的整个作案经过,我现在很后悔听信彭玉生的激将法,犯下了如此贪污大罪。但我在整个案件中处于被动地位,整个犯罪过程都是彭玉生一手策划的,我错就错在哥们义气,不懂法律,所以,恳请司法机关对我予以宽大处理。吴金友,2014 年 11 月 5 日。

审判员李:被告人吴金友,刚才的供述和辩解是否属实?

第一被告人:属实。

公诉人谢:被告人吴金友,出纳办公室后窗的铁条是你锯断的吗?

第一被告人:不是,是彭玉生。他提前两天就准备好了,并且告诉我万无一失。

公诉人谢:在你 7 月 30 日早晨进入营业部时,是否在登记簿上签了名。

第一被告人:我没有签,是彭玉生签的。

公诉人谢:签的什么名字?

第一被告人:具体记不太清楚了,好像是,是马什么?

公诉人谢:马胜利?

第一被告人:是,好像是"马胜利"。

公诉人谢:你进入营业部后,藏在什么地方?

第一被告人:彭玉生把我藏在一个大壁柜里。

公诉人谢:你是怎样找到保险柜钥匙的?

第一被告人:一片是彭玉生临去吃饭的时候给的,并告诉我可以动手了。

公诉人谢:另一片呢?

第一被告人:另一片是我撬锁得来的。

公诉人谢:你怎么知道另一片钥匙在哪里呢?

第一被告人:是彭玉生事先指示给我看过的。

公诉人谢:那你为什么还要撬彭玉生的办公桌?

第一被告人:是彭玉生事先交代的,说这样才能不让人怀疑。

公诉人谢:(看了一下审判长和审判员,略停一下,继续)下面是被告人陈娜的供述和辩解。我叫陈娜……以上是我的整个作案经过,我因为不懂法律,不敢去司法机关举报我丈夫和吴金友的贪污盗窃犯罪行为,而且还一厢情愿地去找吴金友告诉他们约定的见面地点。经过司法人员的工作,使我认识到了自己行为的严重性,恳请司法机关看在我对家庭亲情的分上,对我从轻处罚。陈娜,2014年11月8日。

审判员李:被告人陈娜,刚才公诉人宣读的供述和辩解,是否属实?

第二被告人:属实。

审判员李:公诉方,还有没有其他证据需要向本庭提供?

公诉人谢:没有了。

(审判员张示意审判员万主持接下来的被告方举证,万会意。)

审判员万:公诉方举证完毕,现在由被告人和辩护方举证。先由第一被告人和辩护方举证。

第一被告人的辩护人:审判长、审判员,我方有两份证据可以表明我方当事人自始至终是处于作案的从属地位的。第一份证据是在逃犯罪嫌疑人彭玉生在案发前写给吴金友的短信,请法庭允许我宣读。

审判员万:准许。

第一被告人的辩护人:(宣读彭玉生的短信)友哥,这个年头,干什么事都离不开钱,毕竟世上万物,钱才是第一"通货"。现在有机会发大财,关键需要你出手相助,因为别人我信不过。希望有机会与你再详细面谈。彭玉生,2014年7月2日。

审判员万:被告人吴金友,信中的"友哥"是谁?

被告人吴金友:就是我。大家平时喜欢叫我"友哥"。

审判员万:公诉方对该证据有何异议?

公诉人张:没有。

第一被告人的辩护人:(略停一下,继续)我方的第二份证据是第二被告人陈娜在8月2日见面时交给吴金友的纸条。内容是:"友哥,具体情况我老婆会跟你讲,你要么将钱给我老婆带回,要么想办法明天在青年旅社见面再说。彭。"

审判员万:公诉方对该纸条是否有异议?

公诉人张:有。这张纸条且不说其真实性如何,对本案的主从犯罪没有什么说服力。

审判员万:第二被告人陈娜,该纸条是否属实?

第二被告人:属实。

审判员万:被告人吴金友,你是在什么情况下见到陈娜的?

第一被告人:她打电话约我的。

审判员万:陈娜有没有要你带上钱?

第一被告人:没有。考虑到安全问题,我就没带钱去。

审判员万:陈娜见到你怎么说?

第一被告人:没说什么,把纸条交给我后,只是哭。

审判员万:你怎么说?

第一被告人:我说了几句安慰的话,陈娜说"我不管你们的屁事"。说完就走了。

审判员万:被告人陈娜,被告人吴金友刚才的话是否属实?

第二被告人:属实。

审判员万:(略停一下,将目光转向第二被告人席)被告人陈娜,你有什么其他证据需要向本庭提供的吗?

第二被告人的辩护人:没有。

(审判员万问完话后,向审判长示意后面的法庭辩论由其主持,审判长会意。)

第三幕 法庭辩论

审判长:经过刚才的举证和质证,本庭对公诉方提供的七份证据材料的真实性、合法性和关联性予以认定。对第一被告方提供的两份证据材料的真实性和合法性予以认定,对于其与本案的关联程度和作用,暂不做认定。(略停一下,继续)至此,法庭调查结束。现在进行法庭辩论。

审判长:法庭辩论拟在本庭主持下,按照下列顺序进行:(1)公诉人发言;(2)被害人及其诉讼代理人发言;(3)被告人自行辩护;(4)辩护人辩护;(5)控辩双方进行辩论。

审判长:现在先由公诉方发言。

公诉人刘:审判长、审判员,根据《中华人民共和国刑事诉讼法》第184条、第193条、第198条、第203条的规定,我们受金川市人民检察院的指派,代表本院,以国家公诉人的身份,出席法庭支持公诉,并依法对刑事诉讼实行法律监督。现对本案证据和案件情况发表如下意见,请法庭予以考虑:根据刚才的法庭举证和质证,可以看出,被告人吴金友与在逃犯罪嫌疑人彭玉生合伙实施了这起盗窃贪污案;现场勘查笔录和证人宋明霞的证言,足以认定在逃嫌疑人彭玉生与人合伙犯罪,证实本案为一起有预谋的犯罪,并且可以发现门卫登记簿上的"马胜利"有较大嫌疑;证人向明生当庭指认的登记簿上的"马胜利"就是被告人吴金友;鉴定意见也表明案发现场的鞋印、锁痕和后来在被告人吴金友家中提取的鞋样、起子和螺丝刀相吻合;在被告人家中搜出的3万元现金的钞样和蛇皮袋,也可以证实被告人就是本案的共犯之一。因为蛇皮袋在刚才的法庭调查中,已经被告人吴金友指认,钞样的号码与案发当天的现金进账的钞票号码范围完全相符。被告人吴金友对本案的犯罪事实亦供认不讳。至于被告人吴金友的辩护律师提出的两份证据,不能证明其具有从犯的法定情节。我们认为,被告人吴金友在本案中与彭玉生系共同实行犯,没有主从之分,要说主犯和从犯,吴金友本人也是主犯。对于被告人陈娜的窝藏犯罪行为,在公安机关的移送起诉意见书中多有涉及,该意见书称,公安机关对彭玉生家采取搜查措施时,被告人陈娜故意拖延,干扰执法,致使犯罪嫌疑人彭玉生逃脱,这一点,被告人陈娜在侦查阶段的供述和辩解中也供认不讳,加之刚才法庭调查中第一被告方提供的纸条也足以说明问题。可见,本案二被告人的犯罪事实清楚、证据确实充分。综上所述,我们认为,依照《中华人民共和国刑法》第382条和第310条之规定,被告人吴金友的行为已构成贪污罪,被告人陈娜的行为已构成窝藏罪;而且,被告人吴金友和陈娜均不具备法定从轻处罚的情节。公诉人,刘建华。2014年12月1日。

审判长:现在由第一被告人吴金友自行辩护。

第一被告人:审判长、审判员,我对自己的犯罪行为后悔不已。只是看在我一时糊涂的分上,要不是彭玉生……

审判长:(打断第一被告人的啰唆话)被告人吴金友,只说你的观点或者新的看法,重复的话不要说。

第一被告人:我是从犯,要严惩彭玉生,否则我不心甘。

审判长:你还有什么要补充的吗?

第一被告人:没有了。

审判长:现在由第一被告人的辩护人进行辩护发言。

第一被告人的辩护人:审判长、审判员,陕东省铜牙律师事务所接受被告人吴金友的委托,指派我担任本案的辩护人。接受委托后,我对案件情况仔细地进行了解,通过刚才的法庭调查,兹发表以下辩护意见,请法庭予以充分的考虑:首先,被告人吴金友自始至终都是处于从属和被动的地位,其作用是次要和辅助的,是哥们义气和逞能思想在作怪。根据我国现行《刑法》第27条的规定,对其应当从轻、减轻或者免除处罚;其次,被告人吴金友在分钱听凭给多少是多少的行为,足以说明他没有非法占有30万元人民币的意图,顶多只能对自己分得的3万元负刑事责任;以上事实,可由我方提供的两份证据材料和被告人侦查阶段的供述和辩解佐证。我的发言完了,谢谢!

审判长:现在由第二被告人陈娜自行辩护。

第二被告人:(一边哭着一边说)审判长、审判员,我没其他说的,只求对我从宽处罚。

审判长:现在由第二被告人的辩护人进行辩护发言。

第二被告人的辩护人:审判长、审判员,金川市天平律师事务所接受被告人陈娜的委托,指派我担任本案的辩护人。我接受委托后,仔细查阅了案卷,与我的当事人谈话,加之通过刚才的法庭调查,发表以下辩护意见,请法庭予以充分考虑:我的当事人在本案中的行为实际上是一种典型的"知情不报",其违法性和错误性显然是不容否认的。但她并没有窝藏犯罪嫌疑人彭玉生和转移赃款的意图,也没有实现窝藏的行为,虽然她受彭玉生之托去找吴金友,但她并不想管他们的事,可怜的女人,在这种情况下,只能是哭泣和沉默。一方面恨丈夫不争气,另一方面又没有胆量去报案,怀着一丝侥幸的心理,但愿丈夫的犯罪行为不被发现,在公安机关前来搜查的时候,我的当事人是不太主动配合,但也没有实施什么蛮横的阻碍行为,纯粹是出于一种自我保护的本能。试想为人妻者,又有谁能如此超然呢?如果我的当事人陈娜的这种行为就是窝藏罪的话,那么,所有天下犯罪人的家属都有可能构成窝藏罪。这样的法律又还有什么意义呢?……

审判长:(打断第二被告人的辩护人的说话)辩护人,说话要简练,与本案无关的话不要说。

第二被告人的辩护人:好的。总之,我认为,被告人陈娜的行为不具备窝藏的故意,而且情节轻微,不足以构成窝藏罪,而且考虑她的认识态度,请求法庭无罪释放或者免予刑事处罚。我的发言完了,谢谢!

审判长:现在进入自由辩论阶段。控辩双方可就刚才的发言,围绕全案的事实、证据、适用法律等问题进行辩论。重点放在:(1)被告人吴金友在本案中是否是从犯,是否只能对分得的3万元赃款负刑事责任。(2)被告人陈娜的行为是否构成窝藏罪。控辩双方尽可能简要,多余的重复的话就不要再说。禁止辩论过程中的人身攻击和起哄。

公诉人张:公诉方认为,本案中被告人吴金友不是从犯,他和在逃犯罪嫌疑人合伙共同贪污没错,但并不每个共同犯罪案件中都有主犯和从犯的,本案中其实吴、彭二人都是实行犯罪行为的主犯,如果没有在逃犯罪嫌疑人彭玉生的主要作用,就不能顺利达到内外结合窃取巨款的目的。但如果没有被告人吴金友的撬锁开柜的行为,30万元也不会自动到手。所以,本案中二人与其说是主从,不如说是互相配合,二者都是主犯。被告人吴金友不具备法定从轻的从犯情节。

第一被告人的辩护人:要照公诉方这么看来,可以说每一个共同犯罪案件中都无所谓主从之分,因为,每个共同犯罪人的行为都是独立实施的,别人无法替代,都是一种互相配合的关系。那么,刑法规定主犯和从犯就显得毫无意义。而事实情况并不是这样的,本案的被告人吴金友,自始至终都处在从属和被动的地位,如果没有在逃犯罪嫌疑人彭玉生的怂恿和安排,吴金友就不可能有去窃取保险柜的意图,而且根本不可能得逞。而且值得注意的是,本案中的被告人吴金友自始至终对30万元巨额现金没有丝毫的占有欲望,缺乏共同贪污的主观恶性。这个案件,其实换上别人照样能干成,不管是吴金友还是别的什么刘金友、李金友、张金友或者王金友。但是如果离开了彭玉生,任凭是谁都难以成功,何况像本案这样轻而易举。所以,被告人吴金友只能是从犯。不知道身为国家公诉人,连这点起码的常识都不了解,究竟作何感想!

审判长:(重敲一下法槌,打断第一被告人的辩护人的话)第一被告人的辩护人,不能进行人身攻击,本庭对你提出警告!

第一被告人的辩护人:是。

审判长:你还有什么要说的吗?

第一被告人的辩护人:没有了。

公诉人张:(继续)公诉方同时还认为,被告人陈娜的行为构成了窝藏罪,其行为不仅仅是"知情不报"的问题。从她对公安机关搜查行动的不配合以及给被告人吴金友送纸条的行为就足以认定。因为,这两个行为是直接造成30万元现金被瓜分和犯罪嫌疑人彭玉生逃脱后果的关键因素。

第二被告人的辩护人:我方当事人的行为其实只是出于一种人之常情的本能表现,并不具有窝藏赃款和犯罪嫌疑人的主观故意。如果对其追究窝藏犯罪,则明显扩大了打击范围。所以,我方当事人陈娜的行为不符合窝藏罪的法定犯罪构成,不构成窝藏罪。

(法庭中出现一段沉闷,双方互不相让,又不知说什么好。)

审判长:(打破这种沉闷)控辩双方还有什么要补充的吗?

审判长:(看没有什么反应,环视一下整个法庭,继续说)鉴于控辩双方没有内容要补充,现在我宣布法庭辩论结束。

第四幕 被告人的最后陈述

审判长:根据《中华人民共和国刑事诉讼法》第193条之规定,法庭辩论终结后,被告人有最后陈述的权利。下面由被告人做最后陈述,先由第一被告人吴金友陈述。

第一被告人:审判长、审判员,我为犯下的罪行而深感痛心。我现在唯一的想法,是希望人民政府能够早日将彭玉生绳之以法,并且对我从宽处罚,否则我不甘心。这里,我再将整个犯罪的过程向法庭做最后的陈述,恳请法庭公正处理:今年7月初,彭玉生多次找我商议盗窃他与另一出纳共同管理的保险柜内的现金,我没同意。后彭玉生多次约我吃饭、喝酒,做我的工作,并把他的计划、安排告诉我,说保证没事,我的任务就是去把钱拿出来而已,其他事情一律由他来摆平。他又说,友哥你要是胆小怕事或者担心我给你的份额太少就算了。我只是把你当真朋友,没想到你这么不中用,不把我当真朋友。同时他还几次让我看他掌管的钥匙。我碍于面子,只好同意。彭即向我要了一把中号螺丝刀和一只蛇皮口袋放在他自己的办公桌内,又用事先准备好的钢锯条,将业务部的钢筋护窗栏锯断。7月23日上午,彭玉生将我带至金川市分行业务部熟悉地形,并暗示了存放现金的保险柜和开启保险柜的另一把钥匙的存放地点。7月27日晚,彭玉生找到我,告知我近日将提款40万元存放保险柜的情况,并详细告诉了我作案的时间、步骤、开启保险柜的方法及进出路线等。

7月30日大清早,彭玉生将我带进该行业务部套间,藏在自己保管的大壁柜内。后来,他进入套间向我指认了放款的保险柜,后与其他本行职员聊天。再后来,彭玉生乘其他工作人员外出吃饭离开办公室之际,打开壁柜将自己保管的那把保险柜钥匙交给我,并告知人都走了,他跟着就离开业务部去吃饭了。我急忙撬开另一出纳员的办公桌抽屉,取出另外一把保险柜钥匙,打开保险柜将一大堆人民币装入旅行袋里,又在办公室将彭玉生等人的办公桌撬开,然后从后窗翻出办公室逃离现场。

回到家里后,我仔细一看,足有几十万,心里开始紧张起来。8月2日中午,彭玉生的爱人陈娜找到了我,把彭玉生写的纸条给了我,她也很害怕,只是不停地哭。当日下午,我依彭的要求到了青年旅社。8月3日晨见面后,我和彭玉生一同来到我家,我拿出蛇皮袋说钱都在里面。彭要我一起逃走,我不同意,彭即给我留下3万元,然后携带其余赃款潜逃。我拿着这3万元钱,真是度日如年,后来公安机关到我家里搜出了这些钱,我反倒不担心了,现在心里只恨自己不争气,也恨彭玉生将我引上这样一条犯罪的路。

我将上述经过向法庭陈述,是想让人们以我为鉴,不要逞一时英雄。同时,恳请法庭考虑我的从犯地位,给我宽大处理,有重新做人的机会。谢谢!

审判长:现在由第二被告人陈娜做最后陈述。

第二被告人:审判长、审判员,我在这个案件中是无辜的,我的丈夫彭玉生平时与我的关系不错。他与吴金友合伙贪污的事我开始一点也不知道。8月1日晚,他将作案经过告诉了我,我骂他不争气,放着好端端的日子不过,非要去犯罪。我丈夫求我,说他也是不得已,并要求我去找吴金友,见面后再商量怎样办,现在事情已经出了,哭也没用。8月2日中午,我只好按我丈夫的要求找到了吴,把他写的纸条给了吴。吴金友看我伤心,就劝我别哭。我说再也不管你们的屁事了。至于公安机关来我家搜查,我是与他们发生了冲突,原因是一个公安局的小伙子态度蛮横,我心情不好,但我丈夫的逃跑我确实是没有料到的,也没有心思再去管他了。总之,我希望别人不要学我的样,要主动积极向政府报案,不要像我一样软弱和犹豫。我承认自己在本案中有重大错误,但我不至于构成犯罪,因为我从头到尾就没有想过怎样转移财产或者窝藏我丈夫。恳请法庭为我做主,对我从宽处理。谢谢!

第五幕　休庭评议

审判长:通过前面的法庭调查、法庭辩论和被告人的最后陈述,本案的事实争议不大,控辩双方的证据经过当庭举证和质证,本庭对公诉方的证据均予以采纳,对第一被告方提供的纸条和短信的真实性和合法性予以认定,但对其证明力暂不做认定。至此,本案的争议焦点有三:一是,被告人是否属于从犯,具备法定从轻处罚的情节?二是,被告人吴金友是否只对他所分得的3万元赃款负刑事责任?三是,被告人陈娜是否构成窝藏罪?

(审判长与两位审判员低头小声商量了一下,审判长抬起头继续主持审判。)

审判长:下面将休庭评议。本案实行定期宣判,具体时间另行通知。今天的审理就到此为止。

审判长:请法警将两位被告人带出法庭重新羁押。

审判长:请控辩双方将当庭出示、宣读的证据,提交合议庭。

(控辩双方将证据材料由司法警察递交合议庭,合议庭指示书记员一一登记在卷。)

审判长:(待两被告人被带出法庭后)请书记员将法庭笔录交由证人、被告人阅读、补正并签名盖章。

(书记员组织证人、当事人阅读并补正法庭笔录后,将法庭笔录交由审判长审阅后,审判长和书记员分别签名。)

审判长:(环视一下整个法庭,大声地宣布)休庭!(用力敲击一下法槌。)

书记员:(略停一下,大声地)全体起立!

书记员:(略停一下)请审判长、审判员退庭。

书记员:(待合议庭成员退庭后)请控辩双方与旁听人员退庭。

[法律提示:合议庭应当根据已经查明的事实、证据和有关法律规定,并在充分考虑控辩双方意见的基础上,进行评议,确定被告人是否有罪,应否追究刑事责任;构成何罪,应否处以刑罚;判处何种刑罚;有无从重、从轻、减轻或者免除处罚的情节,并依法作出判决。合议庭进行评议的时候,如果意见分歧,应当按照多数人的意见作出决定,但是少数人的意见应写入笔录。评议笔录由合议庭的组成人员签名。]

第六幕 定期宣判

(合议庭在宣告判决的前一天,公告了定期宣判的时间和地点,传唤了被告人并通知公诉人以及其他有关诉讼参与人参加。)

时间:2014年12月25日9时

地点:金川市中级人民法院第一刑事审判庭内。

(法庭布置、开庭的准备工作一如从前,此处略。)

书记员:(环视一下整个法庭,然后大声地)全体起立!

书记员:(略停一下)请审判长、审判员入庭!

审判长:(与两位审判员站着面对旁听席。略停一下,然后清晰而严肃地吐出两个字)坐下。

(法庭内人声宁息、气氛庄严。只有书记员清脆的声音在法庭内回荡。)

书记员:报告审判长,被告人吴金友贪污并被告人陈娜窝藏一案的公诉人和辩护人已到庭。法庭准备工作就绪,可以开庭。报告完毕。

(审判长向书记员点点头。书记员入座,坐下。)

审判长:(用眼光环顾了一下法庭,用力敲击一下法槌,然后大声地宣布)金川市中级人民法院,公开审理被告人吴金友贪污并被告人陈娜窝藏一案,现在继续开庭!

审判长:(略停一下)传本案第一被告人吴金友到庭!

(第一被告人吴金友由两位法警带到被告席。)

审判长:(略停一下)传本案第二被告人陈娜到庭!

(第二被告人吴金友由两位法警带到被告席。)

审判长:本案经过法庭调查、法庭辩论、被告人最后的当庭陈述以及后来的休庭评议,现在予以宣判。

审判长:(略停一下)金川市人民检察院以金检刑诉(2014)第308号起诉书,指控被告人吴金友犯贪污罪、被告人陈娜犯窝藏罪,于2014年9月25日向本院提起公诉。本院依法组成合议庭,公开审理了本案。金川市人民检察院指派检察员刘建华、张并归、谢同出庭支持公诉,辩护人马高、刘金柱,证人宋明霞、向明生,鉴定人柳园等到庭参加诉讼。现已审理终结。

金川市人民检察院指控被告人吴金友与原中国人民银行陕东省金川市分行业务部出纳彭玉生(在逃),按照事先的约定盗窃彭玉生与另一出纳共同管理的保险柜内的现金。然后通过熟悉地形、商量好详细的作案计划,于7月30日10时许,在彭玉生的掩护和配合下,撬开另一出纳员的办公桌抽屉,取出保险柜的一片钥匙,并同彭玉生给他的另一片保险柜钥匙,打开保险柜盗走30万元人民币。为了制造假象,吴又在办公室将彭玉生等人的办公桌撬开,然后从后窗翻出办公室逃离现场。破案后,从被告人吴金友家中起获赃款3万元,其余27万元被犯罪嫌疑人彭玉生携带潜逃;指控被告人陈娜明知其夫彭玉生与被告人吴金友伙同窃取银行巨额现金的情况下,为彭和吴牵线联系,转移赃款。检察院并且提供了上述犯罪事实的书证、物证、证人证言、鉴定意见以及被告人供述和辩解等证据佐证。

被告人吴金友对自己的犯罪行为供认不讳,但辩称,自己并没有占有银行巨额现金的意图,只是受了彭玉生的指使和怂恿,为了充"英雄"和逞能而成了彭玉生的替罪羊。被告人吴金友的辩护人提出三点辩护意见,认为:(1)被告人吴金友在本案中自始至终处于被动地位,系从犯;(2)被告人吴金友的行为虽然构成盗窃罪,根据罪责自负的原则,只应对其所拿的 3 万元赃款负刑事责任;(3) 被告人吴金友认罪态度较好,能主动交代所犯罪行,揭发同案犯彭玉生的犯罪行径,请求法庭在量刑时予以考虑。

被告人陈娜对自己去找吴金友的行为后悔不已,对指控的犯罪事实亦供认不讳,只是请求人民法院对其从轻处罚。被告人陈娜的辩护人认为,陈娜明知其夫与被告人吴金友合伙盗窃了银行的巨额现金,仍然为他们带话和联络,其行为是违法的,但根据现行刑法关于窝藏罪的规定,陈娜并没有为彭玉生和吴金友转移财产和提供隐藏处所,彭玉生携款潜逃时也没有与陈娜打招呼,而且在侦查机关来陈娜家进行搜查时陈娜主动交代了彭玉生与吴金友的犯罪情况。所以,被告人陈娜的行为只是一种知情不报和带话的违法行为,并不符合刑法关于窝藏罪的犯罪构成。对其不能以窝藏罪定罪和量刑。

经审理查明,2014 年 7 月初,中国人民银行陕东省金川市分行业务部出纳彭玉生(在逃),多次找被告人吴金友商议盗窃彭与另一出纳共同管理的保险柜内的现金,吴未同意。后彭玉生多次约吴吃饭、喝酒,做吴的工作,并把自己的作案计划、安排告诉吴,同时还几次让吴看自己掌管的钥匙。吴金友同意作案后,彭即向吴金友要了一把中号螺丝刀和一只蛇皮口袋放在自己的办公桌内,又用事先准备好的钢锯条,将业务部的钢筋护窗栏锯断,为作案后逃离现场做准备。7 月 23 日上午 10 时许,彭玉生将吴金友带至金川市分行业务部熟悉地形,并暗示了存放现金的保险柜和开启保险柜的另一把钥匙的存放地点。7 月 27 日晚,彭玉生找到被告人吴金友,告知其近日将提款 40 万元存放保险柜的情况,并详细告诉吴金友作案的时间、步骤、开启保险柜的方法及进出路线等。

7 月 30 日上午 7 时,彭玉生将被告人吴金友带进该行业务部套间,藏在自己保管的大壁柜内。其他工作人员上班后,彭玉生与另一出纳从金库提回现金 40 万元,放进保险柜内的顶层。10 时许,本市邮政财务科取走现金 10 万元。10 时 30 分左右,彭进入套间向被告人吴金友指认了放款的保险柜,后与其他本行职员聊天。10 时 40 分,彭玉生乘其他工作人员外出吃饭离开办公室之际,打开壁柜将自己保管的保险柜钥匙交给吴金友,并告知人都走了,自己即离开业务部去吃饭。被告人吴金友撬开另一出纳员的办公桌抽屉,取出钥匙,打开保险柜将 30 万元人民币装入旅行袋里,又在办公室将彭玉生等人的办公桌撬开,然后从后窗翻出办公室逃离现场。

8 月 1 日晚,彭玉生将作案经过告诉了其妻陈娜,让陈通知吴金友带款在本市青年旅社等候。8 月 2 日中午,被告人陈娜找到了吴,讲了彭的要求。当日下午,吴金友依彭的要求到了青年旅社。8 月 3 日晨见面后,二人一同来到吴金友家,吴拿出蛇皮袋说钱都在里面。彭要吴一起逃走,吴不同意,彭即给吴留下 3 万元,然后携带其余赃款潜逃。破案后,从被告人吴金友家中起获赃款 3 万元。

以上事实,经过当庭举证、质证,控辩双方都没有异议,本院予以采纳。但对于第一被告人的辩护人辩护意见的第一点和第二点,本院不予采纳。因为,第一被告人在整个盗窃过程中,虽然深受犯罪嫌疑人彭玉生的影响,但其撬开另一出纳的抽屉,盗走30万元现金的行为,并不处于共同犯罪的从属和辅助地位。而是直接积极地实施了犯罪,其行为已符合主犯的犯罪构成。而且,30万元都是吴金友和彭玉生共同窃取的,瓜分赃款只是一种犯罪已经构成情况下的后续行为,因而不能按照赃款的瓜分比例和多少来区分共同犯罪的主犯和从犯。对于第二被告人陈娜的辩护人的无罪辩护,根据我国现行刑法的规定和精神,所谓"知情不报",只是消极地不提供有关犯罪事实和犯罪分子的消息。但本案中,被告人主动积极地为被告人吴金友和彭玉生牵线带话,是本案中财产转移的关键行为。被告人陈娜的行为,已完全符合窝藏罪的犯罪构成。本院对于被告人陈娜的无罪辩护意见,不予采纳。

关于第一被告人吴金友的犯罪行为定性问题。金川市人民检察院认为是构成贪污罪的共同犯罪。理由是,在整个案件中,在逃犯罪嫌疑人彭玉生利用经管银行现金的职务之便,授意、安排吴金友盗窃巨额现金,且分得全部赃款的90%。无论是采用共同犯罪应以主犯的犯罪性质认定罪名,还是根据《刑法》第382条第3款关于"与前两款所列人员勾结、伙同贪污的,以共犯论处"的规定,对第一被告人吴金友的行为,都应认定为贪污罪。本院经审理查明,认为,在整个犯罪中,30万元现金是被告人吴金友单独窃取的,虽然彭玉生对作案进行了周密的策划、带吴到其工作单位熟悉环境、为吴提供作案工具等,但这仅是彭利用职务之便为吴实施盗窃制造条件,尚不足以取得现金。被告人吴金友还必须撬盗另一把保险柜钥匙才能取得现金。因此,对本案被告人吴金友应以盗窃罪论处。

至于前述共同犯罪案件性质应以主犯的犯罪性质认定的说法,只是在新刑法实施以前"两高"《关于当前办理经济犯罪案件中具体应用法律的若干问题的解答(试行)》有所涉及,该《解答》指出:"内外勾结进行贪污或者盗窃活动的共同犯罪……应按其共同犯罪的基本特征定罪。共同犯罪的基本特征一般是由主犯犯罪的基本特征决定的。如果共同犯罪中主犯犯罪的基本特征是贪污,同案中不具有贪污罪主体身份的人,应以贪污罪的共犯论处。……如果共同犯罪中主犯犯罪的基本特征是盗窃,同案犯的国家工作人员不论是否利用职务上的便利,应以盗窃罪的共犯论处。"后来,全国人大常委会《关于惩治贪污罪贿赂罪的补充规定》则不再以主犯的犯罪性质来决定共同犯罪案件的性质,而是根据共同实行行为的性质来确定共同犯罪案件的性质。根据《补充规定》,"与国家工作人员、集体经济组织工作人员或者其他经手或者其他经手、管理公共财物的人员勾结,伙同贪污的,以共犯论处。"该《补充规定》也已被后来的新刑法吸收而废止。现行《刑法》第 382 条第 3 款"与前两款所列人员勾结,伙同贪污的,以共犯论处"的规定也没有将主犯的犯罪性质作为整个共同犯罪案件性质的依据,而关键要看共同犯罪是否是"伙同贪污",也就是说,关键要看整个案件的共同故意和共同行为是否符合法定贪污罪的构成要件。可见,以主犯的犯罪性质来认定共同犯罪案件性质的说法已经被现行刑法所否定。本案中,虽然利用了在逃犯罪嫌疑人彭玉生的职务便利,但这种便利只是提供了一种作案便利,如果没有被告人吴金友单独的盗窃行为,30 万元银行巨额现金就不可能到手。何况,被告人吴金友也不是什么从犯,其在整个案件中的作用一点也不亚于彭玉生。总之,本案并非全部是利用彭玉生的职务便利实施和完成的,不符合贪污共同犯罪的构成要件,因而不能定贪污罪。

综上所述,本院认为,金川市人民检察院指控二被告人的犯罪事实清楚、证据充分,被告人的陈娜的罪名成立,但对于被告人吴金友指控的罪名不当。鉴于被告人陈娜的悔罪表现,可酌情从轻处罚。依照《中华人民共和国刑法》第 264 条、第 310 条第 1 款、第 25 条第 1 款、第 26 条第 1 款、第 57 条第 1 款、第 72 条第 1 款的规定,特判决如下:

(审判长略停一下,环视一下整个法庭。)

书记员:(大声地)全体起立!

审判长:(略停一下,清清嗓门,大声地宣判)(1)被告人吴金友犯盗窃罪,判处有期徒刑 10 年,并处没收财产人民币 1200 元;(2)被告人陈娜犯窝藏罪,判处有期徒刑 3 年,缓刑 4 年。本判决宣告后立即送达被告人、辩护人和提起公诉的人民检察院。如不服本判决,可在接到判决书的第二日起 10 日内,通过本院或者直接向陕东省高级人民法院提出上诉。书面上诉的,应当提交上诉状正本一份,副本二份。

(宣读完判决后,审判长用力地敲击一下法槌。)

书记员:请全体坐下。

审判长:(对着控辩双方)控辩双方都听清楚了吗?

控辩双方:都听清楚了。

审判长:请法警将两位被告人带出法庭重新羁押。

审判长:(待两被告人被带出法庭后)请书记员将法庭笔录交由证人、被告人阅读、补正并签名盖章。

(书记员组织证人、当事人阅读并补正法庭笔录后,将法庭笔录交由审判长审阅后,审判长和书记员分别签名。)

审判长:(停一下,然后大声地宣布)金川市中级人民法院,公开开庭审理被告人吴金友贪污并被告人陈娜窝藏一案,现在审理完毕。现在我宣布:闭庭!

(用力地敲击一下法槌。)

书记员:(略停一下,大声地)全体起立!

书记员:(略停一下)请审判长、审判员退庭。

书记员:(待合议庭成员退庭后)请控辩双方与旁听人员退庭。

尾声

原案一审宣判后,被告人吴金友以自己不是主犯,原判量刑过重等为由,向陕东省高级人民法院提出上诉。

陕东省高级人民法院经审理认为:上诉人吴金友撬开另一出纳员的抽屉,窃取另一把保险柜钥匙,后用该钥匙和彭玉生交给的钥匙打开保险柜,窃走柜内存放的30万元现金,这些行为都是吴金友单独实施的,也是造成了30万元现金脱离存放地点、失去该款保管人控制的直接原因。彭玉生虽为业务部出纳,也掌管着另一把保险柜钥匙,作案前进行了周密的准备,将吴带进业务部藏匿,将其他工作人员叫出去吃饭,是利用职务之便为吴金友实施盗窃提供和创造条件,但是,仅以其个人职务便利尚不足以与吴共同侵吞这笔巨额公款,因而不能以彭玉生的身份和其行为确定本案的性质。上诉人吴金友在窃取巨款的共同犯罪中起了主要作用,原判认定其为主犯正确。鉴于另一案犯彭玉生在逃,吴金友归案后能如实坦白交代自己的罪行,认罪态度较好,有悔罪表现,故对其判处有期徒刑10年。依照《中华人民共和国刑事诉讼法》第225条第1、2项、《中华人民共和国刑法》第264条、第25条第1款、第26条第1款、第48条第1款的规定,于2014年6月29日判决如下:

(1) 维持金川市中级人民法院刑事判决第2项,即被告人陈娜犯窝藏罪,判处有期徒刑3年,缓刑4年。

(2) 维持金川市中级人民法院刑事判决第1项,即被告人吴金友犯盗窃罪,判处有期徒刑10年,并处没收财产人民币1200元。

第三节 本案的"诉、辩、审"法律文书

一、本案的起诉书

陕东省金川市人民检察院
起　诉　书

金检刑诉(2014)第308号

被告人吴金友,男,×年×月×日出生,汉族,初中文化,个体户,住金川市××,未受过刑事处罚。2014年8月10日因涉嫌盗窃、贪污犯罪被金川市公安

局刑事拘留,同月14日经本院批准,次日被执行逮捕。现押于金川市第一看守所。

被告人陈娜,女,×年×月×日出生,汉族,高中文化,原系陕东省金川市城区信用社川口业务处主任,住金川市×××。因涉嫌窝藏犯罪,于2014年8月15日被金川市公安局刑事拘留,同月18日经本院批准,次日被执行逮捕。现押于金川市第一看守所。

被告人吴金友贪污、被告人陈娜窝藏一案,由金川市公安局侦查终结,于2014年9月10日移送本院审查起诉,现查明:

2014年7月初,被告人吴金友与中国人民银行陕东省金川市分行业务部出纳彭玉生(在逃),按照事先的约定盗窃彭玉生与另一出纳共同管理的保险柜内的现金。决定,先由彭用钢锯条将业务部的钢筋护窗栏锯断,为作案后逃离现场做准备。7月23日上午10时许,被告人吴金友在彭玉生的带领下到金川市分行业务部熟悉地形,并认清了存放现金的保险柜和开启保险柜的另一把钥匙的存放地点。7月27日晚,被告人吴金友得知近日将提款40万元存放保险柜的情况,并与彭玉生商量好了详细的作案时间和方案。7月30日上午7时,被告人吴金友在彭玉生的掩护下,溜进该行业务部套间,藏在彭玉生保管的大壁柜内。其他工作人员上班后,彭玉生与另一出纳从金库提回现金40万元,放进保险柜内的顶层。10时许,本市邮政财务科取走现金10万元。10时40分左右,被告人吴金友乘彭玉生与其他工作人员外出吃饭离开办公室之际,撬开另一出纳员的办公桌抽屉,取出保险柜的一片钥匙,并同彭玉生给他的另一片保险柜钥匙,打开保险柜将30万元人民币装入一个蛇皮袋里。为了制造假象,吴又在办公室将彭玉生等人的办公桌撬开,然后从后窗翻出办公室逃离现场。

8月2日中午,被告人陈娜找到了被告人吴金友,说彭玉生要他带款在本市青年旅社等候。当日下午,吴金友依彭的要求到了青年旅社。8月3日晨见面后,吴、彭二人一同来到吴金友家,吴拿出蛇皮袋说钱都在里面。彭要吴一起逃走,吴不同意,彭即给吴留下3万元,然后携带其余赃款潜逃。破案后,从被告人吴金友家中起获赃款3万元。

上述犯罪事实有书证、物证、证人证言、鉴定意见以及被告人供述和辩解等证据在案佐证,事实清楚,证据确实充分,足以认定。

本院确认:被告人吴金友与身为国家银行出纳的彭玉生勾结,利用彭玉生的职务便利,窃取银行现金,数额特别巨大,其行为触犯了《中华人民共和国刑法》第382条之规定,已构成贪污罪的共同犯罪。被告人陈娜的行为触犯了《中华人民共和国刑法》第310条之规定,已构成窝藏罪。

为惩罚犯罪,保护国家公共财产不受侵犯,维护正常的司法秩序,依据《中华人民共和国刑事诉讼法》第 172 条之规定,特将被告人吴金友、陈娜提起公诉,请依法判处。

　　此致
金川市中级人民法院

检察员　刘建华
二〇一四年九月二十五日

附项:移送案卷二册(内含证据目录、证人名单和主要证据复印件)

二、本案的辩护词

辩 护 词

审判长、审判员:

　　陕东省铜牙律师事务所依法受理被告人吴金友的委托,指派我担任本案被告人吴金友的辩护人,出庭为其进行辩护。通过仔细查阅卷宗,会见被告人并通过今天的法庭调查,我对案情有了比较细致的了解。现在,依据事实和法律作如下辩护,请合议庭根据本案的事实和现行法律规定,全面考虑,予以采纳。

　　(1) 被告人吴金友在本案中自始至终处于被动地位,系从犯。本案犯罪行为的实施过程中,犯罪嫌疑人彭玉生自始至终扮演着主要的角色,7月初的时候,彭玉生就多次找被告人吴金友商议合伙盗窃他与另一出纳共同管理的保险柜内的现金,吴未同意。后来,他又多次约吴吃饭、喝酒,做吴的工作,并把自己的作案计划、安排告诉吴,同时还几次让吴看自己掌管的钥匙。并用激将法说吴是胆小怕事,怕彭不给他应得的份额。被告人吴金友说不是胆小,也不在乎钱的多少,而是有点"不地道"。彭就说,别说得那么好听,到时钱到手后,方才看得出你是不是真的不胆小怕事,是不是真的对钱无所谓。而且,就是出事,彭是"监守自盗",主要责任在彭自己,吴顶多是从犯。而且,天衣无缝,根本出不了事。被告人吴金友平日好"戴高帽子",不想在彭面前充当怕事的爷,只好同意作案,但一再声明不是冲着钱来的。彭欣喜万分,当即向吴金友要了一把中号螺丝刀和一只蛇皮口袋放在自己的办公桌内,又用事先准备好的钢锯条,将业务部的钢筋护窗栏锯断,为作案后逃离现场做准备。7月23日上午,彭玉生将吴金友带至金川市分行业务部熟悉地形,并暗示了存放现金的保险柜和开启保险柜的另一把钥匙的存放地点。7月27日晚,彭玉生找到被告人吴金友,告知其近日将提款 40 万元存放保险柜的情况,并详细告诉吴金友作案的时间、步骤、开启保险柜的方法及进出路线等。7月30日上午,彭玉生将被告人吴金友带进该行业务部套间,藏在自己保管的大壁柜内,乘其他工作人员外出吃饭离开办公室之际，打开壁柜将自己保管的保险柜钥匙交给吴金友，并告知人都走了，示意吴可以动手了。案发后，彭要吴一起逃走，吴不同意，彭即给吴留下 3 万元后携款潜逃，吴对自己该得多少还是无所谓。从整个案情的发展过程看，被告人吴金友自始至终处于被动状态，是典型的从犯。

（2）被告人吴金友的行为虽然构成盗窃罪，根据罪责自负的原则，只应对其所拿的 3 万元赃款负刑事责任。尽管本案中的 30 万元现金，是由被告人吴金友偷出来的，但吴金友却没有非法占有的意图，任凭彭玉生给多少是多少，最后，也只拿了其中的 3 万元，所以，被告人吴金友只应对这 3 万元赃款负刑事责任，否则就会造成罪罚不当。

（3）被告人吴金友认罪态度较好，能主动交代所犯罪行，揭发同案犯彭玉生的犯罪行径，请求法庭在量刑时予以考虑。

综上所述，被告人吴金友法制观念淡薄，为了讲虚荣、充"英雄"，把自己推进了犯罪的深渊，但念其主观恶性不强，受人指使和利用的实际情况，请求法庭对其予以从轻处罚。谢谢！

辩护人：马高
二〇一四年十一月二十五日

三、本案的刑事判决书

陕东省金川市中级人民法院
刑事判决书

（2014）金刑初字第 356 号

公诉机关金川市人民检察院。

被告人吴金友，男，×年×月×日出生，汉族，初中文化，个体户，住金川市×××，未受过刑事处罚。2014 年 8 月 10 日因涉嫌盗窃、贪污犯罪被金川市公安局刑事拘留，同月 14 日经金川市人民检察院批准，次日被执行逮捕。现押于金川市第一看守所。

辩护人马高，系陕东省铜牙律师事务所律师，接受委托担任本案被告人吴金友的辩护人。

被告人陈娜，女，×年×月×日出生，汉族，高中文化，原系陕东省金川市城区信用社川口业务处主任，住金川市×××。因涉嫌窝藏犯罪，于 2014 年 8 月 15 日被金川市公安局刑事拘留，同月 18 日经金川市人民检察院批准，次日被执行逮捕。现押于金川市第一看守所。

辩护人刘金柱,系金川市天平律师事务所律师,接受委托担任本案被告人陈娜的辩护人。

金川市人民检察院以金检刑诉(2014)第308号起诉书,指控被告人吴金友犯贪污罪、被告人陈娜犯窝藏罪,于2014年9月25日向本院提起公诉。本院依法组成合议庭,公开审理了本案。金川市人民检察院指派检察员刘建华、张并归、谢同出庭支持公诉,辩护人马高、刘金柱,证人宋明霞、向明生,鉴定人柳园等到庭参加诉讼。现已审理终结。

金川市人民检察院指控被告人吴金友与原中国人民银行陕东省金川市分行业务部出纳彭玉生(在逃),按照事先的约定盗窃彭玉生与另一出纳共同管理的保险柜内的现金。然后通过熟悉地形、商量好详细的作案计划,于7月30日10时许,在彭玉生的掩护和配合下,撬开另一出纳员的办公桌抽屉,取出保险柜的一把钥匙,并同彭玉生给他的另一把保险柜钥匙,打开保险柜盗走30万元人民币。为了制造假象,吴又在办公室将彭玉生等人的办公桌撬开,然后从后窗翻出办公室逃离现场。破案后,从被告人吴金友家中起获赃款3万元,其余27万元被犯罪嫌疑人彭玉生携带潜逃;指控被告人陈娜明知其夫彭玉生与被告人吴金友伙同窃取银行巨额现金的情况下,为彭和吴牵线联系,转移赃款。检察院并且提供了上述犯罪事实的书证、物证、证人证言、鉴定意见以及被告人供述和辩解等证据佐证。

被告人吴金友对自己的犯罪行为供认不讳,但辩称,自己并没有占有银行巨额现金的意图,只是受了彭玉生的指使和怂恿,为了充"英雄"和逞能而成了彭玉生的替罪羊。被告人吴金友的辩护人提出三点辩护意见,认为:(1)被告人吴金友在本案中自始至终处于被动地位,系从犯;(2)被告人吴金友的行为虽然构成贪污罪,根据罪责自负的原则,只应对其所拿的3万元赃款负刑事责任;(3)被告人吴金友认罪态度较好,能主动交代所犯罪行,揭发同案犯彭玉生的犯罪行径,请求法庭在量刑时予以考虑。

被告人陈娜对自己去找吴金友的行为后悔不已,对指控的犯罪事实亦供认不讳,只是请求人民法院对其从轻处罚。被告人陈娜的辩护人认为,陈娜明知其夫与被告人吴金友合伙盗窃了银行的巨额现金,仍然为他们带话和联络,其行为是违法的,但根据现行刑法关于窝藏罪的规定,陈娜并没有为彭玉生和吴金友转移财产和提供隐藏处所,彭玉生携款潜逃时也没有与陈娜打招呼,而且在侦查机关来陈娜家进行搜查时陈娜主动交代了彭玉生与吴金友的犯罪情况。所以,被告人陈娜的行为只是一种知情不报和带话的违法行为,并不符合刑法关于窝藏罪的犯罪构成。对其不能以窝藏罪定罪和量刑。

经审理查明,2014年7月初,中国人民银行陕东省金川市分行业务部出纳彭玉生(在逃),多次找被告人吴金友商议盗窃彭与另一出纳共同管理的保险柜内的现金,吴未同意。后彭玉生多次约吴吃饭、喝酒,做吴的工作,并把自己的作案计划、安排告诉吴,同时还几次让吴看自己掌管的钥匙。吴金友同意作案后,彭即向吴金友要了一把中号螺丝刀和一只蛇皮口袋放在自己的办公桌内,又用事先准备好的钢锯条,将业务部的钢筋护窗栏锯断,为作案后逃离现场做准备。7月23日上午10时许,彭玉生将吴金友带至金川市分行业务部熟悉地形,并暗示了存放现金的保险柜和开启保险柜的另一把钥匙的存放地点。7月27日晚,彭玉生找到被告人吴金友,告知其近日将提款40万元存放保险柜的情况,并详细告诉吴金友作案的时间、步骤、开启保险柜的方法及进出路线等。

7月30日上午7时,彭玉生将被告人吴金友带进该行业务部套间,藏在自己保管的大壁柜内。其他工作人员上班后,彭玉生与另一出纳从金库提回现金40万元,放进保险柜内的顶层。10时许,本市邮政财务科取走现金10万元。10时30分左右,彭进入套间向被告人吴金友指认了放款的保险柜,后与其他本行职员聊天。10时40分,彭玉生乘其他工作人员外出吃饭离开办公室之际,打开壁柜将自己保管的保险柜钥匙交给吴金友,并告知人都走了,自己即离开业务部去吃饭。被告人吴金友撬开另一出纳员的办公桌抽屉,取出钥匙,打开保险柜将30万元人民币装入旅行袋里,又在办公室将彭玉生等人的办公桌撬开,然后从后窗翻出办公室逃离现场。

8月1日晚,彭玉生将作案经过告诉了其妻陈娜,让陈通知吴金友带款在本市青年旅社等候。8月2日中午,被告人陈娜找到了吴,讲了彭的要求。当日下午,吴金友依彭的要求到了青年旅社。8月3日晨见面后,二人一同来到吴金友家,吴拿出蛇皮袋说钱都在里面。彭要吴一起逃走,吴不同意,彭即给吴留下3万元,然后携带其余赃款潜逃。破案后,从被告人吴金友家中起获赃款3万元。

以上事实,经过当庭举证、质证,控辩双方都没有异议,本院予以采纳。但对于被告人的辩护人辩护意见的第一点和第二点,本院不予采纳。因为,被告人在整个盗窃过程中,虽然深受犯罪嫌疑人彭玉生的影响,但其撬开另一出纳的抽屉,盗走30万元现金的行为,并不处于共同犯罪的从属和辅助地位。而是直接积极地实施了犯罪,其行为已符合主犯的犯罪构成。而且,30万元都是吴金友和彭玉生共同窃取的,瓜分赃款只是一种犯罪已经构成情况下的后续行为,因而不能按照赃款的瓜分比例和多少来区分共同犯罪的主犯和从犯。对于被告人陈娜的辩护人的无罪辩护,根据我国现行刑法的规定和精神,所谓"知情不报",只是消极的不提供有关犯罪事实和犯罪分子的消息。但本案中,被告人主动积极地为被告人吴金友和彭玉生牵线带话,是本案中财产转移的关键行为。被告人陈娜的行为,已完全符合窝藏罪的犯罪构成。本院对于被告人陈娜的无罪辩护意见,不予采纳。

关于被告人吴金友的犯罪行为定性问题。金川市人民检察院认为构成贪污罪的共同犯罪。理由是,在整个案件中,在逃犯罪嫌疑人彭玉生利用经管银行现金的职务之便,授意、安排吴金友盗窃巨额现金,且分得全部赃款的90%。无论是采用共同犯罪应以主犯的犯罪性质认定罪名,还是根据《刑法》第382条第3款关于"与前两款所列人员勾结、伙同贪污的,以共犯论处"的规定,对被告人吴金友的行为,都应认定为贪污罪。本院经审理查明,认为,在整个犯罪中,30万元现金是被告人吴金友单独窃取的,虽然彭玉生对作案进行了周密的策划、带吴到其工作单位熟悉环境、为吴提供作案工具等,但这仅是彭利用职务之便为彭实施盗窃制造条件,尚不足以取得现金。被告人吴金友还必须撬盗另一把保险柜钥匙才能取得现金。因此,对本案被告人吴金友应以盗窃罪论处。

至于前述共同犯罪案件性质应以主犯的犯罪性质认定的说法,只是在新刑法实施以前"两高"《关于当前办理经济犯罪案件中具体应用法律的若干问题的解答(试行)》有所涉及,该《解答》指出:"内外勾结进行贪污或者盗窃活动的共同犯罪,……应按其共同犯罪的基本特征定罪。共同犯罪的基本特征一般是由主犯犯罪的基本特征决定的。如果共同犯罪中主犯犯罪的基本特征是贪污,同案中不具有贪污罪主体身份的人,应以贪污罪的共犯论处。……如果共同犯罪中主犯犯罪的基本特征是盗窃,同案犯的国家工作人员不论是否利用职务上的便利,应以盗窃罪的共犯论处。"后来,全国人大常委会《关于惩治贪污罪贿赂罪的补充规定》则不再以主犯的犯罪性质来决定共同犯罪案件的性质,而是根据共同实行行为的性质来确定共同犯罪案件的性质。根据《补充规定》,"与国家工作人员、集体经济组织工作人员或者其他经手或者其他经手、管理公共财物的人员勾结,伙同贪污的,以共犯论处。"该《补充规定》也已被后来修订的《刑法》吸收而废止。现行《刑法》第382条第3款"与前两款所列人员勾结,伙同贪污的,以共犯论处"的规定也没有将主犯的犯罪性质作为整个共同犯罪案件性质的依据,而关键要看共同犯罪是否是"伙同贪污",也就是说,关键要看整个案件的共同故意和共同行为是否符合法定贪污罪的构成要件。可见,以主犯的犯罪性质来认定共同犯罪案件性质的说法已经被现行刑法所否定。本案中,虽然利用了在逃犯罪嫌疑人彭玉生的职务便利,但这种便利只是提供了一种作案便利,如果没有被告人吴金友单独的盗窃行为,30万元银行巨额现金就不可能到手。何况,被告人吴金友也不是什么从犯,其在整个案件中的作用一点也不亚于彭玉生。总之,本案并非全部是利用彭玉生的职务便利实施和完成的,不符合贪污共同犯罪的构成要件,因而不能定贪污罪。

综上所述,本院认为,金川市人民检察院指控二被告人的犯罪事实清楚、证据充分,被告人陈娜的罪名成立,但对于被告人吴金友指控的罪名不当。鉴于被告人陈娜的悔罪表现,可酌情从轻处罚。依照《中华人民共和国刑法》第264条、第310条第1款、第25条第1款、第26条第1款、第57条第1款、第72条第1款的规定,特判决如下:

(1) 被告人吴金友犯盗窃罪,判处有期徒刑10年,并处没收财产人民币1200元。

(2) 被告人陈娜犯窝藏罪,判处有期徒刑3年,缓刑4年。

如不服本判决,可在接到判决书的第二日起10日内,通过本院或者直接向陕东省高级人民法院提出上诉。书面上诉的,应当提交上诉状正本一份,副本二份。

审判长　刘加深
审判员　万美娟
审判员　李长农
二〇一四年十二月十五日
(金川市中级人民法院院印)

本件与原本核对无误

书记员　肖中南

第四节　本案的点评与分析

一、实体事实和法律适用问题

本案的实体问题有三点值得注意:第一,本案中被告人吴金友是否为从犯?易言之,认定主犯和从犯的标准到底是什么?进而言之,被告人吴金友能否只对自己所分得的3万元赃款负刑事责任?第二,本案应该如何定性?被告人吴金友与在逃犯罪嫌疑人彭玉生是构成共同贪污罪,还是共同盗窃罪,或者分别构成盗窃罪和贪污罪?第三,本案中的被告人陈娜是否构成窝藏罪?"知情不报"与窝藏犯罪的界限在哪里?

关于第一个问题。现行《刑法》第26条第1款规定:"组织、领导犯罪集团进行犯罪活动的或者在共同犯罪中起主要作用的,是主犯。"第27条第1款又规定:"在共同犯罪中起次要或者辅助作用的,是从犯。"可见我国刑法中的主犯和从犯的划分标准是共同犯罪行为人在共同犯罪中的作用。本案中的在逃犯罪嫌疑人彭玉生系主犯,几乎没有什么争论。但对被告人吴金友的共同犯罪身份存在两种不同意见:公诉方和人民法院都认为被告人吴金友是主犯,因为如果没有他撬开另一出纳的办公桌抽屉取出另一把保险柜的钥匙,30万元现金不可能到手,在本案中实施这种决定性实行行为的被告人吴金友显然是主犯;辩护方则认为,本案的作案计划、提供条件、指认巨款和保险柜的钥匙存放位置等,都是在逃犯罪嫌疑人彭玉生所为,被告人吴金友只不过帮助把钱从银行"拿出来"而已,他自始至终在本案中都处在被动和从属的地位。其实,本案的辩护方混淆了意识上的被动和行为上的被动的区别,混淆了思想意识被动和行为地位从属的区别。被告人吴金友虽然在思想意识上,可能是碍于面子、逞能,但他混入藏匿、撬锁开柜取钱的行为却不能说是被动的,在本案中所起的作用也不能说次要和辅助的,而是主要、关键和决定性的。同时,思想意识上的被动也并不等于行为地位的从属,想得厉害的未必干得厉害,反之亦然。刑法学理也认为,一般共同犯罪中的主犯,主要是在一般共同犯罪中起主要作用的实行犯,具体表现为:在共同犯罪中直接造成严重危害结果,在完成共同犯罪中起着关键作用,罪行重大或者情节特别严重的,等等。① 主犯是共同犯罪中的核心人物,没有主犯就不可能成立共同犯罪,只有主犯(须二人以上)没有从犯可以成立共同犯罪。但共同犯罪中不可能只有二个以上的从犯而无主犯。② 本案的盗窃共同犯罪中,在逃犯罪嫌疑人彭玉生也是主犯,即本案是一个没有从犯的一般共同犯罪案件。对于本案中的被告人吴金友这种一般共同犯罪中的主犯的刑事责任而言,根据现行《刑法》第26条第3款的规定,"应当按照其所参与的全部犯罪"处罚。所以,本案中的被告人吴金友必须对其所盗窃的30万元负刑事责任,而不能只针对自己分得的3万元负刑事责任。在经济共同犯罪中,究竟以何种数额作为追究共同犯罪人刑事责任的基础,刑法理论上曾经说法不一,有犯罪总额说、参与数额说、分赃数额说、分担数额说、平均数额说、综合评价说等。"两高"于1992年12月作出的《关于办理盗窃案件具体应用法律的若干问题的解释》,改变了1985年的有关司法解释中的"按照个人参与盗窃数额和分赃数额"处罚盗窃共同犯的一般原则,转而采取犯罪总额说。该解释指出,对所有共同盗窃犯罪中的主犯、从犯,都"应按照参与共同盗窃的总数额"处罚。现行《刑法》显然吸收了后者的精神,采取的是犯罪总额说。从理论上讲,犯罪总额说符合共同犯罪的归责理论,也符合罪责自负原则。因为,首先,全案赃款总额不一定是共同犯罪总额,一案之中对不同犯罪人而言,犯罪总额也不一定相同,所以不存在每个罪犯都承担其他共犯的罪责问题;其次,这种表面上的"一人行为,团体负责"的现象,正是共同犯罪的归责方式不同于单个人犯罪的特点所在。③

---

① 参见高铭暄、马克昌主编:《刑法学》,北京大学出版社、高等教育出版社2000年版,第177—178页。
② 参见张明楷:《刑法学》(上),法律出版社1997年版,第300页。
③ 参见赵秉志主编:《刑法争议问题研究》(上卷),河南人民出版社1996年版,第448—454页。

关于第二个问题。本案采取的是共同犯罪的犯罪构成要件符合说。其理由，在本案的判决书中已说得非常清楚，此不多述。但还有三个问题值得注意：其一，如果本案的在逃嫌疑人彭玉生已经抓获，能否对被告人吴金友和彭玉生分别处以盗窃罪和贪污罪呢？答案显然是否定的。因为，彭玉生虽然利用了职务上的便利条件，但是仅仅依靠其职务上的便利，是无法实现本案的犯罪的目的的。如彭玉生事先将出纳办公室后窗的铁条锯断的行为，就不是什么职务便利。而且根据犯罪共同说，彭玉生和被告人吴金友也都构成盗窃罪的主犯；其二，尽管按主犯的犯罪性质确定共同犯罪案件性质的观点已经不被现行刑法所认可，但在有关司法解释里依然可见其"影子"，最高人民法院2000年7月8日起施行的《关于审理贪污、职务侵占案件如何认定共同犯罪几个问题的解释》规定，公司、企业或者其他单位中，不具有国家工作人员身份的人与国家工作人员勾结，分别利用各自的职务便利，共同将本单位财物非法占为己有的，"按照主犯的犯罪性质定罪"；其三，《刑法》第264条规定，"盗窃公私财物……数额特别巨大或者有其他特别严重情节的，处十年以上有期徒刑或者无期徒刑，并处罚金或者没收财产"。《刑法》第383条第1项规定，个人贪污数额在10万元以上的，处10年有期徒刑或者无期徒刑，可以并处没收财产；"情节特别严重的，处死刑，并处没收财产"。① 本案中，按盗窃罪的处理，显然比按贪污罪的处理要轻，也符合一般的社会心理和刑法规律，对"监守自盗"式的贪污罪比一般的盗窃罪处刑更重。而且《刑法修正案（八）》已经废除了盗窃金融机构（犯罪）的量刑情节和死刑，吸收了刑法学界的研究成果和立法建议。② 这都是值得探讨和研究的问题。

关于第三个问题。我国现行刑法规定的窝藏罪，是指明知是犯罪的人，而为其提供隐藏处所、财物、帮助其逃匿的行为。之所以要对窝藏罪进行打击，主要是它侵犯了司法机关对罪犯进行刑事追究的正常活动。对于犯罪人的近亲属的窝藏行为，有些国家的刑法理论和实务通常以缺少期待可能性而不予追究刑事责任，如德国、日本、瑞士等。我国古代也有"亲亲得相首匿"的规定。我国《刑法》并未将犯罪人的近亲属排除在犯罪主体之外，只要行为人的行为符合窝藏罪的犯罪构成，就可构成窝藏罪，而不论其是否是犯罪人的近亲属。本案中陈娜

---

① 2014年10月提交审议的《刑法修正案（九）》（草案）拟改变以往《刑法》第383条关于贪污罪量刑情节中的贪污数额分档中的"具体金额"加情节"较重、严重、特别严重"，改为数额"较大、巨大、特别巨大"或者情节"较重、严重、特别严重"，具体分三档：（1）贪污数额较大或者有其他较重情节的，处3年以下有期徒刑或者拘役，并处罚金。尚不构成犯罪的，由其所在单位或者上级主管机关给予处分；（2）贪污数额巨大或者有其他严重情节的，处3年以上10年以下有期徒刑，并处罚金或者没收财产；（3）贪污数额特别巨大或者有其他特别严重情节的，处10年以上有期徒刑或者无期徒刑，并处罚金或者没收财产；数额特别巨大，并使国家和人民利益遭受特别重大损失的，处无期徒刑或者死刑，并处没收财产。

② 对于盗窃罪废除死刑的观点可以参见马克昌：《有效限制死刑的适用刍议》，载《法学家》2003年第1期，第123—127页。

的行为表现,已经不仅仅是单纯的"知情不报"这种消极的不作为,而是表现为积极的带纸条给被告人吴金友、阻碍拖延公安机关搜查等作为,而且客观上造成了30万元被盗巨款的瓜分和转移,造成了犯罪嫌疑人彭玉生的逃脱。所以,被告人陈娜的行为不是一般的"知情不报"和轻微违法,已经构成了窝藏罪。至于对近亲属犯窝藏罪的刑事责任问题,理论界也有人认为,由于我国长期的封建亲权和族权意识影响,加之社会转型时期的犯罪现象增加的现状,目前还不宜免除近亲属窝藏犯罪的刑事责任,但是可以根据犯罪情节减轻或从轻处罚。[①]

二、庭审程序问题

我国的刑事审判方式改革,一个明显的标志就是1996年《刑事诉讼法》的出台和实施。由于认识上的不统一和利益上的难以协调,刑事审判方式的改革并不如民事经济审判方式或者行政审判方式改革那么效果显著。尽管如此,我国的刑事审判方式改革自从20世纪80年代末90年代初以来就未曾停止过,其中取得了许多的成效,但同时也暴露出传统审判方式的诸多问题。本案的法庭审理,可以说,就是这种改革和尝试的一个缩影。

本案的庭审程序设计,完全是根据现行刑事诉讼法和最新的刑诉法适用解释,模拟设计而成的,其中有些"不如意"的地方,可以说是面对现实所故意显露的"破绽"。比如庭审前对公诉案件的审查、定期宣判等。总的来讲,本案的庭审模式更多地体现了"控辩式审判"的特点。下面拟结合本案的庭审方式,谈谈我国现行"控辩式"刑事审判方式、庭前公诉案件的审查和定期宣判等问题。

(一) 关于我国的"控辩式"刑事审判方式改革问题

我国的刑事审判方式,自1996年修订的《刑事诉讼法》实施以来,有了一个全新的变化,相比1979年《刑事诉讼法》的规定,直到2012年修订的《刑事诉讼法》以及《刑诉法适用解释》,可以从五个方面来概括其变化:(1) 改变了庭审结构。强化了控辩之间的对抗功能,保证法庭能居中裁判。具体的措施又表现为,变庭前案件的实体性审查为程序性审查,变一般证据的庭前调查收集为庭后存疑证据的调查核实,变法庭出示证据为控辩双方的举证和质证,等等。(2) 加强了庭审功能。强调当庭举证、当庭质证、当庭认证和当庭宣判,2012年修订的《刑事诉讼法》第180条明确规定"合议庭开庭审理并且评议后,应当作出判决。"(3) 加强了辩护职能。提前了辩护律师介入诉讼的时间,增加了辩护方接触案卷材料、会见和通讯、申请庭前调查等权利,确立了法

---

① 参见李希慧主编:《妨害社会管理秩序罪新论》,武汉大学出版社2001年版,第258—259页。

律援助制度。① (4) 确立了证据不足、疑罪从无的审判原则。(5) 增设简易程序审理公诉案件和自诉案件。这种新的审判方式，大大加强了控辩双方在庭审中的职责和作用，将法官的"坐堂问案"改为"坐堂听案"，但仍然赋予了法官主导审判、指挥和控制庭审全过程的权力，可以被理解为"具有中国特色"的控辩式审判方式。② 中共中央十八届四中全会关于全面推进依法治国的《决定》指出，要推进以审判为中心的诉讼制度改革，强化庭审的决定性作用，提出了"严格司法"的富有中国本土特色的新概念，提出要完善辩护制度、扩大法律援助范围，要求做到"三个符合"：事实认定符合客观真相；办案过程符合程序公正；办案结果符合实体公正。

当立法的变更不一定必然带来预想的效果时，审判方式的运作在实践中还存在诸多的问题，尚待克服和完善：其一，由于律师调查取证没有必要的保障，律师刑事辩护的积极性不高等原因，致使辩护制度落实不到位，庭审辩论有时还流于形式；其二，由于证人的合法权益缺少保障，证人不出庭作证的现象还比较普遍；其三，《刑事诉讼法》第 195 条第 3 项规定的"疑罪从无"原则还流于形式，贯彻不力，在实践中执行起来困难和阻力很大，其中一个重要原因就是法院有时不得不要慎重考虑其与检察院的"友好"关系；其四，刑事简易程序的启动过于烦琐；等等。这些问题，必须通过完善立法和规范司法加以解决，最终实现庭审的实质化和公正性。

(二) 关于庭审前的公诉审查制度

现行《刑事诉讼法》第 181 条规定："人民法院对提起公诉的案件进行审查后，对于起诉书中有明确的指控犯罪事实的，应当决定开庭审判。"

这一制度创设的初衷，是为了有效防止法官的审前预断，有的放矢地驾驭庭审过程。但司法实践的反映却不如预想的那样好，该制度不仅没有防止法官审前的预断（实践中还是按照原来的实体性审查来运作），而且由于制度上的缺失，又滋生了新的弊端，在实践中已名存实亡，司法实践部门一致反映必须予以废止。③

针对本案的庭前审查，在模拟设计时，就碰到这样几个问题：一是什么样的证据才是这里的"主要证据"？有没有一个可供操作的质、量指标？二是既然没

---

① 根据我国《刑事诉讼法》第 34 条和第 267 条的规定，犯罪嫌疑人、被告人因经济困难或者其他原因没有委托辩护人的，本人及其近亲属"可以"向法律援助机构提出申请。对符合法律援助条件的，法律援助机构应当指派律师为其提供辩护；下列三种类型的犯罪嫌疑人、被告人没有委托辩护人的，人民法院、人民检察院和公安机关"应当通知"法律援助机构指派律师为其提供辩护：(1) 盲、聋、哑人，或者是尚未完全丧失辨认或者控制自己行为能力的精神病人；(2) 可能被判处无期徒刑、死刑的人；(3) 未成年人。

② 参见胡锡庆主编：《刑事审判方式改革研究》，中国法制出版社 2001 年版，第 66 页。

③ 参见陈卫东主编：《刑事诉讼法实施问题调研报告》，中国方正出版社 2001 年版，第 129—134 页。

有对案件的实体了解,法官又何来"主要证据"的判断？三是如果公诉材料经审查符合要求当然是"应当决定开庭审判",如果不符合要求呢？通知补送,补送还不符合要求呢？

关于人民检察院对"主要证据"的移送问题,"两院四部委"在《关于刑事诉讼法实施中若干问题的决定》在第 36 条第 1 款还是有一个指导性的界定,但在该条的第 2 款又规定:"人民检察院针对具体案件移送起诉时,'主要证据'由人民检察院根据以上规定确定。"既然确定"主要证据"范围权力在人民检察院,人民法院又如何审查?!这样一来,检察院可以名正言顺地只移送有利于己方的有罪证据,合议庭在庭前审查也只可能接触有罪证据,庭审过程中自然就不可避免地先入为主地偏信控方,而难以听信辩方的意见。这种只接触部分而且是有罪的证据材料的庭前审查,对法官预断的影响相比过去较为全面的实体审查还会更为恶劣。何况,这种大量的复印件移送的诉讼成本的增加和效率的降低是可想而知的,据说,深圳市检察院 1999 年就用坏了四台复印机。以致一些经费困难的贫困地区检察院,要么就走原来卷宗移送制度的老路,将整个案卷材料一并移送法院,要么就在决定提起公诉时挑灯夜战,将主要证据材料重新誊抄一遍。

关于人民法院对"主要证据"的判断问题。既然要审查主要证据,那么合议庭在庭前对全案证据材料的一并审查,于法于理似乎也不应视为严重违反刑事诉讼程序的行为。所以,人民法院的庭前实体审查又找到了正当化依据。

关于庭前审查后如果发现不符合要求的问题。我国现行的公诉审查制度其实是一种折中、妥协型的制度。[①]

按照刑事诉讼法和适用解释,以及"两院四部委"的规定,人民法院仅就起诉案件的形式要件进行审查,不能以材料不充足为由不开庭审判,也不能退回人民检察院要求补充侦查。因此,开庭审判是必然的,人民法院的审查,事实上形同虚设。这样就大大地弱化了人民法院对于检察院刑事诉讼活动的制约。虽然法院可以最后作出"证据不足,指控的犯罪不能成立,被告人无罪"的判决,但诉讼时间和资源的浪费是可想而知的。

鉴于上述问题的存在,有些法院实行了书记员与承办案件审判员的分离制度,检察院的全案卷宗移送制度也一定程度上得以恢复。但同时也给合议庭的"卷宗断案"提供了可乘之机。所有这些,都是我们在模拟庭审设计和尝试中应该注意体会和研究的。

(三) 关于定期宣判制度

我国修订前后的《刑事诉讼法》都规定了定期宣判制度,但是没有就定期宣

[①] 参见郭妮:《试论我国的公诉审查制度》,载曹建明主编:《中国审判方式改革理论问题研究》(下册),中国政法大学出版社 2001 年版,第 614—621 页。

判的案件范围、适用条件作出规定。如果仅仅作为一种不同时间宣告判决的方式,定期宣判本身无可非议。倒是隐藏在其背后的暗箱操作、书面审理和"疑请"、审批制度等,导致庭审功能和合议庭职能虚化的问题颇值深思。

相比当庭宣判的"阳光性"而言,定期宣判等于在庭审和宣判之间加了一层"防晒"和"遮阴"的幕布。尽管刑事审判方式改革也将当庭宣判作为改革目标之一,以便贯彻审判统一的原则,全面落实公开审判制度,排除各种庭外因素对裁判结果的干扰,进行法制宣传教育等。但定期宣判制度无形中为规避当庭审判提供了一个漂亮的幌子。就如本案的庭审和宣判,当法庭辩论和被告人最后陈述后,人们好比刚看完比赛,正等着评委怎么说,却突然被宣布到此为止,下回再来。不禁使人想到,评判分数似乎与比赛本身关系不大。为什么要定期宣判?理由无非是要慎重,为什么要慎重,又如何才能做到慎重?无非是合议庭再仔细商议和调查核实,或者再仔细阅卷,再不就请示汇报,等等。

一审刑事案件的书面审理,其不正当性自然不用多说,也没有任何法律依据。这里主要就"疑请"和审批制度进行简要的分析。

所谓"疑请",是指下级人民法院把自己正在审理的疑难案件,报请上级人民法院研究,并根据上级人民法院的意见作出判决的一种做法。这种做法没有什么法律依据,是典型的法外程序和制度,但司法实践中却一直沿袭至今,而且数量一度有逐年增加之势。①

既然这种制度的种种弊端和不合法性法官们不是不知道,但为什么还对其如此情有独钟呢?原因可能就是现实中审判机构的行政化以及法官的个人"生存策略"所决定的。因为这样,不仅可以避免遭到二审的改判或者发回重审,获得更多的"维持原判",减少"错案"②的机会,而且可以以此作为当地党政领导非法干预的挡箭牌,也不至于得个性情"孤傲"和我行我素的名声而影响自己的升迁。"疑请"制度实际上是司法操作的问题,应当在规范司法上下工夫加以解决。中共中央18届4中全会的《决定》规定了领导干部干预司法的备案制度,有望在实践中落实和收效。

所谓案件的审批制度,是指主持法庭审理的合议庭或者独任庭,对于案件的裁判须报庭长、院长或者审判委员会审核和决定。现行《刑事诉讼法》第180条规定:"对于疑难、复杂、重大的案件,合议庭认为难以作出决定的,由合议庭提请院长决定提交审判委员会讨论决定。审判委员会的决定,合议庭应当执行。"但刑事诉讼法并没有对"疑难、复杂、重大案件"的范围作出明确规定,根据《人民法院合议庭工作的若干规定》,主要包括下列案件:(1)拟判处死刑的;(2)合

---

① 参见陈卫东主编:《刑事诉讼法实施问题调研报告》,中国方正出版社2001年版,第164—165页。
② 这里的错案,专指那些与二审法院意见不一致的案件,而不是程序和实体意义上的真正的错案。

议庭成员在适用法律方面有重大意见分歧的;(3) 人民检察院抗诉的;(4) 在社会上有重大影响或者其他疑难、重大、复杂、新型的案件;(5) 其他合议庭认为需要提请或者本院审判委员会确定的应当由审判委员会讨论决定的案件。细以究之,拟判处死刑的情况外,其余规定还是过于灵活,几乎只要合议庭"认为有必要",没有什么案件不可以提请审判委员会讨论决定的。正如有的法官所说的,这种规定,"限制了合议庭应有的作用,约束了当庭审判,违背了刑事诉讼法修改的初衷,不能不说是改革的一个倒退"。[①]

针对这种情况,在如何处理"合议制"与"庭、院长审核制"以及"审判委员会最终决定制"三者之间的关系上,审判实务部门的同志认为,庭长、院长在案件审理中的审核作用,是处理三者关系的关键。同时指出,庭长、院长的职责应确定为"决定程序,审核实体,抓两头,放中间"[②]。即,庭长、院长对案件审理程序方面一些问题拥有决定权,合议庭对庭长、院长在审判程序上所作的决定,应当执行;庭长、院长对案件的实体处理进行必要的审核,以确保案件的审判质量;庭长、院长审核案件范围限于比较重大的案件和涉及罪与非罪及判处较轻刑罚的案件进行审核。具体而言,除了法律的原则性规定外,具体可考虑下列案件需报请庭长、院长审核:(1) 基层法院确定判处刑罚在10年以上有期徒刑的案件,中级法院确定判处刑罚在无期徒刑以上的案件;(2) 宣告无罪的或其他有较大社会影响的案件;(3) 判处缓刑、管制、拘役、免于刑事处分的案件;(4) 单独适用附加刑的案件和决定监外执行的案件等。此外,对于存在意见分歧的案件,应从审慎的角度出发,加强监督,逐级上报审核,并根据具体情况决定是否提交审判委员会讨论。

综上所述,应该进一步明确定期宣判案件的范围,而且应当说明不当庭宣判的理由。本案中还应该在宣布休庭之前说明法庭的认证情况,或者干脆在合议庭评议后说明理由,然后再宣布休庭。这样,定期宣判才会达到立法的初衷,确保程序公正和实体公正的实现。至于如何科学划分刑事案件的裁判权限,确是值得我们深入研究的重大课题。

三、本案原型经"许霆案"后的法律变动说明

本案原型1998年发生和审判的当时,司法界和社会民众对盗窃金融机构的犯罪"处无期徒刑或者死刑,并处没收财产"(1997年修订的《刑法》第264条第1项),并未想到有什么不妥。只是本案中如果按"贪污共犯"处理,反而比"盗

[①] 参见陈振华:《改革刑事审判方式的凝视与构想》,载曹建明主编:《中国审判方式改革理论问题研究》(下册),中国政法大学出版社2001年版,第588—595页。

[②] 参见张柏峰主编:《审判方式改革通论》,人民法院出版社1999年版,第214—215页。

窃(金融机构)"可能要轻。本案原型的被告人及其律师,就是往贪污共犯方向辩护,力保被告人"以免一死",而检察机关和公诉人则往"盗窃(金融机构)"方向控诉,使得被告人"难逃一死"。本案真实原型的审判结果①,陕西省铜川市中级人民法院一审判处被告人"死刑",陕西省高级人民法院二审最后认为其有悔罪表现,而改判"死刑缓期二年执行"。

饶有趣味的是,本书自 2003 年试用几年后,轰动一时的"许霆案"引发了全社会对盗窃罪,尤其对盗窃金融机构犯罪法定刑的深刻反思,并且直接引发了"盗窃金融机构"这一量刑条款,以及整个盗窃罪的"死刑"这一刑种的取消(见现行《刑法》第 264 条)。作为历史还原和模拟审判教学习练,本案不失经典!而且,其中有关程序性的法律条款,变动并不多。为什么 1997 年修订的《刑法》对于盗窃金融机构犯罪规定如此重的法定刑只有"无期徒刑或者死刑"这两档选择,而 2011 年修订的《刑法》(《刑法修正案(八)》)则取消了该条中盗窃金融机构和盗窃珍贵文物的量刑情节呢? 这可能与我国特定历史时期,立法者对于金融机构的性质认识有关。本案或许可以说是"许霆案"之前的另一个真实历史标本。只不过,许霆碰上了好时代,受益于网络的力量和社会的进步。今非昔比,回看此案,当感慨我国法治的巨大进步!

第五节　司考真题练习与"许霆案"模拟审判实验

一、司考真题②

1. 关于盗窃罪的理解,下列哪一选项是正确的? (　　)(2011 年全国司考真题卷 2 第 16 题)

　　A. 扒窃成立盗窃罪的,以携带凶器为前提
　　B. 扒窃仅限于窃取他人衣服口袋内体积较小的财物
　　C. 扒窃时无论窃取数额大小,即使窃得一张白纸,也成立盗窃罪既遂
　　D. 入户盗窃成立盗窃罪的,既不要求数额较大,也不要求多次盗窃

2. 按照我国《刑事诉讼法》的规定,关于法庭审理活动先后顺序的排列,下列哪一选项的组合是正确的? (　　)(2008 年全国司考真题卷 2 第 38 题)

　　① 宣读勘验笔录;② 公诉人发表公诉词;③ 讯问被告人;④ 询问证人、鉴定人;⑤ 出示物证;⑥ 被告人最后陈述。

---

① 考虑模拟审判裁判文书的需要,本书本次修订时将真实的"陕西省""铜川市",模拟成了"陕东省""金川市",并将所有的涉案时间都由 1998 年改为 2014 年,其中所有涉及刑法和刑事诉讼法的法律条款,都按最新的内容进行了修订。

② 答案:1. D;2. B;3. ABC;4. A;5. ABC

A. ②③⑤④①⑥
B. ③④⑤①②⑥
C. ②④⑤①⑥③
D. ③④①⑤②⑥

3. 关于对法庭审理中违反法庭秩序的人员可采取的措施,下列哪些选项是正确的?( )(2012年全国司考真题卷2第70题)

A. 警告制止
B. 强行带出法庭
C. 只能在1000元以下处以罚款
D. 只能在10日以下处以拘留

4. 下列关于司法拘留、行政拘留与刑事拘留的表述,哪一选项是正确的?( )(2005年全国司考真题卷2第27题)

A. 司法拘留是对妨害诉讼的强制措施,行政拘留是行政制裁方法,被司法拘留和行政拘留的人均羁押在行政拘留所;刑事拘留是一种强制措施,被刑事拘留的人羁押在看守所
B. 司法拘留、行政拘留、刑事拘留都是一种处罚手段
C. 司法拘留、行政拘留、刑事拘留都是一种强制措施
D. 司法拘留、行政拘留、刑事拘留均由公安机关决定

5. 关于刑事案件的延期审理和中止审理,下列哪些说法是正确的?( )(2008年全国司考真题卷2第70题)

A. 延期审理适用于法庭审理过程中,中止审理适用于法院受理案件后至作出判决前
B. 导致延期审理的原因时庭审自身出现障碍,因而不停止法庭审理以外的诉讼活动,导致中止审理的原因时出现了不能抗拒的情况,使诉讼活动无法正常进行,因而暂停诉讼活动
C. 延期审理的案件再行开庭的时间具有可预见性,中止审理的案件再行开庭时间往往无法预见
D. 不论延期审理还是中止审理,其时间都计入审理期限

二、思考辨析

1. 怎样正确把握证人对被告人的当庭指认?
2. 怎样确定定期宣判的案件范围?
3. 如果要实行定期宣判,在庭审中应该注意什么?
4. 怎样正确看待刑事诉讼的证明标准问题?
5. 如何理解共同犯罪与身份的关系?我国现行《刑法》是怎样规定的?

7. 结合"许霆案"(盗窃金融机构)和"吴英案"(非法集资),讨论2011年《刑法修正案(八)》的进步与完善。

8. 针对有学者提出的"相对合理主义"和我国刑事诉讼的"灰色模型"①,谈谈你的看法和感想。

9. 根据有关的司法解释,如何把握《刑法》第264条盗窃罪量刑情节中的"数额较大""数额巨大"以及"数额特别巨大"中的具体数额,其与诈骗罪、抢夺罪、敲诈勒索罪中的数额定性或定量有何关系?

三、"许霆案"模拟审判实验

(一) 实验要求

1. 实验前由指导教师根据时案(如"许霆案"等)的背景材料,给出必要的起诉答辩文书和有关的证据材料,供各审判小组演练使用。

2. 各审判小组在审判结束之前,尽量不浏览该案的媒体报道资讯,在一个"封闭"的环境中进行模拟和习练,各审判角色之间,不能私下交流,严格按照各自的角色要求进行准备和演练。

3. 中途每次小练时,可以设观察员(或者就是理论和实务的指导老师),把观看模拟演练的心得和演练者的不足记录下来,演练完后进行分享和点评,直到最后一次开庭演练结束。

4. 整个模拟审判实验结束后,再上网浏览有关时案的所有资讯,与指导老师一起对照本组的模拟审判表现,与时案审判之间的异同,进行对比、归纳和总结,最后填写实验报告和进行实验文书资料的归档。

(二)"许霆案"简介

2006年4月,许霆与朋友郭安山利用ATM机故障漏洞取款,许取出17.5万元,郭取出1.8万元。事发后,郭主动自首被判处有期徒刑1年,而许霆潜逃1年落网。2007年12月一审,许霆被广州市中级人民法院判处无期徒刑。2008年2月,案件发回广州市中级人民法院重审改判5年有期徒刑,并处罚金2万元,继续追缴许霆未退还的犯罪所得人民币173826元。许霆再度上诉,2008年5月,广东省高级人民法院二审驳回上诉,维持原判,并报请最高人民法院核准。此案终于尘埃落定。

许霆案曾经存在以下四种不同行为的定性争论:不当得利、侵占罪、一般性的盗窃罪和盗窃金融机构犯罪。最后,广州市中级人民法院根据最高人民法院

---

① 参见龙宗智:《相对合理主义》,中国政法大学出版社1999年版,第251—252页。

《关于审理盗窃案件具体应用法律若干问题的解释》第 8 条①之规定,认定自动柜员机内的资金属于金融机构的经营资金,因此许霆的行为构成"盗窃金融机构"犯罪。但考虑该案中许霆属于见财起意,而且只是利用了自动柜员机的差错进行资金窃取,相比具有预谋和准备,以及采用破坏性手段窃取钱财的行为,主观恶性相对较小,犯罪情节也相对较轻。尽管如此,如果按照 1997 年修订的《刑法》第 264 条第 1 项的规定,就轻适用无期徒刑(该项只有死刑和无期徒刑两档法定刑),仍然不符合刑法的"罪(责)刑相适应原则",广州市中级人民法院最后根据 1997 年修订的《刑法》第 63 条第 2 款,关于"犯罪分子虽然不具有刑法规定的减轻处罚情节,但是根据案件的特殊情况,经最高人民法院核准,也可以在法定刑以下判处刑罚"②的规定,对许霆在法定刑以下量刑,判处有期徒刑 5 年,并报请最高人民法院核准。

(三)"许霆案"中的 5 份裁判文书③

1. "许霆案"的第一次一审判决书(全文)

广东省广州市中级人民法院
刑事判决书

(2007)穗中法刑二初字第 196 号

公诉机关广东省广州市人民检察院。

被告人许霆,男,1983 年 2 月 7 日出生,汉族,出生地山西省襄汾县,文化程度高中,住山西省襄汾县(以上情况均自报),因涉嫌犯盗窃罪于 2007 年 5 月 22 日被羁押,同年 7 月 11 日被逮捕,现押于广州市天河区看守所。

辩护人杨振平、吴义春,广东经纶律师事务所律师。

广东省广州市人民检察院以穗检公二诉(2007)176 号起诉书指控被告人许霆犯盗窃罪,于 2007 年 10 月 15 日向本院提起公诉。本院依法组成合议庭,公开开庭进行了审理,广州市人民检察院指派代理检察员王烨出庭支持公诉,被告人许霆及其辩护人到庭参加诉讼。现已审理终结。

广东省广州市人民检察院指控:2006 年 4 月 21 日 22 时,被告人许霆伙同郭安山(另案处理)窜至本市天河区黄埔大道西平云路的广州市商业银行 ATM 提款机,利用银行系统升级出错之机,多次从该提款机取款,至 4 月 22 日 23 时 30

---

① 该条规定:"刑法第 264 条规定的盗窃金融机构,是指盗窃金融机构的经营资金、有价证券和客户的资金等,如储户的存款、债券、其他款物,企业的结算资金、股票,不包括盗窃金融机构的办公用品、交通工具等财物的行为。"

② 该条款在 2011 年修订的《刑法修正案(八)》中条文序号未变,内容也无实质变化,只是将其表述中的"刑法"二字,改为"本法"。

③ 以下 5 份裁判文书来源于"北大法意"数据库,原文不动,只是作为一个"历史样本"立此存照。

分被告人许霆共提取现金人民币 17.5 万元,之后携款潜逃。

公诉机关认为,被告人许霆以非法占有为目的,盗窃金融机构,数额特别巨大,其行为已构成盗窃罪,提请本院依法判处,并提交相关证据。

被告人许霆对公诉机关的指控不持异议。

辩护人杨振平、吴义春辩护认为被告人许霆的行为应当构成侵占罪而非盗窃罪。

经审理查明:2006 年 4 月 21 日 22 时许,被告人许霆伙同同案人郭安山(已判刑)到本市天河区黄埔大道西平云路的广州市商业银行离行式单台柜员机提款,当被告人许霆用自己的广州市商业银行银行卡(该卡内余额 170 多元)提取工资时,发现银行系统出现错误,即利用银行系统升级出错之机,分 171 次恶意从该柜员机取款共 17.5 万元,得手后携款潜逃,赃款被花用光。

上述事实,有公诉机关在庭审中出示,并经控辩双方质证,本院予以确认的以下证据证实:

(1) 被害单位广州市商业银行报案材料、证人黄敏穗的报案笔录、银行交易流水账、许霆在广州市商业银行的开户资料等证实:位于平云路广州市无线集团工业区门口的广州市商业银行离行式单台柜员机在案发当时系统升级出错,户名为许霆的银行卡(卡号为 62246731310032330033)在短时间内恶意频繁取款 171 次,共计人民币 17.5 万元。

(2) 同案人郭安山供述及辨认笔录证实:2006 年 4 月 21 日晚上陪同许霆到平云路商业银行柜员机取款,许霆发现银行系统粗错,就用自己的银行卡在柜员机上取款 17 万多元,其也用银行卡取款 1.8 万元,得手后,两人逃匿。

(3) 被告人许霆和同案人郭安山于 2006 年 4 月 21 日在平云路商业银行柜员机取款时的银行录像,摄像截图证实两人当时取款的情形。

(4) 广州市公安局天河区分局出具的抓获经过证实被告人许霆归案的情况。

(5) 被告人许霆对上述事实供认不讳。

本院认为,被告人许霆以非法占有为目的,伙同同案人采用秘密手段,盗窃金融机构,数额特别巨大,其行为已构成盗窃罪。公诉机关指控被告人的犯罪事实清楚,证据确实、充分,予以支持。对于辩护人关于被告人的行为不构成盗窃罪的辩护意见,经查,现有证据足以证实被告人主观上有非法占有的故意,被告人的银行卡内只有 170 多元,但当其发现银行系统出错时即产生恶意占有银行存款的故意,共分 171 次恶意提款 17 万多元而非法占有,得手后潜逃并将赃款挥霍花光,其行为符合盗窃罪的法定构成要件,当以盗窃罪追究其刑事责任。辩护人提出的辩护意见,与本案的事实和法律规定不相符,本院不予支持。

依照《中华人民共和国刑法》第264条第1项、第57条、第59条、第64条的规定,判决如下:

(1) 被告人许霆犯盗窃罪,判处无期徒刑,剥夺政治权利终身,并处没收个人全部财产。

(2) 追缴被告人许霆的违法所得17.5万元发还广州市商业银行。

如不服本判决,可在接到本判决书的第二日起10日内通过本院或者直接向广东省高级人民法院提出上诉。书面上诉的,应交上诉状正本一份,副本二份。

审判长　×××
审判员　×××
代理审判员　×××
二〇〇七年十一月二十日
书记员　×××

2. "许霆案"的第一次二审决定发回重审的裁定书(全文)

广东省高级人民法院
刑事裁定书

(2008)粤高法刑一终字第5号

原公诉机关广东省广州市人民检察院。

上诉人(原审被告人)许霆,男,1983年2月7日出生于山西省襄汾县,汉族,高中文化程度,户籍地襄汾县四家湾矿(自报)。案发前在广东省广州市粤华物业有限公司当保安,租住广州市天河区员村某出租屋。因本案于2007年5月22日被羁押,同年7月11日被逮捕。现押于广州市天河区看守所。

辩护人杨振平、吴义春,广东经纶律师事务所律师。

广东省广州市中级人民法院审理广州市人民检察院指控原审被告人许霆犯盗窃罪一案,于2007年11月20日作出(2007)穗中法刑二初字第196号刑事判决,认定被告人许霆犯盗窃罪,判处无期徒刑,剥夺政治权利终身,并处没收个人全部财产;追缴被告人许霆的违法所得17.5万元发还广州市商业银行。

宣判后,原审被告人许霆不服,以其是善意取款,不构成犯罪;取款机有故障,银行有过失;与同案人相比处罚太重,量刑不公等为由,提出上诉。本院依法组成合议庭审理了本案。现已审理终结。

本院认为,原审判决认定被告人许霆犯盗窃罪事实不清,证据不足。根据《中华人民共和国刑事诉讼法》第189条第3项之规定,裁定如下:

撤销广州市中级人民法院(2007)穗中法刑二初字第196号刑事判决,发回广州市中级人民法院重新审判。

本裁定为终审裁定。

审判长　×××
审判员　×××
代理审判员　×××
二〇〇八年月日
书记员　×××

3. "许霆案"经二审发回重审后的一审判决书

广东省广州市中级人民法院
刑事判决书

(2008)穗中法刑二重字第2号

公诉机关:广东省广州市人民检察院。

被告人:许霆,男,1983年2月7日出生,汉族,出生地山西省襄汾县,文化程度高中,住山西省临汾市尧都区郭家庄社区向阳路西4巷3号。因涉嫌犯盗窃罪于2007年5月22日被羁押,同年6月5日被刑事拘留,同年7月11日被逮捕。现羁押于广州市天河区看守所。

辩护人:杨振平、吴义春,广东经纶律师事务所律师。

广东省广州市人民检察院以穗检公二诉[2007]176号起诉书指控被告人许霆犯盗窃罪,于2007年10月15日向本院提起公诉。本院依法组成合议庭,公开开庭审理了本案,于2007年11月20日作出(2007)穗中法刑二初字第196号刑事判决,被告人许霆提出上诉。广东省高级人民法院于2008年1月9日作出(2008)粤高法刑一终字第5号刑事裁定,撤销原判,发回重审。本院依法另行组成合议庭,公开开庭审理了本案。广州市人民检察院指派检察员谭海霞、代理检察员王烨出庭支持公诉,被告人许霆及其辩护人杨振平、吴义春到庭参加诉讼。现已审理终结。

……(略)

对被告人许霆及其辩护人的辩解、辩护意见,本院评判如下:

(1)关于辩护人提出本案事实不清、证据不足的意见,经查:

第一,完整流水记录数据和涉案账户取款交易明细以及账户流水清单,证实被告人许霆的银行卡账户在案发前余额为176.97元,案发期间共成功取款

171次,其中167次每次取款1000元,账户实际每次扣款1元,4次每次取款2000元,账户实际每次扣款2元。许霆共取款17.5万元,账户实际共扣款175元。银行监控录像证实许霆及郭安山在涉案自动柜员机取款,记录的时间与完整流水记录数据及账户流水清单记录的时间相对应。此外,许霆及郭安山的供述,亦证实许霆取款前账户余额只有170多元,但在涉案自动柜员机共取款17万余元。

第二,广州市商业银行出具的情况说明,证实该单位每天23时以后切换会计日期记账,导致账户流水清单将23时以后的取款日期记录为次日,因而记录的部分时间和次序有误。

第三,广州市商业银行的书面报案陈述及其工作人员黄某某、卢某的证言,证实涉案自动柜员机的异常是由于系统升级造成,出现的异常情况是持卡人指令取款1000元,自动柜员机也出秒1000元,但持卡人账户实际扣账为1元。上述证据在账户余额、取扣款金额、取扣款次数以及柜员机出现的异常情况等方面均能相互印证,足以证实因涉案自动柜员机出现异常,许霆持本人仅有176.97元的银行卡,在该自动柜员机上171次取款17.5万元,账户实际仅扣175元的事实。辩护人提出本案事实不清,证据不足的辩护意见不能成立。

(2)关于辩护人提出被告人许霆的行为不构成盗窃罪,是民法上的不当得利,应对其作出无罪判决以及许霆提出其是保护银行财产而取款的意见,经查,许霆是在正常取款时,发现自动柜员机出现异常,能够超出余额取款且不能如实扣账之后,在三个时间段内170次指令取款,时间前后长达3个小时,直至其账户余额仅剩1.97元为止,然后携款逃匿,其取款的方式、次数、持续的时间以及许霆关于其明知取款时"银行应该不知道"、"机器知道,人不知道"的当庭供述,均表明许霆系利用自动柜员机系统异常之机,自以为银行工作人员不会及时发现,非法获取银行资金,与储户正常、合法的取款行为有本质区别,且至今未退还赃款,表明其主观上具有非法占有银行资金的故意,客观上实施了秘密窃取的行为。许霆的行为符合盗窃罪的主客观特征,构成盗窃罪。许霆关于是为保护银行财产而取款,并准备把款项交给单位领导的辩解,缺乏事实根据,不能成立。辩护人关于许霆的行为不构成盗窃罪、属于民法上的不当得利、应对许霆作出无罪判决的辩护意见亦不能成立。

(3)关于辩护人提出被告人许霆的行为不属于盗窃金融机构的意见,本院认为,自动柜员机是银行对外提供客户自助金融服务的专有设备,机内储存的资金是金融机构的经营资金,根据最高人民法院《关于审理盗窃案件具体应用法律若干问题的解释》第8条"刑法第264条规定的盗窃金融机构,是指盗窃金融机构的经营资金、有价证券和客户的资金等,如储户的存款、债券、其他款物,企业的结算资金、股票,不包括盗窃金融机构的办公用品,交通工具等财物的行为"的规定,许霆的行为属于盗窃金融机构。辩护人关于许霆的行为不属于盗窃金融机构的辩护意见于法无据,不予采纳。

  本院认为,被告人许霆以非法占有为目的,采用秘密手段窃取银行经营资金的行为,已构成盗窃罪。许霆案发当晚21时56分第一次取款1000元,是在正常取款时,因自动柜员机出现异常,无意中提取的,不应视为盗窃,其余170资取款,其银行账户被扣账的174元,不应视为盗窃,许霆盗窃金额共计173826元。公诉机关指控许霆犯罪的事实清楚,证据确实、充分,指控的罪名成立。许霆盗窃金融机构,数额特别巨大,依法本应适用"无期徒刑或者死刑,并处没收财产"的刑罚。鉴于许霆是在发现银行自动柜员机出现异常后产生犯意,采用持卡窃取金融机构经营资金的手段,其行为与有预谋或者采取破坏手段盗窃金融机构的犯罪有所不同;从案发具有一定偶然性看,许霆犯罪的主观恶性尚不是很大。根据本案具体的犯罪事实、犯罪情节和对于社会的危害程度,对许霆可在法定刑以下判处刑罚。依照《中华人民共和国刑法》第264条、第63条第2款、第64条和最高人民法院《关于审理盗窃案件具体应用法律若干问题的解释》第3条、第8条的规定判决如下:

  (1)被告人许霆犯盗窃罪,判处有期徒刑5年,并处罚金2万元。

  (刑期从判决执行之日起计算。判决执行以前先行羁押的,羁押1日折抵刑期1日,即自2007年5月22日起至2012年5月21日止。罚金自本判决发生法律效力的第二日起1个月内向本院缴纳)。

  (2)追缴被告人许霆的犯罪所得173826元,发还受害单位。

  如不服本判决,可在接到判决书的第二日起10日内,通过本院或者直接向广东省高级人民法院提出上诉,书面上诉的,应当提交上诉状正本一份,副本二份。

  本判决依法报请最高人民法院核准后生效。

审判长 ×××
审判员 ×××
代理审判员 ×××
二〇〇八年三月三十一日

本件与原本核对无异

书记员 ××× ××× ×××

4. "许霆案"重审后的二审裁定书

广东省高级人民法院刑事裁定书

(2008)粤高法刑一终字第170号

原公诉机关广东省广州市人民检察院。

上诉人(原审被告人)许霆,男,1983年2月7日出生于山西省襄汾县,汉族,高中文化,住所地山西省临汾市尧都区郭家庄社区向阳路西4巷3号。因涉嫌犯盗窃罪于2007年5月22日被羁押,同年6月5日被刑事拘留,7月11日被逮捕。现押于广州市天河区看守所。

辩护人张新强,广东天胜律师事务所律师。

辩护人郭向东,北京万商天勤律师事务所律师。

广东省广州市中级人民法院审理广州市人民检察院指控原审被告人许霆犯盗窃罪一案,于2007年11月20日作出(2007)穗中法刑二初字第196号刑事判决,认定被告人许霆犯盗窃罪,判处无期徒刑,剥夺政治权利终身,并处没收个人全部财产;追缴被告人许霆的违法所得17.5万元发还广州市商业银行。宣判后,原审被告人许霆不服,提出上诉。本院于2008年1月9日作出(2008)粤高法刑一终字第5号刑事裁定,撤销广州市中级人民法院(2007)穗中法刑二初字第196号刑事判决,发回广州市中级人民法院重新审判。广州市中级人民法院另行组成合议庭,于2008年3月31日作出(2008)穗中法刑二重字第2号刑事判决。原审被告人许霆不服,提出上诉。本院依法组成合议庭,于2008年5月22日公开开庭审理了本案。广东省人民检察院指派代理检察员黄蕾、李和亮出庭履行职务,上诉人许霆及其委托辩护人张新强、郭向东到庭参加诉讼。现已审理终结。

……(略)

综上所述,上诉人许霆以非法占有为目的,秘密窃取金融机构的经营资金,数额特别巨大,其行为侵害了刑法所保护的社会关系即公私财产的所有权,具有严重的社会危害性、明显的刑事违法性和应受刑罚处罚性,已构成盗窃罪。对于许霆及其辩护人提出不构成犯罪的上诉理由及辩护意见均不予采纳。但鉴于许霆是在偶然发现柜员机出现异常后临时起意犯罪、只是利用柜员机的故障通过持卡取款的方式实施犯罪等特殊情况,其犯罪的主观恶性、犯罪情节和社会危害性的严重程度要比有预谋盗窃或采取破坏性手段盗窃柜员机内的资金轻,虽然许霆没有减轻处罚的法定情节,但依照刑法罪责刑相适应的基本原则,仍可对其在法定刑以下量刑。原判认定事实清楚,证据确实、充分,定罪准确,量刑适当,

审判程序合法。依照《中华人民共和国刑事诉讼法》第189条第1项及《中华人民共和国刑法》第63条第2款的规定,裁定如下:

驳回上诉,维持原判。

本裁定依法报请最高人民法院核准。

审判长 ×××
代理审判员 ×××
代理审判员 ×××
二〇〇八年五月二十三日

本件与原本核对无异

书记员 ××× ×××

5. 最高人民法院关于"许霆案"终审裁判的核准裁定书

中华人民共和国最高人民法院
刑事裁定书

(2008)刑核字第18号

被告人许霆。2007年7月11日被逮捕。现在押。

广东省广州市中级人民法院审理广州市人民检察院指控被告人许霆犯盗窃罪一案,于2007年11月20日以(2007)穗中法刑二初字第196号刑事判决,认定被告人许霆犯盗窃罪,判处无期徒刑,剥夺政治权利终身,并处没收个人全部财产。宣判后,许霆提出上诉。广东省高级人民法院于2008年1月9日以(2008)粤高法刑一终字第5号刑事裁定,撤销原判,发回重审。广州市中级人民法院依法另行组成合议庭进行重新审理后,于2008年3月31日以(2008)穗中法刑二重字第2号刑事判决,认定被告人许霆犯盗窃罪,在法定刑以下判处有期徒刑5年,并处罚金人民币2万元。宣判后,许霆提出上诉。广东省高级人民法院经依法公开开庭审理,于2008年5月23日以(2008)粤高法刑一终字第170号刑事裁定,驳回上诉,维护原判,并依法报请本院核准。本院依法组成合议庭,对本案进行了复核。现已复核终结。

……(略)

本院认为,……(略)第一审判决、第二审裁定认定的事实清楚,证据确实、充分,定罪准确,量刑适当。审判程序合法。依照,《中华人民共和国刑法》第63条第2款和最高人民法院《关于执行〈中华人民共和国刑事诉讼法〉若干问题的解释》第270条的规定,裁定如下:

核准广东省高级人民法院(2008)粤高法刑一终字第170号维持第一审以盗窃罪在法定刑以下判处被告人许霆有期徒刑五年,并处罚金人民币2万元的刑事裁定。

本裁定自宣告之日起发生法律效力。

审判长　×××
代理审判员　×××
代理审判员　×××
二〇〇八年八月二十日
书记员　×××

(四)"许霆案"的扩展阅读主要文献

(1)马远琼:《许霆案重审:为何由无期改判五年》,载《检察日报》2008年4月1日第4版;

(2)顾培东:《公众判意的法理解释——对许霆案的延伸思考》,载《中国法学》2008年第4期,第167—178页;

(3)张明楷:《许霆案的刑法学分析》,载《中外法学》2009年第1期,第30—56页;

(4)陈瑞华:《脱缰的野马:从许霆案看法院的自由裁量权》,载《中外法学》2009年第1期,第67—81页。

第四章 剧本(三):行政一审案件普通程序①

第一节 案情简介及争议焦点

一、案情简介

公民阳威通过安湘县政务中心,要求县人民政府就本地一个名叫"维特缘"项目的"征地批准用途详细说明书",进行信息公开和答复。同时提出的信息公开项目还有其他4个,但鉴于教学需要,本剧本只选用了"维特缘"项目的"征地批准用途详细说明书"这一信息的公开。安湘县政务中心接到阳威的申请后,按照"谁制作谁公开、谁保管谁公开"的原则,将此申请转交给了安湘县国土局办理答复,并请此情况告知了阳威。阳威认为国土局的答复不尽详细,而且不符合答复的主体资格,只有县政府才具有答复的主体资格;而国土局则认为阳威的问题已经多次给予答复,故不再予以进一步的答复。双方达不成一致。

原告阳威于2015年2月26日,将安湘县人民政府作为被告,向白沙市中级人民法院提起行政诉讼,要求确认被告不履行信息公开法定职责的行为为违法,判令被告限期履行法定职责,依法向原告公开申请的信息,并在程序上进行书面答复,并且承担本案的诉讼费。并且提供了《政府信息公开申请表》的复印件等证据。

被告安湘县人民政府提交答辩称,原告向安湘县政务服务中心提出政府信息公开的内容为"申请安湘县政府公开,安湘县城郊乡维特缘项目的征地批准用途详细说明书",受理编号(2015)229号,收到该申请后,安湘县政务公开工作领导小组办公室根据"谁制作谁公开、谁保存谁公开"的原则,于2015年3月4日印发《政府信息依申请公开转办告知单》(安政务办函[2015]229号)函告安湘县国土资源局,确定由安湘县国土资源局办理;同时印发《政府信息公开答复书》(受理编号[2015]229号)于2015年3月4日以邮政快递方式邮寄给原告阳威,告知其该政府信息公开申请由安湘县国土资源局办理以及联系方式。安湘县国土资源局收到转办通知后,制作了《安湘县国土资源局政府信息公开告知书》(安国土资公开告知[2015]109号),以邮政快递方式邮寄给了原告阳威。

---

① 本案根据真实的法院案卷材料总结而成,除了人名、地名、时间上做了一些技术上的处理外,基本内容和框架都没有改变,在此也对本案真实的当事人、诉讼代理人和法官等表示衷心的感谢,如有差错和不足,都由本书作者负责。

既然被告已经答复,而且安湘县国土资源局也已经答复,所以原告阳威所称"未在法定期限内予以答复"不实,因此恳请驳回原告的诉讼请求。

二、争议焦点

(1) 安湘县国土局是否是原告申请"维特缘项目的征地批准用途详细说明书"这一信息的公开主体?本案中的答复义务机关是否是安湘县人民政府?

(2) 安湘县政务中心是否可以代表安湘县人民政府作出答复?政务中心转办给国土局进行信息公开是否合法?

第二节 本案的真实开庭审理

第一幕 开庭

开庭时间:2015年6月11日上午9点
开庭地点:本院第17审判庭
案号:(2015)白中行初字第00078号
案由:不履行信息公开法定职责
合议庭成员:程光明、刘勇敢、旺真真
书记员:匡学威
书记员:现审查当事人及诉讼代理人到庭情况(按原告、被告顺序)。
书记员:为维护法庭秩序、保障审判活动的正常进行,根据《中华人民共和国人民法院法庭规则》和有关法律规定,现在宣布法庭规则:

(1) 诉讼参与人和旁听人员应当自觉遵守法庭规则,维护法庭秩序,不得鼓掌、喧哗、吵闹和实施其他妨害审判活动的行为;

(2) 旁听人员在开庭时不得随便走动和进入审判区,不得发言、提问,如对审判活动有意见,可在闭庭后提出;

(3) 诉讼参与人、旁听人、新闻记者未经审判长许可不得录音、录像和摄像,携带通讯工具的请关机或加振;

(4) 保证法庭内整洁,不准吸烟和随地吐痰、乱扔垃圾;

(5) 对违反法庭纪律的人,审判长、值庭人员、司法警察有权予以劝告、制止,不听劝阻的,视其情节轻重,审判长可以口头警告、训诫,也可以没收录音、录像和摄影器材,或者责令其退出法庭,情节严重的,经院长批准,可以罚款、拘留;

(6) 对哄闹、冲击法庭、侮辱、诽谤、威胁、殴打审判人员等严重扰乱法庭秩序的人,依法追究其刑事责任。

书记员:全体起立,请审判长、审判员入庭。

书记员:请坐下。

审判长:依照《中华人民共和国行政诉讼法》第54条的规定,海北省白沙市中级人民法院行政审判庭今天在这里依法公开审理原告阳威诉被告安湘县人民政府信息公开一案,现在开庭。

审判长:原告阳威已向本庭提交村组织的推荐函,并委托彭冲、刘姜为其诉讼代理人,已办妥相关的委托手续。

审判长:被告安湘县人民政府委托刘用真、欧美平为其诉讼代理人。

审判长:上述情况与庭审前办理的委托手续一致,出庭资格有效,准许原告和被告的上述代理人出庭应诉。

审判长:根据《中华人民共和国行政诉讼法》第68条的规定,现在宣布合议庭组成人员。本案由本院行政庭审判员程光明担任审判长,与审判员刘勇敢、旺真真组成合议庭,由旺真真主审本案,书记员匡学威担任法庭记录。

审判长:现在宣布当事人的诉讼权利:

(1) 当事人有申请回避的权利。所谓申请回避,就是当事人认为审理本案的审判长、审判员以及书记员、鉴定人、翻译人、勘验人与本案有利害关系或其他关系,可能影响公正审判,有权申请上述人员不参加本案的诉讼活动。

审判长:原告、被告,刚才宣布的你有申请回避的权利,你是否听清了,是否申请回避?如果申请回避请说明理由。

原告:听清楚了,不申请回避。

被告:听清楚了,不申请回避。

审判长:当事人还享有以下诉讼权利:

(2) 当事人有使用本民族语言、文字进行诉讼的权利;

(3) 当事人有提供证据和申请保全证据的权利;

(4) 原告有申请停止执行具体行政行为的权利;

(5) 当事人在诉讼中有进行辩论和最后陈述的权利;

(6) 原告在人民法院宣告判决或裁定前,有变更诉讼请求和申请撤诉的权利;

(7) 当事人不服第一审判决或裁定,有依法提起上诉的权利;

(8) 当事人、代理律师和其他诉讼代理人有权按照规定查阅、复制本案庭审材料,但涉及国家秘密、商业秘密和个人隐私的内容除外;

(9) 当事人对人民法院发生法律效力的判决,有依法申请执行的权利。

审判长:原告、被告及诉讼代理人,对以上诉讼权利是否听清楚了?

原告:听清楚了。

被告:听清楚了。

审判长:在行政诉讼中,当事人除享有上诉诉讼权利外,同时应当履行下列义务：

(1) 当事人必须依法正确行使诉讼权利，不得实施妨碍诉讼的行为；

(2) 当事人必须如实陈述案件事实，提供的证据必须实事求是，不得捏造事实、伪造证据；

(3) 被告在行政诉讼中负有举证责任。在诉讼期间不得自行收集证据；

(4) 当事人应当遵守法庭纪律，服从法庭指挥。未经审判长允许不得随意发言或提问。对违反法庭纪律、扰乱法庭秩序、不服从法庭指挥的，视情节轻重，依法给予训诫、责令具结悔过或者处以罚款、十五日以下拘留，构成犯罪的，依法追究刑事责任；

(5) 当事人必须履行人民法院已经发生法律效力的判决、裁定。

审判长：原告、被告及代理人，对以上诉讼义务是否听清楚了？

原告：听清楚了。

被告：听清楚了。

审判长：下面进行法庭调查，由本案主审法官旺真真主持。

第二幕　法庭调查

审判员旺：现在进行法庭调查。首先由原告宣读本案起诉状的主要内容。

原告阳：略（详见本案的行政起诉状）。

审判员旺：现在由被告安湘县人民政府进行答辩。

被告方代理人欧：略（详见本案的行政答辩状）。

审判员旺：现在进行证据审查。先由被告对本案予以举证。

被告方代理人欧：证据1.政府信息公开申请表；证据2.《政府信息依申请公开转办告知单》（安政务办函[2015]229号），证明本案被告已经改申请转交安湘县国土资源局办理；证据3.《政府信息公开答复书》，受理编号是(2015)229号；证据4.国内特快专递邮件详情单，证明针对原告提出的政府信息公开申请，被告已告知其该政府信息公开申请由安湘县国土资源局办理，证明已经答复；证据5.《安湘县国土资源局政府信息公开告知书》（安国土资公开告知[2015]109号）；证据6.国内特快专递邮件详情单，证明针对原告提出的政府信息公开申请，安湘县国土资源局已经答复。（详见被告此前向法院提供的证据目录）

审判员刘：原告发表质证意见。

原告阳：我对被告提供的证据1，即《政府信息公开申请表》的证明目的不认可，被告说该申请表证明已将申请转交安湘县国土资源局，但我认为，依据该申请表的内容，要转办，也是要转给安湘县人民政府办理，而不是国土局；

我对被告提供的证据2，即转办告知单（安政务办函[2015]229号的合法性、关联性和证明目的,均不认可。我是通过政务信息中心,申请安湘县政府公开信息,而县政务公开领导小组却将其转给县国土局,好比我通过甲向乙申请信息公开,甲却没有将申请的要求转给已,而是转给了一个不相关的丙,我和丙一点关系都没有,我只和甲,进而想与乙有关系,同理,本案中我只想与县政府有关系,而非国土局;

我对被告提供的证据3,即编号为(2015)229号的《信息公开答复书》的合法性、关联性和证明目的均不认可,我所申请的答复主体是安湘县人民政府,而非政务公开工作领导小组,不应该是领导小组的公章,而应是人民政府的公章。就好比,我写了一封书信通过邮递员寄给我远方的情人,那么请问在座的各位,过一段时间回复我的,应当是我的情人,还是送信的邮递员呢?!

我对被告提供的证据5和证据6,也均不认可。首先,被告提供的国土局信息公开告知书(安国土资公开告知[2015]109号),完全没有公开我所需要的信息内容;其次,被告提供的国内特快专递邮件详情单(单号EY713553727CS),网上查询显示暂无信息,表示此单不存在。本人也从未收到此邮件,被告伪造证据;最后,依据我的《政府信息公开申请表》显示的时间内容,我是2015年2月26日向安湘县政府申请公开,既然被告提供的国土局公开告知是在2015年3月9日,但国内特快专递邮件详情单的时间却是2015年5月13日,中间相隔35天!这很不正常,被告涉嫌伪造证据。综上所述,被告提供的证据并不能证明其已就本案申请的信息作出了答复。

审判员刘:被告方有什么要说明的吗?

被告方代理人欧:没有。

审判员旺:现在由原告方进行举证。

原告阳:我这里提交2份证据,一份证据是《政府信息公开申请表》,受理编号是(2015)229号,可以证明申请的时间是"2015年2月26日",是向安湘县人民政府申请公开,申请公开的信息内容为"安湘县城郊乡维特缘项目的征地批准用途详细说明书";另一份证据是安湘县政务公开工作领导小组办公室的《政府信息公开答复书》,受理编号是(2015)217号,可以证明此信息是由政务中心于"2015年2月25日"转至了国土局,而不是安湘县政府转办的,证明安湘县政府没有盖章和答复。

审判员旺:被告方发表质证意见。

被告方代理人欧:对证据的三性均无异议,但对证明目的有异议。

审判员旺:原告,你对被告的[2015]109号告知书没有收到?

原告阳:我证明我有这个东西,但是我也证明被告没有把这个东西送达给我们。

被告方代理人欧:送达是由国土局负责的。所申请的信息保存在国土局。

原告阳:提交给我的国内查询详情单,但是我在网上查不到相关信息。

审判员旺:被告方,你方为什么由政务中心转给国土局,再给答复书,再国土局给原告告知书?

被告方代理人欧:根据《政府信息公开条例》第4条,县级以上政府制定部门对政府信息进行办理。安湘县政府指定政务中心统一受理或者办理辖区内的政府信息公开。原告提出申请也是向政务中心提出的,给原告的答复是政务中心,公章也是政务中心的。政务中心的答复就是安湘县政府的答复。我们收到这个申请后,就根据谁制作谁公开、谁保管谁公开的原则,转交给相关职能部门予以答复,这个信息保存在国土局,所以把信息转交给国土部门办理。

审判员旺:原告,你对刚才的回答有什么异议?

原告方代理人彭:根据《土地管理法》第44条、46条的规定,这些征收土地方案公告等是依照法定程序制作后,由县级政府组织实施的。难道安湘县政府不保存吗?不参与制作吗?根据《信息公开条例》中谁制作谁公开、谁保存谁公开的原则,只要安湘县人民政府参与制作或保存了,就应该直接给申请人公开,而不是转交给国土局公开。

原告阳:相邻乡里有征用土地方案公告,为什么维特缘项目没有?只有"征收方案公告"。

被告方代理人欧:维特缘项目是没有征用土地方案公告的。

审判员旺:白沙维特缘项目是什么时候启动的?

被告方代理人欧:不清楚。

审判长:本案经法庭调查和当庭质证,合议庭认为本案事实已调查清楚,法庭调查结束,本案的争议焦点是"被告是否履行法定职责",具体包括:(1)答复时间是否符合法律规定;(2)答复内容是否符合原告要求;(3)政务中心委托国土局有无法律依据;(4)原告申请的信息是否由被告制作、保存。下面进行法庭辩论。

第三幕 法庭辩论

审判长:现在由原告及诉讼代理人发表辩论意见。

原告阳:被告说安湘县政务中心就代表安湘县政府,必须要有法律依据证实。

原告方代理人刘:第一,从期限说,没有依据法定期限进行答复;第二,答复内容没有对原告申请内容进行完全的答复;第三,政务中心委托没有合法的委托依据;第四,被告否认是制作单位,但是从相关证据看,有安湘县政府的红头文件。每个文件都是提交了转办函"转办结果到我办进行备案",这就说明即使转办后,对原告的信息公开申请的办理有个办理的跟踪记录,能够完全体现和说明办理的状态,但是被告并没有在法定期限内提供这些备案记录的存在。从法定角度来说应视为没有合法的证据,能够证明这个记录的存在。证明被告没有依法履行职责。被告没有履行法定职责,属于行政不作为,是违法的具体行政行为。况且通过多次转办,也没有依原告申请公开,仅得到应当由被告公开的"安湘县土地征收方案公告",说明应当由被告答复的信息,被告并没有答复,违反了政府信息公开谁制作谁公开、谁保存谁公开的原则。被告的这种转办方式违反了信息公开条例的便民原则,被告转办时有规定的办理最终时限,那么作为被告应该在时限内督促办理完成,而被告却没有督促。按照常理思维,原告向安湘县政府申请信息公开,在无任何委托和说明的情况下,政务中心转办其他单位,是没有任何法律依据的,并且没有相关的事后回访。既然有办理结果备案,办理为什么没有回访记录呢?结果报备案的目的就是要被告负责最终的结果,这样才能体现整个事件的完整性,才能达到信息公开最终目的。

审判员旺:现在由被告发表辩论意见。

被告方代理人欧:第一,答复主体问题。安湘县政务中心办理政府信息,是本级政府设立的,负责答复工作。同时受理全县范围内的政府信息公开申请。政务中心的答复是县政府的答复。答复主体是合法的;第二,关于转办合法问题。根据国土资源部办公厅[2013]3号文件《关于做好征地信息公开工作的通知》第3条第7项,明确征收土地方案公告等信息的申请答复,由县级国土部门公告。

审判员旺:恢复法庭调查。法律依据是什么?

被告方代理人欧:国土资厅发[2013]3号文件,第3条第7项。

审判员旺:国土资源部办公厅的规定是否符合信息公开条例,依据是什么?

被告方代理人欧:符合,征地方案公告制作后保存在国土部门。制作是国土部门申请,县政府盖章。

审判员旺:被告继续法庭辩论。

被告方代理人旺:第三,回访工作。不是本案审查的重点,没有与本案有直接联系。根据原告提交的证据,原告已经收到了国土局的答复。

审判员旺:是否有新的辩论意见?

原告方代理人彭:根据《白沙市人民政府关于印发政府信息公开办法的通知》(白政发[2014]9号)第34条第1项,申请人向政府申请信息公开,如果认为是国土局制作保存的,应该告知是国土局制作保存,而不是转办给国土局。

原告方代理人刘:更具信息公开首接负责制,被告应该负责最终的结果。《国务院办公厅关于做好政府信息依申请公开工作的意见》(国办发[2010]5号)第2条,本案中没有盖"与原件核对无异"的公章,如果我们拿去法庭上作证,根本没有用处。必须盖"与原件核对无异"或者哪个单位提供的,本案中没有。

审判员旺:被告,有无新的辩论意见。

被告方代理人欧:第一,收到政府信息公开申请后,转办的,我们按照便民原则,对信息进行分配,根据案件的不同性质转交给不同部门,告知当事人由谁来办理,体现便民原则;第二,7月份以前政务中心统一受理政府信息,对答复不服可以起诉,对受理不服,可以起诉受理机关。本案中答复义务机关并不是县政府,因为该信息保存在国土局,即使制作后,也保存在国土局,答复义务机关并不是本案的被告。

审判员刘:原告有无新的补充?

原告阳:被告始终没有拿出法律依据证明政务中心就可以代表安湘县政府。依据《最高院审理政府信息公开行政案件若干问题的解释》第9条,依据《国土资源部政府信息公开暂行办法》第6条,被告没有及时回复,原告是向安湘县政府申请公开的。依据《国土资源部政府信息公开暂行办法》第29条,被告没有依法公开,被告有义务和责任整改,也脱不了法律关系。

审判员刘:被告有无新的辩论意见?

被告方代理人欧:没有新的辩论意见。

审判长:法庭辩论结束。

审判长:现在由当事人进行最后陈述,表明对处理本案的明确态度。当事人发表最后的陈述意见。

原告阳:一、请求法院依法判决被告未在法定的15个工作日内公开原告所需信息的行为违法;二、判令被告限期公开原告所申请信息;三、请求法院支持我的诉讼请求。

被告方代理人欧:驳回原告的诉讼请求。

第四幕　休庭评议

审判长:今天的庭审对本案的事实进行了详细的调查,经过举证质证,双方都充分发表了一件,案件由本合议庭评议后再宣判,现在休庭。宣判日期、地点另行通知。休庭后,请当事人核对笔录无误后签名或者5日内签字。

第五幕　定期宣判

宣判时间:2015年7月12日
宣判地点:白沙市中级人民法院第17审判庭
合议庭成员:程光明、刘勇敢、旺真真
书记员:匡学威

到庭当事人:略(详见一审判决书所列)。

本院受理阳威诉安湘县人民政府不履行信息公开法定职责一案,现已审理终结,宣判如下:

宣读(2015)白中行初字第00078号行政判决书(详见本书后面"本案的一审行政判决书"),依照最高人民法院《关于审理政府信息公开行政案件若干问题的规定》第9条第1款之规定,判决如下:

(1)撤销安国土资公开告知[2015]109号《政府信息公开告知书》;

(2)责令被告安湘县人民政府在判决生效之日起十五个工作日内重新就原告阳威的政府信息公开申请作出答复。

本案受理费50元,由被告安湘县人民政府负担。

如不服本判决,可在判决书送达之日起十五日内,向本院递交上诉状,并按对方当事人的人数提出副本,上诉于海北省高级人民法院。

闭庭。

当事人:阳威、欧美平(签名或盖章)

宣判人:程光明、刘勇敢(签名)

书记员:匡学威(签名)

2015年7月12日

尾声

一审宣判后,安湘县人民政府不服,向海北省高级人民法院提起上诉,称根据"谁制作谁公开、谁保存谁公开"的原则,被上诉人申请公开的政府信息制作和保存机关均为安湘县国土资源局,安湘县政府只是受理政府信息公开申请的机关,且已依法转办、告知。原审将安国土资公开告知[2014]109号《政府信息公开告知书》视为安湘县政府的答复,将安湘县政府作为被告,是错误的。请求撤销一审判决,驳回阳威的诉讼请求。被上诉人阳威提交书面答辩状。

海北省高级人民法院受理后,依法组成合议庭进行了审理,作出了(2015)海高法行终字第29号行政判决书,认为:《中华人民共和国政府信息公开条例》第21条规定,对申请公开的政府信息,行政机关根据下列情况分别作出答复:(1)属于公开范围的,应当告知申请人获取该政府信息的方式和途径;……(3)依法不属于本行政机关公开或者该政府信息不存在的,应当告知申请人,对能够确定该政府信息的公开机关的,应当告知申请人该行政机关的名称、联系方式。本案中,阳威申请公开的信息是"安湘县城郊乡维特缘项目的征地批准用途详细说明书",根据《中华人民共和国土地管理法》的规定,"征地"主要系安湘县国土资源局的职责范围,如果有该信息,应由安湘县国土资源局公开。对依法不属于安湘县人民政府公开的,安湘县政务公开工作领导小组办公室在告知申请人阳威的同时,将该事项转给能够确定的政府信息公开机关(即安湘县国土资源局)办理,符合《中华人民共和国政府信息公开条例》第21条的规定。对于被告已经履行法定告知或者说明理由义务的,根据最高人民法院《关于审理政府信息公开行政案件若干问题的规定》第12条第1项的规定,人民法院应当判决驳回原告的诉讼请求。另外,根据最高人民法院《关于审理政府信息公开行政案件若干问题的规定》第4条第1款的规定,公民、法人或者其他组织对国务院部门、地方各级人民政府及县级以上地方人民政府部门以申请公开政府信息行政行为不服为由提起诉讼的,应以作出答复的机关为被告。本案政府信息公开的责任主体是安湘县国土资源局,若阳威对信息公开不服,应以作出答复的安湘县国土资源局为被告,而不应以安湘县人民政府为被告。一审将安湘县国土资源局的安国土资公开告知[2015]109号《政府信息公开告知书》视为安湘县人民政府的行为并判令安湘县人民政府重新答复不当,应予纠正。故此,上诉人的上诉理由成立,本院予以支持。根据《中华人民共和国行政诉讼法》第89条第3项、最高人民法院《关于审理政府信息公开行政案件若干问题的规定》第12条第1项之规定,判决如下:

(1) 撤销白沙市中级人民法院(2015)白中行初字第00078号行政判决;
(2) 驳回阳威的诉讼请求。
(3) 二审案件受理费共100元,由被上诉人阳威负担。

第三节 本案的"诉、辩、审"法律文书

一、本案的行政起诉状

行政起诉状

原告:阳威,男,汉族,1987年8月12日出生,住安湘县城郊乡东威社区杉树巷16号。联系电话:139＊＊＊＊＊＊＊＊。

被告:安湘县人民政府,住所地:安湘县玉檀镇二环中路行政中心,法定代表人:周飞飞,县长。电话:0731—＊＊＊＊＊＊＊＊。

诉讼请求:
(1) 依法确认被告不依法履行信息公开义务职责的具体行政行为违法;
(2) 依法判令被告限期履行法定职责,依法向原告公开申请获取的信息,并在程序上进行书面答复;
(3) 判决被告承担本案的诉讼费用。

事实和理由：

原告于 2015 年 2 月 26 日依法向安湘县人民政府政务中心申请信息公开"安湘县城郊乡维特缘项目的征地批准用途详细说明书"，但被告没有依法履行回复，申请人认为，被告安湘政府违反了《中华人民共和国政府信息公开条例》的规定，履行行政不作为，侵害到了原告的合法权益，原告不服，依法对本案提起诉讼。此致

白沙市中级人民法院
具状人：阳威（亲笔签名）
2015 年 3 月 28 日

附件资料如下：
1. 行政起诉状 2 份
2. 原告身份证复印件 1 份
3. 政府信息公开申请表复印件 1 份
4. 被告组织机构代码复印件 1 份

二、本案的行政答辩状

行政答辩状

答辩人：安湘县人民政府

住所地：安湘县玉檀镇二环中路行政中心

法定代表人：周飞飞，县长。

因原告阳威向白沙市中级人民法院起诉安湘县人民政府未履行政府信息公开法定职责，现就本案答辩如下：

安湘县东威社区杉树巷 16 号阳威于 2015 年 2 月 26 日向安湘县政务服务中心提出政府信息公开申请，其申请内容为"申请安湘县政府公开，安湘县城郊乡维特缘项目的征地批准用途详细说明书"，受理编号（2015）229 号。收到该申请后，安湘县政务公开工作领导小组办公室根据"谁制作谁公开、谁保存谁公开"的原则，于 2015 年 3 月 4 日印发《政府信息依申请公开转办告知单》（安政务办函[2015]229 号）函告安湘县国土资源局，确定由安湘县国土资源局办理；同时印发《政府信息公开答复书》（受理编号[2015]229 号）于 2015 年 3 月 4 日以邮政快递方式邮寄给原告阳威，告知其该政府信息公开申请由安湘县国土资源局办理以及联系方式。安湘县国土资源局收到转办通知后，制作了《安湘县国土资源局政府信息公开告知书》（安国土资公开告知[2015]109 号），以邮政快递方式邮寄给原告阳威。

综上所述，对于申请人关于政府信息公开的申请，已转交安湘县国土资源局

办理并告知了申请人,即被告已经答复,而且安湘县国土资源局也已经答复,原告阳威所称"未在法定期限内予以答复"不实,据此,恳请驳回原告的诉讼请求。此致

白沙市中级人民法院
安湘县人民政府(公章)
2015年5月16日

三、本案的一审行政判决书

海北省白沙市中级人民法院
行政判决书

(2015)白中行初字第00078号

原告阳威,男,汉族,1987年8月12日出生,住海北省安湘县城郊乡罗宦村大塘组55号。

委托代理人刘姜,女,汉族,1975年5月4日出生,住海北省安湘县灰汤镇灰汤村1组2号。

委托代理人彭冲,女,汉族,1987年1月23日出生,住海北省安湘县双江口镇石头坑村范美塘组16号。

被告安湘县人民政府,住所地海北省白沙市安湘县玉潭镇二环中路行政中心。

法定代表人周飞飞,县长。

委托代理人柳用真,安湘县政务服务中心政务公开科长。

委托代理人欧美平,安湘县人民政府法制办公室复议应诉科长。

阳威诉安湘县人民政府不履行信息公开法定职责一案,于2015年5月1日向本院起诉。本院受理后,依法由审判长程光明、审判员刘勇敢与审判员旺真真组成合议庭,对本案进行审理。2015年6月11日,公开开庭审理了本案。本案原告阳威及其委托代理人彭冲、刘姜,被告安湘县人民政府的委托代理人柳用真、欧美平到庭参加诉讼。本案现已审理终结。

2015年2月26日,阳威向安湘县人民政府申请信息公开"安湘县城郊乡维特缘项目的征地批准用途详细说明书"。收到申请后,安湘县政务公开工作领导小组办公室将该申请交安湘县国土资源局办理并告知阳威。2015年3月28日,安湘县国土资源局作出宁国土资公开告知[2015]109号政府信息公开告知书并送达阳威。阳威认为安湘县人民政府未依法履行信息公开义务,向本院起诉。

原告诉称:原告于2015年2月26日依法向安湘县人民政府申请信息公开

"安湘县城郊乡维特缘项目的征地批准用途详细说明书",但被告没有依法进行回复,没有及时回复,且提供的信息与原告申请的信息内容不符。申请人认为被告安湘县人民政府具有履行依申请公开政府信息的法定职责。该行为违反了《中华人民共和国政府信息公开条例》的规定,属于行政不作为,侵害了原告的合法权益,原告不服,依法对本案提起诉讼。请求:(1)依法确认被告未依法履行信息公开义务职责的具体行政行为违法;(2)依法判令被告限期履行法定职责,依法向原告公开申请获取的信息,并在程序上进行书面答复;(3)判决被告承担本案诉讼费用。

被告辩称:收到原告的政府信息公开申请后,安湘县政务公开工作领导小组于2015年3月4日印发《政府信息依申请公开转办告知单》函告安湘县国土资源局办理,同时告知原告。安湘县国土资源局收到转办通知后,制作了安国土资公开告知[2015]109号政府信息公开告知书。原告于2015年3月28日到安湘县国土资源局领取了该告知书。对原告提出的政府信息公开申请,已转交安湘县国土资源局办理并告知了申请人,被告已作出答复,安湘县国土资源局也已经答复。据此,请求驳回原告诉讼请求。

被告向本院提供了以下证据:证据1.政府信息公开申请表;证据2.《政府信息依申请公开转办告知单》(安政务办函[2015]229号),拟证明被告已将该申请转交安湘县国土资源局办理;证据3.《政府信息公开答复书》受理编号(2015)229号;证据4.国内特快专递邮件详情单,拟证明被告已告知原告申请由安湘县国土资源局办理,已作出答复;证据5.《安湘县国土资源局政府信息公开告知书》(安国土资公开告知[2015]109号);证据6.国内特快专递邮件详情单,拟证明安湘县国土资源局已经答复。

原告对被告提供的证据发表如下质证意见:对证据1真实性、合法性、关联性认可,但证明目的不认可。对证据2—证据5,真实性认可,关联性、合法性、证明目的不认可。对证据6,真实性、关联性、合法性、证明目的均不认可。

原告开庭时向本院提交了以下证据:证据1.《政府信息公开申请表》,拟证明原告向被告申请信息公开;证据2.《政府信息公开答复书》受理编号(2015)229号,拟证明没有转办给安湘县人民政府,安湘县人民政府没有盖章和答复。

被告对原告开庭时提供的证据发表如下质证意见:对证据1没有异议。对证据2的证明目的有异议,被告已依法将申请交国土局转办,国土局也作出了答复。

经庭审质证,本院对证据作如下确认:原、被告提供的证据均来源真实,与本案相关联,本院采信为认定事实的证据。

根据采信的证据和庭审调查,本院认定以下事实:2015年2月26日,阳威向安湘县人民政府申请信息公开"安湘县城郊乡维特缘项目的征地批准用途详细说明书"。2015年3月4日,安湘县政务公开工作领导小组办公室作出安政务办函[2014]229号政府信息依申请公开转办告知函,将阳威的政府信息公开申请转办给安湘县国土资源局。同日,安湘县政务公开工作领导小组办公室作出受理编号(2015)229号政府信息公开答复书,告知阳威申请获取的信息由安湘县国土资源局依法答复,该答复书通过EMS邮寄给阳威。2015年3月9日,安湘县国土资源局作出安国土资公开告知[2015]109号《政府信息公开告知书》,告知阳威申请的内容已多次进行答复,不再另行公开。该告知书通过EMS邮寄给原告阳威。阳威认为安湘县人民政府未依法履行信息公开义务,向本院起诉。

本院认为,本案争议的焦点是被告是否对原告的信息公开申请作出答复及被告行为的合法性问题。根据《中华人民共和国信息公开条例》第十七条规定:"行政机关制作的政府信息,由制作该政府信息的行政机关负责公开;行政机关从公民、法人或者其他组织获取的政府信息,由保存该政府信息的行政机关负责公开。……"本案中,被告单位专门负责信息公开事务的安湘县政务公开工作领导小组办公室收到原告的政府信息公开申请后,确定由保存信息的安湘县国土资源局进行答复,并专门制作了受理编号(2015)229号政府信息公开答复书,告知阳威申请获取的信息由安湘县国土资源局依法答复。安湘县国土资源局其后对原告的申请事项作出了安国土资公开告知[2015]109号《政府信息公开告知书》并向原告送达。该告知书可以视为被告的答复。安国土资公开告知[2015]109号《政府信息公开告知书》仅告知阳威,其申请的内容已多次进行答复,不再另行公开。但被告并未提供证据证明其已就同样申请内容对原告进行了答复。因此,被告作出的拒绝公开信息的答复不合法,应予撤销。原告要求被告重新作出政府信息公开答复的诉讼请求,本院予以支持。据此,依照最高人民法院《关于审理政府信息公开行政案件若干问题的规定》第9条第1款之规定,判决如下:

(1) 撤销安国土资公开告知[2015]109号《政府信息公开告知书》;

(2) 责令被告安湘县人民政府在判决生效之日起15个工作日内重新就原告阳威的政府信息公开申请作出答复。

本案受理费50元,由被告安湘县人民政府负担。

如不服本判决,可在判决书送达之日起15日内,向本院递交上诉状,并按对方当事人的人数提出副本,上诉于海北省高级人民法院。

审判长　程光明

审判员　刘勇敢

审判员　旺真真

二〇一五年七月十二日

书记员　匡学威

附:相关法律条文

最高人民法院《关于审理政府信息公开行政案件若干问题的规定》

第九条第一款 被告对依法应当公开的政府信息拒绝或者部分拒绝公开的,人民法院应当撤销或者部分撤销被诉不予公开决定,并判决被告在一定期限内公开。尚需被告调查、裁量的,判决其在一定期限内重新答复。

第四节 本案的点评与分析

一、县人民政府与县政务中心、县国土局之间的关系

本案中的争议焦点纠缠着县政府、政务中心和国土局这三个政府机关之间的关系处理:第一,安湘县政务中心在信息公开这一点上,是否能够完全代表县人民政府,或者说,其所作的答复和转办是否就是县人民政府的行为?第二,县政务中心是否有权不直接公开原告阳威申请的土地征用批准信息,而是将其转给县国土局办理?第三,县国土局的告知和答复,是否就是县人民政府的告知和答复?本案中的这三个问题,是一般老百姓在现实生活中容易混淆和纠结的问题,它们在本案中也一直处于游离和不确定的状态,包括剧本尾声中提到的二审法院改判。

原告阳威及其诉讼代理人认为,没有法律依据可以证明县政务中心可以代表县人民政府,县政务中心领导小组没有对原告的信息公开申请作出答复的职权,县人民政府才是合格的答复主体,其答复书应该盖县人民政府的公章,而非县政务中心的公章。而且,县人民政府既然参与了本案中所涉土地征用公告的制作和保存,却不直接予以公开和答复,而是由政务中心转给国土局办理,有躲避和推脱的嫌疑。

被告安湘县人民政府及其诉讼代理人认为,县政务中心在信息公开这一点上,就代表县人民政府,其所作答复就是县政府的答复,而县国土局作为政府国土管理的职能部门,国土资源办公厅[2013]3号文件的第3条第7项,明确规定征收土地方案公告等信息的申请答复由县级国土部门进行,所以本案中政务中心转办给国土局予以答复和公开,是有合法依据的。

一审法院认为,安湘县国土局对原告的申请事项作出的《政府信息公开告知书》(安国土资公开告知[2015]109号),可以视为被告安湘县人民政府的答复,但该《告知书》仅告知了阳威其申请的内容已多次进行答复,不再另行公开,而并未提供证据证明其已就同样申请内容对原告进行了答复。因此,被告作出

的拒绝公开信息的答复不合法,应予撤销。原告要求被告重新作出政府信息公开答复的诉讼请求,本院予以支持。在一审法院看来,国土局的答复就是县人民政府的答复,因其拒绝公开信息的答复不合法,故而撤销国土局作出的《告知书》而责令被告安湘县人民政府重新作出信息公开的答复。

二审法院则认为,本案中政府信息公开的责任主体是安湘县国土局,若一审原告阳威对信息公开不服,应以作出答复的县国土局为被告,而不应以县人民政府为被告。一审将县国土局的《政府信息公开告知书》(安国土资公开告知[2015]109号)视为县人民政府的行为并判令县人民政府重新答复不当,应予纠正。故而撤销了一审判决,驳回了原告阳威的诉讼请求。

相较而言,二审法院的认定是较为合法合理的。因为县政务中心和国土局作为县人民政府的职能部门,政务中心就信息公开的答复行为与国土局的《告知书》是具有主体资格和法律效力的,也就是人们通常理解的"可以视为县人民政府的行为效力",但其二者毕竟是独立的机关法人单位,如果对其答复或告知不服,则不能抛开此二者的独立法律主体资格,而追溯将"上游"的县人民政府为被告,如果这样的话,则所有的行政诉讼被告,都有可能只有一个,那就是县人民政府,或者其他案件中所在级别的国务院或地方各级人民政府,这样显然在法律和现实中都是行不通的。这里就出现一个看似矛盾其实又相统一的一个"悖论":本案中的安湘县政务中心和国土局作为安湘县人民政府的职能部门,其具体行政行为的效力,视同为县人民政府作出的效力,但如果对其具体行政为不服,则又不宜一律将县人民政府作为被告,而应该以其具体的职能部门即本案中的安湘县国土局作为被告。

二、实质公正与形式公正的关系

"实质公正与形式公正"这一对范畴,其实不完全等同于"实体公正与程序公正"这一对范畴,但人们经常容易不加区分将二者加以混用,所以要注意不同的语境而予以具体的分析和对待,不能将实质公正与实体公正、形式公正与程序公正,简单地划等号。

本案中的原告阳威及其代理人,以及一审法院的判决,都有一定的"实质公正"思维:首先,认为国土局的《告知书》(安国土资公开告知[2015]109号)虽然声称其已就原告阳威申请的内容已多次进行答复,故不再另行公开,但就是没有阳威想要的信息,实质上是在推脱或者拒绝公开阳威所申请的那部分"维特缘项目的征用土地批准详细说明书"信息,所以应予撤销县国土局没有实质性答复和信息公开内容的《告知书》(安国土资公开告知[2015]109号);其次,认为既然国土局的答复和拒绝公开(或者说部分拒绝公开)行为,与县人民政府的行为具有同等效力,则现在完全可以抛开县国土局,而直接责成县人民政府予以重新答复和公开原告阳威一直申请而没有得到的上述"征用土地批准详细说明书"信息,何况安湘县人民政府也曾事实上参与过制定或保存该信息的活动。

本案中的上诉人安湘县人民政府,以及二审法院的判决,都有一定的"形式公正"思维:首先,上诉人安湘县人民政府认为,根据"谁制作谁公开、谁保存谁公开"的原则,被上诉人阳威申请公开的政府信息制作和保存机关均为安湘县国土局,县人民政府只是受理该政府信息公开申请的机关,且已依法转办、告知,所以一审判决将国土局的《告知书》(安国土资公开告知[2015]109号)视为安湘县人民政府的答复,将安湘县人民政府作为被告是错误的,不符合被告的主体资格;其次,二审法院认为,依照法律规定,"征地"主要是国土局的职责范围,而不属于县人民政府的职责范围,原告阳威对国土局的《告知书》(安国土资公开告知[2015]109号)不服,只能以作出答复的机关——县国土局为被告,而不能将作为受理的机关——县人民政府作为被告,一审判决将国土局的告知书视为县人民政府的行为而予以撤销并责令其重新答复,也是不当和应予纠正的。

综上,原告阳威与一审判决相对比较倾向于实质公正,较多感性色彩;上诉人安湘县人民政府与二审判决,则相对比较倾向于形式公正,较多理性思维。法律思维或法治思维,更多地具有"形式理性"的特征。而且这种形式理性或曰形式公正,尽管不等同,但却更倾向于程序公正,往往在程序问题上具有"一票否决"的功效,比如本案二审中对本案信息公开申请的受理机关与答复机关的关系梳理,最后以被告主体资格问题依法改判,就是最好的例证。十多年以前曾经轰动一时的"刘燕文诉北大"案,最后二审改判,也就是基于超过诉讼时效而"一票否决",等于给当事人和社会就法律的"形式理性"上了很好的一课。

值得注意的是,这里提出的"形式公正"与"实质公正"其实是不相矛盾的,关键是如何在具体案件中去理解和把握,千万不能将其与"程序"与"形式"、"实体"与"实质",简单地一一对应和混为一谈。所以,对党中央十八届四中全会《关于全面推进依法治国若干重大问题的决定》中提出的"努力让人民群众在每一个司法案件中感受到公平正义",以及"三个符合"——"事实认定符合客观真相、办案结果符合实体公正、办案过程符合程序公正",要予以全面、辩证和准确地予以对待和理解运用。

三、依法治国与司法体制机制改革大背景下《行政诉讼法》的最新修正

本案的真实审判是在依法治国与司法体制机制改革的大背景下进行的,其中的很多司法公开和公正的做法,值得点赞,比如一审和二审判决书后所附的法律条文,不仅让当事人和诉讼代理人做到心里有底,输赢皆服,而且也为社会公众和法律教学、研究,提供了具体准确的法律文本和研究对象,具有很强的针对性和"直观公正",不仅便利了当事人,而且提升了法院的司法水平和司法公信

力。比如本案中二审判决书后所附的:(1)《中华人民共和国政府信息公开条例》第21条,就列明了对申请公开的政府信息,行政机关的具体告知、答复方式和答复内容;(2)所附的《最高人民法院关于审理政府信息公开行政案件若干问题的规定》第4条第1款和第12条第1项,就分别列明了公民、法人或其他组织以申请公开政府信息行政行为不服提起诉讼的,以作出答复的机关为被告,逾期未作出答复的,以受理申请的机关为被告,依法不属于被告公开的政府信息,或者被告已经履行法定告知或者说明理由义务的,人民法院应当判决驳回原告的诉讼请求;(4)所附的《中华人民共和国行政诉讼法》第89条第3项,就列明了原判决认定事实不清,证据不足,或者由于违反法定程序可能影响案件正确判决的,可以查清事实后改判。这些判决书后所附的法律条文,极大地提高了判决的法律说理性和正当性。

继党的十八届四中全会《关于全面推进依法治国若干重大问题的决定》提出要"变立案审查制为立案登记制""最高人民法院设立巡回法庭,审理跨行政区域重大行政案件""探索设立跨行政区划的人民法院……办理跨地区案件""健全行政机关依法出庭应诉、支持法院受理行政案件"等顶层设计后,立案登记制、最高法院巡回法庭、京沪等地的跨行政区划法院的设立等,已经在现实生活和法律规定中得到初步的落实。2014年11月1日通过的《行政诉讼法》修正案,经过修改的条文自2015年5月1日起实施。修订的《行政诉讼法》条文总数由原来的75条,变为现在的103条,修正内容涉及当事人诉权的保护、管辖制度、诉讼参加人制度、证据制度、民行争议的交叉处理机制、判决形式、简易程序、行政机关不执行法院判决的责任等,是我国《行政诉讼法》自1990年10月1日出台实施以来,24年迎来的第一次"大修",很多涉及司法体制机制的立法都是"前所未有"的,成为我国"最具新意的一部诉讼法典"。比如:

(1)在受案范围上,将原来的"具体行政行为"改为"行政行为",扩大了行政行为的可诉范围;增加规定,行政行为"包括法律、法规、规章授权的组织作出的行政行为"(新法第2条)。

(2)明确规定了详细的立案登记制度(新法第51条)和对法院不立案的救济(第52条),这是自2015年2月4日最高人民法院出台"史上最长的司法解释"的《民诉法适用解释》以来,关于立案登记制度的第一次基本法律层面的立法。同时,为方便当事人提起行政诉讼,规定:"书写起诉状确有困难的,可以口头起诉,由人民法院记入笔录,出具注明日期的书面凭证,并告知对方当事人"(新法第50条第2款)。

(3)增加规定对县级以上地方人民政府所作的行政行为提起诉讼的案件,由中级人民法院管辖(新法第15条第1项),并且规定最高人民法院可以确定若干人民法院跨行政区域管辖行政案件(新法第18条),这是对党的十八届三中、四中全会两个《决定》的回应,也是减少地方政府对行政审判干预的立法举措。

(4) 新增规定"行政机关及其工作人员不得干预、阻碍人民法院受理行政案件"(新法第3条第2款)和"被诉行政机关负责人应当出庭应诉。不能出庭的,应当委托行政机关相应的工作人员出庭"(新法第3条第3款)。完善了对行政机关拒绝履行的执行措施,在增加"将行政机关拒绝履行的情况予以公告"(新法第96条第3项),第一次明确了对行政机关负责人的罚款或拘留措施(新法第96条第2项、第5项)。

(5) 明确了原告的举证责任(新法第38条)。

(6) 取消了旧法的"书面审理",直接规定了开庭或者不开庭审理(新法第86条),并且新增规定人民法院发对上诉案件要进行"全面审查"(新法第87条),不得再次发回重审,需要改变原判决的,应当同时对被诉行政行为作出判决(新法第89条第2款、第3款)。

(7) 增加了简易程序,明确了简易程序的案件适用范围,其中就包括了政府信息公开案件(新法第82条第1款);并且明确规定,发回重审、按照审判监督程序再审的案件不适用简易程序(新法第82条第2款);规定适用简易程序的行政案件,由审判员一人独任审理,并应当在立案之日起45日内审结(新法第83条),人民法院在审理过程中,发现案件不宜适用简易程序的,裁定转为普通程序(新法第84条)。

(8) 明确规定了与《民事诉讼法》的衔接。规定人民法院审理行政案件,关于期间、送达、财产保全、开庭审理、调解、诉讼中止、诉讼终结、简易程序、执行等,以及人民检察院对行政案件受理、审理、裁判、执行的监督,本法没有规定的,适用《中华人民共和国民事诉讼法》的相关规定(新法第101条)。

第五节 司考真题练习与"刘燕文诉北大博士学位纠纷案"模拟审判实验

一、司考真题[①]

1. 张某通过房产经纪公司购买王某一套住房并办理了转让登记手续,后王某以房屋买卖合同无效为由,向法院起诉要求撤销登记行为。行政诉讼过程中,王某又以张某为被告就房屋买卖合同的效力提起民事诉讼。下列选项正确的是:( )(2010年全国司考真题卷2第99题)

---

① 答案:1. A;2. C;3. ABD(考试当年的答案是 ABC,但要注意"应当"与"可以"的区别,以及我国2014年11月修订的《行政诉讼法》新增第79条的规定)。

A. 本案行政诉讼中止,等待民事诉讼的判决结果
B. 法院可以决定民事与行政案件合并审理
C. 如法院判决房屋买卖合同无效,应当判决驳回王某的行政诉讼请求
D. 如法院判决加房屋买卖合同有效,应当判决确认转让登记行为合法

2. 陈某申请领取最低生活保障费,遭民政局拒绝。陈某诉至法院,要求判令民政局履行法定职责,同时申请法院先予执行。对此,下列哪一说法是正确的?(   )(2010年全国司考真题卷2第47题)
A. 陈某提出先予执行申请时,应提供相应担保
B. 陈某的先予执行申请,不属于《行政诉讼法》规定的先予执行范围
C. 如法院作出先予执行裁定,民政局不服可以申请复议
D. 如法院作出先予执行裁定,情况特殊的可以采用口头方式

3. 余某拟大修房屋,向县规划局提出申请,该局作出不予批准答复。余某向市规划局申请复议,在后者作出维持决定后,向法院起诉。县规划局向法院提交县政府批准和保存的余某房屋所在中心村规划布局图的复印件一张,余某提交了其房屋现状的录像,证明其房屋已破旧不堪。下列哪些说法是正确的?(   )(2011年全国司考真题卷2第82题)
A. 县规划局提交的该复印件,应加盖县政府的印章
B. 余某提交的录像应注明制作方法和制作时间
C. 如法院认定余某的请求不成立,可以判决驳回余某的诉讼请求
D. 如法院认定余某的请求成立,在对县规划局的行为作出裁判的同时,应对市规划局的复议决定作出裁判

二、思考辨析

1. 我国行政诉讼的受案范围是否只限于行政机关或者行政机关工作人员的具体行政行为?
2. 简述我国人民法院的立案登记制度及其所适用的诉讼案件范围,并分析它与以前的审查立案(受理)制度之间的不同。
3. 行政诉讼中举证、质证与民事诉讼中有何不同?
4. 我国行政诉讼法是否规定了书面审理?
5. 行政诉讼中的简易程序与民事诉讼有何不同?
6. 简述我国委托诉讼代理人的范围。

三、"刘燕文诉北大博士学位纠纷案"模拟审判实验

(一)实验要求

1. 实验前由指导教师根据时案(如"刘燕文诉北大博士学位纠纷案"等)的

背景材料，给出必要的起诉答辩文书和有关的证据材料，供各审判小组演练使用。

2. 各审判小组在审判结束之前，尽量不浏览该案的媒体报道资讯，在一个"封闭"的环境中进行模拟和习练，各审判角色之间，不能私下交流，严格按照各自的角色要求进行准备和演练。

3. 中途每次小练时，可以设观察员（或者就是理论和实务的指导老师），把观看模拟演练的心得和演练者的不足记录下来，演练完后进行分享和点评，直到最后一次开庭演练结束。

4. 整个模拟审判实验结束后，再上网浏览有关时案的所有资讯，与指导老师一起对照本组的模拟审判表现，与时案审判之间的异同，进行对比、归纳和总结，最后填写实验报告和进行实验文书资料的归档。

（二）"刘燕文诉北大博士学位纠纷案"简介

原告刘燕文是北京大学无线电电子学系1992级博士生，因其博士毕业论文没有通过学校学位委员会的审查因而没有毕业和未被授予博士学位一事，曾于1997年向北京市海淀区人民法院提起行政诉讼，法院依不符合法定受案范围为由不予受理。1999年9月24日，刘燕文再次以北京大学学位评定委员会为被告，以其不批准授予他博士学位为由，向海淀区人民法院提起行政诉讼；同日，又以北京大学为被告，以其拒绝颁发给他博士研究生毕业证为由向海淀区人民法院提起行政诉讼。

海淀区人民法院经过两次公开开庭审理，于1999年12月17日以（1999）海行初字第103号行政判决书，对第一个案件作出判决：（1）撤销被告北京大学学位评定委员会1996年1月24日作出的不授予原告刘燕文博士学位的决定；（2）责令被告于判决生效后3个月内对是否批准授予刘燕文博士学位的决议审查后重新作出决定；同日，又以（1999）海行初字第104号行政判决书，对第二个案件作出判决：（1）撤销被告北京大学1996年1月为原告刘燕文颁发的（1996）研结证字第001号博士研究生结业证书；（2）责令北京大学在判决生效后两个月内向刘燕文颁发博士研究生毕业证书。

一审判决后，两个案件中分别不同的两个被告——北京大学学位评定委员会和北京大学，分别向北京市第一中级人民法院提出上诉。

二审法院经过审理后，于2000年4月30日作出（2000）一中行终字第43号、第45号两个行政裁定，以上诉人在本案审理过程中所提的诉讼时效问题，原审法院未能查清为由，裁定撤销（1999）海行初字第103号、104号两个行政判决，发回海淀法院重新审理。

海淀区人民法院经重新审理后，于2000年12月15日，分别作出（2000）海行初字第157号、第158号两个行政裁定，认为原告1999年9月24日向法院起诉已经超过法定起诉期限,并以此为由,驳回刘燕文对北京大学学位评定委员会和北京大学两个被告,在两个诉讼案中分别提出的所有诉讼请求。刘燕文不服重审的两个裁定,又一次分别提起上诉。

二审法院又一次经过分别的审理后,于2001年3月30日,分别就刘燕文与北京大学学位评定委员会授予博士学位纠纷一案,作出(2001)一中行终字第50号行政裁定书,驳回上诉,维持原裁定;就刘燕文与北京大学授予博士毕业证纠纷一案,作出(2001)一中行终字第41号行政裁定书,驳回上诉,维持原裁定。至此,本案经过两个轮回,分别2个诉讼共8个裁判文书,最后以刘燕文败诉告终。

(三)"刘燕文诉北大博士学位纠纷案"的4份裁判文书①

1. 一审撤销北大学位评定委员会不授予博士学位决定的判决书

北京市海淀区人民法院
行政判决书

(1999)海行初字第103号

原告刘燕文,男,35岁,汉族,中国科学院电子学研究所助理研究员,住本市海淀区中关村北1条9号。

委托代理人何海波,男,北京大学法学院98级行政法专业博士研究生,住北京大学30楼210室。

委托代理人何兵,男,北京大学法学院98级行政法专业博士研究生,住北京大学30楼210室。

被告北京大学学位评定委员会,住所地本市海淀区颐和园路5号。

法定代表人陈佳洱,主任。

委托代理人周其凤,男,北京大学研究生院常务副院长。

委托代理人湛中乐,男,北京大学法学院副教授。

原告刘燕文不服不批准授予博士学位的决定诉北京大学学位评定委员会(以下简称校学位委员会)案,原告于1999年9月24日向本院起诉,本院受理后依法组成合议庭,于1999年11月19日和1999年12月17日公开开庭审理了此案,并于1999年12月17日当庭宣判。原告刘燕文与委托代理人何海波、何兵;被告校学位委员会的委托代理人周其凤、湛中乐到庭参加了诉讼。本案现已

---

① 以下4份裁判文书来源于"北大法意"数据库,原文不动,作为一个"历史样本"存照,并且只摘录了刘燕文诉北京大学学位评定委员会不授予博士学位一案的一审、二审、第二次一审(发回重审)、第二次二审的共4份裁判文书,另一诉讼即刘燕文诉北京大学不授予毕业证书一案的前后4份裁判文书,鉴于篇幅和相近性,故此不录,有兴趣的读者可以上网查看。

审理终结。

被告北京大学学位评定委员会于 1995 年 1 月 24 日召开第 41 次会议,对博士论文答辩委员会提交的建议授予刘燕文博士学位的决议,以 6 票赞成、10 票反对作出不批准授予刘燕文博士学位的决定。

……(略)

本院认为,根据我国法律规定,高等学校有权对受教育者进行学籍管理,享有代表国家对受教育者颁发相应的学业证书、学位证书的权力。高等学校作为公共教育机构虽然不是法律意义上的行政机关,但是,其对受教育者颁发学业证书与学位证书等的权力是国家法律所授予的。教育者在教育活动中的管理行为,是单方面作出的,无须受教育者的同意。根据《中华人民共和国教育法》第 28 条、第 29 条的规定,教育者享有按照章程自主管理的权利,同时有义务保护受教育者的合法权益,并依法接受监督。北京大学作为国家批准成立的高等院校,在法律、法规授权的情况下,享有代表国家对受教育者颁发相应的学位证书的权力。北京大学根据《中华人民共和国学位条例》第 9 条的规定,设立北京大学学位评定委员会,北京大学学位评定委员会依据《中华人民共和国学位条例》第 10 条第 2 款的规定,依法行使对论文文答辩委员会报请授予博士学位的决议作出是否批准的决定权,这一权力专由该学位评定委员会享有,故该学位评定委员会是法律授权的组织,依据《中华人民共和国行政诉讼法》第 25 条第 4 项规定,具有行政诉讼的被告主体资格。北京大学依据《中华人民共和国学位条例》第 11 条的规定,只有在校学位委员会作出授予博士学位决定后,才能发给学位获得者相应的学位证书。校学位委员会作出的是否授予博士学位的决定,将直接影响到刘燕文能否获得北京大学的博士学位证书,故北京大学学位评定委员会应当确定为本案的适格被告。

被告作出不批准决定后,刘燕文曾向其反映不同意见,被告提出让刘燕文等候答复,但直到刘燕文向本院起诉时止,被告一直未向刘燕文作出明确的答复,故原告刘燕文的起诉未超出法定的诉讼时效。

……(略)

原告刘燕文于 1992 年 9 月取得北京大学攻读博士学位研究生学籍,其按照北京大学制订的培养方案和要求,学习了规定的课程,完成了学校制订的教学计划,考试合格后,进入论文答辩阶段,其论文经过评阅和同行评议,被认为达到博士论文水平,同意进行答辩。之后,刘燕文通过了论文答辩和系学位分委员会的审查,系学位分委员会在作出表决"建议授予博士学位"后提交校学位委员会讨论。按照《中华人民共和国学位条例》第 10 条第 2 款的规定,校学位委员会应当按照对学位论文答辩委员会报请授予硕士、博士学位的决议,作出是否批准的决定,决定以不记名投票方式,由全体成员过半数通过。北京大学第四届学位评定委员会共有委员21人,1996年1月24日召开的第41次学位评定委员会会议,到会人数为16人,对刘燕文博士学位的表决结果是:7票反对,6票赞成,3票弃权,并以此作出了不批准学位论文答辩委员会报请授予刘燕文博士学位的决议的决定,该决定未经校学位委员会全体成员过半数通过,违反了《中华人民共和国学位条例》第10条第2款的规定的法定程序,本院不予支持。因校学位委员会作出不予授予学位的决定,涉及学位申请者能否获得相应学位证书的权利,校学位委员会在作出否定决议前应当告知学位申请者,听取学位申请者的申辩意见;在作出不批准授予博士学位的决定后,从充分保障学位申请者的合法权益原则出发,校学位委员会应将此决定向本人送达或宣布。本案被告校学位委员会在作出不批准授予刘燕文博士学位前,未听取刘燕文的申辩意见;在作出决定之后,也未将决定向刘燕文实际送达,影响了刘燕文向有关部门提出申诉或提起诉讼权利的行使,该决定应予撤销。北京大学学位评定委员会应当对是否批准授予刘燕文博士学位的决议,依法定程序审查后重新作出决定。

综上所述,依照《中华人民共和国教育法》第22条、第42条第3项,《中华人民共和国高等教育法》第20条第1款、第22条,《中华人民共和国学位条例》第9条、第10条,《中华人民共和国学位条例暂行实施办法》第12条、第13条、第14条第2款、第18条、第19条,《中华人民共和国行政诉讼法》第54条第2项第3目的规定,判决如下:

(1) 撤销被告北京大学学位评定委员会1996年1月24日作出的不授予原告刘燕文博士学位的决定;

(2) 责令被告北京大学学位评定委员会于判决生效后3个月内对是否批准授予刘燕文博士学位的决议审查后重新作出决定。

案件受理费80元,由被告北京大学学位评定委员会负担(于本判决生效后7日内交纳)

如不服本判决,可于判决书送达之日起15日内,向本院递交上诉状,并按对方当事人的人数提出副本,上诉于北京市第一中级人民法院。

审判员　×××

审判员　×××

人民陪审员　×××

一九九九年十二月十七日

书记员　×××

2. 二审撤销原判、发回重审的裁定书(全文)

北京市第一中级人民法院
行政裁定书

(2000)一中行终字第43号

上诉人(原审被告):北京大学学位评定委员会。
法定代表人:许智宏,主席。
委托代理人:王立华,北京市天元律师事务所律师。
委托代理人:湛中乐。
被上诉人(原审原告):刘燕文。
委托代理人:何海波。
委托代理人:何兵。

上诉人北京大学学位评定委员会因不授予博士学位决定一案,不服北京市海淀区人民法院(1999)海行初字第103号行政判决,向本院提起上诉。本院依法组成合议庭,审理了本案。

本院认为,上诉人北京大学学位评定委员会在本案审理过程中所提的诉讼时效问题,原审法院未能查清。为保证案件的正确审理,依照《中华人民共和国行政诉讼法》第61条第3项,裁定如下:

(1) 撤销北京市海淀区人民法院(1999)海行初字第103号行政判决;
(2) 发回北京市海淀区人民法院重审。

审判长 ×××
审判员 ×××
代理审判员 ×××
二〇〇〇年四月三十日
书记员 ×××

3. 重审驳回起诉的裁定书

北京市海淀区人民法院
行政裁定书

(2000)海行初字第157号

原告:刘燕文。
委托代理人:何海波。
委托代理人:何兵。

被告：北京大学学位评定委员会。

法定代表人：许智宏，主席。

委托代理人：王立华，北京市天元律师事务所律师。

委托代理人：李琦，北京市天元律师事务所律师。

原告刘燕文不服不批准授予博士学位的决定诉被告北京大学学位评定委员会（以下简称校学位委员会）案，原告于1999年9月24日向本院提起诉讼，本院受理后，于同年12月17日作出（1999）海行初字第103号行政判决，判决撤销被告校学位委员会1996年1月24日作出的不授予原告刘燕文博士学位的决定；责令被告校学位委员会于判决生效后3个月内对是否批准授予原告刘燕文博士学位的决议审查后重新作出决定。被告校学位委员会不服提出上诉，北京市第一中级人民法院于2000年4月30日作出（2000）一中行终字第43号行政裁定，以上诉人校学位委员会在本案审理过程中所提的诉讼时效问题，原审法院未能查清为由，裁定撤销（1999）海行初字第103号行政判决，发回本院重新审理。本院重新立案后，另行组成合议庭，于2000年12月8日公开开庭审理了本案。原告刘燕文及其委托代理人何海波、何兵；被告校学位委员会的委托代理人王立华、李琦到庭参加诉讼。本案现已审理终结。

……（略）

本院认为，法律对公民提起诉讼的期限作了明确规定，公民不服行政主体作出的具体行政行为，应当在法定的起诉期限内提起行政诉讼。原告于1996年4月1日签字领取的北京大学（1996）研结证字第001号结业证书上写明"论文未通过，未达到毕业要求，予以结业"的内容，意味着被告已经作出了不授予原告博士学位证书的决定。原告对被告作出的决定提起行政诉讼的期限，应当根据1991年5月29日通过的最高人民法院《关于贯彻执行〈中华人民共和国行政诉讼法〉若干问题的意见（试行）》第35条的规定计算，即从签字领取结业证书之日起至1997年7月1日止，原告于1999年9月24日向本院提起行政诉讼，已超出法定起诉期限。2000年3月10日起施行的最高人民法院《关于执行〈中华人民共和国行政诉讼法〉若干问题的解释》，虽对起诉期限作了修改，但是，原告的起诉期限在该解释发布之前已经届满。故不能适用该解释关于起诉期限的规定。据此，依照《中华人民共和国行政诉讼法》第39条、1991年5月29日公布的最高人民法院《关于贯彻执行〈中华人民共和国行政诉讼法〉若干问题的意见》第35条的规定，裁定如下：

驳回原告刘燕文的起诉。

案件受理费80元，由原告刘燕文负担（已交纳）。

如不服本裁定，可在裁定书送达之日起10日内，向本院递交上诉状，并按对方当事人的人数提出副本,上诉于北京市第一中级人民法院。

审判长　×××
人民陪审员　×××
人民陪审员　×××
二〇〇〇年十二月十五日
书记员　×××

4. 二审驳回上诉、维持原裁定的裁定书(全文)

北京市第一中级人民法院
行政裁定书

(2001)一中行终字第50号

上诉人(原审原告):刘燕文。

委托代理人:何海波。

被上诉人(原审被告):北京大学学位评定委员会。

法定代表人:许智宏,主席。

委托代理人:王立华,北京市天元律师事务所律师。

委托代理人:李琦,北京市天元律师事务所律师。

上诉人刘燕文因不授予博士学位一案,不服北京市海淀区人民法院(2000)海行初字第157号行政裁定,向本院提起上诉。本院依法组成合议庭,审理了本案。

本院认为,公民或法人向法院起诉,主张其权利,应该在法律、法规规定的期限内行使。依据《中华人民共和国行政诉讼法》第39条规定:"公民、法人或者其他组织直接向人民法院提起诉讼的,应当在知道作出具体行政行为之日起3个月内提出。"1991年7月11日开始实施的最高人民法院《关于贯彻执行〈中华人民共和国行政诉讼法〉若干问题的意见(试行)》第35条规定:"行政机关作出具体行政行为时,未告知当事人的诉权或者起诉期限,致使当事人逾期向人民法院起诉的,其起诉期限从当事人实际知道诉权或者起诉期限时计算,但逾期的期间最长不得超过一年。"刘燕文于1996年4月1日签收了北京大学(1996)研结证字第001号结业证书,该证书载明刘燕文"在本校无线电电子学系电子、离子与真空物理专业学习,修业期满,因论文未通过,未达到毕业要求,予以结业"。由此可以证实,刘燕文于1996年4月1日便知晓北京大学学位评定委员会(以下简称评定委员会)未授予其博士学位的决定,而于1999年9月24日方向原审法院提起行政诉讼,已超过了法定起诉期限,刘燕文的该项诉讼权利不再受到法律保护。原审法院裁定事实清楚,适用法律、法规准确,处理结果并无不妥,本院应予以维持。在本院审理期间刘燕文称,若其论文未被通过,评定委员会应告知其在两年内修改、重新答辩一次,否则应视为未告知其论文未通过。依据1984年7月22日开始实施的国务院学位委员会《关于做好博士研究生学位授予工作的通知》的规定,修改论文、重新答辩的情况应从严掌握,并有法定的工作程序,不能直接理解为刘燕文在没有获得博士学位的情况下,一定存在修改论文、重新答辩的机会。所以刘燕文的上诉主张不成立,本院不予支持。刘燕文上诉称,在原审法院审理期间,评定委员会在第二次开庭时方提出起诉期限问题。因评定委员会的行为不属于法律、法规禁止性行为,所以,评定委员会以刘燕文的起诉已超过其法定起诉期限作为抗辩理由成立。刘燕文上诉称,自己就与本案同一事实及理由,曾于1997年向原审法院起诉,而原审法院未予受理,自己是在法定期限内主张的诉讼权利,因刘燕文未提供相应的证据,本院向原审法院查询,亦未找到其曾经起诉的记载,本院对刘燕文的陈述不予采信。据此,依据《中华人民共和国行政诉讼法》第61条第1项之规定,裁定如下:

驳回上诉,维持原裁定。

二审案件受理费80元,由上诉人刘燕文负担(已交纳)。

本裁定为终审裁定。

审判长　×××
代理审判员　×××
代理审判员　×××
二〇〇一年三月三十日
书记员　×××

(四)"刘燕文诉北大博士学位纠纷案"的扩展阅读主要文献

(1)朱峰:《从刘燕文诉北大案看行政正当程序的评判标准》,载《政治与法律》2000年第5期,第70—73页;

(2)湛中乐、李凤英:《刘燕文诉北京大学案——兼论我国高等教育学位制度之完善》,载《中国教育法制评论》第1辑(2002年),第318—344页;

(3)申欣旺:《司法却步"大学自治"?》,载《中国新闻周刊》2012年第12期(2012年4月9日),第40—41页。

(4)湛中乐:《教育行政诉讼中的大学校规解释——结合甘某诉暨南大学案分析》,载《中国教育法制评论》第10辑(2012年),第20—47页。

第五章　剧本（四）：刑事附带民事一审案件简易程序①

第一节　案情简介及争议焦点

一、案情简介

被告人：罗益光，男，×年×月×日出生，汉族，高中文化，工人，家住白沙市×××。

附带民事诉讼被告人：李妹玲，系被告人之妻。

附带民事诉讼原告人：刘桂花，女，×年×月×日出生，原白沙造纸厂下岗工人，现住白沙市×××。

2014年11月23日下午6时许，被告人罗益光之妻李妹玲与被害人刘桂花因麻将欠款一事发生纠纷，进而扭打在一起，被围观群众拉开。后李妹玲将此事告诉了被告人罗益光，被告人罗益光当即找到被害人刘桂花，并对其脸部猛击一拳，致使刘当场倒地昏迷。后经白沙市中级人民法院法医鉴定，刘桂花的左眼被打成轻伤。随后被告人罗益光与李妹玲及刘桂花的丈夫一起将刘送到医院救治，罗益光赔偿医药费4000元。

白沙市中南区人民检察院以故意伤害罪向中南区人民法院提起公诉，并依法建议适用简易程序审理本案。被害人刘桂花也向中南区人民法院提起附带民事诉讼，请求判令被告人罗益光和附带民事诉讼被告人李妹玲赔偿其所有医药费、营养费、误工费以及后期治疗费共计3万元。

二、本案争议焦点

被害人是否被一拳打昏在地，是否构成轻伤？

---

① 本案基本素材选自湖南省长沙市某区人民法院的成案，案中基本程序和法律文书均根据我国《刑事诉讼法》和《刑诉法适用解释》等最新司法解释进行了整理，案中法院和人名均用化名，请勿对号入座。值得注意的是，本次修订，本剧本及其法律文书中的时间、法律条款内容和序号等，都按最新的法律和司法解释进行了"与时俱进"的模拟。

第二节　本案的真实开庭审理

引子　本案适用简易程序的背景

根据《中华人民共和国刑事诉讼法》第 208 条第 2 款的规定，白沙市中南区人民检察院对罗益光故意伤害一案，在提起公诉的同时，又对中南区人民法院提出了适用简易程序审理本案的建议书（白中检刑检建［2015］第 35 号），决定派员出庭支持公诉。

白沙市中南区人民法院经审查，认为本案符合刑事诉讼法适用简易程序的条件规定①，决定适用简易程序。人民法院在向被告人送达起诉书副本的同时，告知了本案适用简易程序审理。并在开庭审判前，以电话方式将开庭的时间、地点通知了人民检察院、被告人、附带民事诉讼原告人、附带民事诉讼被告人、辩护人等，并且将通知的情况记录在卷。

第一幕　本案的第一次开庭审理

时间：2015 年 6 月 13 日 9 时
地点：白沙市中南区人民法院第一刑事审判庭
审判台正中下边是书记员席位。
公诉人、辩护人的席位分列审判台两边相对而设；公诉人席位一侧，是附带民事诉讼原告人及其诉讼代理人席位。辩护人席位一侧是附带民事被告人及其诉讼代理人席位。
与审判台相对，靠公诉人方向的是证人、鉴定人席位，靠辩护人方向的是被告人席位。
（本案的公诉人杨路、附带民事原告人刘桂花、附带民事诉讼被告人李妹玲、辩护人刘超以及其他当事人的亲属好友、一般群众，已在法庭内入座等待。）
书记员：（先宣布法庭纪律，然后大声地）请审判长、人民陪审员入庭。
审判长：（入庭落座后，用眼光环顾了一下法庭，用力地敲击一下法槌，然后大声地宣布）白沙市中南区人民法院公开审理罗益光故意伤害一案，现在开庭。
审判长：（略停一下）传被告人罗益光到庭！
（被告人在值勤法警的带领下，来到被告席。）
审判长：（看了一下被告席，然后用十分清晰的声音念）被告人罗益光，男，

---

① 我国《刑事诉讼法》第 208 条第 1 款规定："基层人民法院管辖的案件，符合下列条件的，可以适用简易程序审判：（一）案件事实清楚、证据充分的；（二）被告人承认自己所犯罪行，对指控的犯罪事实没有异议的；（三）被告人对适用简易程序没有异议的。"

1978年5月10日出生,白沙市中南区人,汉族,高中文化,工人,家住白沙市中南区电机厂宿舍14栋111号。2015年3月13日因涉嫌故意伤害被白沙市公安局中南区分局取保候审。

审判长:(看了一下附带民事诉讼原告人席位,接着念)附带民事诉讼原告人刘桂花,女,1967年6月1日出生,原白沙造纸厂下岗工人,现住白沙市中南区电机厂宿舍14栋105号。

审判长:(看一下被告席)被告人罗益光,你是何时收到起诉书副本及刑事附带民事起诉状的?

被告人:2015年5月28日。

审判长:海南省白沙市中南区人民法院刑事审判庭今天在此依法公开开庭审理白沙市中南区人民检察院依法提起公诉的罗益光故意伤害,及附带民事诉讼原告人刘桂花诉被告人罗益光、附带民事诉讼被告人李妹玲损害赔偿一案。

审判长:(略停一下)本案根据人民检察院建议适用简易程序审理,并由本院审判员张卫,人民陪审员王美媛、李丽梅依法组成合议庭,由审判员张卫担任审判长,书记员刘强担任本庭记录。白沙市中南区人民检察院指派检察院杨路到庭支持公诉。

[法律提示:基层人民法院适用简易程序审理案件,审判长或独任审判员应当当庭询问被告人对指控的犯罪事实的意见,告知被告人适用简易程序审理的法律规定,确认被告人是否同意适用简易程序。]

审判长:被告人罗益光,本案由白沙市中南区人民检察院依法建议适用简易程序进行审理,你确认同意适用简易程序吗?

被告人:同意。

(审判长接着查对附带民事诉讼被告人身份。)

审判长:(看了一下附带民事诉讼被告人席位)附带民事诉讼被告人李妹玲,女,1978年7月9日出生,系岳阳市印刷三厂下岗工人,现住白沙市中南区电机厂宿舍14栋111号。

审判长:附带民事诉讼被告人李妹玲,你何时收到附带民事诉讼起诉状副本的?

李妹玲:2015年5月28日。

审判长:被告人及附带民事诉讼原告人、被告人,根据法律规定,当事人享有以下权利:(1)申请回避权;(2)辩护权;(3)放弃、变更诉讼请求的权利;(4)提供证据、陈述事实的权利;(5)最后陈述的权利。以上权利听清楚了吗?是否申请回避?

罗益光:听清楚了,我不申请回避。

李妹玲:听清楚了,我也不申请回避。

刘桂花:听清楚了,我不申请回避。

审判长:现在开始法庭调查,先由公诉人宣读起诉书。

(公诉人宣读完起诉书①后)

审判长:现在由附带民事诉讼原告人宣读附带民事起诉状。

(附带民事诉讼原告人宣读完附带民事起诉状②后)

审判长:被告人罗益光,刚才的起诉书和附带民事起诉状,你是否听清楚了?

被告人:听清楚了。

审判长:附带民事诉讼被告人李妹玲,刚才的附带民事起诉状,你听清楚了吗?

李妹玲:听清楚了。

审判长:被告人罗益光,起诉书指控的犯罪事实是否属实?

被告人:属实。

审判长:现在由被告人当庭进行陈述。

被告人:2014年11月23日,我爱人与刘桂花在曙光路麻将馆打麻将,但不在一桌。因我爱人欠刘桂花30元钱,我爱人要求通过打麻将还钱,刘桂花不肯,两人发生争执,打了架。我下了班去接我爱人,我听别人讲我爱人被打,我爱人跟我讲是刘桂花打了她,我就追到刘桂花,我和她发生了口角,我打了她的左眼一拳,她也打我,在别人扯开时她扯了我的衣服倒在地上,后来碰到了她爱人,我就带她去附二医院看病。我共赔了4500元,有500元是在医院给的现金,另外4000元是第二天在派出所的调解后给的。

审判长:现在由公诉人讯问被告人。

公诉人:你为什么要打刘桂花?

被告人:因为她打了我爱人。

公诉人:刘桂花打你爱人和你打她是不是在同一个地点?

被告人:相差几米。

公诉人:你打了刘桂花哪里?

被告人:眼睛。

公诉人:出了血没有?

被告人:天黑看不清。

公诉人:刘桂花是否被打倒在地。

被告人:不是,她是在别人扯架时,扯了我的衣服倒下的。

公诉人:倒地以后,她昏过去没有?

---

① 起诉书内容详见后面的本案基本的诉讼文书示范。
② 附带民事起诉状内容详见后面的本案基本的诉讼文书示范。

被告人:没有。
公诉人:你什么时候送她去医院的?
被告人:五六分钟后。
公诉人:打完人后,你离开了现场没有?
被告人:离开了。
公诉人:事后你为什么要送她去医院?
被告人:因我打别人是不对的。
公诉人:你送她去医院时,她出血没有?
被告人:出了。
公诉人:你是不是自愿送她去医院的?
被告人:是的。
公诉人:你怎样把她送到医院的?
被告人:"打的"送她去的。
公诉人:你离开现场,为什么又要返回去送她到医院?
被告人:我返回现场,在路上碰到刘桂花,她受了伤。
公诉人:李妹玲有没有打刘桂花(在你打刘桂花时)?
被告人:没有。
公诉人:你知道刘桂花的伤是否有原来的(除你打的外)?
被告人:有她和我爱人打架时留下的。
公诉人:审判长,我的话问完了。
审判长:辩护人有无发问?
辩护人:没有。
(审判长用眼睛示意陪审员王美媛,要她讯问被告人。)
陪审员王:被告人罗益光,你何时打的人?
被告人:11月23日下午,下午6点多。
陪审员王:打人的地点?
被告人:麻将馆附近。
陪审员王:你怎样打的她?
被告人:用拳。
陪审员王:你打刘桂花时,李妹玲在不在现场?
被告人:我打了之后,她才赶上来。
陪审员王:刘桂花倒地后,李妹玲有没有打她?
被告人:没有。
陪审员王:你打完刘桂花后,在不在现场?
被告人:不在。我打完后走了。刘桂花的爱人来了,他要我给个说法。他好像要喊人打我。别人讲不要打了。我送她去了医院。

陪审员王:你送她去医院时,她是个什么情况?

被告人:她人还清醒,也没出血。

(停了一下,审判长示意陪审员李丽梅询问附带民事诉讼原告人刘桂花。)

陪审员李:附带民事诉讼原告人刘桂花,罗益光打你几拳?

刘桂花:一拳。他打了我左眼,我就倒在地上,我的头碰地,晕了过去。李妹玲还用脚踢我。别人喊他们不要打了,他们两个碰到我爱人,我爱人要他们送我去医院。包括李打我,都是别的几个人讲的,我当时已经晕过去了。

陪审员李:送去医院的时候,你清醒吗?

刘桂花:那时已经清醒了。

陪审员李:你被打的当时有没有出血?

刘桂花:出了。血还流在罗益光身上了。

陪审员李:你是不是因为李妹玲欠你钱而两人发生扭打?

刘桂花:是的。

陪审员李:你们俩打完架后,离罗益光打你有多久?

刘桂花:六七分钟。

陪审员李:(略停一下,对李妹玲发问)附带民事诉讼被告人李妹玲,你看见罗益光打刘桂花吗?

李妹玲:没看见。

陪审员李:罗益光打刘桂花后,你又打了她没有?

李妹玲:没有。

陪审员李:送刘桂花去医院的时候,你看到她流血没有?

李妹玲:我不知道。

陪审员李:对此事,派出所有没有调解?

李妹玲:要我出医药费、道歉。我共赔了 4500 元。

审判长:本案刑事部分的法庭讯问结束。下面由公诉人举证。

(公诉人共提供了 7 项证据材料:(1) 被告人罗益光的供述;(2) 被害人刘桂花在侦查阶段的陈述;(3) 李妹玲在侦查阶段的陈述;(4) 证人刘伟的证言;(5) 证人许满的证言;(6) 法医鉴定意见;(7) 被告人罗益光的供述及其身份、现实表现材料等。)

审判长:(目光转向刘桂花)附带民事诉讼原告人刘桂花,被告人罗益光打完你的眼睛后,你看见附带民事诉讼被告人李妹玲打了你没有?

刘桂花:我没看见。

审判长:在你倒地之前,李妹玲打了你没有?

刘桂花:没有。但是,我倒地后,感觉有人踢我。

审判长:(目光转向罗益光)被告人罗益光,你对刚才公诉人宣读的证据有无异议?

被告人:对法医鉴定有异议。我想申请重新鉴定。

审判长:理由是什么?

被告人:我想请我的辩护人回答。

审判长:辩护人,你现在将被告人对证据有异议的理由向本庭进行陈述。

辩护人:审判长、陪审员,我方对法医鉴定的异议理由如下:(1)法医鉴定时刘桂花的陈述与其在医院看病时的陈述症状不同;(2)刘桂花既然能感觉有人在踢她,证明她当时是清醒的,不像公诉方所讲的昏迷了;(3)法医鉴定并不是因其眼睛被打伤而得出的轻伤结论;(4)证人证言只是讲她以为被害人昏过去了才把刘桂花喊醒,并没有确认被害人昏迷。所以,法医鉴定并不能说明刘桂花被打时的真实情况,鉴定书中的检查和分析无法支持鉴定意见。我方申请重新鉴定。

审判长:(将目光转向公诉人)公诉人有无说明?

公诉人:该法医鉴定是清楚的。对于"短暂昏迷"的认定,法医鉴定意见具有权威性。而且,证人证言、被害人的陈述以及李妹玲的陈述相符,可以认定被告人罗益光一拳打向刘桂花,刘倒地。从逻辑上看,也正是被告人打了刘桂花才送她去医院。所以,该法医鉴定应该可以认定。

审判长:(用眼光环视一下法庭)鉴于被告人及其辩护人对法医鉴定提出异议,并且提出了重新鉴定的请求。本庭对其请求予以准许,本案决定延期审理。

审判长:(略停一下,然后大声地说)现在休庭!(用力敲击一下法槌。)

第二幕　本案的第二次开庭审理

时间:2015年7月13日9时

地点:白沙市中南区人民法院第一刑事审判庭法庭内。

(法庭布置和情形一如第一次开庭。书记员宣布法庭纪律后,请审判长和陪审员入庭。)

审判长:(入庭落座后,先用力敲击一下法槌,然后大声地宣布)白沙市中南区人民法院审理罗益光故意伤害并附带民事赔偿一案,现在继续开庭。

审判长:(略停一下)由于休庭期间,被告人对被害人的轻伤鉴定已不持异议,本庭不再委托有关部门进行鉴定。

审判长:现在,由公诉人继续举证。

(公诉人宣读破案报告书、传唤证等后)

审判长:被告人罗益光,你对以上证据有无异议(包括对上次的法医鉴定)?

被告人:没有异议。

审判长:辩护人对以上证据有无异议?

辩护人:没有。

审判长:对以上证据本庭予以确认。(略停一下,对被告人说)被告人有无证据向法庭提交?

被告人:没有。

审判长:辩护人有无证据?

辩护人:有。这里有两份证据需要提交:一份是被告人单位出具的证明,证实被告人平时表现较好;另一份是证人曾小江的证言,证实被告人及被害人发生纠纷时,被害人并没有昏迷。

审判长:辩护人将两份证明宣读。

审判长:(等辩护人宣读完证明材料后,将目光转向公诉人)公诉人对以上证据有无异议?

公诉人:是否昏迷,还有其他证据可以表明,在此不再过多说明。

审判长:辩护人,刚才提交的证人证言是怎样得来的?

辩护人:是律师调查,由证人自己写的。

审判长:对于被告人单位关于平时表现的证明材料,本庭予以采信。但证人曾小江的证言,因无其他证据佐证,本庭不予采信。

(审判长分别问公诉方和辩护方是否还有其他证据需要提供,双方均表示没有。)

审判长:本案刑事部分的法庭调查到此为止。

审判长:(略停一下)鉴于本案民事部分,本庭已于6月28日召集附带民事诉讼原、被告双方进行了调解,并达成协议。附带民事诉讼被告人已一次性付给原告人1.5万元。原告人申请撤诉,本庭予以准许。

(审判长示意陪审员李主持法庭辩论,陪审员李会意。)

陪审员李:现在进行法庭辩论。先由公诉人发表公诉意见。

公诉人:审判长、陪审员,被告人的行为已经致人轻伤,构成故意伤害罪。尽管被告人犯罪后能够对被害人予以赔偿,但其伤害行为的犯罪性是不可更改的,请法庭对其依法判处。

陪审员李:被告人罗益光,你有无辩护意见?

被告人:没有。

陪审员李:现在由被告人的辩护人发表辩护意见。

辩护人:审判长、陪审员,本辩护人认为,被害人刘桂花在本案过程中具有一定的过错。被害人经法医鉴定为轻伤,现在已恢复正常。被告人虽然构成了犯罪,但情节轻微,被告人的认罪态度较好,在打人后陪同被害人到医院看病并积极对被害人的附带民事部分进行了积极的赔偿,被告人的单位和同事也一致认为他平时表现是比较好的,本案中的伤害行为完全是一时冲动。所以,综上所述,恳请法庭对其免予刑事处罚。

(陪审员李示意审判长,审判长会意)

审判长:公诉人还有无其他事项需要说明?

公诉人:没有。

审判长:现在法庭辩论结束。由被告人进行最后陈述。

被告:我没有什么可说的,只是请求法庭念在我一时糊涂的分上,对我从宽处理。谢谢!

审判长:现在休庭评议。请值勤法警将被告人带出法庭。

[法律提示:合议庭评议后,书记员重新请审判长和陪审员入庭。审判长入庭落座后,宣布继续开庭。根据《刑诉法适用解释》第297条的规定,适用简易程序审理案件,一般应当当庭宣判。]

审判长:白沙市中南区人民检察院公诉被告人罗益光故意伤害,并附带民事诉讼原告人刘桂花诉被告人以及附带民事诉讼被告人李妹玲人身损害赔偿一案,现已审理完毕。

经过举证、质证和法庭辩论,本庭现已查明,公诉机关指控被告人罗益光犯故意伤害罪的事实清楚,情节没有出入,所提供的证据客观、真实、合法,本庭予以确认。另查明,本案在审理期间,经本院依法主持调解,被告人罗益光和附带民事诉讼被告人李妹玲已共同赔偿了被害人刘桂花医疗费、交通费、营养费等各项经济损失共计1.5万元。

本庭认为,被告人罗益光故意伤害他人身体,致人轻伤,其行为已构成故意伤害罪,本应予以处罚,但被告人罗益光犯罪后认罪态度较好,且犯罪情节轻微,并积极赔偿了被害人的经济损失,可以免予刑事处罚。辩护人提出的辩护意见与客观事实相符,本院予以采纳。考虑到由本院主持的附带民事诉讼部分调解协议已经履行完毕,故在此不再对附带民事诉讼部分进行判决。

(审判长略停一下,站起来,环视一下整个法庭。)

书记员:(大声地)全体起立!

审判长:(清清嗓门,大声地)依照《中华人民共和国刑法》第234条第1款、第37条之规定,特判决如下:

被告人罗益光犯故意伤害罪,免予刑事处罚。

如不服本判决,可在接到判决书的第二日起十日内,通过本院或者直接向海南省白沙市中级人民法院提出上诉。书面上诉的,应当提交上诉状正本一份,副本二份。

本案庭审笔录,诉讼当事人和其他诉讼参与人在宣判后,当庭阅读或宣读,然后签名或盖章。如果认为记载有遗漏或差错的,可以请求补充或者改正。

(宣读完判决后,审判长用力地敲击一下法槌)

书记员:请全体坐下!

审判长:(对各位诉讼当事人)各位当事人都听清楚了吗?

各位诉讼当事人:都听清楚了。

(书记员组织当事人对庭审笔录进行阅读、补正、签名盖章,再请审判长审阅后签名,最后,书记员自己签名。)

书记员:(站起来,面向审判台)报告审判长,法庭笔录签阅完毕。

(审判长点点头,示意书记员坐下。待书记员落座后,审判长环视一下整个法庭。)

审判长:(大声地宣布)白沙市中南区人民检察院公诉被告人罗益光故意伤害,并附带民事诉讼原告人刘桂花诉被告人以及附带民事诉讼被告人李妹玲人身损害赔偿一案,现在审理完毕。现在我宣布:闭庭!(用力敲击一下法槌。)

第三节 本案的"诉、辩、审"法律文书

一、本案的起诉书

白沙市中南区人民检察院
起 诉 书

白中检刑诉(2015)108 号

被告人罗益光,男,×年×月×日出生,白沙市中南区人,汉族,高中文化,工人,家住白沙市×××。2015 年 3 月 13 日因涉嫌故意伤害被白沙市公安局中南区分局取保候审。

被告人罗益光故意伤害一案由白沙市公安局中南区公安分局侦查终结,于 2015 年 4 月 5 日移送本院审查起诉,现查明:

2015 年 11 月 23 日下午 6 时许,被告人罗益光之妻李妹玲与被害人刘桂花因麻将欠款一事发生纠纷,进而扭打在一起,被围观群众拉开。后李妹玲自己将此事告诉了被告人罗益光,被告人罗益光当即找到被害人刘桂花,并对其脸部猛击一拳,致使刘当场倒地昏迷。后经白沙市中级人民法院法医鉴定,刘桂花的左眼被打成轻伤。随后被告人罗益光与李妹玲及刘桂花的丈夫一起将刘送到医院救治,罗益光赔偿医药费 4000 元。

上述事实有证人证言、鉴定结论、被害人陈述等证据在卷佐证,被告人亦供认不讳。本案事实清楚,证据确实、充分,足以认定。

本院确认:被告人罗益光无视国法,故意殴打他人致轻伤,其行为触犯了

《中华人民共和国刑法》第234条之规定,已构成故意伤害罪。为惩罚犯罪,保护公民人身权利不受侵犯,依据《中华人民共和国刑事诉讼法》第172条之规定,特将被告人罗益光提起公诉,请依法判处。

此致

白沙市中南区人民法院

检察员 杨 路
二○一五年五月二十七日

附项:移送侦查卷宗二册。

二、本案的刑事附带民事起诉状

刑事附带民事起诉状

附带民事诉讼原告人:刘桂花,女,×年×月×日出生,现年48岁,原白沙造纸厂工人,自2008年下岗在家,现住白沙市×××,电话:×××

附带民事诉讼被告人:罗益光,男,白沙市中南区电机厂职工;李妹玲,女,罗益光之妻。二被告人现均住白沙市×××,电话:×××

诉讼请求:

判令附带民事诉讼被告人赔偿原告住院费、陪护费、误工费、后期治疗及精神损害赔偿费等,共计3万元。

事实与理由:

2014年11月23日下午6时10分左右,我和几位女友外出回家途中,与附带民事诉讼被告人罗益光之妻李妹玲发生口角,李妹玲出其不意地用长满长指甲的手指抓我,当即将我的口腔抓破出血,双方因此发生厮打,后经周围朋友劝阻将事态平息,各自回家。为避免再起风波,我被另一女友拉着从另一条路回家。谁知没走多远,就听见后面李妹玲将其丈夫罗益光叫来,并恶狠狠地叫喊:"你给我往死里打,打死了我赔钱!"我听到喊打声后,赶紧逃避,但仍被他们追上,罗益光在其妻的纵容下,不问青红皂白,恶狠狠地对我面部猛击一拳,将我打倒在地致使我眼角破裂,流血不止,痛得我昏倒不能起来,但他们俩仍丧心病狂地继续对我拳打脚踢,打得我遍体鳞伤,并将我的耳环打坏,项链拉断。后经好心的旁人送到湘雅附二医院,缝合数针后,经留观一夜后住院治疗。

我的家人及时向沙子街派出所报了案,并于2014年12月7日经白沙市中级人民法院中法技字(2014-5)第234号法医鉴定,鉴定为轻伤。沙子街派出所让罗益光交了4000元押金后,将其释放回家,经我及家人的再三要求,派出所曾经作过两次调解,但罗、李二人一直态度恶劣,拒不认错,至今没有结果。自从被打后,我精神恍惚,暴躁易怒,记忆力大大衰退,时常引起头疼眼花。我初期住院费达七千余元,并且仍需后期治疗,但罗、李二人不但不知悔改,不向我赔礼道歉,在我住院期间不闻不问,而且到派出所私下四处活动,妄图凭关系逃避法律制裁。

根据《中华人民共和国刑法》《中华人民共和国刑事诉讼法》以及《中华人民共和国妇女权益保护法》的有关规定,为维护法律尊严,保护我的人身权利不受侵犯,特请求人民法院依法追究罗益光的刑事责任,判令附带民事诉讼被告人罗益光和李妹玲赔偿我住院费7000元、陪护费2600元、误工费2000元、后期治疗费8000元以及精神损害赔偿和营养费1万元、治疗期间的交通费400元等,共计3万元,并且向我当面道歉。

此致
白沙市中南区人民法院

附带民事诉讼原告人:刘桂花(签名)
二〇一五年三月三十日

附:本诉状副本1份。

三、本案的调解协议

调 解 协 议

时间:2014年6月28日
地点:中南区人民法院第三审判庭
审判员:张卫
书记员:刘强
参加人:附带民事诉讼原告人刘桂花
被告人罗益光,辩护人刘超,附带民事诉讼被告人李妹玲
案由:人身损害赔偿纠纷

附带民事诉讼原告人刘桂花诉被告人罗益光、附带民事诉讼被告人李妹玲人身损害赔偿一案,经本院依法支持调解,双方自愿就民事赔偿部分达成如下协议:

(1) 由被告人罗益光和附带民事诉讼被告人李妹玲共同赔偿附带民事诉讼原告人刘桂花医疗费、误工费、后期治疗费、交通费、陪护费和营养费的功能各项共计1.5万元,除已赔偿的4500元外,还应赔偿1.05万元。此款已于2014年6月28日一次性付给了刘桂花。

(2) 附带民事诉讼原告人刘桂花撤回对罗益光、李妹玲的附带民事赔偿诉讼,并不得就该事实再提起民事赔偿诉讼。

鉴于赔偿款项已及时清结。本院口头裁定准许,刘桂花也已撤回附带民事

部分的诉讼,本院将此协议记录在卷,不再另外制作附带民事诉讼调解书。

审判员　　　　张卫(签名)
附带民事诉讼当事人　　刘桂花　罗益光
及诉讼代理人　　李妹玲　刘超(签名)
二〇一五年六月二十八日
书记员　　　　刘强(签名)

四、本案的辩护意见提纲

辩护意见提纲

审判长、人民陪审员:

　　海北铁肩律师事务所依法受理被告人罗益光的委托,指派我们担任本案的辩护人。接受委托后,我们对本案的事实经过进行了调查。开庭前在审判员的主持下,对本案民事赔偿问题达成了一致意见,被告人对附带民事诉讼原告人的医疗费用进行了双倍赔偿,附带民事诉讼赔偿部分已经调解处理完毕。现就本案的刑事部分,做如下辩护意见,请合议庭根据本案的事实,全面考虑,予以采纳。

　　(1) 被告人罗益光虽然构成犯罪,但情节轻微。本案被害人刘桂花与被告人之妻李妹玲发生纠纷并厮打在一起,有一定的过错。打麻将"欠账",本质上是一种赌博账,是不受法律保护的。有证据证明被害人刘桂花向李妹玲要账30元未果,就骂李妹玲并首先动手打了李妹玲。李妹玲经法医鉴定为头顶部、左腋部红肿,左面部有4×3厘米肿胀和挫伤,左手中指被咬伤,形成0.3厘米和0.3厘米的伤痕及肿胀,食指有0.3厘米咬伤痕及肿胀,结论为:全身多处软组织挫伤,左手被咬伤,属轻微伤。被告人罗益光追赶被害人并向被害人眼部打了一拳,是出于其妻被打的原因。而且,被害人刘桂花并非被一拳打倒在地,而是被打了一拳后,在多人劝架、拉扯过程中倒地,经法医鉴定为头部蛛网膜下腔出血,参照伤情鉴定标准第8条:"有短暂意识障碍和近事易忘",构成轻伤。经治疗,现已恢复健康。据此,我们认为,被告人罗益光已构成犯罪,但其情节轻微。

　　(2) 被告人罗益光认罪态度好。对打了被害人眼部一拳,罗益光自始至终供认不讳。本次开庭前,还对被害人在三家医院看病及院外药房的购药费用共计6900多元,全部予以赔偿,在此基础上共赔偿被害人人民币1.5万元。

　　(3) 被告人罗益光平时表现很好,没有前科。其工作单位证实,他平时表现很好,努力钻研业务,成为本单位的冷作技术骨干,电机厂保卫科和厂方车间均提出请求,希望法院能对被告人罗益光从宽处理。

综上所述，被告人罗益光的伤害行为与被害人刘桂花具有的一定过错，是分不开的。罗益光认罪态度好，平时表现也很好。故请求合议庭根据《中华人民共和国刑法》第37条之规定，对被告人罗益光犯罪情节轻微的行为，给予免予刑事处罚。谢谢！

辩护人：刘超　吴娟
二〇一五年七月四日

五、刑事判决书

海北省白沙市中南区人民法院
刑事判决书

（2015）白中刑初字第189号

公诉机关白沙市中南区人民检察院。

被告人罗益光，男，×年×月×日出生，汉族，高中文化，工人，家住白沙市中南区电机厂宿舍14栋111号。因本案于2015年3月13日因涉嫌故意伤害被白沙市公安局中南区分局取保候审，现在家。

辩护人刘超，系海北铁肩律师事务所律师。

白沙市中南区人民检察院以白中检刑诉(2015)108号起诉书指控被告人罗益光犯故意伤害罪，于2015年5月28日向本院提起公诉。本院依法组成合议庭，公开开庭审理了本案。白沙市中南区人民检察院指派检察员杨路出庭支持公诉，被告人罗益光及其辩护人刘超到庭参加诉讼。现已审理终结。

白沙市中南区人民检察院指控：2014年11月23日下午6时许，被告人罗益光之妻李妹玲与刘桂花因打麻将赌博欠债一事发生口角，进而互相扭打，被围观群众扯开。李妹玲遂将此事告诉了被告人罗益光，被告人罗益光当即找到刘桂花，并朝刘的脸部猛击一拳将刘打倒在地。随后，被告人罗益光与李妹玲和刘桂花的丈夫将刘送到医院治疗。经法医鉴定：刘桂花被钝性外力致蛛网膜下腔出血，左面部、左肩部、左小腿等多处软组织挫伤，枕部头皮血肿，左眼下睑皮肤裂伤，属轻伤。起诉书认为，被告人罗益光的行为已构成故意伤害罪，应适用《中华人民共和国刑法》第234条之规定。公诉机关为证明上述事实，当庭提供了下列证据：(1)被害人刘桂花的陈述；(2)证人刘伟、许满的证言；(3)法医鉴定意见；(4)被告人罗益光的供述及其身份、现实表现材料等。

被告人罗益光对公诉机关的上述指控供认属实，没有提出异议，对当庭出示和宣读的证据亦无异议。其辩护人辩称，被告人罗益光认罪态度较好，且犯罪情节轻微，并已赔偿被害人的经济损失，建议对被告人免予刑事处罚。

经审理查明,公诉机关指控被告人罗益光犯故意伤害罪的事实清楚,情节没有出入,所提供的证据客观、真实、合法,且经当庭质证,本院予以确认。另查明,本案在审理期间,经本院依法主持调解,被告人罗益光和附带民事诉讼被告人李妹玲已共同赔偿了被害人刘桂花医疗费、交通费、营养费等各项经济损失共计1.5万元。

本院认为,被告人罗益光故意伤害他人身体,致人轻伤,其行为已构成故意伤害罪,本应予以处罚,被告人罗益光犯罪后认罪态度较好,且犯罪情节轻微,并积极赔偿了被害人经济损失,可免予刑事处罚。辩护人提出的辩护意见与客观事实相符,本院予以采纳。据此,依照《中华人民共和国刑法》第234条第1款、第37条之规定,判决如下:

被告人罗益光犯故意伤害罪,免予刑事处罚。

如不服本判决,可在接到判决书的第二日起10日内,通过本院或者直接向海北省白沙市中级人民法院提出上诉。书面上诉的,应当提交上诉状正本一份,副本二份。

审判长　张　卫
人民陪审员　王美媛
人民陪审员　李丽梅
二〇一五年七月四日
(中南区人民法院院印)

本件与原本核对无误

书记员　刘　强

第四节　本案的点评与分析

一、实体事实问题

本案的事实问题,基本没有太大争议。主要是在诉讼过程中,控辩双方围绕被害人刘桂花是否当场被"打昏"在地,是否构成轻伤,进行举证和辩论。根据我国现行法律规定,只有伤害行为导致被害人轻伤才能构成故意伤害罪,如果是轻微伤或者情节显著轻微,就可以适用《中华人民共和国刑法》第13条的"但书"[①],因而不予追究刑事责任。

关于是否被一拳打昏在地,控辩双方对此持不同意见。公诉方与附带民事

---

① "……但是情节显著轻微危害不大的,不认为是犯罪"。

诉讼原告人刘桂花认为是被打昏了。辩护方则举出证人曾小江的证言,说没有被打昏,而是被害人在别人扯架时拉住被告人的衣服而倒在地上的。对于曾小江的证言,没有其他的证据可以佐证,法庭没有采纳。同时,对于本案是否构成犯罪,是否被打昏并不是关键,定案的关键是法医鉴定是否为"轻伤"。而辩护方开始以为法医鉴定说"被打昏",可能认为会导致"重伤"的结论,因而提出重新鉴定的申请。法庭延期审理后,辩护方发现法医鉴定并没有如此写,而且辩护方对轻伤结论也不持异议,所以法庭就没有必要重新委托鉴定。至此,本案的事实问题基本没有什么争议,法庭在最后认定犯罪时也没有必要提及是否被打昏的问题。可见,本案的审理是善于抓住本质和关键问题的。

二、庭审程序问题

由于本案的法庭审理适用的是简易程序,所以对于讯问被告人、询问证人、鉴定人、出示证据、法庭辩论等程序,没有必要像普通程序那么严格进行。本案的审理没有太多的拖泥带水,体现了简易程序的快速和高效。

根据2012年修订实施的《刑事诉讼法》和《刑诉法适用解释》,人民法院适用简易程序审理刑事案件,对可能判处3年有期徒刑以下刑罚的,可以组成合议庭审判,也可以由审判员一人独任审判,人民检察院应当派员出席法庭,人民法院应当通知辩护人出庭。但在法庭审理过程中发现有下列五种情形之一的,应当转为普通程序审:(1)被告人的行为可能不构成犯罪的;(2)被告人可能不负刑事责任的;(3)被告人当庭对起诉指控的犯罪事实予以否认的;(4)案件事实不清、证据不足的;(5)不应当或者不宜适用简易程序的其他情形。①

本案中,检察院在向人民法院适用简易程序审理本案的建议书(长中检刑检建[2015]第35号)中决定派员出庭支持公诉,并指派了检察员杨路出庭支持公诉;辩护人不仅提供了书面辩护意见后,还出庭担任了辩护;法庭审理不是由审判员独任审判,而是由审判员和人民陪审员组成合议庭审理了本案。②

本案"控辩审"三方,都是严肃和慎重的。

本案庭审的一些细节问题,仍然值得注意和思考:

其一,本案的法医鉴定"轻伤"意见并没有详细说明得出意见的法律依据。这看似美中不足,但也符合法律规定。长沙市中级人民法院中法技字(2014-5)第234号法医鉴定意见的原文为:"刘桂花被钝性外力致蛛网膜下腔出血,左面部、左肩部、左小腿等多处软组织挫伤,枕部头皮血肿,左眼下睑皮肤裂伤,属轻

---

① 参见《中华人民共和国刑事诉讼法》第210、213条,最高人民法院《刑诉法适用解释》第219、293、297条等规定。
② 参见《中华人民共和国刑事诉讼法》第13条,全国人民代表大会常务委员会《关于完善人民陪审员制度的决定》第2、3、11、12条等规定。

伤。"而被告人的辩护律师在辩护意见中却认可了该法医鉴定的法律适用标准是伤情鉴定标准的第 8 条:"有短暂意识障碍和近事易忘",被告人对此也没有表示异议。但是,仔细分析,该伤情鉴定的法律依据在法医鉴定意见的原文中是没有得到体现的。根据最高人民法院、最高人民检察院、公安部、司法部于 1990 年联合颁发的《人体轻伤鉴定标准(试行)》的规定,轻伤是指物理、化学及生物等各种外界因素作用于人体,造成组织、器官结构的一定程度的损害或者部分功能障碍,尚未构成重伤又不属轻微伤害的损伤(第 2 条)。本案可能涉及该标准的条款是:(1)眼睑损伤影响面容或者功能的(第 9 条第 1 项)。(2)肢体软组织挫伤或者多部位软组织挫伤占体表总面积的 6% 以上(第 20 条和第 50 条)。(3)多种损伤均未达到本标准的,不能简单相加作为轻伤。若有三种(类)损伤接近本标准的,可视具体情况,综合评定(第 53 条)。而最后定案,包括辩护方也认可的"有短暂意识障碍和近事易忘",确实缺乏一定的说服力。但根据《刑诉法适用解释》第 295 条第 3、4 项的规定,适用简易程序审理的案件,对控辩双方无异议的证据,可以仅就证据的名称及其所证明的事项作出说明;控辩双方对定罪量刑有关的事实、证据没有异议的,法庭审理可以直接围绕罪名确定和量刑问题进行。

其二,从本案对实体事实的处理,明显可以看出司法调解和让步在诉讼过程中的作用。我国诉讼法学界曾经对法院调解制度的存废展开过热烈的讨论,但不管肯定和否定的观点论争结果如何,法院调解在我国民事诉讼和刑事附带民事诉讼案件中的适用是比较广泛的,本案的附带民事部分处理也正好说明了这一点。从审判实务看,我国法院每年审结的民事案件中,曾经大约有 2/3 以上是以调解方式结案的。[①]

在世界各国司法制度不断融合、互相借鉴的潮流中,我国的审判方式改革借鉴了英美国家的对抗式庭审方式,我国的司法调解制度也为一些国家所借鉴。[②]

司法调解制度的这种"殊荣"也是诉讼公正与效率的辩证要求。我国的司法调解制度不是要不要废除和否定的问题,而是如何完善和改进的问题。《刑事诉讼法》第 206 条规定了"人民法院对自诉案件,可以进行调解",《刑诉法适用解释》第 271 条对自诉案件的调解原则和程序予以了规定,但都没有规定对适用简易程序的公诉案件是否可以调解作出明确规定,只是规定适用简易程序审理的案件,判决宣告前应当听取被告人的最后陈述。而且从立法的精神看,对于公诉案件的刑事部分是不能进行调解的,但可以促成和解。本案中辩护人和

---

① 参见江伟主编:《民事诉讼法学原理》,中国人民大学出版社 1999 年版,第 531 页。
② 参见肖扬:《当代司法制度的理论与实践》,载万鄂湘主编:《中国司法评论》2001 年第 1 辑(总第一卷),人民法院出版社 2001 年版,第 1—29 页。

被告人对待法医鉴定意见的前后表现上,可以看出调解和让步的"痕迹"。这在某种程度上看是符合当事人和解的立法精神的,尽管本案并未适用现行法律和司法解释关于当事人和解的公诉案件诉讼程序。① 这当然并不意味着,既然是免予刑事处罚,是否轻伤,是否犯罪,对于辩护方来说似乎就不是那么必要较真。而在检察机关和人民法院,既可以省去程序上的麻烦②,可以尽快结案、解决矛盾,又可以使被害人心服。

其三,如何对待法庭调查开始阶段被告人就对犯罪事实予以承认的问题。在本案庭审开始时,当公诉人宣读完起诉书后,审判长问:"被告人罗益光,起诉书指控的犯罪事实是否属实?"被告回答:"属实"。如果在普通法系的英美等国,"辩诉交易"被大量地运用到刑事诉讼中,本案的这种情形在英美国家大概是难以理解的。不少普通法系国家的律师、法官、法学家来旁听我们的刑事案件开庭后都要不解地问:被告开始就认罪了,就可以直接判,你们为什么还要审?这不浪费时间吗?③

可见,本案中被告的一句"属实"的简单回答,虽是"模拟",但确实足以让我们去深思诉讼公正和诉讼效率、程序公正和实体公正、法律真实和客观真实、本国的现实国情和对他国的法律借鉴等,诸如此类的对立统一关系。

其四,对人民陪审制的思考。本案合议庭由一位审判员和两位人民陪审员组成,是符合《刑事诉讼法》等有关法律规定的。但需要指出的是,我国有关人民陪审制的法律规定是有一定冲突的,典型的例子是,《刑事诉讼法》第210条规定,适用简易程序审理的案件,可以组成合议庭进行审判,本案在本书本次修订再版时,仍然按照第1、2版时的案件原型,在合议庭的组成上未予变动,仍由一位审判员和两位人民陪审员组成。但全国人民代表大会常务委员会《关于完善人民陪审员制度的决定》第2条却明确规定人民法院适用简易程序审判第一审案件的不适用陪审审判方式。且不说本案原型在法院真实审判的当时,有违人民陪审员不适用简易程序的规定,即便按照2012年修订实施的《刑事诉讼法》第210条之规定,本案组成合议庭也不能有人民陪审员参加,这样对简易程序之"简便易行"的精神,无疑构成冲突。本案剧本此次修订时故意保留了人民陪审员参加简易程序的合议庭,也是想引起进一步的探讨、争鸣和研究。

另外,在本案中,人民陪审员不仅参加了庭审过程,而且在庭审过程中还讯问了被告人、询问了附带民事诉讼原告人、主持了法庭辩论、参加了合议庭评议

---

① 可见《刑事诉讼法》第5编第2章第277、278条,以及《刑诉法适用解释》第21章第496条至第505条的规定。

② 否则,如果辩护方做无罪辩护,本案就应该用普通程序审理。

③ 参见万鄂湘:《从中美诉讼制度比较看司法公正与效率问题》,载万鄂湘主编:《中国司法评论》,2001年第1辑(总第一卷),人民法院出版社2001年版,第30—39页。

并发表了意见等,享有和审判员同等的权利,显然不是一个只是"陪而不审"的角色①,符合有关法律规定的要求。

还有,本案合议庭由审判员和人民陪审员组成不是当事人选择的结果,而是由法院决定的。我国《人民法院组织法》和三大诉讼法都没有规定当事人对陪审审判方式的选择权。全国人民代表大会常务委员会《关于完善人民陪审员制度的决定》第 2 条虽然规定:"人民法院审判下列第一审案件,由人民陪审员和法官组成合议庭进行,适用简易程序审理的案件和法律另有规定的案件除外:……(二) 刑事案件被告人、民事案件原告或者被告、行政案件原告申请由人民陪审员参加合议庭审判的案件。"从这里似乎可以看出当事人有权申请选择陪审审判方式,但实际上从我们所见的有关资料中还没有发现当事人实际有效行使了这样的选择权的。这说明虽然人民陪审制体现了民主的理念,但因其实际限制当事人的选择权而使这种民主的理念体现得很不彻底。但在世界上其他一些国家和地区如美国和我国香港地区等,当事人的这种选择权却得到了明确确认。如美国《联邦宪法》第六修正案规定:"在所有刑事案件中,被告应有权要求由罪案发生地之州及区的公正的陪审团予以迅速及公开之审判……"美国联邦刑事诉讼规则和民事诉讼规则具体规定了当事人选择陪审团审判的权利。轰动世界的美国世纪大案辛普森案,之所以最后的判决结果是辛普森无罪,应当说与辛普森参与挑选了陪审团成员且所挑选的成员以黑人为主不无关系。由此看出当事人选择陪审员会对诉讼过程和结果甚至社会产生较大影响。因此,从扩展司法的民主性及维护当事人权益的角度出发,我国有必要在将来修改法律时应明确赋予当事人对陪审员的选择权并予以落实。

其五,对简单刑事案件适用简易程序现实状况的思考。刑事案件审理的简易程序,是随着刑事审判方式的改革,由 1996 年修订的《刑事诉讼法》所确定下来的,主要适用于基层人民法院审理简单轻微的一审刑事案件,其宗旨就是降低审判成本,提高诉讼效率,将刑事案件进行科学的分流,更好地保证普通程序功能的发挥。根据法律规定,适用简易程序审理的刑事案件,可以由独任审判员审判;证据可以不当庭出示;审理期限大为缩短,法律规定在 20 天内应当审结。但审理中如发现被告人翻供、可能作无罪宣判的、证据不充分等情况而不适宜简易程序的,应当决定中止审理,转为普通程序进行审理。2012 年修订的《刑事诉讼法》,从立法上消除了原来简易程序的启动手续烦琐(公诉案件必须由检察院建议或同意)、容易变相剥夺被告人的合法权利(没有将被告人的同意作为简易程序的必备条件)、法官集控审职能于一身(在检察院不派员出庭支持公诉情况下)等弊端,但还需公诉人员和审判人员在观念上树立诉讼经济的理念,不要怕

---

① 但不少资料都反映出人民陪审员只是"陪而不审"。

担责任,怕惹麻烦、怕出问题。①

如何在保证诉讼公正的前提下,正确而充分发挥简易程序的诉讼经济优势,是今后完善刑事案件审理的重大课题。

第五节 司考真题与思考练习

一、司考真题②

1. 关于附带民事诉讼程序中的保全措施,下列哪一说法是正确的?( )(2012年全国司考真题卷2第30题)

  A. 法院应当采取保全措施
  B. 附带民事诉讼原告人和检察院都可以申请法院采取保全措施
  C. 采取保全措施,不受《民事诉讼法》规定的限制
  D. 财产保全的范围不限于犯罪嫌疑人、被告人的财产或与本案有关的财产

2. 下列哪一情形不得适用简易程序?( )(2012年全国司考真题卷2第32题)

  A. 未成年人案件
  B. 共同犯罪案件
  C. 有重大社会影响的案件
  D. 被告人没有辩护人的案件

3. 下列哪些案件法院审理时可以调解?( )(2010年全国司考真题卷2第74题)

  A. 《刑法》规定告诉才处理的案件
  B. 被害人有证据证明的轻微刑事案件
  C. 检察院决定不起诉后被害人提起自诉的案件
  D. 刑事诉讼中的附带民事诉讼案件

4. 关于简易程序,下列哪些选项是正确的?( )(2014年全国司考真题卷2第73题)

  A. 甲涉嫌持枪抢劫,法院决定使用简易程序,并由两名审判员和一名人民陪审员组成合议庭进行审理
  B. 乙涉嫌盗窃,未满16周岁,法院只有在征得乙的法定代理人和辩护人的同意后,才能适用简易程序
  C. 丙涉嫌诈骗并对罪行供认不讳,但辩护人为其做无罪辩护,法院决定适

---

① 参见陈卫东主编:《刑事诉讼法实施问题调研报告》,中国方正出版社2001年版,第191—193页。
② 答案:1. B;2. C;3. ABD;4. ABD

用简易程序

  D. 丁涉嫌故意伤害,经审理人为可能不构成犯罪,遂转为普通程序审理

二、思考辨析

  1. 对本案的鉴定意见,你有何看法?

  2. 通过本案的亲身体验,你对我国的法院调解有什么新的感想?

  3. 本案开始时,被告回答起诉书指控的犯罪事实"属实"的情况在我国的刑事案件(尤其是自诉案件和适用简易程序的刑事案件)的审理,是否普遍存在?你是如何看待这个问题的?

  4. 如果本案有两种处理方案:一是无罪释放;二是犯故意伤害罪,免予刑事处罚。你作为审判人员应该怎样处理?由此,你是怎样看待法官的自由裁量权的?

  5. 根据我国现行法律规定,对于检察院提起的附带民事诉讼,能否进行调解?

  6. 如何看待刑事附带民事诉讼的诉讼费问题?

  7. 如何看待公安机关和人民检察院对附带民事赔偿问题的调解与人民法院对附带民事诉讼案件调解之间的关系?换言之,公安机关和人民检察院是否能成为附带民事诉讼的处理机关?

  8. 简易程序与普通程序的区别是什么?简易程序是否就是普通程序的简化形式?结合本案谈谈如何理解简易程序的"可选择性"问题。

  9. 结合本案谈谈如何看待附带民事诉讼中的精神损害赔偿。

  10. 针对刑事附带民事诉讼中审判人员的"打了不罚,罚了不打"的普遍心态,请你结合本案谈谈怎样处理好赔偿和刑罚的关系,怎样防止刑事责任和民事责任不当吸收的问题。

  11. 结合大陆法系的"参审制"和英美法系的"陪审团制",谈谈对我国人民陪审员制度的看法。

第六章 模拟审判技巧

模拟审判具有审判模拟、审判实践和审判教学的三种品性,因此必须兼顾三者的特点和需要,但又不仅仅是三者的简单相加。模拟审判的技巧与得失,必须从模拟性、实践性、教学性这三个方面来加以综合和总结。这三个方面的核心和关键还是审判,尤其是法庭审理即模拟法庭部分。世上本无绝对的、万能的技巧,但还是有必要归纳总结一下模拟审判组织安排、文书写作、法庭表达的经验和窍门,以便更加"熟能生巧"。要将审判中的各种技巧编排有序,本身也是一件十分困难的事情。本来所谓的"技巧",无外一些分散、零乱的"经验火花"。高质量的审判并非只知道技巧,还要根据实际需要,对这些技巧加以取舍、综合并予以灵活运用。

第一节 组织安排技巧

首先,模拟审判是一种教学活动。虽然理论上也存在法学研究或司法示范性质的模拟审判,但其常态还是一种教学活动,是一种主要面向全日制法律本科学生和全日制(非法学)法律硕士的教学活动,是法律本科生和研究生教学的一个重要环节。模拟审判的组织和安排必须符合法律本科和研究生培养方案的总体要求,要符合法律本科和研究生教学的内在规律和外部需求,要与一般的法律实习、法律诊所、法律信箱、疑案讨论、案例或者判例教学等法律实践性教学活动,形成一个完整、协调、自足的法律实践性教学体系。

其次,模拟审判是一种审判活动。审判是模拟审判教学的核心内容。作为一种审判活动,模拟审判必须符合法律规定的审判程序,需要运用实体法和程序法的综合知识,需要具有审判的职业伦理和一定的经验技巧。模拟法庭是模拟审判的核心和焦点,主要依据程序法的规定进行。司法实践中的审判程序固然是学生学习的参照,但不能一律简单"拿来",而应有所取舍。模拟审判可以在法律规定的范围内"大胆设想、小心求证",但不能将司法实践中一些不符合法律规范的审判作为"标准答案"来照葫芦画瓢。模拟审判的知识,包括书本知识也包括实践知识,包括社会知识也包括法律知识,包括实体法知识也包括程序法的知识,包括经验性知识也包括非经验性知识;模拟审判的职业伦理,包括所有法律职业共同体的共同道德伦理,也包括作为法官、检察官、律师各个单独职业的特有道德伦理;模拟审判的技巧,包括行为的技巧,也包括语言文字的技巧。

好比一个硬币不可缺少的两面,模拟审判的"模拟性",有其优势的一面,也有其劣势的一面。比如对法律职业伦理的培育,模拟审判的亲历性和体悟性,可能就比不上到司法实践部门进行的一般法律实习或者见习,但其对法律职业伦理的示范功能就相对较强。比如对教学活动的完整性和可设计性,模拟审判的优势就很明显,但其缺陷就是"理想色彩"较浓。社会生活中的许多案件,尤其是民事诉讼案件,并不一定都要经过法庭审理,完全可以通过法庭外的调解、和解、撤诉等方式得到解决。但在模拟审判教学中,模拟法庭却是不可或缺的,这是教学活动的完整性所决定的。

模拟审判的组织和安排技巧,主要是围绕模拟审判的审判教学性、实践性和模拟性来展开的,主要表现在以下五个方面:

一、案件选择:循序渐进,量体裁衣

模拟审判在案件材料的选择上,虽然选择的空间较大,但也不能天马行空地随意为之,而要根据法学本科和研究生教学大纲的要求,循序渐进,量体裁衣。

在整个模拟审判教学体系中,第一次模拟审判应当安排民事案件;第二次模拟审判安排刑事案件;第三次,如果有三次模拟审判实习的话,才能安排行政案件或刑事附带民事诉讼等综合案件的模拟审判。

民事案件的纠纷解决方式多样,民事权利也表现多样,侵权或曰违法行为,最多的表现还是在民事生活领域。民事审判在整个纠纷解决体系和权利保护体系中,具有基础性的作用。

刑法和刑事诉讼法是与定罪、量刑有关的法律。而犯罪,从某种意义上说,是一种最严重的违法行为,是达到足以定罪的严重程度的侵权或违法行为。

行政法与行政诉讼法虽然涉及的违法、侵权行为与行政机关的作为或者不作为有关,但行政执法本身,就是我国法律适用中与审判并列的一项重要内容,行政执法不属于审判的范畴。行政审判的许多基本原理是依赖民事审判的,不仅法律规范本身的发展规律如此,从行政诉讼法产生的历史来看,也是如此。2014年修订时新增①的《行政诉讼法》第101条明确规定,本法没有规定的期间、送达、财产保全、开庭审理、调解、中止诉讼、终结诉讼、简易程序、执行等,以及人民检察院对行政案件受理、审理、裁判、执行的监督等,适用《民事诉讼法》的相关规定。

所以,在模拟审判的内部体系中,一般要"先民后刑,行政综合"。只有当民事、刑事案件的模拟审判大致都已进行完毕,才能进行行政案件或者刑民交叉、

---

① 经修改后的《行政诉讼法》,没有变动的条文和内容,生效日期仍为1990年10月1日;变动的条文和内容,生效时间为2015年5月1日。

行民交叉案件的模拟审判。

每次具体的模拟审判实习,要考虑实习时间、实习人数的安排,对案件的选择,并尽量考虑典型性、现实性,要先易后难,不要贪多求大。一些大案、要案、名案,在最初的模拟审判中不宜选用。因为这些案件的争议性较大,涉及面广,而且一些背景材料已经被曝光,如果在最初的模拟审判实习中采用,不仅难以起到教学习练的作用,而且容易沦为表演秀、辩论赛,于模拟审判的教学宗旨并无益处。

一般而言,疑难案件适合在最后一次综合案件审判实习中选用,这样就在前面模拟审判的基础上,有利于巩固、深入。最好的选择是,在前一两次的模拟审判实习中,指导教师要从法院已经办理的案件中复印案卷材料,隐去有关内容,只给学生起诉状(书)、答辩状和证据材料、案卷目录,让同学们按照案卷目录,去"还原"有关的法律文书和法律活动。等模拟审判开庭审理完毕,再将法院已有的裁判文书,与同学们"模拟"而成的裁判文书,加以比较和点评。这样就能起到真实、对比的教学效果。

二、角色分派:全面发展,兼顾特长

模拟审判在角色分派上,应当考虑到全体学生的全面发展,适当兼顾每个学生的特长和爱好。不能因为某个同学的口才较好,就总当律师的角色;或者某个同学组织、口才能力不行,就总当法警或者证人的角色。同时,也不能由着同学的"自由选择",个别同学因为不自信或者怕麻烦,每次就充当工作最简单的角色。

指导老师应当在尊重同学意愿的基础上,适当加以引导,做到每个审判小组的同学,基本上搭配合理。要让每个同学经过几场模拟审判实习下来,基本上都充当过法官、律师、当事人等不同的角色。不能在每次模拟审判实习中出现个别角色的"专业户"现象,而要进行"角色轮换"。这种"角色轮换",不仅有利于学生各种能力的锻炼,而且有利于每个学生各个方面能力的锻炼,能够让每个学生体会到不同角色的职业道德、职业特点,在以后的工作中能够"设身处地"地与"对方"处理好法律上的权利义务关系。

三、庭审准备:充分准备,沉着迎战

开庭审理前的程序在诉讼中具有十分重要的地位。通过英美法系国家"审前程序"中的证据调查、证据交换(在民事诉讼中称为 discovery,即发现程序)与和解会议,民事案件有将近95%以上的案件可以得到解决,而只有不到5%的民事案件需要进入法庭审理。刑事案件也存在大量的审前程序,比如辩诉交易等,美国对80%—90%的案件都在开庭审理前,采用辩诉交易程序直接量刑处罚。

大陆法系尽管不称"审前程序",而惯用"审前准备程序",也不像英美法系那样热衷于庭前解决,但庭前的准备同样十分重要。

英美法系具有陪审团审判的传统,尽管现在陪审团的运用越来越少见了,但传统陪审团审判对当今英美法系审判方式的影响,仍然在一定程度上存在着。在运用陪审团的案件中,陪审团负责事实认定,法官负责法律适用,所以开庭审理的成本较高,要尽可能"一次性审理",审理、审理前阶段要彻底分开。[①] 美国的审前程序在民事诉讼中所扮演的重要角色已今非昔比。今天,"审前"这个词不再是审判的前奏,相反,它被设定为一个无须审判而结束案件的途径。[②]

大陆法系一般实行参审制,没有陪审团的人力和财力负担,参审员与法官既认定事实又适用法律,参审员的人数一般不多,而且多半处于法官的附属地位,所以大陆法系的法庭审理可以分散、多次进行,审理、审理前的准备阶段并不需要彻底分开,可以先准备再审理,也可以边审理边准备。

英美法系的审理好比剧场的演出,演出之前当事人及其律师在法院的监督之下进行了充分的准备,法庭审理中也完全由当事人及其律师提出事实和法律,法官只是一个指挥诉讼进程、监督诉讼纪律的"节目主持人"。则大陆法系的审理好比"一列徐徐开向站台的火车",法院在确定证据的范围以及调查证据中起着主导作用。[③] 也就是说,英美法系的审判中,审理是一次性的,每每在审判开始之前,双方当事人不仅必须把自己的论点和证据想透,还必须了解对方的论点和证据,因为如果出现意想不到的证据,任何一方都不能简单地要求休庭。而在大陆法系的审判中,可以间隔地划分为数次审理,如果一方当事人提出任何意料不到的主张或者论据,另一方当事人必须到下次开庭才能提出进一步的反驳证据或事实,从而在诉讼重新开始时,在法官的大力协助下,逐渐界定主要的事实与法律问题,把有争议的事实与无争议的事实分辨开,一步一步地获得判决根据。[④]

当然,两大法系的审判模式区别,也是相对的,上面的描述仅仅是宏观上的大致概貌而已。事实上,经过两大法系的不断融合和互鉴,除了深层的审判理念和审判文化不同,二者在具体操作层面的差别正在不断缩小。不管如何,法庭审理前的准备或曰审前程序,对于两大法系的审判模式都是十分重要的,对于模拟审判也是如此。

---

① 参见沈达明编著:《比较民事诉讼法初论》,中国法制出版社2002年版,第111页。
② 参见 Judith Resnik, Trail as Error, Jurisdiction as Inquiry: Transforming the Meaning of Article III, 113 *Harvard Law Review* 937(February 2000). 转引自〔美〕史蒂文·苏本、玛格瑞特(绮剑)·伍:《美国民事诉讼的真谛——从历史、文化、实务的视角》,蔡彦敏、徐卉译,法律出版社2002年版,第123页。
③ 参见沈达明编著:《比较民事诉讼法初论》,中国法制出版社2002年版,第165—166页。
④ 参见〔德〕K.茨威格特、H.克茨:《比较法总论》,潘汉典、米健、高鸿钧、贺卫方译,贵州人民出版社1992年版,第479页。

我国的审判模式具有大陆法系的传统,但改革的趋势似乎是学习英美法系的较多,而且正处"转型"之中。在我国进行模拟审判教学,庭审准备的重要性是不言而喻的。如果说模拟审判有三个最重要的法则,那就是:第一个是准备;第二个是准备;第三个,还是准备。

鉴于模拟审判教学的需要,不可能像司法实践中那样,在开庭审理前使纠纷得到解决而终结案件。模拟审判中的法庭审理是必经的程序,这样才能达到教学的完整性和体系性。但这样并不意味着在开庭审理前,不可以就有关的事项达成一致。审理前的准备包括审前调查、审前处理、审理救济等多项工作。只不过,这里的审前处理只限于部分的审前和解、谈判,不能完全"结案",否则后头的庭审"重头戏"就没法进行,这仅仅是出于教学的考虑,而非现实审判的常态。

进行庭审准备时,应当根据已有的材料,一方面要全面充分地预测和应对庭审中可能出现的情况,最好列出各自审判角色(法官、检察官、律师、当事人等)尽量详细的庭审计划和大纲,做到"以不变应万变";另一方面又要保留适当的余地,以便临时发挥,做到"以变应变,随机应变"。

法庭好比战场,战况瞬息万变,不到最后裁判,谁也很难保证完全胜算。只有尽量做到"知己知彼"、沉着迎战,尽量做到不放弃不抛弃,尽量利用"天时地利人和",最后才有可能取得理想的诉讼效果。

从某种意义上说,现实生活中的胜诉和败诉只是相对的,在案件没有判决之前,不存在铁定的胜诉,也不存在铁定的败诉,所有当事人和律师都只能"尽力而为"。正如哈佛大学法学院的一个教授在经历过"沃伯恩水污染案"败诉后发出的由衷感慨:"我过去一直相信只要你下足够的功夫,司法就能做到公正。我觉得法官如果看到有人行骗,就该给以惩罚。沃伯恩这个案子使我极为失望。"[1]这种失望放到理论上讲,其实是"正常"的,程序的公正只能尽可能地去实现实体的公正,但它并不等于实体公正本身。法律事实,毕竟是"经过加工了的事实"。事实的真相永远只能还原、拼凑、复制、重现和"无限接近",但发生过的事实本身,绝对不可能再次"发生"。

好比医生不能"包治疾病",律师——也不能"包赢官司"。诉讼好比治病,甚至比治病还要复杂,其中的许多"变数",确实是难以预料的。

四、教师指导:当好陪练,适当引导

教师在模拟审判的所有教学活动中,都应当全程参与。尤其在案件的选择和角色分配上,要予以适当引导。学生有针对性地去法院旁听、观摩法庭审理时,教师应当在场,在开庭前要通过提问、提示等方法,提醒学生注意本案的焦点

---

[1] 〔美〕乔纳森·哈尔:《漫长的诉讼》,黄乔生译,译林出版社1998年版,第551页。

问题以及与本次模拟审判的关系,在观摩过程中要维持法庭纪律和正确引导学生的守法意识;旁听观摩完毕后,教师应当及时总结和点评。也可以先由学生点评,提出问题,再由指导教师解答释疑。

但要注意,学生才是模拟审判教学活动的第一主体。指导教师可以"引导",但不能"领导"整个模拟审判。指导教师在模拟审判教学活动中的角色定位应当是——陪练,而非领导。学生才是模拟审判的主角,教师只是配角,是陪练式的"教练",而非领导式的"教导"。教师的任务就是解答疑惑、激励学生,不要试图包揽一切,不要试图训练一批"听话的法官和律师",更不要试图训练"听话的原告与被告"。

在职业伦理的指导方面,教师应当及时指出现实审判中存在的弊端,并加以分析和引导、纠正。比如,有的同学在旁听法庭审理时,发现个别法官并不按程序审理,职业形象和举止也不甚得当,于是产生不严肃对待模拟审判的情绪,认为专业的法官尚且如此,何况模拟审判中的"学生法官""模拟法官"!个别学生对别的同学提出的善意提醒,还振振有词,甚至认为在法庭上打哈欠、伸懒腰、打瞌睡、拨接手机、满口方言、黑话、脏话等才显"真实"。教师应当明确指出其不当并加以纠正,要激发学生的法治使命感和法律职业自豪感,要使学生自觉与司法负面现象"划清界限",坚定依法维权、依法司法、依法治国的信念。让同学们懂得,今日法学学子,就是明日法治栋梁,只有校园里的"模拟审判"搞好了,现实生活中的"真实审判"才会改观,影响司法公正、司法形象的负面行为才会在"大浪淘沙"中消失。司法的公正和清廉,需要"良币驱逐劣币"。

同时,在模拟审判中,指导教师应当根据案情的需要,引导学生树立敢于坚持真理、坚持正义、坚持法律,迎难而上,准备承受"失败"、误解、诽谤甚至陷害的勇气和决心。

比如,19世纪挪威著名剧作家易卜生的剧作《人民公敌》中的主人公斯托克曼医生,就是这样一个"失败者"。他本着对人们负责的精神和医生的良心,坚决要说出城市水污染的真相,他的坚持遭到了全市所有人的反对,就连他的市长哥哥,也最恨他在水污染问题上的"多嘴多舌"。最后,市政当局采用种种手段,诽谤斯托克曼,说他存心不良,要搞垮当地经济,要大家不要相信他的"胡说"。"人民"的力量是强大的,市政当局代表着"人民",在市政当局的舆论引导下,市民们深信斯托克曼是一个坏人,他被宣布为"人民公敌"。同样,作为美国"沃伯恩水污染案"中的原告律师施利特曼,也是一个"失败者"。他本着对社会的责任心和对受害者及其家属的同情,明知不可为而为之,勇敢地承担了被律师界称为"无底洞"的"沃伯恩水污染案"。最后,他倾家荡产、负债累累,悄然退出法律界。但他的努力,还是使得受害者家庭获得了部分赔偿,并且唤起了政府部门和社会舆论的注意,他"虽败犹胜"。①

从某种意义上说,法治,最需要像斯托克曼医生和施利特曼律师这样敢于坚持真理、坚持正义、坚持良心的——"聪明的傻瓜"和"失败的英雄"。

五、总结评价:音像回放,师生互动

模拟审判其实就是真实审判的缩影和教学版,只不过因为教学的需要,平添了模拟的想象和自由发挥的空间而已。作为教学活动,模拟审判的总结评价是审判学习提高的必经环节。

在进行模拟审判教学的总结评价时,可以根据不同的划分标准,分为不同的类型:(1) 根据评价阶段的不同,可以分为准备阶段的评价、法庭审理阶段的评价和最后材料归档时的评价;(2) 根据评价方法的不同,可以分为现场点评、事后点评,或者通过录音录像资料的"回放式"点评;(3) 根据评价主体的不同,可以分为学生个人自评、学生之间互评、教师点评等。这些点评方式和内容,可以是相互交叉和重叠进行的,关键是看每个阶段是否达到了预期的目标,是否有什么意外的挫折或收获。比如,在模拟审判准备阶段的法庭旁听观摩前,指导教师可以根据模拟审判选择的案件材料,有意识地布置一些思考题,让同学们头脑里装着问题来,带着问号来。旁听观摩回来后,也不要空着手、空着脑而回,要头脑里装着思考回,带着答案和新的问号回。

总之,模拟审判教学不同于有分数、有考试的课程教学,它强调的就是模仿性、习练性、创新性和师生之间的互动性。在模拟审判总结评价的方法上,可以根据需要,采用一种或者多种评价方法,比如现场评议法、跟踪拍摄回放评议法、学生自评法、学生互评法、单个指导教师点评法、多个教师和法官、律师、检察官的集体评议法,等等。

第二节　文书写作技巧

模拟审判中的法律文书,根据制作主体、程序阶段、法律效力、作用等不同的分类标准,可以分为不同的类型。不同类型的法律文书具有不同的特点。比如,根据模拟审判中法律文书的作用不同,可以分为诉辩类法律文书、处理类法律文书、裁判类法律文书、纪实类法律文书等。

不同类型的法律文书,有不同的写作技巧,具有各自的"个性"。但与非法律文书相比,模拟审判中不同类型法律文书之间,又具有许多"法律文书"的"共性"。

---

① 参见〔美〕乔纳森·哈尔:《漫长的诉讼》,黄乔生译,译林出版社1998年版,译序。

通常所说的"语文",就是语言和文字的总称。文字是静态的语言,语言是流动的文字,但二者的区别还是很明显的。一般情况下,人们将文字理解成书面语,将语言理解成口头语言,即口语。文字相较语言而言,要稳定、理性、易于保存和固化。而语言则显得流动、感性、易于交流,但也易于流逝。尽管现代科技已经,或者正在改变这些情形,但二者的区别基本上还是如此。

审判是一个审理判断的活动,它所依赖的材料来源无非两类:一类是呈交给法官和陪审团的文字(也包括图像、符号等)材料;另一类是法庭审理时,通过问答论辩所形成的"印象"。模拟审判的法律文书和法庭语言,其目的都是为了说服,说服法官和陪审员(团)作出有利于己方的裁判,二者异曲同工、殊途同归。

谈到文字与口语,即写作与说话的区别时,著名语言学家吕叔湘先生曾经指出,文字与语言的使用情况不同:"说话是随想随说,甚至是不假思索,脱口而出;写东西的时候可以从容点儿,琢磨琢磨。说话的时候,除了一个一个字音之外,还有整句话的高低快慢的变化,各种特殊语调,以及脸上的表情,甚至浑身的姿态,用来表示肯定还是疑问,是劝告还是命令,是心平气和还是愤愤不平,是兴高采烈还是悲伤抑郁,是衷心赞许还是嘲讽讥刺,等等不一;写东西的时候没有这一便利,标点符号的帮助也极其有限。因此,说话总是语汇不大,句子较短,结构比较简单甚至不完整,有重复,有脱节,有补充,有插话,有填空的'呃、呃','这个、这个';而写文章就不然,语汇常常广泛得多,句子常常比较复杂,前后比较连贯,层次比较清楚,废话比较少。"而且,"一般说来,文字比语言更加保守。……再还有一些特殊的著作,例如宗教经典、法律条文,它们的权威性叫人们轻易不敢改动其中的古老的字句"。①

模拟审判中的文书写作,当然第一就是不能太口语化。还有就是,作为法律文书,它与其他一般的文字不同,应当具有自己独特的文体和文风,并且十分注重逻辑的严谨。下面,主要以举例的方法,从用词用句、逻辑结构和文体文风三个方面,谈一谈模拟审判的文书写作技巧。

一、用词用句得当

用词用句讲的就是语法,包括词法与句法。模拟审判中的文书写作具有"法言法语"的个性,也具有一般文书写作的共性。模拟审判法律文书中的用词用句,表面看来只是一个"文书写作"的问题,实质上却是法学知识综合运用的问题,法律文书的用词用句很能反映作者的法学功底和素养。

1. 用词

每个词语都有自己的内涵和外延,其分量轻重、感情色彩、风格特色都不一

---

① 吕叔湘:《语文常谈》,生活·读书·新知三联书店2006年版,第11—13页。

样。模拟审判法律文书中的用词必须符合三个规范,即法律规范、汉语规范、法律文书的文体文风规范。

法律文书的用词必须符合法律规范,是指用词应当与法律规范中的法律术语,或者有关法律文件中约定俗成的表述保持一致,这样才能准确传达法律的精神,而不致产生歧义。以下是一些容易犯错,又值得注意的法律术语用词实例。

实例一,不能使用"民事起诉书"之类的非统一文书标题。不能将民事诉讼、行政诉讼中的"起诉状",与刑事诉讼中的"自诉状""起诉书"混同使用。虽然人们在日常生活中通常并不加以区分,而一概以"起诉书"称之。但最高人民法院关于诉讼文书样式的规定,已经明确统一为:民事、行政诉讼起诉用"起诉状",刑事自诉案件起诉用"刑事自诉状",刑事公诉案件起诉用"人民检察院起诉书",刑事附带民事诉讼起诉则用"刑事附带民事起诉状"。值得注意的类似性问题,还有下列等:(1)民事诉讼、行政诉讼、刑事附带民事诉讼中律师的"代理词",刑事诉讼中律师的"辩护词"①,刑事诉讼中检察机关的"公诉意见书",民事、行政或刑事附带民事诉讼再审程序中检察机关的"抗诉书""检察建议书""出庭意见"等,不能混淆。代理与辩护、辩论与辩护,应当区别使用。在现行法律体制下,刑事案件的公诉与对民事、行政案件生效裁判的抗诉监督,也应当区别使用,后者只能在民事、行政案件的再审程序中,针对生效裁判而进行;(2)案卷材料上的"案由",应当依据最高人民法院司法解释的统一规定进行填写。尤其是民事案件的"案由",以前表述相当混乱,后来最高人民法院进行了统一规定,模拟审判案卷归档时应该按照统一规定填写"案由"名称,不能任意填写。

实例二,不能使用"原告人"之类的非法律概念。民事、行政诉讼中称"原告、被告、第三人、共同诉讼人、诉讼代表人",刑事诉讼中称"自诉人、公诉人、被害人、犯罪嫌疑人、被告人",均无单独的"原告人"概念,只有"刑事附带民事原告人"的称呼。刑事诉讼法中没有刑事诉讼"原告"与刑事诉讼"被告"的概念,只有刑事附带民事诉讼原告人与被告人的概念,民事、行政诉讼法中没有"被告人"的概念。值得注意的类似性问题,还有下列等:(1)刑事诉讼中"犯罪嫌疑人、被告人、罪犯"这三个术语使用的不同场合和阶段。一般而言,在侦查阶段称犯罪嫌疑人,在起诉后裁判生效前称被告人,只有在裁判生效确定应当承担刑事责任时才能称罪犯。根据现行《刑事诉讼法》第 12 条的规定,定罪权为人民法院所专有,任何人,未经人民法院依法判决,都不得确定有罪,当然就不能称"罪犯"。同样道理,1996 年《刑事诉讼法》修改前我国司法文书中惯常使用的"人犯""凶犯""杀人犯""强奸犯"等,已经明显不符合现行法的精神,应当杜绝使用;(2)对犯罪后有悔过表现的"坦白、自首、立功"等概念应当区别使用,它

---

① 这里,律师相应的身份就是"代理人""代理律师",或"辩护人""辩护律师"。

们各自拥有特定的法律含义和要件构成,不能作为非法律文献中的"同义词"加以使用;(3) 刑事案件中的罪名,应当根据刑法分则、刑法修正案及相关的司法解释,统一加以使用,不能任意生造罪名,否则就有悖"罪名法定"的原则。"罪名法定"是刑法"罪刑法定"原则的应有之义。比如与杀人有关的犯罪,就不能笼统地使用"杀人放火罪""强奸杀人罪""抢劫杀人罪""杀人重伤罪""过失杀人罪"等罪名,法律规定的罪名只有故意杀人罪、故意伤害罪、放火罪、强奸罪、抢劫罪、过失致人死亡罪等,要注意区分罪与非罪、一罪与数罪、此罪与彼罪的界限。

实例三,不能随意更改一些约定俗成的法律术语。比如,不能将"撤销"写成"撤消"、将"侦查"写成"侦察"、将"辩论"写成"辩护"、将"阴私"写成"隐私"、将"迳行"判决写成"径行"判决①,等等。这些对应的词语,虽一字之差,却区别甚大。一些案卷、教学大纲甚至法律书籍,将侦查与侦察、检察与检查、辩论与辩护等混同使用,不能不说是一种遗憾和不足。这些法律上的"别字先生",至少在某种程度上,暴露了我国法学的整体水平欠缺。这些都是模拟审判的文书写作,应当加以注意的。法律人首要的素养就是严谨、细致,诉讼案件往往就是"细节决定成败"。

法律文书的用词必须符合汉语规范,即指用词应当符合汉语用词的特点和一般规律,不要生搬一些英语直译之类的"希腊式"用词。比如汉语词汇的轻重、褒贬、搭配,一般都有一个约定俗成的理解,模拟审判的法律文书不能不顾这些已经"定型"的理解而去刻意地标新立异。这与文学用词或者学术研究是不同的,因为法律文书讲究的是通俗易懂。比如,"伏法"与"服法","拒绝"与"抗拒","凶手、歹徒"与"被告人""我方当事人","反动"与"反对并采取行动",等等,都是具有不同词义和感情色彩的不同用词,应当加以区分使用。比如,"1 个解放军""2 名城管队员""3 丈丝绸布匹""目无法制观念""融洽的日子""可怜的行径""不应有的浪费""不应有的杀害",等等,都是一些搭配不合理的用词。

这些搭配不合理的用词,在口语中问题不是很大,但在书面语中就多少会影响法律文书的整体质量。很难设想一个连用词都不会合理搭配的律师或者法官,是一个高素质的优秀律师,或者优秀法官。

法律文书的用词必须符合法律文书的文体文风规范,即指用词应当与法律文书的规范、朴实、庄重等文体文风相适应。比如,裁判类文书一般具有命令性、

---

① 不过语言具有流变性,比如前几年的不少法律法规书籍就不再区分"迳行"和"径行"判决的表述,一般都印成"径行"二字。可能是基于此方面的原因,2012 年《民事诉讼法》修改时,干脆取消了原来法律条文中"迳行判决"的表述,直接表述为"不开庭审理";也可能是鉴于迳行裁判、书面审理与不开庭审理的关系处理,2014 年《行政诉讼法》修改时取消了书面审理,2015 年的《行政法适用解释》又在第 3 条第 2 款恢复了"迳行裁定"的表述,其用意就是"不开庭审理"。

无选择性和排他性的特点,所以一般不用"应当""应该"等只带倾向性的词语,而要写明具体的裁判结果。也不能用一般词语代替专门术语,比如,不能用同住、同室、同吃、同睡代替"同居"。应当处理好书面语与口头语之间、现代文与文言文之间、确切词语与模糊词语之间的区别与合理使用。常见的用词技巧有:

(1) 以书面语为主,结合使用一些口头语,达到完美的表达目的;

(2) 以现代文为主,适当兼用文言文,增强表达效果。比如适当使用"该""之"等文言文词语,可以使句子简短有力;

(3) 以确切词语为主,有条件地使用少量模糊词语①;

(4) 尽量使用公文色彩的词。如"此、这、现"等程式化、固定化的用词,可以简练语言,避免重复和啰唆;

(5) 裁判类文书中尽量使用中性词,不宜使用感情色彩太浓的褒义词,或者贬义词。比如,现代汉语中表达"死"的褒义词和贬义词,总共多达数百,但裁判类文书却只宜使用中性的"死亡"一词,否则就与裁判文书的文体文风不相符合。

模拟审判的法律文书一般使用确切词语,而少用模糊词语,目的就是为求准确。但对于一些没办法精确的事项,使用一定的模糊词语,反而更能"表达准确"。一般而言,下列使用确切词语和模糊词语的技巧值得注意:(1) 涉及人名、地名、年龄、身份、家庭住址、职业等时,不能用模糊词语;(2) 涉及数据的概念,一般不能用模糊词语。比如,金钱"两万元左右"。再比如某法院受理一起房地产纠纷,其判决书写道:"法院确认某某屋后猪圈越过地界5尺余寸,屋前菜地越过地界尺余寸。"这里的认定就很容易引起歧义,无法确定猪圈和菜地到底越过地界多少。一种意见认为,这里的"5尺余寸"就是"5尺余1寸"即5尺1寸,这里的"尺余寸"就是"1尺余1寸"即1尺1寸,所以法院判决书确认的是"屋后猪圈越过地界5尺1寸,屋前菜地越过地界1尺1寸";另一种意见则认为,这里的"5尺余寸"就是不足6尺,最高可达5尺9寸9分,这里的"尺余寸"就是不足2尺,最高可达1尺9寸9分,所以法院判决书确认的是"屋后猪圈越过地界从5尺到5尺9寸9分不等,屋前菜地越过地界从1尺到1尺9寸9分不等"。看来,两种意见相差很远,原来都是判决书表述模糊"惹的祸";(3) 涉及案件事实描述的时间时,可以使用模糊词语,但涉及裁判文书中的期间时,则应当使用确切词语。如作案时间、被害人死亡时间等,不可能精确到几时几分几秒,而采用"上午11时左右""晚上8时30分左右"等表述。如开庭的时间、上诉的期限等,就必须明确何月何日何时、多少天,不能采用"……左右"的模糊表述;(4) 涉及国家机密、淫秽、隐私(阴私)、黑话脏话等内容时,应当使用模糊词

---

① 何文燕主编:《法律文书写作学》,中南工业大学出版社1997年版,第55页。

语。比如写被告人"对被害人的生殖器官进行猥亵",这里的"生殖器官"就是模糊用词,这样有利于保护个人隐私,而且可以兼顾社会影响和法律文书的严肃庄重。将一些黑话、脏话适当隐去,一笔带过,也有利于法律文书的庄重性;第五,使用模糊词语时,一般必须以同一文书的有关部分或同一案件其他文书的确切陈述为基础。比如,一份刑事判决书的"理由部分"写道:"被告人某某目无国法,为泄私愤竟持械杀人,手段极其残忍,性质极其恶劣,情节特别严重,对社会危害极大,已构成故意杀人罪。"这里也使用了描述程度、性质的模糊词语,但这些模糊词语的使用,是建立在判决书的"事实部分"对犯罪时间、地点、动机、目的、手段、行为过程、后果及有关情节等内容,用大量确切词语已经交代清楚的基础之上的。这些描述程度、性质的模糊词语放在已经被确切描述过的犯罪事实之后,并不会给人留下含糊的印象。①

2. 用句

句子是词语的组合,但其表达的意义却不是单个字、词含义的简单堆砌,句中还有语法意义。模拟审判法律文书的用句,也与用词一样,要符合汉语的语法规范、要符合法律文书的文体文风,同时还要比用词多出一个语法要求。

法律文书用句的第一要求是准确,不能产生歧义,不能像文学艺术作品那样赋于多义和"联想的空间"。法律文书的用句要符合语义单一性原则,对一个词语、一个句子,都只能有一种理解,否则就会引发新的争议,影响纠纷的及时解决和权利的及时有效维护。产生歧义的原因,主要有以下一些情形:

(1) 多合词组歧义,即因一些带有歧义的多合词组而引起的歧义。如"三名原告的家属"。这个多合词组里的"三名",无法确定到底是指"原告"还是指"家属"。这里既有可能被理解为"三名原告"的家属,也有可能被理解为原告的"三名家属"。

(2) 兼类词歧义,即因一些兼类词而引起的歧义。如"他跟她杀过人"这句话中使用了兼类词"跟",它既属连词,又属介词。这句话的主语既有可能被理解为"他和她"(分别先后)杀过人,也有可能被理解为"他跟着她"(一起同时)杀过人。

(3) 词序歧义,即因词序安排不当而引起的歧义。如"王某因抢夺两次被公安机关拘留"。这句话中就难以确定究竟是"抢夺了两次",还是"两次被拘留"。

(4) 标点歧义,即因标点符号不全而引起的歧义。如"妻子死了丈夫发誓不再结婚。"这句话缺少了必要的标点符号,就很难确定"妻子"和"丈夫"到底是谁死了,谁发誓不再结婚。如果在中间加入一个逗号,就可能有两种含义:一种

---

① 参见张遂、李辉主编:《新编司法文书写作》,湖南出版社1997年版,第62页。

是"妻子死了丈夫,发誓不再结婚。"另一种是"妻子死了,丈夫发誓不再结婚"。

(5) 成分残缺歧义,即因句子的主谓宾等成分缺少而引起的歧义,尤其是一句话里出现多个主语时,主语的残缺最容易引起歧义。如"王某之父生有三男一女,大儿子已50岁,现仍与30岁的小儿子同住。"这句话中缺少了一个主语,不能确定到底是"王某之父"还是"大儿子"仍与30岁的小儿子同住。

(6) 修饰歧义,即因为修饰不清而引起的歧义,这种修饰歧义主要源自对"的"的前后内容关系的理解不同。如"他和她的儿子去过那里"这句话就难以确定儿子到底是"他和她的"还是"她的",难以确定到底是一个人(他和她两人的"儿子"),还是两个人("他"和"她的儿子")去过那里。

实在不可避免出现上述种种情况时,最好是接着用另一句话加以解释,澄清误解,或者在上下文中交代清楚。

法律文书用句的一般规律或曰技巧,有如下几点:

(1) 多用陈述句,少用或者不用疑问句、祈使句、感叹句;

(2) 多用主谓句,少用无主句,基本不用省略句和独语句;

(3) 巧用长句和短句。长句的特点是表意精确、严密、细致,短句的特点则是简洁、明快、有力。一般而言,叙述案件事实时宜用长句,阐述理由宜用短句;

(4) 巧用整句与散句。整句是指结构相同或者相似的一组句子,散句是指不同的句子交错运用的一组句子。整句形式整齐、内容集中、声音和谐、气势贯通、意义鲜明;散句则灵活多样、生动而不呆板。如果巧妙地将长句和短句交错运用,可以起到意义明确、灵活生动、富有气势的多重效果。

二、逻辑结构严谨

模拟审判中的文书写作,首先应当符合相应的文书格式,而且一般都分首部、正文和尾部,在结构上讲究规范,在逻辑上讲究严谨。法律文书的总体结构谈不上有什么技巧,关键是要符合规范,只有在正文的说理部分,可以有适当的句法技巧和谋篇布局技巧。这里主要谈一谈模拟审判文书写作的逻辑和证明技巧:逻辑要"概念清楚,判断合理,推理正确"。证明要"有力",要注意证明责任、证明程序和证明方法。

1. 概念要清楚

概念是思维的基本单位。概念如果不清楚,思维就会很混乱。不同的概念有不同的使用场合。同一个概念可以用不同的词语来表达,但每一个概念都有自己特定的内涵与外延。模拟审判法律文书的逻辑,在概念上的要求,首先就是按照法律的规定来使用和理解专门的法律术语,对于法律没有规定的,要尊重约定俗成的定义,不能随意生造概念。比如,刑法中的罪与非罪、此罪与彼罪等,就是必须遵循的法律概念,不得混淆,不得生造罪名,否则就有违"罪刑法定原则"。

2. 判断要合理

判断是对事物情况肯定或否定的思维形式。法律文书中对案件事实和性质的认定，以及对法律条文的适用，都要用到判断。法律文书的判断必须符合两个条件：真实和明确。

（1）判断要真实。即必须符合事物的客观实际，必须符合现有的法律规定。比如，以下这些判断就是不真实、不合法的：①"被告人有作案动机，我们怎么能否认其犯罪呢？"②"被告人多次强奸妇女，严重违反了社会公德。"③"原被告双方以后要夫妻和睦，孝敬老人，带好小孩，不要任意打架。"④"被告人已构成强奸罪，但其犯罪时间已过5年，因此不予追诉。"

显然，以上例子中都或多或少地存在判断不真实或者不合法的问题。有作案动机不一定就能确认其犯罪。强奸妇女又岂止是"违反社会公德"？"不要任意打架"似乎表明"只要不是任意，必要时还是可以打架的"！强奸罪的追诉时效，按照现行法律的规定，视不同情形分别为15年、20年或者没有期限限制。

（2）判断要明确。即判断的内容要完整，要单一，要符合同一律、矛盾律、排中律等。比如，检察机关对犯罪嫌疑人要么起诉，要么不起诉，不能在侦查终结的决定书中不做决定，不了了之。法院的刑事判决书，对被告人犯罪事实的表述和是否构成犯罪的判断都必须明确。这种明确，包括定量的明确和定性的明确。

比如，"犯罪嫌疑人一次强奸不成，又强奸二次"，这个判断就有歧义，这里的"二"不能确定是基数词还是序数词，其定量不明确：如果是基数词，就表明"强奸了3次"，如果是序数词，就表明"强奸了2次"。

再比如，"被告人将被害人打昏在地，然后拿走了被害人的财物，作案手段十分残忍、情节十分恶劣，已经构成抢夺罪"。这个判断显然前后矛盾，定性不明确，前面说"将被害人打昏在地"，分明已构成抢劫罪，但后面又说"已经构成抢夺罪"。其中的"拿走"，也与前后关于抢夺罪的描述不相符合。

一个判断做到了真实和明确，还只能说这个判断是成立的、可靠的。真正掌握运用判断的技巧，还需学会在不同的场合，选择不同的句子来表达同一个判断，以求达到最佳的效果。这些表达同一判断的不同句子，或可称之为"同义句"。在论辩类的法律文书中，有时适当地选用反问句，也会比一般的陈述句，更能表现判断的果断、有力和毋庸置疑。

3. 推理要正确

推理是从已知判断推出新判断的思维形式。已知的判断叫"前提"，是整个推理的出发点，是推理的根据和理由。新推出的判断叫"结论"，是推理的结果。推理是间接推知、扩大认识的重要方法，法律文书中许多结论性的判断都是通过推理而获得的。

一个推理可能有一个前提，也可能有几个前提，但结论只可能有一个，否则推理就没有意义。一个正确的推理必须具备两个条件：一是前提要真实，即构成推理前提的判断，要符合客观实际或法律规定；二是推理形式要符合逻辑，即构成推理的前提和结论的那些判断之间，存在着内在的必然的联系。①

在通常的"大前提—小前提—结论"的三段论推理上，要注意大前提和小前提的充分必要性。比如，"犯罪一定要有故意或者过失的过错（大前提），本案被告人没有过错（小前提），所以本案被告人不构成犯罪（结论）"，这个推理是正确的。但如果换成"犯罪一定要有故意或者过失的过错（大前提），本案被告人有过错（小前提），所以本案被告人构成犯罪（结论）"，这个推理就是不正确的，因为这里的小前提只是必要条件，不是充分条件，这个推理不符合形式逻辑。

4. 证明要有力

证明就是用一个或几个判断，来确定另一个判断的真实性的思维过程。证明是一种特殊的推理形式，一种综合的逻辑运用，一种复杂的思维过程。法律上的证明，必须建立在法律规定的规则基础之上。

模拟审判的每个环节，都离不开证明。模拟审判中的诉辩类文书与裁判类文书，与其他非法律文书的最大区别就是"证明"，其所有的词句、逻辑和文体，都是为了证明"事实的真相"，说明适法的理由。

但事实已然发生，就无可避免地成为"永远的过去"。只有凭借事实的"碎片"或者"影子"——证据，去尽量地回忆、还原和复制事实真相。这种被回忆、还原和复制的事实，就是在客观事实基础上，经过加工过的"法律事实"。从某种意义上说，审判应当以"事实"为根据，实际上就是以"已经被证明了的法律事实"为根据。

证明由"论题、论据和论证方式"三部分组成。诉辩类和裁判类法律文书中的证明，不仅要注意证明程序（举证—质证—认证）和证明方法，最为关键的，还要注意证明责任。因为证明责任的分配，对证明程序和证明方法的影响很大。很多教材和著作仍然将证明责任称为"举证责任"或者"举证证明责任"②，虽然不一定妥当，但既然"约定俗成"，此处不多论述。

三大诉讼的证明责任和证明标准是各不相同的。

我国三大诉讼法都奉行"证据确实、充分"的证明标准，坚持的是"客观真实"而非"法律真实"。2012 年的《刑诉法适用解释》第 64 条第 2 款就明确规定："应当适用证据确实、充分的证明标准"。《刑事诉讼法》第 53 条对"证据确实、充分"的证明标准和法定条件予以了明确规定；学界早就认为，我国诉讼应

---

① 参见何文燕主编：《法律文书写作学》，中南工业大学出版社 1997 年版，第 37 页。
② "举证证明责任"是 2015 年 2 月 4 日公布实施的《民诉法适用解释》中使用的新表述，具体原因不得而知。

当建立多元化的证明标准。尤其是刑事诉讼中,要区分立案侦查、逮捕、审查起诉、有罪判决的不同阶段,区分死刑和非死刑的不同案件,区分被告方与公诉方的不同身份,构建"层次性的证明标准"。①

刑事诉讼中一般由控诉方(自诉案件中的自诉人或者公诉案件中的人民检察院)负证明责任②,证明的标准是"排除合理怀疑"。③ 也就是说,只有最后的证明使所有定罪的合理怀疑都被合理排除之后,才能定案。因为刑事诉讼讲究的是"无罪推定",用我国的法律语言表述就是"未经人民法院依法判决,对任何人都不得确定为有罪"(《刑事诉讼法》第12条)。

民事诉讼中证明责任分配的一般规则是"谁主张谁举证"(《民事诉讼法》第64条),证明标准是"优势证据"。④ 也就是说,只要负有举证证明责任的一方,所证明的事实的"真实性大于不真实性",则可以免除败诉的风险,否则就要承担败诉的风险。

行政诉讼中证明责任分配的一般规则是由作为行政机关的"被告负举证责任"(《行政诉讼法》第34条),证明标准与民事诉讼一样,是"优势证据"。

从理论上讲,刑事诉讼的证明标准应当高于民事诉讼和行政诉讼的证明标准。用丹宁勋爵的话说就是:"在刑事案件中,法官经常告诉陪审团说,原告有责任提出'无可置疑'的证据。在民事案件中,它将是在'可能性的天平上'。""盖然性的优势标准业已得到了很好的解决。它必须是一个合理程度的盖然性,但是没有刑事案件所要求的程度高。如果证据处于这种状况,裁决者可以说,我认为这更可能,证明责任即可解除。但是,如果两种可能性是相等的,证明责任就没有解除。"⑤

起诉类文书和答辩论文书的目的不同,其证明方法也是不同的。诉方着重于证明罪责成立,辩方则着重于证明罪责不成立。但反驳并非不要证明,当辩方

---

① 参见廖永安主编:《证据法学》,清华大学出版社2008年版,第169页。
② 参见我国《刑事诉讼法》第49条的规定,条文中的表述仍然是"举证责任",为避免其与"提供证据的义务"意义上的举证责任相混淆,本书一般都称其为当事实真伪不明时结果意义上的败诉风险承担的"证明责任"。
③ 见我国《刑事诉讼法》第53条第2款第3项的规定:"综合全案证据,对所认定事实已排除合理怀疑。"
④ 2015年2月4日公布实施的《民诉法适用解释》第90条明确了"谁主张,谁举证"的证明责任一般分配规则;第91条明确了举证证明责任的确定原则;第108条和第109条则分别规定了"高度可能性"和"排除合理怀疑"的证明标准。2014年修订的《行政诉讼法》第34条仍然沿用了"被告负举证责任"的立法例,但第38条同时也规定了原告在起诉被告不作为的案件和行政赔偿、补偿案件中,有提供证据的义务。除了2000年公布实施的《执行行诉法若干解释》第27条明文确定了原告对特定事项的"举证责任"以外,后来的司法解释和立法,包括2002年公布实施的《行政诉讼证据规定》和2015年的《行诉法适用解释》都没有出现原告负"举证责任"的表述,只是规定了原告应当提供有关证据材料的义务,而非有些注释本所标注的原告举证责任。参见法律出版社法规中心编:《中华人民共和国行政诉讼法注释本:最新修正版》,法律出版社2015年版,目录第2页和正文第43页第38条的条文主旨名。
⑤ 〔英〕丹宁勋爵:《法律的界碑》,刘庸安、张弘译,群众出版社1992年版,第131页。

的反驳遭到反驳后,除了反驳反驳外,还必须证明己方论断的正确性。只不过,对诉辩各方的证明责任承担和证明标准要求,各有不同而已。

对起诉书的反驳,要么反驳其定性,要么反驳其事实。逻辑学上的定性问题即论题,事实问题即论据。刑事辩护词只要推翻了起诉书的论据,被告人有罪的论题就相应地被推翻。刑事定案遵循"无罪推定"原则,不允许有罪推定。

这和学术辩论不一样,在学术辩论中,一方驳倒了对方的论据,只意味着对方的论题失去了依据,但不能证明对方的论题就是完全错误的。

模拟审判尤其是刑事案件模拟审判中,利用"矛盾法则"攻击对方在证据上的破绽,对于诉方而言,可以加强控诉的力量,使对方难以摆脱法律的制裁和责任的承担;对于辩方而言,则可以动摇对方的控诉,起到"攻一点及其余"的效果,从而为自己洗脱罪责。

比如,在一起因邻里纠纷引发轻伤的刑事附带民事诉讼案件中,自诉人是76岁的老人,控诉其39岁的邻居殴打其致伤并要求民事赔偿。被告人的辩护律师在仔细研究了自诉人(亦即刑事附带民事诉讼原告人)的自诉状和证人证言之后,发现了自诉人的4次陈述显得前后矛盾:第一次向急诊医生说,是"自己不当心跌倒";第二次向公安机关说,是"被摁住了头摜倒";第三次在自诉状中说,是"被当胸猛击一拳跌倒";第四次在向法院陈述时说,是"被推打两拳跌倒"。然后,辩护律师再结合其他有关的证人证言、专家论证,经过由表及里的分析,指出自诉人向法院提出追究被告人刑事责任的指控不能成立,其民事赔偿请求亦不能支持。最后"转败为胜",打赢了这场"下风官司"。[①]

三、文体文风朴实

模拟审判中不同类型的法律文书,在各自的文体文风上固然具有"个性"。但总体来讲,作为法律文书,又都有法律文书文体文风的"共性",即都必须讲究"规范、准确、庄重、凝练、严谨、朴实",其用词用句、判断推理,都应当适合这种文体文风。

文章千古事。但旨在辨法析理、定分止争、尊重程序的裁判文书所追求的"千古",与作为文学艺术作品所追求的"千古",是不相同的。前者追求的是让人心服口服、办成"铁案"、不能推翻,后者追求的是常讲常新。

从某种意义上说,裁判文书应该是面向过去的、封闭性的,是将既往的事实"贴上封条"。文学艺术作品则是面向未来的、开放性的,不同时代的读者都可以从中得到不同的收获。裁判文书与学术论文也不同。

裁判文书主要是为了"证明事实",而学术论文主要是为了"阐释原理",二

[①] 参见李智平、马和宁主编:《著名律师辩护词赏析》,湖南出版社1995年版,第280—287页。

者的出发点和思维方式是不同的。裁判文书的出发点是"无罪(责)推定",使用的是演绎法、确证法,如果(控诉的)"假设"不能被"证成",就按被控诉者的"无罪(责)"处理。

法律文书规范、庄严、朴实的文风,从另一个方面而言,就必须牺牲一定的文采性和生动性。比如,法国作家左拉在1898年发表一封名为《我控诉》的、致共和国总统的信中,一连在6段文字中,总共使用了7个"我控诉……"的排比句[1],气势磅礴,正气凛然。但这里是发表在报纸上的文学作品,如果是正式的起诉文书,就没有必要,也不可能这样排比,而只能在文书的"当事人基本情况"一栏中,罗列这些被告的名字、年龄、籍贯、职务、住址、通讯等信息,根本就不可能有《我控诉》那样的磅礴气势了!

再比如,有个辩护律师在庭审口头表达的"辩护词"中指出,指控被告人恋爱期间的越轨行为犯罪,是混淆了罪错概念,也就是说"被告人恋爱期间越轨,有错,但无罪!"这里使用了口语"罪错"的表述,使人明白易懂,收到了较好的法庭辩护效果。但如果在法院的正式裁判文书中,就应当使用"罪与非罪"的表述。这是由正式与非正式法律文书的区别所决定的。

从严格意义上说,辩护词还不是正式的法律文书,只是口头辩护的书面记载而已。因为法庭审理,应当贯彻"直接言词原则",才能体现法庭的"直观公正"。这一点在我国的法庭审理中还做得远远不够,也正是我国法庭辩论不够精彩的原因之一。正因为还没有足够重视"直接言词原则",我国法庭中的"对抗"很难真正地开展起来。

但尽管法律文书在极严格的格式中,还是可以利用正文内容的层次、段落、转承、呼应等手法,使得文书穷辩达理、千转万变。只不过,这些文笔、个性等,都应在法律文书应有的文体文风下,"带着镣铐跳舞"。

第三节 法庭语言技巧

模拟审判中的语言表达,一般在证据调查、证据交换、和解谈判、调解、法庭审理等场合使用。法庭审理是模拟审判语言使用,最具有代表性和最具有重要性的场合。不同的语言表达方式和表达内容,决定了不同的审判效果。模拟审判中的说话艺术,要从以下四个方面来加以考察:谁在说,说什么,在什么场合说,以什么

---

[1] 原文中6段文字的排头都用"我控诉",内容如下:"我控诉迪帕蒂·德·克拉姆中校,他……。我控诉梅西埃将军,他……。我控诉比约将军,他……。我控诉德·布瓦德弗尔将军和贡斯将军,他们……。我控诉德·佩里约将军,他……。最后,我控诉军事法庭第一庭,它……;我控诉军事第二法庭,它……。"转引自林正编著:《法庭之王——欧美大律师法庭辩护实录》(修订版),青海人民出版社2002年版,第289页。

方式说。相较说话的内容而言,说话的方式更具有技巧性。换言之,语言的技巧更主要地表现为表达方式的技巧,语言的艺术不在"说什么",而在"怎么说"。

有一个笑话很能说明这个道理:

> 两个基督徒都想一边祈祷一边抽烟。
>
> 第一个教徒跑去问主教:"我在祈祷的时候可以抽烟吗?"主教听了大为不满,说:"这怎么可以呢?!你连祈祷时都在抽烟,可见心中根本没有上帝啊!"
>
> 看到第一个教徒垂头丧气而回,第二个教徒说"且看我的!"他就跑去问主教:"我在抽烟的时候可以祈祷吗?"没想到,这一次主教听了很高兴,说:"孩子,这怎么不可以呢?!你连抽烟时都在祈祷,可见心中不忘上帝啊!"
>
> 第一个教徒看到第二教徒得意而回,搞不清同样的一个"想一边祈祷一边抽烟"的要求,为什么会得到如此不同的答复,就连忙请教,想弄清楚自己到底错在哪里。第二个教徒会心地一笑,说:"不是你提错了要求,而是你问错了问题!"

可见,同样一个要求,不同的"问",就会有不同的"答",不怕提错要求,就怕问错问题。语言表达的艺术性,由此可见一斑。

法庭语言技巧对于裁判的影响,相比法律文书的技巧而言,要更加直观、更加多变、更加复杂,甚至可以说——更加重要。因为,现代审判一般都要遵循"直接言词"原则。

这里的法庭语言,既包括有声的语言,也包括无声的语言。

有声的语言主要体现在问答论辩上,无声的语言主要体现在形象、情绪和肢体语言上。从某种意义上说,法庭上的所有行为,就是通过这些有声和无声的语言所表达的。语言本身,就是行为。法庭上的语言,具有行为力、控制力和证明力的作用。

事实上,法庭上的语言很难分清哪些是有声的,哪些是无声的,它们总是被交互使用,以达到整体的表达效果。法庭上所有的表达,目的只有一个,那就是——说服,说服法官和陪审团。同时在某种程度上,也说服自己、说服自己的当事人、说服旁听的人。

法庭上的气质、穿着、表情、眼神、姿势、情绪等,往往产生"无声胜有声"的视觉效果。法庭上不同的语音(包括音高和音调)、语速、节奏、停顿、重复、措辞等,往往产生不同的听觉效果。视觉和听觉,最后会合在"听众"的内心,产生心灵的冲击效果,或冷漠或震撼,或同情或愤慨,或信或不信。

当然,这些效果并非一个模子产生出来的,尽管可以竭尽一切所能去发掘法庭语言的一般技巧,但要想找到一个"万能的妙方"几乎是不可能的。因为,除了这些有声和无声的语言,还要结合说话者的法庭角色特点、个人性格、生理、天赋等特点,结合不同"听众"的特点,结合不同案件、不同开庭时间、不同社会背景等特点,才会产生"奇妙无穷"的法庭效果。

电影电视中的法庭辩论,往往给人假象,似乎只要认真学习,掌握一定的技巧,每个人都可以成为论辩的天才。

其实,天才或者伟人,不是学校教育就一定能培养得出的。法学院的培养目标,从来就不是培育天才的或者伟大的法律人,而是培养合格的法律人,一些掌握基本知识、技能和一般技巧的法律人。

法庭辩论千变万化、风格万端,而且有往往许多甚至不能解决的"意外"出现,并不像电影电视中那般"巧合"。

一般而言,语言流利确实是法庭辩论的"制胜法宝",但实际情况却并非全然如此。正如诺曼爵士谈到辩论艺术和庭审技巧时,所说的那样:"我作为律师执业和作为法官判案加起来已有34年,在形形色色的法庭上我几乎看到过各种各样的论辩。我们可以毫不犹豫地说,没有什么标准或者固定模式可以确立……天才有各种各样的,但他们的精神是相同的。我了解到同时代的一些人在论辩时虽难以连词成句,或者缺乏各种优雅的礼仪,但却能让法官对他产生深刻印象,被迫听他叙述并记住了他所说的每一个字。"[①]模拟法庭中的语言技巧,主要表现在问、答、论、辩的方式上。与哲学上通常所说的"内容决定形式(或曰方法)"所不同的是,从某种意义上说,法庭语言的表达,恰恰是"方法决定内容"。

法官、检察官、律师、当事人、证人等不同的角色,在法庭问答论辩中的目的和任务是不同的。法庭审理中,从某种意义上说,是角色决定目的,方法决定内容,问决定答。控辩双方的"对抗",主要就表现在不同的"问"和"答"上。论辩,其实也是一种"问答"。

一、问:明知故问、旁敲侧击

法庭语言中的问,是最为重要的环节。法庭语言的艺术性和技巧性,首先表现在问的艺术和技巧上。

正如前文介绍的"祈祷时能否抽烟"和"抽烟时能否祈祷"的不同问话上,问的方法不同,往往决定答的内容不同。法庭语言的控制力,主要表现为"问"对"答"的控制。

[①] The Right Hon Sir Norman Birkett PC, The Art of Advocacy: Character and Skills for the Trail of Case, American Bar Association Journal, Vol. 34, 1948. 转引自〔英〕安迪·布恩:《法律论辩之道》,姜翼凤、于丽英译,法律出版社2006年版,前言部分第2—3页。

法庭审理中,最要注重问话艺术的角色是律师和检察官。其中一个重要的问话原则,就是"明知故问、旁敲侧击"。

所谓"明知故问",就是:在询问己方证人或当事人时(这种询问在英美法系的法庭中被称为直接询问),要记住这种问和答,是故意表演给法庭的"双簧戏"。在询问对方证人或当事人时(这种询问在英美法系的法庭中被称为交叉询问),要记住"千万不要问自己不知道答案的问题"[1],不要将主动权交到对方的答话人手里,而陷自己于不利和被动的地位。法庭上的问,含有很大"明知故问"的成分。

所谓"旁敲侧击",就是:使用各种各样的挑逗、预设、迂回、重复、打断、质疑、锁定等问话技巧,尽量使事实按照出其不意的方式,朝着有利于自己一方的方向,自行展现出来。这种问话有时并不需要真正的回答,就能达到问话的目的。

问话之前,一般都有不同的预设。律师和检察官往往在问话之前,就已经想到了可能得到的"回答"。问话对回答的控制,功夫主要集中在预设上。这种预设,通俗一点讲就是"设套",但又不能是法律禁止的"诱导和诱供"。

比如,控方律师或检察官问:"你停止打老婆了吗?"这句话不管是肯定回答还是否定回答,都必须面对一个尴尬的事实:你打了老婆。这就是一个预设,即一个暗含的命题或者信息——你已经打了老婆。"打老婆"这个行为或者状态,实际上已经被问话锁定,似乎已经是确定了的事实。你要回答的只是"是否停止了打老婆?"

问话的预设,要根据案情的发展,以及问话人的目的来设定。从理论上讲,只要不违背法律的禁止性规定,任何预设安排都是可以进行的。实际上,一切问话都有预设,不同的问话,其包含的预设和信息是不一样的。[2]

"不怕提错要求,就怕问错问题",说的就是不同的预设。预设是一把双刃剑,既可能使自己有利,也可能使自己不利。同样是一边抽烟一边祈祷的要求,但在预设的主次上进行了不同的安排,其得到的答复和效果就截然不同,奥妙就在预设的不同。"祈祷时能否抽烟"强调的是"能否抽烟","抽烟时能否祈祷"强调的则是"能否祈祷"。

问话的预设,可以包含在设问、反问、附加问话、是非问话、选择问话、正反问话、特指问话等不同的问话方式中,也可以包含在用词的褒贬、轻重、缓急、宽窄中,也可以包含在用句的语法、比较、强调、虚拟等中。

不同的问话,具有不同的控制力、信息量和疑问度。这些不同,体现在问话

---

[1] 廖美珍:《法庭语言技巧》(第2版),法律出版社2005年版,第201页。
[2] 同上书,第46页。

的开放性和封闭性上。问话的开放性和封闭性,是就问话给予答话人的答话余地而言的。问话的人一般需要通过问话的开放性或者封闭性,来控制答话,从而做到"收放自如"。

开放性问话,一般给答话人较大的选择余地,答话是开放的、没有多少限制的。根据开放的程度,也即答话的选择空间大小,又可以将开放式问话分为窄式开放性问话和宽式开放性问话。

窄式开放性问话所要的信息内容具体,回答一般简短,选择余地较小,多用词或者短语来回答。比如:"谁""什么人(地方)""哪(一)个(位)""哪里(哪儿)""什么时候(何时)""多少(几个)"等,都是窄式开放性问话。

宽式开放性问话所要的信息内容宽泛,回答一般繁长,选择余地较大,很难用一个词或者一个短语表示。比如:"为什么(为何)""怎么(怎样)""什么""如何"等,都是宽式开放性问话。开放性问话中,问的问题越是宽泛,则答话人的答话量越大,答话人的表述自由度越大,回答的答案就越是难以"控制"。

封闭性问话,一般给答话人没有选择的余地,答话是封闭的、受到限制的,一般只能从"是"和"否"、"同意"和"不同意"、"对"和"不对"等两个往往互相对立、互相排斥的选项中选择一个来加以回答。

一般而言,汉语中的特指问话,即带有"特殊询问词"的问话,也即英语中的"5W1H"(Who、Why、What、Where、When、How),都是开放性问话。汉语中除特指问话和反问以外的其他所有问话,都是封闭性问话。

不管是开放性问话还是封闭性问话,不管是窄式开放性问话还是宽式开放性问话,不同的问话,其控制力是不同的。试比较下面三组问话,其问话的控制力是依次递增的:

  "你那天去了吗?"
  "你那天没有去吗?"
  "你那天没有去?!"

有学者曾根据控制力的强弱,把各种问话的控制力从强到弱,进行"排序列举"如下:第一是附加问话,第二是陈述式是非问话,第三是一般否定是非问话,第四是一般肯定是非问话,第五是正反问话,第六是选择问话,第七是窄式开放性问话,第八是宽式开放性问话。在这个序列中,附加问话的控制力是最强的,宽式开放性问话的控制力是最弱的。[①]

律师或检察官在法庭上询问证人时,一般而言,对对方的证人不能使用开放性问话,对己方的证人则要视证人的性格、语言表达能力等情况采取随机应变的

[①] 参见廖美珍:《法庭语言技巧》(第2版),法律出版社2005年版,第12页。

策略。因为,对方的证人不应得到对其回答进行解释的机会,否则就会造成对己方不利的局面。而己方的证人,律师或者检察官必须判断怎样才能获得最佳的证词:对于害羞、紧张的证人,不妨用封闭性提问来帮助其放松;对于焦躁的证人,不妨先问一些与本案无关的问题来帮助其平静;对于雄辩的证人,不妨让其发表一下长篇大论,但一定要随时注意证人的回答内容,及时打断证人或者加以适当的引导性问话。

对己方证人采用开放性问话得到的娓娓道来,一般比采用封闭性问话得到的断章取义、支离破碎的证词更具有说服力,但己方证人的长篇大论又容易暴露破绽、偏离主题,或者因带入自身的偏见,从而抵消其证词的真实性和可信性。[①]

比如,在一个具有博士学位的原告被骗的民事案件中,原告博士的代理律师如果使用开放性问话让其雄辩滔滔而不加控制,其证词的可信性就大打折扣,很有可能导致陪审团或法官不相信其会被骗。谁会相信一个如此能言善辩的博士,竟然被骗呢?!

问话应当坚持"适可而止"的原则,否则就会言多必失、自找麻烦。美国法学院的课堂上,教授们最喜欢讲的一个故事就是:

> 某甲被控和某乙打架,咬掉某乙的耳朵,使某乙重伤。主控官传召一位在现场目睹事件的证人某丙上庭作证。某甲的辩护律师在盘问证人某丙时说:"甲、乙两人打架的时候,你是在场的?"某丙答道:"是!"律师再问:"你看到某甲咬去某乙的耳朵吗?"答曰:"没有!"辩方律师应该在这个时候结束提问,因为他已经得到了自己想要的答案。可是,他竟忍不住多问了一句:"既然你没有亲眼看到,为什么你说某甲咬掉某乙的耳朵?"某丙的回答使得所有的人瞠目结舌:"因为我看见某甲从嘴里吐出一只耳朵来!"[②]

问话,有时并不只是"问",其本身就是一种不需要回答的行为。这种问话实际上可能包括惊叹、修饰、建议、认可、提供、允许等功能,人们一般将这种具备"非询问功能"的问话,称为"非典型性问话"。

法庭审理中的非典型性问话,一般包括:指示或者要求、嘲讽、训斥、批评或者指责,等等。

比如,法庭上当事人的答非所问将法官惹火了,法官说:"听清楚了吗?原告!"这里实际上并非问原告是否听清,而是等于提醒原告"你长耳朵了吗?"而原告的回答"听清了",也并非表达是否真正听清楚,而是等于对法官说"好,我听你的,按照你说的办",明智的当事人是不会在法庭上与法官顶撞的。

---

① 参见〔英〕安迪·布恩:《法律论辩之道》,姜翼凤、于丽英译,法律出版社2006年版,第82—83页。
② 参见陈纪安:《美国法律》,中国科学技术大学出版社2002年版,序言第XIV页、第125—126页。

总之,问话是一门艺术,一门表达艺术,一门控制艺术,一门攻防艺术。律师或者检察官的问话,应当掌握节奏、火候,就像电影的导演一样,预先要在扎实调查的基础上准备剧本,做到心中有数,庭审现场又要随机应变、见机行事。

对无关紧要的问题,要么避而不问,要么蜻蜓点水,一笔带过;对重要的问题,要么放大细节,要么放慢过程,总之要突出重点。

必要的时候,可以与己方当事人或者证人进行问答内容和问答方式的"预演",可以准备必要的问话提纲,但在庭审现场又不能"照本宣科",而要根据庭审现场的情境进行适当的调整。问话者要尽量"牵着答话者的鼻子走"。

二、答:答其所问、实事求是

有问就有答。尽管这种"答"不一定就是问者所要的答案,尽管有些问题根本就不需要作答,答案早已包含在问话之中,尽管"答"要受"问"的制约和控制,但法庭中的答话也要讲究一定的技巧。法庭答话的主要角色是证人和当事人。

法庭答话的总体原则是"答其所问、实事求是"。

所谓"答其所问",就是问什么答什么,要适可而止,切记"沉默是金",以免"言多必失"。

不少案件中,当事人(或者当事人的近亲属)往往觉得自己在案情某些地方被冤枉,一肚子的气要说话,常常埋怨律师不让他(她)到法庭上对法官说话。但殊不知,有经验的律师一般都不会选择让这种当事人说得太多,正是基于"言多必失"的考虑。

比如美国著名的辛普森案,在刑事审讯中辛普森毋须作供,结果胜诉了,但在民事审讯中他出庭作供多天,结果漏洞百出,失去陪审团的信任,结果败诉。

事实上,律师往往不怕当事人没文化,就怕当事人不配合,怕当事人不听律师的指示和分析,而只顾自己"滔滔不绝"。根据律师从业的经验,最怕处理的当事人往往是医生、教授或者受过高等教育的人士,因为他们自信教育水平高和分析能力强,殊不知在法律上,很多分析和策略与普通事情是不一样的,很多对策还要看对方来势和案件整体的分析而定。那些自以为是的医生、教授,往往破绽百出,反而容易把案件搞砸。

所以,律师在指导当事人或证人作证时一定警告他:"不要自动为对方提供任何资料。"(Don't volunteer any information.)[①]

所谓"实事求是",就是答话时要说真话,如实地陈述自己的所见所闻,尽量不要加入自己的主观臆断,否则就有可能会聪明反被聪明误、搬起石头砸自己的脚。要做到实事求是,当事人或者证人就应当确信听懂了问话再进行回答,不懂

---

① 参见陈纪安:《美国法律》,中国科学技术大学出版社 2002 年版,第 193—194、204、126 页。

就说不懂,不要不懂装懂,或者答非所问。不知道或者记不清的,就说不知道或者不清楚,不要猜测。同时,要恰当地使用模糊语言,对于不太清楚的问题,不要说得太死,否则反而不真实,最终被对方抓住把柄。

陈纪安先生曾经讲述了自己亲身经历的一个刑事抢劫案件的作证过程:

> 案发现场劫匪开了一辆小货车逃走,陈先生追在小货车后面,尽了最大努力也只看到车牌白蒙蒙一片,仍然无法看到号码。他在案件发生几个月后,作为控方证人出庭作证。被告的辩护律师对其进行交叉询问时,问道:"你看到车牌的号码吗?"陈答:"没有!"律师又问:"真的一个字也看不到吗?"陈照实回答说:"我只看到车牌,但看不到数字。"律师又问"车牌是什么颜色的?"陈在脑中搜索记忆,答道:"白色的。"然后又补充道:"我只是看到车后一片白光。"律师就没有再追问了。作证完毕后,主控官在旁边对陈先生说:"幸亏你完全答老实话,否则刚才的作证就坏事了。"原来,案发时那辆小货车的车牌早就被拆除了,陈先生看到的只是车尾保险杠的反射造成的一片白光而已。如果陈先生在法庭上回答说见到车牌号码,不过看不清楚,或者忘记了车牌号码,劫匪的辩护律师就会振振有词,陈先生的证供就丧失了可靠性。因为案发时压根就没有车牌,何况车牌号码?!

三、论:就事论事、情理并融

纯粹从字面上看,论和辩并没有根本的区别,论中有辩,辩中有论。但为了论述方便,这里的"论",主要指评论、论述的法庭活动,重在证明自己主张或观点的成立;而下文的"辩",则主要指辩论、辩驳的法庭活动,重在反驳对方的主张或观点。论和辩的目的,都是为了说服,说服合议庭的法官[①](当然同时也说服了当事人和旁听群众)。但论和辩的说服路径是相反的,论的路径是直接证明自己的主张和观点,而辩的路径则是反驳对方的主张或观点,从而间接证明和支持自己的主张和观点的正确性。

法庭上的"论",其主角是律师或检察官,还有进行裁判的法官。虽然当事人的陈述和刑事案件被告人的供述和辩解,也都带有"论"的性质,但从技巧而言,关键还是要掌握律师、检察官、法官的论述技巧。法庭论述的文字载体,一般包括代理词、辩护词、公诉意见书等。除了不同角色的论述特点外,法庭论述还需要注意很多技巧,比如注意情感、停顿、比喻、强调[②]、简练有力、逻辑正确、条理清楚、观点明确等,但其总体原则可以概括为"就事论事、情理并融"。

[①] 在实行陪审团审判的英美法系法庭中,就是说服陪审团。
[②] 为了达到强调的目的,可以综合使用重复、适当沉默或停顿、排比、反问、设问等方法。

所谓"就事论事",就是围绕案件事实集中火力进行论述,对重要问题点到为止,不要东拉西扯,不要分散"听众"的注意力,甚至引起不必要的反感。当然,这种"就事论事"并不反对将案情"故事化",讲故事是使人对案情产生深刻印象的方法。这种"就事论事"也不反对生动和文采。

比如,一个美国医疗事故索赔案件中,原告马丁·洛佩茨落得四肢瘫痪,他的律师在法庭陈述时这样说道:

> 陪审团各位成员:这个案子过几天就要结束了,你们又要回到日常的工作岗位上。法官琼斯先生、被告律师,还有我,我们又要接手其他的案子了。被告人很可能还要继续为人看病开药,人人都会像往常一样生活。但是,只有我的当事人,这位年轻人马丁·洛佩茨例外。
>
> 马丁·洛佩茨将要一辈子受这个悲剧的折磨。今后,每一天早晨,他会回忆:在他身体正常的日子里,他该起床了,上班了;他会回忆:他是怎样在岗位上度过自己的一天;他会回忆:自己是多么勤奋地工作,希望再一次获得年度最佳员工奖;他会回忆:当他躺在床上的时候,因为工作出色,他拿回一份不菲的工资,心中是多么惬意;他会回忆:往日,他和他的妻子是多么幸福快乐,俩人还曾商量要生三个孩子;他会回忆,是的,他一定会回忆。每一次回忆,都会让他更深刻地、痛苦地意识到自己目前所处的状况——由于被告人的疏忽,他终身残废了,他再也不能使用他的手了,他再也不能使用他的脚了,他再也不能使用他的躯体了。①

律师的这段话,使用了排比、转折、想象、描述、对比等手法,通过一连串的"他会回忆"来展现原告在残废前的幸福,然后话锋一转,连用三个"他再也不能"回到残酷的现实之中。这样,就将原告残废前后的情形形成十分强烈和鲜明的对比,使原告的悲惨和不幸"历历在目"地展现给陪审团,留下深刻的印象和心灵的震撼。但整个陈述都是围绕原告残废带来的生活上的种种不便而进行的,既就事论事,又不失文采、感情和震撼。

我国一些公诉人习惯于在发表公诉意见书的最后使用排比,将和谐社会、依法治国、维护社会稳定等"大词"用上,虽然表面看来较有气势,但显得啰唆冗长,有东拉西扯之嫌,反而降低了说服力。例举如下:

> 鉴于本案各被告人犯罪情节后果特别严重,实属罪大恶极,必须依法予以严惩。不严惩,不足以平民愤;不严惩,不足以惩恶扬善;不严惩,不足以伸张正义,弘扬法治;不严惩,不足以维护法制的尊严;不严惩,不足以依法治国;不严惩,不足以构建和谐社会;不严惩,不足以显示我国司法机关严厉

---

① 转引自廖美珍:《法庭语言技巧》(第2版),法律出版社2005年版,第59页。

打击刑事犯罪的威力;不严惩,不足以维护社会稳定和正常的生活秩序;不严惩,不足以鼓舞严打整治斗争之士气。

所谓"情理并融",就是在法庭陈述或论述中,要合情合理,当然也要合法。

总之,法庭陈述或者论述,对于公正裁判、说服陪审团或法官,具有十分重要的意义。同时,它也是后续辩论的基础,只有在论述中明确观点,才能引来有针对性的辩论和说理,才能更具说服力。

同样,闭庭陈述也相当重要,因为根据记忆递减的规律,闭庭陈述恰好与前面的辩论形成一个呼应,一个强调。

四、辩:事实为据、法律为绳

法庭上的辩,要突出辩驳、辨析,要让不清楚的变清楚,不明白的变明白,在削弱对方观点的基础上,提出让人信服的观点和理由。从表面上看,辩只是被动的辩护、辩驳,但实际上为了把一个道理讲清楚,有时辩也可以澄清人们头脑中的一些模糊认识,只是应当注意适当的度。不能不着边际地乱立靶子,也不能给人造成"好为人师"或者"进行普法教育"的反感。

相较法庭上的"论"而言,"辩"的变数和难度更大。辩不光要避免自己失误,失误了要巧妙地予以回避或修饰,而且要及时抓住对方的"败笔",向自己有利的方向进行辩论。法庭上的真理,并不一定"越论越明",但绝对是"越辩越明"。

辩的技巧有很多,比如迂回突袭法、归谬法、矛盾法、类比法、直接提问法等,而且要进退自如、攻防得当、避实就虚。而且要切记,法庭上的"对抗",允许"吵架"但不许骂人。辩论要"讲理",同时也要"讲礼"。总体说来,法庭上的辩,应当遵循"事实为据、法律为绳"的原则。

所谓"事实为据",就是要在对事实进行大量调查、准备的基础上,提出有力的观点和主张。"事实胜于雄辩"要求辩者要在事实材料上做足工夫。法庭上的辩论,只要动摇了对方"论点、论据、论证方法"三要素中的任何一个要素,辩论就获得了成功。而以事实为据,主要是从论据上加以突破。

当然这里强调"事实为据"中的事实,并非完全是"历史上的真实"(客观真实),而有可能只是一种法律上的真实。诚如杰瑞米·弗兰科在1949年说到的那样:"法庭认为发生的事情可能根本上就是错误的。但这并不要紧——从法律角度说,就法庭追求的目的来说,法官对事实的看法是唯一要紧的。"[1]基于同样的道理,有时对方在法庭审理过程中所露出的破绽,也可能成为辩驳的"事

---

[1] 转引自〔英〕安迪·布恩:《法律论辩之道》,姜翼凤、于丽英译,法律出版社2006年版,第41页。

实"。比如,在号称"世纪大案"的美国辛普森案件中,主控官在法庭审理中的"败笔"——突然要求辛普森在法庭上试戴被控行凶时所戴的血手套,但在众目睽睽之下,因为手套经过血染干后缩小的缘故,辛普森却怎么也穿不进去!辩护律师趁机抓住这个细节,强烈攻击控方证据的漏洞。尽管控辩双方都可以请专家进一步确定血手套干后是否收缩,以及收缩的程度,但毕竟争议已起,漏洞已现!而刑事诉讼的基本原则是"无罪推定"和"疑罪从无",不能排除合理怀疑,就不能定罪。所以,控方的这个看似细小的败笔,最后自然就成了辛普森被宣告无罪的关键证据之一。事实胜于雄辩,但有时候,事实本身也需要雄辩。胜于雄辩的,恰恰是另外一种雄辩。

所谓"法律为绳",就是要根据实体法和程序法的规定来进行辩驳和辩论。这是法庭辩论区别于其他一般辩论的不同,法庭辩论必须以法律为准绳。比如刑法上的主犯、从犯、累犯、自首、立功等用词,都是有法律条文明确规定了的,法庭辩论时应当以这些明确的条文规定为准。

事实上,法庭上的辩,与问、答、论等,都是密不可分的。良好的辩论或者辩护效果,有时需要辅以必要的问答,然后出其不意地达到辩驳的目的。

比如,在一起民事合同违约案件中,原告以"皮箱中有木料即非皮箱"为由起诉皮箱厂违约要求赔偿,被告皮箱厂的代理律师并没有直接反驳原告的论点,而是有意地避开了这个争论焦点,从口袋里掏出一只早已准备好了的金表问原告:"请问这是什么表?"原告看后回答道:"这是某国出产的金表,但与本案毫无关系。"律师并不回答原告的判断,而是面对听众问道:"这是金表看来是没有人怀疑的,但是请问,这只金表除了表壳是镀金的之外,内部机件都是金制的吗?当然不是。"随即律师将话锋一转,直逼原告的起诉理由:"既然表的内部机件不是金制的,并不能否定金表的性质;那么,皮箱的内部结构有木料,同样不能否定皮箱的性质。因此,原告的诉讼理由不能成立,应予驳回。"

对于法庭问、答、论、辩中的任何一个环节,"充分的准备"始终是十分必要的。尤其在辩论环节中,扎实的准备工作无疑是增强说服力的因素之一。尤其是在法庭上进行辩护时,绝对不能说一些诸如"本人水平有限,又没有看材料,不到之处请法官批评指正"之类的搭头话,这样多余的"谦虚",反而使辩护的效果几近于无。如果没有扎实的准备,不吃透对方的意图和论证要素,就不能抓住问题的关键进行辩护,最后只落得说些模棱两可的意见,或者提一大堆请求从轻处罚的情绪化建议,这样的辩护,其效果之不佳是可想而知的。这种现象在我国的刑事辩护中,并非少见。

但在法庭这个没有硝烟的战场上,战机瞬息万变。不管怎样准备,临场的发挥不仅是必不可少的,而且是相当重要的。尤其是当己方出现意想不到的失误时,怎样迅速挽回败局,消除不良影响,尤其需要智慧。

在法国作家左拉因《我控诉》的文章而遭到"诽谤"的起诉案中,他的法庭表现堪称是法庭辩论的典范:左拉在又气又急的情况下说出:"我不懂法律,也不想了解它!"控诉官听了这句话后跳了起来,喊道:"庭长先生!"以提醒法庭注意他的话。当他缓过神来,意识到自己说了蠢话时,为了弥补这个过失,他赶忙纠正道:"我是说我现在不想去了解它,因为我完全信赖各位陪审员先生。"后来,控诉官又搬出他的这个失误来进行攻击:"我从一开始就指出,被告一方是有预谋的。现在诸位都看清了吗,他们正在逐步实现这个阴谋。左拉说出了自己的格言:'我不懂法律,也不想了解它!'我请诸位自己去评价这句话。"左拉不顾一切地辩解道:"我的话不是这个意思!"控诉官没有理睬他,继续说:"但是,我们是了解法律的,左拉先生,而且我们还要让您遵守法律!"左拉气愤地站起来,眼睛颤抖着,声音非常激动:"诸位陪审员先生,我不习惯在大庭广众面前讲话,而且我是一个特别容易激动的人。我并不反对法律本身,不反对,不反对。我反对的是所有的诡辩,以及对我进行指控的方式。这是违反正义的。"[①]左拉的自我辩护,得到了法庭旁听群众的理解和支持,也为自己避免了前面失误可能带来的不利影响。

第四节 角色扮演技巧

一、法官的角色扮演

法官的首要责任是中立和公正。一个好法官应当注意:

(1) 良好的形象举止。法官是正义的化身,是法律的代言人,是融学识、权威、智慧于一身的人。法官的形象和风度,是通过发型、面部气质、坐姿、衣着等方面体现的。如果给法官划一个卡通画像的话,理想中的法官应当一个满头白发、身穿长袍、不苟言笑、表情严峻而不失温和的形象,这种形象代表的是稳重、中立、客观、保守、沉默,不能过分热情,也不能过分浪漫,但对当事人双方又都要"温暖而富有人性"。我国 2000 年开始在庭审中着装的法官袍,就是与上述法官的"卡通画像"相适宜的。法官穿法袍审理案件,象征着思想的成熟和理性判断力,象征着法官的独立与中立,象征着法官恪守遵循法律并对国家和社会负责的承诺。[②] 而且据说,只有三种人配穿长袍以表示其身份,那就是法官、牧师和学者,因为"这种长袍象征着思想的成熟和独立的判断力,并表示直接对自己的良心和上帝负责。……他们不应允许在威胁下行事并屈服于压力"。法袍因此

---

① 参见并引自林正编著:《世界著名大律师辩护实录》丛书之《法庭之王(修订版)》,青海人民出版社 2002 年版,第 300—302 页。

② 参见龙宗智:《刑事庭审制度研究》,中国政法大学出版社 2001 年版,第 7 页。

被称为"正义的行头"。①

（2）认真倾听。法官的倾听不仅是公正裁判的信息来源，更是一种程序公正的体现。很难想象一个在法庭上打瞌睡，或者随意接打电话、很不耐烦的法官，会公正断案。

（3）懂得"说与不说、说多与说少"的分寸和尺度。正如培根所言："听证时的耐心和庄重是司法工作的基本功，而一名说话太多的法官就好比是一只胡敲乱响的铜钹。"②

（4）掌握语言技巧。法官庭审中的语言内容，有宣、示、述、问、论5种，不同的语言内容对语言表述有不同的要求。但总体上应遵循"语词规范文明、语音标准、语句简明有力、语调适宜"的原则。具体而言：法官的"宣"，要平稳、缓和，句间停顿适度；法官的"示"，要简短、有力；法官的"述"，要简明扼要、事项分明，语调、语气平和，使在庭人员听得见、听得明白为标准；法官的"问"，要直截了当、开门见山，主语明确，内容确定，节奏缓慢，以便对方听清楚，答完整。问话要切中要害，但不能暗示诱导，不能用两难句，不能偷换概念；法官的"论"，要讲究逻辑性，一二三要明了，结论要确定。③

（5）公正无偏。法官不能对当事人尤其是对被告方有成见或歧视④，不能威胁被告方，不能与被告方较劲，不能将审判当成对被告方的惩罚。这种公正无偏，就像四百多年前一个英国大法官对新任首席法官的忠告那样："不要因为怜悯而偏向穷人，也不要因为畏惧或巴结而偏向富人"。⑤

（6）不能随意打断当事人的说话，要尊重当事人的陈述权。

（7）不能一边问话一边评论。

（8）不能在问话中提示回答，不要指供。

（9）不能在问话中带有罪预设。比如，不要用要求被告人"就指控事实""交代问题"等表述，这些表述都是带有罪预设的。法官在审判过程中一定要慎用"事实"一词。⑥ 不要使用褒贬含义过于分明的词语，要尽量使用中性词进行问话和表达。

---

① 参见贺卫方：《正义的行头》，载贺卫方：《法边馀墨》，法律出版社1998年版，第54页。
② 转引自廖美珍：《法庭语言技巧》（第2版），法律出版社2005年版，第91—92页。
③ 参见徐伟、鲁千帆：《诉讼心理学》，人民法院出版社2002年版，第262—264页。
④ 这方面，我国现行立法也有一定缺陷，有歧视被告人之嫌。比如，《刑事诉讼法》第186、189条，对法庭上的问话一词使用了"讯问、发问和询问"3种表述；审判人员对被告人"可以讯问"；当事人、诉讼参与人等经过审判长准许，对被告人"可以发问"；审判人员对证人、鉴定人，则是"可以询问"。
⑤ 〔美〕约翰·梅因·赞恩：《法律简史》，孙运申译，中国友谊出版公司2005年版，第201页。
⑥ 参见廖美珍：《法庭语言技巧》（第2版），法律出版社2005年版，第135—137页。

二、律师的角色扮演

律师的首要责任是说服法官作出有利于己方当事人(即客户)的裁判。但律师同时也具有对社会、对实体法的发展,以及对程序改革的责任。从某种意义上说,律师只有输赢,没有对错。根据美国学者阿龙等人的研究,律师除了"像画家选择画画的油彩一样"地遣词造句外,大概有14个赢的因素和8个输的因素。①

导致律师打赢官司的14个因素,具体如下:

(1) 可信度;
(2) 吸引力;
(3) 对事实、法律和先例的掌握;
(4) 有力而且容易理解的、用短句表达的意思;
(5) 充分准备的论据(周密的调查,对证人和真实证据的细致准备,精心拟制的陈述提纲);
(6) 朴实的语言和常识;
(7) 陈述案情的正反两个方面,有创意,有悬念;
(8) 合理分布最好的证人和最重要的事实,做到每次开庭的开头都能打动人,结尾都能让人难以忘怀;
(9) 陈述那些不仅能证明你对案子的说法,而且能吸引法庭注意力的有力证据;
(10) 陈述有创意的辅助证据,帮助法庭更好地理解案子中的问题;
(11) 开宗明义,不要含含糊糊、拐弯抹角;
(12) 不要背诵法庭演说词,准备一份提纲,反复预演,最好的即兴演说是有准备的演说;
(13) 永远给法庭这样一个印象:你是在帮助做决定的人寻找案子公正合法的判决结果,而不是威胁上诉、推翻这个决定;
(14) 举止彬彬有礼,行动果断有力。

导致律师打输官司的8个因素,具体如下:

(1) 总是在程序问题上对法官指手画脚;
(2) 不是驳斥对方的论据和观点,而是进行人身攻击;
(3) 无端地、一再地与对方律师、证人或者法官发生冲突;
(4) 没有任何法律依据就提出抗议;

---

① R. Aron, J. Fast and R. Klein, Trial Communication Skills, New York, NY: McGraw-Hill, 1986. 转引自廖美珍:《法庭语言技巧》(第2版),法律出版社2005年版,第171—172页。

(5) 盛气凌人,不可一世;

(6) 总想操纵别人;

(7) 满口"法言法语";

(8) 动辄暗示要上诉。

上述律师成功的 14 个要素和失败的 8 个要素,是针对英美国家的审判模式而言的,我国没有英美国家的陪审团审判,法庭上的"对抗"还难以真正开展起来,但一些基本的注意事项还是可以借鉴的。根据实践中的一些经验,律师的注意事项,还可以列举以下一些"要"与"不要":

(1) 不要忘记自己的"听众"——合议庭。律师所有的努力都是为了说服合议庭采纳自己的建议,作出有利于己方当事人的裁判。

(2) 要引导和控制自己的当事人和证人,以免陷入言多必失的被动。千万不能同意你的证人和当事人作伪证,更不能与其串通作伪证。作伪证不仅要面临法律的处罚,而且在案件事实上也会"聪明反被聪明误"。

(3) 不要在对证人和当事人发问时抢"镜头"。要让当事人和证人处于舞台的中心,要让当事人和证人成为主角,要让案情按照"自然"的方式展现出来。律师只能指导但不能代替,或者忽略当事人和证人。当事人和证人才是真正的"演员",律师只是导演和编剧。

(4) 交叉询问时不要给对方证人或当事人以解释的机会。在对对方当事人和证人进行交叉询问时,要使用封闭性的问话进行控制,只要对方作出"是"与"不是"的回答,不能给予解释辩驳的机会。交叉询问实际上是律师在通过问话"证明"事实,证人是在律师的问话控制下"证实"律师所讲的事实。所以,问话时要尽量先问一些对对方有利的事实,让对方证人或当事人在同意或肯定的"惯性"中,不知不觉地"同意或肯定"了你说的事实或观点。如果放开控制的"闸门",让对方当事人或证人有解释或发挥的余地,他们口中吐出的对你不利的"滔滔洪水",就很有可能使你处于被动、前功尽弃。

(5) 要多与当事人沟通,但又不能一味地讨好和迁就当事人。因为律师的成败,不光体现在说服法官作出利己的裁判,当事人的认同和配合也相当重要。但当事人毕竟缺少专门的法律论辩知识和技巧,如果一味地迎合当事人,最终也会害了当事人。律师应当在案件审理前告知当事人可能的诉讼风险,在案件审理后应向当事人解释判决。对己方的不利点,必要时要敢于面对。

(6) 要换位思考。要能从"自己、对方当事人、法官"的这三个角度来思考案件,在与当事人接触的过程中,要采取中立立场,保持客观态度,尽量做到"实事求是"。

(7) 要尊重法庭上的所有人,包括自己的对手。适当的时候,甚至有必要对对方当事人的境遇和举动,表示出一定程度的理解和同情。

(8) 要相信你的当事人和你自己,还要在肢体语言中表现出自信。只有你相信自己所言,他人才会相信你所言。正如有人指出的那样:"人们之间的交流有超过50%的部分不是通过语言来进行的,而是通过非语言的形式,如眉毛、耳朵、肩膀、姿势、动作、语调,等等。"只有你相信自己正在做的一切,你的肢体语言和声音才会更和谐,最终让别人对你信服。①

(9) 要尊重但不要害怕那些粗暴或者有偏见的法官。因为,法官可以主持诉讼,但不能领导辩论。只有在尊重对方的前提下据理力争,才会使他不敢小看你的主张和理由。

(10) 要敢于质疑,并善于质疑。质疑对方的证词,恰恰是打断对方"证据锁链"的关键。具体可以质疑:对方证词的前后矛盾、逻辑错误,证人的人品,证人的行为,证人的知识,证人的感官能力、记忆能力、表达能力等。

(11) 要巧用具有魔力的"三段论"或者"三分法"。"三"这个数字似乎具有某种魔力,人们"在自然的交流中,谈话人常把自己的观点罗列成三部分。最重要的是三部分被视为'基本的结构原则',人们把它当做一种标准来执行。因此如果一些话少于三点可能被认为不完整。无论何种演讲,也无论是何种文化背景,这种显著的三分法(three-parted patterns)具有广泛的适用性"②。在法庭陈述时,尽量将内容分为"序言—主张—结束语"三部分;在陈述案情时,尽量按照证据出示的先后将案情分为"开始—经过—结局"三部分;在直接询问证人和当事人时,也尽量将问话过程分为"开头—中间—结尾"三部分。最重要的问题要在开头或者结尾时提出,以加深"听众"的印象,对自己不利的"揭短"最好在中间阶段提出,这样既主动说出了己方的不足,又不至于让法庭对己方的不足印象太深而"耿耿于怀",而有利于己方的重大问题放在开头和结尾部分,有利于法庭记深、记牢,这是符合记忆规律的"首位原则"和"临近原则"的。

(12) 要在向对方证人或者当事人交叉询问时,善于适可而止、"秋后算账"。问话一旦达到了自己的目的,就要立即停下来,并"请法庭将这个问题记录在案",而不要急于让对方证人说出有利于你的结论,而要在辩论发言阶段再自己来下结论。否则,对方证人必然当场引起警惕,而否定自己先前的回答,从而破坏你先前苦心建立起的论点。但到了最后辩论阶段,证人已经不在现场,你就可以完全把握话语的"霸权",而使对方没有机会再行反驳。比如本书前文在讲到问话技巧时,谈到证人没有看到当事人咬人,但看到当事人嘴里"吐出一只耳朵来"的事例,就是这里的一个反例。

(13) 要尽量选用适合自己问话目的的词、句来进行表达,尽量在听众的大

---

① 参见〔英〕安迪·布恩:《法律论辩之道》,姜翼凤、于丽英译,法律出版社2006年版,第17—18页。
② 参见同上书,第11页。

脑里产生具体的意象。比如,同样是描述两辆汽车相撞,不同的问话用词,得到的回答和感受是不一样的。英国的研究表明,在不同的证人被问到车祸时的车速时:当使用"冲撞"(smashed)进行提问时,证人回答车速是 40.8 公里/小时;用"碰撞"(collided)进行提问时,则是 39.3 公里/小时;而用"撞"(bumped)提问时,则是 38.1 公里/小时;用"碰"(hit)提问时,是 34.0 公里/小时;用"接触"(contacted)提问时,则是 31.8 公里/小时。[①] 同样,在描述颜色、气味、口味、声音、大小等情形时,不同的问话也会产生不同的效果。

(14)要认真倾听,不要只问不听。要注意与己方证人当事人的互动,以及与对方证人、当事人的"反动"——及时作出反应,并采取行动。如果说法官的倾听本身,就是程序公正的要求的话,律师的倾听则可以随时了解己方证人当事人的失误,以及对方当事人的"破绽",及时抓住敏感问题和"兴奋点",进而调整自己的论辩策略。

三、检察官的角色扮演

检察官是代表国家的公诉人。检察机关在我国现行的宪政框架内是专门的法律监督机关。检察官代表国家控诉犯罪,应当遵循"控辩审"的三角平衡结构,要与辩护方站在平等的对立面,进行"对抗",而不能动不动就以"法律监督者"的身份对法官施压,以"法官之上的法官"自居。尤其是关于检察机关对法庭的监督问题,以前有一种理解是,出庭的检察人员可以进行当庭监督,但事实上该监督的没有监督,反而使个别出庭的检察人员形成一种自己身份要高于法官的错觉。有人曾因此专门观察过,发现:公诉人的监督实质上是空的,是装腔作势,有名无实。[②] 而且即便是监督,也不是公诉人的当庭的监督,而是检察机关的事后监督,公诉人既当控诉者又当监督者,本身就容易出现诉讼结构上的失衡,会出现"谁来监督监督者"的尴尬。这一点,在《刑事诉讼法》的条文变化上已经体现,在 2000 年全国检察官的换装中也可以间接体现。1979 年通过的新中国第一部《刑事诉讼法》第 112 条第 2 款规定:"出庭的检察人员发现审判活动有违法情况,有权向法庭提出纠正意见。"1996 年修正的《刑事诉讼法》则删除了这一规定,增加第 169 条规定:"人民检察院发现人民法院审理案件违反法律规定的诉讼程序,有权向人民法院提出纠正意见。"该条在 2012 年《刑事诉讼法》修正时,被完整地予以保留未作任何变动,只是条文序号变成了第现在的203 条。这反映出立法的意旨,是由检察院来监督,而非出庭的检察官个人来监督;是事后监督,而非当庭监督。这样修改的目的,就在于避免检察人员在法庭

[①] 转引自〔英〕安迪·布恩:《法律论辩之道》,姜翼凤、于丽英译,法律出版社 2006 年版,第 9 页。
[②] 廖美珍:《法庭语言技巧》(第 2 版),法律出版社 2005 年版,第 164—165 页。

上直接运用监督权,与审判权发生冲突,从而维护审判的权威。检察官服由原来与法官、警察类似的"大盖帽"换成现在的西装,也是我国刑事司法多元制衡体系进一步形成的一个表征,从而改变了以往"公检法三机关分工负责、互相配合、互相制约"体制下的"侦控审线性配合关系",而应当体现法庭上检察官、辩护方与法官的"控辩审三角结构"。检察官着西装出庭体现出"亲和性"、平等性,只有"以理服人"才能与这种服装相称。这种从大盖帽到西装的检察官的"行头"变化,释放了一个检察官法庭地位、作用变化的信号。① 但很多检察官并没有意识到这种立法和理念的变化,还经常习惯性地在法庭上明确宣布自己在担任公诉人的同时,"并依法履行法律监督的职能"或者"并依法对……刑事诉讼(或行政诉讼、民事审判)活动进行法律监督"等"熟语"。殊不知,这些自我宣布,反映了个别检察官的个人心态和目的。在我国审判方式由原来的"审讯制"向"对抗制"的转型中,检察官的控辩平等意识,也应当及时跟上才行。

基于以上的论述,一个好的或曰合格的检察官(在西方国家又称"政府律师"),除了应当注意律师控辩的一些共同事项外,还应当注意如下一些"要"与"不要":

(1)要尊重法庭,不要凌驾于法庭之上。这一点上文有详细论述。

(2)要尊重辩护方和被告人,尤其不得侮辱被告人的人格。控诉不等于惩罚,更不等于定罪。即使对于罪大恶极的犯罪分子,也要保持对人性的尊重,也要进行人道主义的对待。

(3)不要一开始就要被告人认罪。我国以前刑事案件庭审时,容易出现公诉人一开始就问对方是否认罪的现象。很多被告人在没有辩护的情况下,也稀里糊涂地回答"认罪"。表面看来似乎干净利落,但对于"控辩审三角结构"而言,无疑是一种黑色的幽默。这里不是开庭审理前的辩诉交易,一开始就让被告人认罪,如果被告人"认了罪",后面的审判就失去了意义,也违背了程序公正的要求。如果被告人不认罪,反而自找麻烦,有程序不公的嫌疑。这种现象与我国法庭上个别法官一开始就问当事人"起诉书指控的事实是否属实?"②其实有"异曲同工之不妙"!

(4)要巧用预设和词句。检察官与法官、辩护律师在思维上的不同就在于,检察官是"有罪预设",而法官与辩护律师都是"无罪预设"。但检察官的预设可以是"有罪",却不能在明显的用词上体现出"检察官定罪"的破绽和荒诞。我国现行刑事诉讼法已经将定罪权专属于法院,检察机关没有定罪权是刑事诉讼基

---

① 龙宗智:《刑事庭审制度研究》,中国政法大学出版社2001年版,第7—8页。
② 本书第五章第四节关于刑事附带民事一审案件简易程序"本案的点评与分析"中,对此有较为详尽的介绍和分析。

本原理的体现。

（5）要尽量使用直接性的语言以增加"口头自信"。复杂的语言会使信息变得模糊。检察官应当尽量使用直接性的语言进行控诉，这样才使控诉变得更加有力。这是公诉与辩护不同的地方。辩护律师在使用模糊抽象的语言时，则更可能获得无罪判决。控辩经验表明：澄清问题、简化观点使公诉获益；但是一定程度的迷惑，导致听众产生怀疑，却可能有益于辩护艺术。①

四、当事人与证人的角色扮演

当事人与证人的区别就在于，当事人与本案的实体判决具有直接的利害关系，而证人则没有。在作证这一点上，二者具有相同之处，只不过我国法律将"当事人陈述""被告人供述和辩解""被害人陈述"作为法定的证据种类，以区别于"证人证言"这种法定的证据种类。而英美国家一般将当事人的陈述与证人的作证，都统一作为"证词"对待。除了与案件的实体利害关系之外，对当事人与证人的角色评估二者同大于异，故此将二者一同介绍。

除了当事人没有聘请律师辩护或代理的情形下，需要向对方的当事人、证人和鉴定人"发问"以外，当事人和证人一样，在法庭上的任务主要是回答，回答己方和对方律师的询问。当事人与证人答话的基本技巧是"问什么答什么，不问就不答"。具体而言要注意以下事项：

（1）要客观诚实，要相信自己的话。不要猜测，不要想当然。切记：诚实是最可靠的制胜法宝。有把握的就说，没把握的就不说，不要将没把握的事说得过于肯定和绝对。模糊的事情模糊说，要给自己留有余地。回答提问时，要大方自如、从容不迫、言简意赅，不要吞吐、犹豫、畏缩。

（2）要相信自己的律师。除非开掉他，任何时候都要相信他，听从他的指导并加以配合。切记：聪明反被聪明误，自作主张的当事人最容易自毁长城。

（3）要确信自己听懂了问话才回答，不懂就说不懂。

（4）要有礼貌，有耐心。

（5）要注意肢体语言，要保持冷静和镇定，不要过于放任自己的情绪。持续的"泣不成声"或没有节制的愤怒、紧张、激动，对于阐明自己的主张和观点并无益处。

（6）要在开庭前对对方的问话进行适当的预测。必要时可在律师的指导下进行演习，做到开庭前有准备，开庭时能应变。

（7）在应对交叉询问时，要注意对方对你的话语的理解和解释，注意拆除问话中的"有罪"或"有责"预设。必要时，要先纠正对方的错误再回答，或者

---

① ［英］安迪·布恩：《法律论辩之道》，姜翼凤、于丽英译，法律出版社2006年版，第8页。

附录一　各类案件的审判程序

一、民事案件的审判程序

模拟审判中的民事案件审判程序,一般多为诉讼案件的审判程序,较少涉及特别程序(含选民资格案件等6种案件的审判程序)、督促程序、公示催告程序等"非讼"案件。现行三大诉讼法中的审判监督程序,实际上都分为前期的"再审发动程序"和后期的"再次审理裁判程序":前者包括当事人申请再审(或向人民检察院申诉)、人民法院依职权决定再审、人民检察院抗诉监督再审,都还没有涉及审判程序;后者的审判程序,则依赖于原裁判生效时的审级,即原来是一审的就适用一审普通程序进行再审,原来二审的就适用二审程序进行再审,而且都必须另行组成合议庭进行审判。这里主要介绍民事诉讼案件的第一审普通程序、简易程序,以及第二审程序的审判流程和注意事项。

(一) 第一审普通程序

1. 起诉

起诉,是原告向法院提起诉讼的行为。根据法律规定,民事诉讼案件的起诉并不是诉讼程序的必然开始,仅有起诉却未被法院立案(受理),诉讼案件尚不成立。只有起诉与立案(受理)相结合,案件才能成立,诉讼程序才能开始。

根据我国《民事诉讼法》第119条之规定,起诉必须同时具备下列条件:

(1) 原告是与本案有直接利害关系的公民、法人或者其他组织。① 所谓原告,即以自己名义请求人民法院保护其合法权益,并受受诉人民法院裁判约束的人。

(2) 有明确的被告。所谓被告,即原告与之发生争议的对立一方当事人。如果被告不明确,就不能形成诉讼中的对立面,人民法院就无法进行审判活动。这里所谓的"明确",是指原告提供的有关被告身份、通讯、地址等信息,足以使被告与其他人相区别,且一般能够联系得上。

(3) 有具体的诉讼请求和事实、理由。所谓诉讼请求,即原告通过法院对被告提出的实体权利要求,亦即原告请求法院通过审判程序予以确认或保护其合法权益的具体内容和范围。事实和理由是指原告向法院提出诉讼请求所根据的案件事实和理由。案件事实包括案情事实和证据事实。案情事实是指民事法律关系发生、变更、消灭的事实。证据事实,是指证明这些案情事实存在的必要的根据。但原告起

---

① 现有立法仍然是从利害关系当事人的角度来界定当事人的,但现有理论通说一般认为,对诉讼当事人的界定应从程序当事人的角度来加以界定。

诉究竟有无事实、理由,尤其是证据事实是否确实、充分,只能在起诉以后的审理过程中才能查明。不可能在未经法院立案审理以前,就要求原告提供绝对、完整、确凿的证据。这里的"事实、理由",只能理解为原告在起诉时应当提出法律和事实上的初步理由,而非裁判文书最后认定的事实和理由。

(4) 属于人民法院受理民事诉讼范围和受诉人民法院管辖。这一规定有两层含义:一是原告请求人民法院给予司法保护的事项,必须属于人民法院有权行使审判权的事项,即属于人民法院主管的民事案件,而非仲裁机构或其他纠纷解决机构主管的案件;亦非刑事诉讼或者行政诉讼案件,而是人民法院可以审判的、平等主体之间的财产关系和人身关系案件;二是受诉人民法院必须具有对该案件的具体管辖权,包括级别管辖、地域管辖和裁定管辖。

2. 立案(受理)

立案和受理是一个问题的两个方面,是指人民法院通过审查原告的起诉,认为符合起诉条件,而决定审理裁判的行为。

人民法院接到当事人提交的民事起诉状,只要符合《民事诉讼法》第119条的规定,且不属于该法第124条规定的情形的,就应当登记立案;对当场不能判定是否符合上述条件的,也应当接收起诉材料,并出具注明日期的书面收据。对属于《民事诉讼法》第124条规定情形的,不予立案,并分别予以处理:

(1) 依照行政诉讼法的规定,属于行政诉讼受案范围的,告知原告提起行政诉讼。

(2) 依照法律规定,双方当事人对财产权益或合同纠纷自愿达成书面仲裁协议向仲裁机构申请仲裁的,告知原告向仲裁定机构申请仲裁。我国《民事诉讼法》第271条规定,涉外经济贸易、运输和海事中发生的纠纷,当事人有书面协议提交中国的涉外仲裁机构或其他仲裁机构仲裁的,不得向人民法院起诉。对上述案件,人民法院不予受理,告知原告向有关仲裁机构申请仲裁。但如果仲裁条款、仲裁协议无效、失效或者内容不明确无法执行,或者当事人选择的仲裁机构不存在,或者选择裁决的事项超越仲裁机构权限的,人民法院有权依法受理当事人一方的起诉。

(3) 依照法律规定,应当由其他机关处理的争议,告知原告向有关机关申请解决。

(4) 对不属于本院管辖的案件,告知原告向有管辖权的人民法院起诉;原告坚持起诉的,裁定不予受理;立案后发现本院没有管辖权的,应当将案件移送至有管辖权的人民法院。

(5) 对判决、裁定已经发生法律效力的案件,当事人又起诉的,告知原告向人民法院申请再审,或者向人民检察院提出申诉,要求检察机关进行抗诉监督或者检察建议,但人民法院准许撤诉的裁定除外。

(6) 依照法律规定,在一定期限内不得起诉的案件,在不得起诉的期限内起诉的,不予受理。

（7）判决不准离婚与调解和好的离婚案件，原告撤诉或者按撤诉处理的离婚案件，判决、调解维持收养关系的案件，没有新情况、新理由，原告在6个月内又起诉的，不予受理。

起诉不符合受理条件的，人民法院应当裁定不予受理。立案后发现起诉不符合受理条件的，裁定驳回起诉。裁定不予受理、驳回起诉的案件，原告再次起诉的，如果符合起诉条件，人民法院应予受理。当事人撤诉，或人民法院按撤诉处理后，当事人以同一诉讼请求再次起诉的，人民法院应予受理，但离婚案件除外。

起诉应当向人民法院递交起诉状，并按照被告的人数提出副本。书写起诉状确有困难的，可以口头起诉，由人民法院记入笔录，并告知对方当事人。人民法院收到起诉状或者口头起诉，经审查，认为符合前文所述的起诉形式条件的，应当登记立案。需要补充相关材料的，在补齐材料后的7日内决定是否立案。认为不符合起诉条件的，应当在7日内裁定不予受理。原告对不予受理的裁定不服的，可以提起上诉。立案期间和不予受理的期间，都从人民法院收到当事人起诉状的次日起计算。人民法院因起诉状内容欠缺令原告补正的，立案或不予受理的期间自补正后交法院的次日起计算。由上级人民法院交下级人民法院，或者由基层法院转交有关人民法庭受理的案件，从受诉法院或人民法庭收到起诉状的次日起计算。

3. 审理前的准备

根据我国《民事诉讼法》和最高人民法院的相关司法解释，审理前的准备包括以下内容：

（1）登记立案并发送诉讼文书

如前文所述，人民法院接到当事人的起诉状或者口头起诉时，根据不同情形，分别进行登记立案，或者将口头起诉记入笔录，或者告知当事人另行处理，等等。登记立案或者决定立案受理案件后，人民法院应当在立案之日起5日内，将应诉通知书和起诉状副本发送被告。如果起诉材料经补齐后，仍然不能确定明确的被告的，人民法院裁定不予受理；如果立案后发现不符合起诉条件或者属于《民事诉讼法》第124条规定的情形的，裁定驳回起诉。

被告应在收到起诉状副本之日起15日内提出书面答辩状，阐明其对原告诉讼请求及所依据的事实和理由的意见。① 人民法院应当在收到答辩状之日起5日内将答辩状副本发送原告。

（2）告知诉讼权利义务及合议庭组成人员

人民法院对决定立案受理的案件，应当在受理案件通知书和应诉通知书中告知双方当事人有关的诉讼权利和义务，以便当事人正确、充分地行使诉讼权利，履行诉

---

① 根据我国《民事诉讼法》的规定，被告不提出答辩状的，不影响人民法院对案件的审理；《民事证据规定》第32条要求："被告应当在答辩期届满前提出书面答辩，阐明其对原告诉讼请求及所依据的事实和理由的意见。"

讼义务。适用普通程序审理的案件,应当实行合议制。合议庭成员确定后,应当在3日内告知当事人,以便其在必要时依法行使申请回避的权利。

(3) 确定举证时限

举证时限是指当事人向法院提供证据的期限,当事人若无正当理由逾期举证,将产生证据失权或其他法律后果。

2012年《民事诉讼法》修订以前,我国《民事诉讼法》并未规定举证时限,对证据的提供实行的是"随时提出主义",因此当事人不仅在第一审中可以在法庭上随时提供新的证据,而且在二审和再审程序中,还可以随时提出新证据。这种做法产生了一系列难以克服的弊端:

首先,这种做法影响举证责任制度的落实。对于未尽举证责任的,原来可能将承担败诉后果的风险,但由于实行证据随时提出主义,一方当事人尽管在一审时可能因不能提供证据而败诉,但在二审中提出有利于己的证据,二审法院可以根据新提交的证据推翻一审裁判,从而使当事人在一审中承担的举证证明责任失去意义。

其次,这种做法使"证据突袭"现象在诉讼中常常发生。某些当事人为了给对方以意外攻击,故意将关键证据隐藏,待开庭审理时突然抛出,使对方措手不及,从而无法进行有效的质证,影响诉讼的公正性。

再次,这种做法提高了诉讼成本,降低了诉讼效率。由于当事人有权随时提出证据,甚至进行"证据突袭",这就使得新的证据一旦提出,质证、庭审活动又要被重新启动,甚至是多次被启动,这势必造成诉讼成本的增加,诉讼效率的降低。

最后,这种做法也损害了裁判的稳定性。由于证据可随时提出,审判程序就难免被反复启动,终局裁判也可能不断地被撤销,当事人之间争议的法律关系难以得到最终的确定,这对法院裁判的稳定性构成了极大的威胁。

2001年最高人民法院在总结审判实践经验的基础上制定了《民事证据规定》,对举证时限制度及相关问题作出了明确规定。根据《民事证据规定》第33条和第34条的规定,人民法院应当在送达案件受理通知书和应诉通知书的同时向当事人送达举证通知书。举证通知书应当载明举证证明责任的分配原则与要求、可以向人民法院申请调查取证的情形、人民法院根据案件情况指定的举证期限以及逾期提供证据的法律后果。举证期限可以由当事人协商一致,并经人民法院认可。

不过,《民事证据规定》的上述规定在实践中也产生了新的问题:其一,《民事证据规定》对于举证时限的规定,立法上的依据不充分,造成司法实践与立法在一定程度上的脱节;其二,《民事证据规定》对于举证时限的规定过于严厉,对当事人的权利保障不充分。因此,从《民事证据规定》施行十年的情况来看,有关举证时限的规定,施行效果并不理想。为此2012年修订的《民事诉讼法》在充分吸收其合理成分的基础上,对举证时限制度作了进一步的修改与完善。根据《民事诉讼法》第65条的规定,当事人对自己提出的主张应当及时提供证据。人民法院根据当事人的主张和案件审理情况,确定当事人应当提供的证据及其期限。当事人在该期限内提供证据确有困难的,可以向人民法院申请延长期限,人民法院根据当事人的申请适当延长。当事人逾期提供证据的,人民法院应当责令其说明理由;拒不说明理由或理由不成立的,人民法院根据不同情形可以不予采纳该证据,或者采纳该证据但予以训诫、罚款。

最高人民法院2015年2月4日公布施行的《民诉法适用解释》第99条至第102条,对举证期限及逾期举证的后果等,予以了详细的规定,规定人民法院确定举证期限的,第一审普通程序不得少于15日,第二审提供新证据的案件不得少于10日。举证期限届满后,当事人对已经提供的证据,申请提供反驳证据或者对证据来源、形式等方面的瑕疵进行补正的,人民法院可以酌情再次确定举证期限。当事人申请延长举证期限的,应当在举证期限届满前向人民法院提出书面申请。申请理由成立的,人民法院应当准许,适当延长举证期限,并通知其他当事人。申请理由不成立的,人民法院应当不予准许,并通知申请人。当事人逾期提供证据的,人民法院应当责令其说明理由,必要时可以要求其提供相应的证据。当事人因客观原因逾期提供证据的,或者对方当事人对逾期提供证据未提出异议的,视为未逾期。当事人因故意或者重大过失逾期提供的证据,人民法院不予采纳。但该证据与案件基本事实有关的,人民法院应当采纳,并依照《民事诉讼法》第65条、第115条第1款的规定予以训诫、罚款。当事人非因故意或者重大过失逾期提供证据的,人民法院应当采纳,并对当事人予以训诫。当事人一方要求另一方赔偿因逾期提供证据致使其增加的交通、住宿、就餐、误工、证人出庭作证等必要费用的,人民法院可予支持。

(4) 组织证据交换

合议庭组成后,审判人员应当认真审查案件的诉讼材料,包括原、被告向法院提交的起诉状、答辩状以及他们各自提交的证据材料。但审判人员对诉讼材料的审查只能是程序性审查而非实体性审查,即审判人员通过对诉讼材料的审查,是为了了解、整理双方当事人争议的焦点和需要庭审调查、辩论的主要问题,而不能直接对案件事实和证据材料的真伪及其证明力作出判断。否则,将会导致"先定后审",使庭审流于形式。

对于证据较多或者复杂疑难的案件,仅通过人民法院单方面对诉讼材料的审查不易达到整理、固定争点的效果,人民法院有必要组织双方当事人及其诉讼代理人进行证据交换。所谓证据交换,是指庭审前双方当事人在审判人员的主持下交流案件事实和证据方面的信息的一种诉讼制度。证据交换是审前准备程序的核心内容。通过证据交换,可促进当事人相互了解对方的主张和证据,进一步整理和明确争点,从而保证庭审的顺利进行。同时,还可促进双方当事人达成和解。

根据《民事证据规定》,经当事人申请,人民法院可以组织当事人在开庭审理前交换证据。对于证据较多或者复杂疑难的案件,人民法院应当组织当事人交换证据。交换证据的时间可以由当事人协商一致并经人民法院认可,也可以由人民法院指定,但应当在开庭审理前完成。人民法院组织当事人交换证据的,交换证据之日举证期限届满。当事人申请延期举证经人民法院准许的,证据交换日相应顺延。

证据交换应当在审判人员的主持下进行。证据交换时,对双方当事人无异议的事实、证据应当记录在卷,并由双方当事人签字确认。如果开庭审理时双方当事人均不再提出异议,便可以作为认定案件事实的依据。对有异议的证据,按照需要证明的事实分类记录在卷,并记载异议的理由。通过证据交换,确定双方当事人争议的主要问题。当事人收到对方交换的证据后交出反驳并提出新证据的,人民法院应当通知当事人在指定的时间进行交换。为防止诉讼拖延,证据交换一般不超过两次,但重大、疑难和案情特别复杂的案件,人民法院认为确有必要再次进行证据交换的除外。

(5) 调查收集证据

一般情况下,诉讼证据是由当事人向法院提供,但对当事人及其诉讼代理人因客观原因不能自行收集的证据或者人民法院认为审理案件需要的证据,法院也应当予以收集。根据《民诉法适用解释》第96条的规定,人民法院认为审理案件需要的证据包括:① 涉及可能有损国家利益、社会公共利益的;② 涉及身份关系的;③ 涉及《民事诉讼法》第55条规定诉讼的;④ 当事人有恶意串通损害他人合法权益可能的;⑤ 涉及依职权追加当事人、中止诉讼、终结诉讼、回避等与实体争议无关的程序事项。

除前述规定的情形外,人民法院如要调查收集证据,均应依当事人的申请进行。符合下列条件之一的,当事人及其诉讼代理人可以申请人民法院调查收集证据:① 证据由国家有关部门保存,当事人及其诉讼代理人无权查阅调取的;② 涉及国家秘密、商业秘密、个人隐私的材料;③ 当事人及其诉讼代理人确因客观原因不能自行收集的其他材料。

对专门性问题合议庭认为需要鉴定、审计的,人民法院应及时交由法定鉴定部门或者指定有关部门鉴定,委托审计机关审计。

(6) 追加、更换当事人

开庭审理应当在当事人都参加的情况下进行,以利于人民法院全面、彻底地解决纠纷,正确处理案件。人民法院在审查诉讼材料时,发现必须到庭参加诉讼的当事人没有参加诉讼的,应当通知其参加诉讼,当事人也可以向人民法院申请追加。人民法院对当事人提出的申请,应当进行审查,申请无理的,裁定驳回;申请有理的,书面通知被追加的当事人参加诉讼。人民法院追加共同诉讼的当事人时,应通知其他当事人。

如果案件涉及有独立请求权的第三人的合法权益,该第三人有权向人民法院提出诉讼请求,要求参加诉讼;人民法院可通知其参加诉讼。对于无独立请求权的第三人,人民法院认为有必要追加,或当事人提出申请时,可以追加为当事人。

此外,人民法院在审查诉讼材料时,如发现当事人不适格,应当对不适格的当事人进行更换,否则诉讼便不能在适格当事人之间进行,法院的审理也将失去意义。人民法院发现当事人不适格后,应告知原告更换当事人,原告拒不更换的,裁定驳回起诉。

(7) 实施调解、促成和解

合议庭审查诉讼材料后,如果认为案件有可能调解解决,经征得当事人同意,可以在开庭审理前进行调解。调解达成协议的,制作调解书送达双方当事人;不能达成协议的,合议庭应即研究确定开庭审理的日期和庭审提纲,并应明确合议庭成员在庭审中的分工。同时,在双方当事人自愿的前提下,合议庭也可以在开庭审理前让双方当事人及其诉讼代理人自行协商解决争议。当事人和解后,如果原告申请撤诉,或者双方当事人要求发给调解书的,经审查认为不违反法律规定且不损害第三人利益的,可以裁定准予撤诉,或者按照双方当事人达成的和解协议制作调解书发给当事人。

综上所述,开庭前的准备是诉讼过程中一个内容非常繁杂、功能非常强大的诉讼阶段。人民法院和当事人均应按照有关规定完成各自的准备活动,为开庭审理的顺利进行提供充分的保障。根据《民事诉讼法》第133条第4项,以及《民诉法适用解释》第225条的规定,组织证据交换、明确争议焦点、进行调解、调取证据等,都可以通过召开庭前会议的方式进行。同时,人民法院和当事人还可以利用审理前的准备阶段所具有的特殊功能,为提前解决纠纷作出努力,以提高诉讼效率,减少诉讼成本。

4. 开庭审理

开庭审理,是指人民法院在当事人和所有诉讼参与人的参加下,全面审查认定案件事实,并依法作出裁判或调解的活动。开庭审理由合议庭主持,故又称为法庭审理。

开庭审理既是人民法院行使国家审判权的重要阶段,又是当事人行使诉权的重要阶段,也是诉讼参与人行使诉讼权利履行诉讼义务最集中的阶段。任何法律关系主体必须遵循法律设定的程序实施诉讼行为,不得超前也不得滞后。

(1) 开庭审理的程序

① 庭审准备。在开庭3日前,人民法院应用通知书通知诉讼代理人、证人、鉴定人、翻译人员按时出庭。对当事人采用传票传唤。法律规定凡公开审理的案件都应发布公告。公告内容有案由、当事人姓名、开庭时间和地点。公告日期法无规定,但是一般应在开庭审理3日前公告。

② 宣布开庭。首先,由书记员查明原告、被告、第三人、诉讼代理人、证人、鉴定人、翻译人员等是否到庭并将结果报告合议庭。同时向全体诉讼参与人和旁听群众宣布法庭纪律。其次,由审判长宣布审判人员、书记员名单,宣布案由、核对当事人。核对完毕后告知当事人诉讼权利和义务,询问当事人是否申请回避。若有人申请回避即按法定程序办理。最后,审查诉讼代理人资格和代理权限。

③庭审调查。庭审调查的中心任务是听取当事人对案情的充分陈述和提供证据,听取证人证言,出示各种物证、书证和视听资料,宣读勘验笔录和鉴定意见,全面核实证据,揭示案件真相。根据《民事诉讼法》第138条的规定,庭审调查顺序是:当事人陈述—告知证人的权利义务,证人作证,宣读未到庭的证人证言—出示书证、物证和视听资料、电子数据—宣读鉴定意见—宣读勘验笔录。庭审调查阶段,当事人可以提出新的证据。原告有权增加诉讼请求,被告有权提出反诉,第三人可以提出与本案有关的诉讼请求,人民法院可以合并审理。

④法庭辩论。法庭辩论是当事人、第三人及其诉讼代理人就案件事实和法律适用向法庭阐明观点、申明理由的活动。法庭辩论的顺序一般按原告方、被告方、第三人的顺序发言或者答辩,然后再互相辩论。法庭辩论终结时,由审判长按原告、被告、第三人的顺序依次征询他们的最后意见。

⑤合议庭评议。《民事诉讼法》第142条规定:"法庭辩论终结,应当依法作出判决。判决前能够调解的,可以进行调解,调解不成的应当及时判决。"调解不是开庭审理的必经程序。法庭辩论终结,合议庭认为该案难以调解时,应及时评议。评议的内容包括:案件事实是否清楚,证据是否充分,案件如何认定,责任如何划分,适用何种法律,诉讼费用如何负担,等等。评议由审判长主持。评议笔录须经合议庭全体成员签名后有效。

⑥宣告判决。凡开庭审理的案件,无论是依法公开审理,还是不公开审理的,都必须公开宣告判决。公开宣判分为两种形式:一是当庭;二是定期。前者应在10日内向有关人员发送判决书,后者应在宣判后立即发送判决书。根据《民诉法适用解释》第253条的规定,当庭宣判的情况应当记入笔录,除当事人当庭要求邮寄发送裁判文书的以外,人民法院应当告知当事人或者诉讼代理人领取裁判文书的时间、地点,以及逾期不领取的法律后果。

(2)案件审结的期限

根据《民事诉讼法》第149条的规定,人民法院适用普通程序的案件,应当在立案之日起6个月内审结。有特殊情况需要延长的,由本院院长批准,可以延长6个月;还需延长的,报请上级人民法院批准。最高人民法院关于民诉法的司法解释规定:《民事诉讼法》第149条规定的审限,是从立案之日起至裁判宣告、调解书送达之日止的期间,但公告期间、鉴定期间、双方当事人和解的期间、审理当事人提出的管辖权异议以及处理人民法院之间的管辖争议期间,不应计算在内。

(3)对开庭审理特殊情况的处理

①撤诉。撤诉是指当事人将已经成立之诉撤销,从形式上分为当事人主动撤回起诉和法院视为撤诉。当事人主动撤回起诉,是指原告在一审判决宣告前,将已经提出的诉讼撤销。首先应由原告向人民法院递交撤诉申请书,申请书中应详细列举撤诉理由,申请撤诉的时间只能在起诉成立之后,法院裁决之前。如果该申请未被法院批准,原告就应继续参加诉讼活动;法院视为撤诉,是指当事人虽不申请撤

诉,但其行为可使法院推论其有撤诉的意思表示时,法院可按撤诉处理。例如原告经传票传唤无正当理由拒不到庭,或者未经法庭许可中途退庭,原告应预交而未预交案件受理费等,均可视为撤诉。

② 延期审理。延期审理是指在特定情形下,人民法院把已经确定的审理期日或正在进行的审理顺延至另一期日进行审理的制度。法律规定的"特殊情形"有四种:第一,必须到庭的当事人或其他诉讼参与人有正当理由没有到庭的;第二,当事人临时提出回避申请的;第三,需要通知新的证人到庭,调取新的证据,重新鉴定、勘验,或者需要补充调查的;第四,其他应当延期的情形。

③ 诉讼中止。诉讼中止是指民事诉讼程序的中途搁置,即在诉讼进行过程中,由于某些法定情形的出现,而使案件诉讼活动难以继续进行,受诉法院据此裁定暂停本案诉讼程序的制度。诉讼中止的主要原因如下:第一,一方当事人死亡,需要等待继承人参加诉讼;第二,一方当事人丧失诉讼行为能力,尚未确定法定代理人;第三,一方当事人因不可抗拒的事由,不能参加诉讼;第四,本案必须以另一案的审理结果为依据,而另一案尚未审结;第五,作为一方当事人的法人或其他组织终止,尚未确定权利义务承受人;第六,其他应当中止的情形。诉讼中止的原因消除后,从人民法院通知或者准许当事人双方继续进行诉讼时起,原中止诉讼的裁定即失去效力,而无需撤销原裁定。

④ 缺席判决。缺席判决是指人民法院在部分当事人无故不参加开庭审理,或者无故中途退庭的情况下依法作出的判决。

⑤ 诉讼终结。诉讼终结是指在诉讼程序进行中,因出现某种特殊情况不得已结束诉讼的制度。其情形有以下4个方面:第一,原告死亡,没有继承人或者继承人放弃诉讼权利的;第二,被告死亡,没有遗产也没有应当承担义务的人的;第三,离婚案件一方当事人死亡的;第四,追索赡养费、扶养费、抚育费以及解除收养关系案件的一方当事人死亡的。

(二) 简易程序

1. 简易程序的适用范围

简易程序,是指基层人民法院及其派出法庭审理简单民事案件所适用的一种简便易行的诉讼程序。《海事诉讼特别程序法》第98条也规定:海事法院审理事实清楚、权利义务关系明确、争议不大的简单海事案件,可以适用民事诉讼法简易程序的规定。根据《民事诉讼法》第157条的规定,适用简易程序的人民法院,仅限于基层人民法院及其派出法庭。中级以上人民法院审理第一审民事案件,都不得适用简易程序。适用简易程序的案件,仅限于事实清楚、权利义务关系明确、争议不大的简单民事案件。根据《民诉法适用解释》第256条的规定,所谓事实清楚,是指当事人对争议事实的陈述基本一致,且有相应的证据,无需人民法院调查收集证据即可查明事实;所谓权利义务关系明确,是指能够明确区分责任的承担者和权利的享有者;所谓争议不大,是指当事人对案件的是非、责任承担,以及诉讼标的争执,没有原则性的分歧。除此规定以外的民事案件,当事人双方也可以约定适用简易程序。

最高人民法院《民诉法适用解释》第257条,进一步明确规定了7种不适用简易程序的情形:起诉时被告下落不明的;发回重审的;当事人一方人数众多的;适用审判监督程序的;涉及国家利益、社会公共利益的;第三人起诉请求改变或者撤销生效判决、裁定、调解书的;其他不宜适用简易程序的案件。

已经按照简易程序审理的案件,在审理过程中发现案情复杂,需要转为普通程序审理的,可以转为普通程序,由合议庭审理。但已经按照普通程序审理的案件,在审理过程中无论是否发生了情况变化,都不得改用简易程序审理。

2. 简易程序的特点

(1) 起诉方式简便。原告可以口头起诉,不附加任何条件和限制。

(2) 受理程序简便。审判人员经过审查,认为符合起诉条件的,可以当即立案审理,也可以另定日期审理,不受普通程序7日立案审查期的限制。

(3) 传唤当事人、证人简便。人民法院可以用简便的方式随时传唤当事人、证人,不受开庭前3日通知当事人等有关规定的限制。

(4) 实行独任制审判。审理该类案件无须组成合议庭,而是由审判员一人独任审理,书记员担任记录。

(5) 审理程序简便。不受《民事诉讼法》第136、138、141条的限制。

(6) 开庭方式灵活多样。当事人双方可就开庭方式向人民法院提出申请,由人民法院决定是否准许。经双方当事人同意,可以采用视听传输技术等方式开庭。

(7) 审结期限较短。根据《民事诉讼法》第160条的规定,依该程序审理的案件,应当在立案之日起3个月内审结。审限到期后,如果双方当事人同意继续适用简易程序的,由本院院长批准,可以延长审理期限,延长后的审限累计不超过6个月;如果案情复杂需要转为普通程序审理的,人民法院应当在审理期限届满前作出裁定,并将合议庭组成人员及相关事项书面通知双方当事人。案件转为普通程序审理的,审理期限自人民法院立案之日起计算。

简易程序虽然简便,但仍要公开宣判,同时要求卷宗材料齐全。

(三) 第二审程序

第二审程序,是指上一级人民法院根据当事人的上诉,就下级人民法院的一审判决和裁定,在其发生法律效力前,对案件进行重新审理的程序。该程序不是人民法院审理民事案件的必经程序。第一审程序中,当事人对一审判决和裁定在上诉期内不上诉,或一审案件经调解达成协议,以及依照法律规定实行一审终审的案件,均不会发生第二审程序。

1. 上诉的提起和受理

上诉,是指当事人不服第一审人民法院作出的未生效裁判,在法定期间,要求上一级人民法院对原审裁判中的有争议的事实和法律适用问题,进行进一步审理的诉讼行为。

根据民事诉讼法的规定,除了依特别程序、督促程序、公示催告程序和企业法人破产还债程序作出的裁判,以及小额诉讼案件不准上诉外,凡地方各级人民法院以普通程序和一般简易程序作出的一审判决,以及法律规定可以上诉的裁定,包括不予受理、驳回起诉和对管辖权异议的裁定,在法定期间内,当事人均可提起上诉。同时,形式上必须符合下列3个要件:

(1) 必须有合格的上诉人和被上诉人

上诉人是指依法享有上诉权的第一审案件的当事人;被上诉人是指在一审程序中具有实体权利义务的对方当事人。上诉人和被上诉人具体包括:一审案件中的原告和被告、共同诉讼人、共同诉讼中的代表人和被代表的成员,以及有独立请求权的第三人。无独立请求权第三人的上诉权,依第一审判决是否需要其承担民事责任而定。如果一审判决其承担民事责任的,无独立请求权第三人依法享有上诉权而成为上诉人,否则其不能成为上诉人和被上诉人。若双方当事人和第三人均提出上诉的,均为上诉人。

必要共同诉讼的上诉案件,应分别不同情况确定上诉人和被上诉人。根据《民诉法适用解释》第319条的规定,必要共同诉讼人中的一人或者部分人提出上诉的,按下列情形分别处理:第一,该上诉请求仅针对对方当事人之间权利义务分担有意见,不涉及其他共同诉讼人利益的,对方当事人为被上诉人,未上诉的同一方当事人依原审诉讼地位列明;第二,该上诉请求权仅对己方共同诉讼人之间的权利义务分担有意见,不涉及对方当事人的利益,未上诉的一方当事人为被上诉人,对方当事人依原审诉讼地位列明;第三,该上诉请求对双方当事人之间以及共同诉讼人之间权利义务承担有意见的,未提出上诉的其他当事人均为被上诉人。

普通共同诉讼的上诉案件,由于共同诉讼人对诉讼标的不存在共同利害关系,他们各自享有独立的上诉权,其中一人的上诉行为对其他共同诉讼人不发生拘束力。未提出上诉或未被提出上诉的普通共同诉讼人,均不能追加为上诉人和被上诉人。

法人或其他组织作为当事人的,由其法定代表人或主要负责人提出上诉。无民事行为能力和限制行为能力人的法定代理人,可以代理当事人提起上诉。经过当事人特别授权的委托代理人,有权以被代理人的名义提起上诉。

在第二审程序中,作为当事人的法人或者其他组织分立的,人民法院可以直接将分立后的法人或者其他组织列为共同诉讼人;作为当事人的法人或其他组织合并的,将合并后的法人或者其他组织列为当事人,不必将案件发还原审人民法院重审。

(2) 必须在法定期间内提起上诉

《民事诉讼法》第164条规定,当事人不服一审法院判决提起上诉的期间为15日,对一审裁定不服提起上诉的期间为10日。超过上诉期间,一审法院的判决、裁定即发生效力,当事人也就丧失了上诉权。

上诉期间的计算,是从一审判决书、裁定书送达当事人后的第二日起算。当事人分别收到法院裁判书的,以各自收到裁判书的时间计算上诉期。当事人在各自的上诉期内,享有上诉权。普通共同诉讼上诉期的计算,是以共同诉讼人各自收到裁判书的时间计算,各自独立地行使上诉权。必要的共同诉讼因共同诉讼人之间诉讼标的有共同的利害关系,故必要共同诉讼上诉期的计算,以最后一个共同诉讼人收到裁判书的时间计算。最后一个共同诉讼人上诉期满不上诉的,即丧失上诉权。上诉期间内,当事人因不可抗拒的事由或者其他正当的理由耽误了上诉期间的,在障碍消除后10日内,可以申请顺延期间,是否准许,由人民法院视当事人的申请有无正当理由来决定。

(3) 应当提交上诉状

上诉状,是当事人表示不服一审人民法院未生效裁判,请求上一级人民法院变更原审裁判的诉讼文书。上诉状是当事人提起上诉的法定方式,也是第二审人民法院接受上诉请求的依据。根据《民诉法适用解释》第320条的规定,一审宣判时或判决书、裁定书送达时,当事人口头表示上诉的,人民法院应当告知其必须在法定上诉期内提出上诉状。未在法定上诉期内递交上诉状的,视为未提出上诉。虽递交上诉状,但未在指定的期限内交纳上诉费的,视为撤回上诉。

《民事诉讼法》第166条规定,上诉人的上诉状应当通过原审人民法院提出,并按对方当事人或者代表人的人数,递交上诉状副本。如果当事人直接向第二审人民法院上诉的,二审法院应在5日内将上诉状移交原审法院。

2. 上诉案件的审理

根据《民事诉讼法》第174条的规定,上诉案件的审理首先须依照第二审程序的规定进行审理,第二审程序没有规定的,适用第一审普通程序进行审理。

(1) 上诉案件审理前的准备工作

① 组成合议庭。二审法院审理上诉案件,必须由审判员组成合议庭,这是由二审法院的审判职能及上诉案件的特殊性决定的。当事人提起上诉的案件,既是上诉人与对方当事人之间的权利义务有争议,也是上诉人不服一审裁判,认为一审法院的裁判认定事实有错误或适用法律不当,二审不仅要对当事人之间的权利义务争议重新进行审理,还负有审查监督一审法院的审判工作是否合法的任务。所以二审必须由审判员组成合议庭进行审判,而不能有陪审员,更不能实行独任制审判。

② 审阅案卷、调查和询问当事人。二审法院的合议庭成员在开庭审理前,要认真审阅案卷,目的是:第一,进一步审查上诉人与被上诉人的资格,以及上诉是否超过上诉期限,如果发现上诉主体不符合法定条件或超过上诉期的,裁定驳回其上诉。对于上诉状有欠缺的,通知其补正;第二,审查上诉请求、答辩主张以及案卷的其他材料。审查重点是与上诉请求有关的事实是否清楚,证据是否充分、确凿,适用法律是否正确。明确哪些案情是清楚的,哪些问题是需要调查和询问当事人后才能查清的。

(2) 上诉案件的审理范围

《民事诉讼法》第168条规定,二审法院审理上诉案件,应当对当事人上诉请求的有关事实和适用法律进行审查。上诉请求的有关事实,包括上诉人在一审中提出的事实和证据,以及在二审中提出的新的事实和证据。上诉请求的法律适用,包括原审法院审理过程中对程序法和实体法的适用,而对上诉人未提出异议的原审裁判所认定的事实和权利义务,一般不予审查,这是尊重当事人的处分权。但二审法院在审理中发现上诉请求未涉及的原判确有错误的问题,也应予以纠正,保证对案件作出正确判决。

(3) 上诉案件的审理方式

① 开庭审理。二审法院审理上诉案件,以开庭审理为原则,不开庭审理为例外。审理上诉案件,一般都应传唤双方当事人或其他诉讼参与人到庭,开庭调查、辩论、合议庭评议和判决。

② 不开庭审理。二审法院合议庭经过阅卷、调查和询问当事人后,认为案件事实清楚,不需要开庭审理的,可以不开庭审理。根据《民诉法适用解释》第333条的规定,第二审人民法院对下列上诉案件,可以依照《民事诉讼法》第169条的规定不开庭审理:第一,一审就不予受理、驳回起诉和管辖权异议作出裁定的案件;第二,当事人提出的上诉请求明显不成立的案件;第三,原审裁判认定事实清楚,但适用法律错误的案件;第四,原判决严重违反法定程序,需要发回重审的案件。

(4) 上诉案件的调解

法院调解是民事诉讼法的一项基本原则,它贯穿民事审判程序的始终,二审法院审理上诉案件也可以根据双方当事人自愿原则进行调解。

调解达成协议后,二审法院应当制作调解书。调解书由审判员、书记员署名,加盖人民法院印章。调解书送达当事人后即发生法律效力,原审人民法院的判决即视为撤销。在二审调解中,当事人可以就上诉请求范围内的实体问题进行调解,也可以对一审判决认定的,而上诉人未提出异议的实体问题进行调解。因为一审裁判未生效,当事人有权对此进行处分。《民诉法适用解释》第326条至第329条规定,对当事人在一审中已经提出的诉讼请求,原审法院未做审理、判决的,二审法院可以调解,调解不成的,发回重审;必须参加诉讼的当事人或者有独立请求权的第三人,在一审中未参加诉讼,第二审人民法院可以调解,调解不成的,发回重审;二审中原审原告增加独立的诉讼请求或原审被告提出反诉的,二审法院可以就新增加的诉讼请求或反诉进行调解,调解不成的,告知当事人另行起诉;一审判决不准离婚的案件上诉后,二审法院认为应当判决离婚的,可以根据当事人自愿的原则,与子女抚养、财产问题一并调解,调解不成的,发回重审。

当事人在二审期间达成和解协议的,根据《民诉法适用解释》第339条规定,人民法院可以根据当事人的请求,对双方达成的和解协议进行审查并制作调解书送达当事人;因和解而申请撤诉的,经审查符合撤回上诉条件的,人民法院应予准许。

3. 上诉案件的裁判

(1) 上诉案件裁判的种类

二审法院对上诉案件经过审理后,根据不同情况,分别作出如下判决和裁定:

① 判决、裁定驳回上诉。根据《民事诉讼法》第170条第1款第1项的规定,二审法院经过审理后,确认原审判决、裁定认定事实清楚,适用法律正确的,应以判决对判决、裁定对裁定的方式,驳回其上诉,维持原来的判决或裁定。

② 依法改判。依照《民事诉讼法》第170条第1款第2、3项的规定,二审法院对原判决、裁定予以改判的情况有两种:一是原判决、裁定认定事实错误或者适用法律错误的,二审法院应以判决、裁定方式依法改判,撤销或者变更;二是原判决认定事实有错误,或认定事实不清的,二审法院可以在查清事实后予以改判。

③ 裁定发回重审。依照《民事诉讼法》第170条第1款第3、4项的规定,二审法院对上诉案件审理后,作出发回重审的裁定有下述两种:一是认为原审判决认定基本事实不清的;二是认为原审判决遗漏当事人或者违法缺席判决等严重违反法定程序的,裁定撤销原判决,发回原审人民法院重审。

二审法院对不服一审裁定的上诉案件的处理,一律使用裁定。二审法院查明原审法院作出的不予受理或者驳回起诉的裁定有错误的,应在撤销原裁定的同时,指令第一审人民法院立案受理或者审理。

(2) 上诉案件裁判的法律效力

二审法院可以自行宣判,也可以委托原审法院或者当事人所在地人民法院代行宣判。二审法院的裁判是终审裁判,具有如下法律效力:二审法院的裁判送达当事人,立即发生法律效力,当事人不能再以上诉的方式申明不服,也不得以同一事实和理由再行起诉,只能在法定期间内依照审判监督程序的规定,向人民法院申请再审。

(3) 上诉案件的审结期限

《民事诉讼法》第176条规定,二审法院对不服判决的上诉案件,应在二审法院立案之日起3个月内审结。同时规定,如果情况特殊,在3个月内不能结案,需要延长审结期限的,须经本院院长批准。对不服裁定上诉的案件,应当在二审法院立案之日起30日内作出终审裁定。对裁定的上诉案件的审结期限,不能延长。

二、刑事案件的审判程序

根据我国刑事诉讼法的规定,我国的刑事审判程序包括第一审程序、第二审程序、死刑复核程序、审判监督程序。这里只介绍第一审普通程序、第一审简易程序和第二审程序。

(一) 第一审普通程序

刑事案件的第一审程序是人民法院对人民检察院提起公诉或者自诉人提起自诉的刑事案件进行初次审判的程序。第一审普通程序主要内容包括对公诉或自诉案件的审查、开庭前的准备、法庭审判等。

1. 对公诉案件的审查

(1) 审查的内容和方法

对公诉案件的审查主要是围绕该案是否具备开庭条件进行。根据《刑诉法适用解释》第180条的规定，人民法院受理人民检察院提起的公诉案件，应在收到起诉书（1式8份，每增加一名被告人，增加起诉书5份）和案卷、证据后，指定审判人员审查以下内容：

① 是否属于本院管辖；

② 起诉书是否写明被告人的身份，是否受过或者正在接受刑事处罚，被采取强制措施的种类、羁押地点、犯罪的时间、地点、手段、后果以及其他可能影响定罪量刑的情节；

③ 是否移送证明指控犯罪事实的证据材料，包括采取技术侦查措施的批准决定和所收集的证据材料；

④ 是否查封、扣押、冻结被告人的违法所得或者其他涉案财物，并附证明相关财物依法应当追缴的证据材料；

⑤ 是否列明被害人的姓名、住址、联系方式；是否附有证人、鉴定人名单；是否申请法庭通知证人、鉴定人、有专门知识的人出庭，并列明有关人员的姓名、性别、年龄、职业、住址、联系方式；是否附有需要保护的证人、鉴定人、被害人名单；

⑥ 当事人已委托辩护人、诉讼代理人，或者已接受法律援助的，是否列明辩护人、诉讼代理人的姓名、住址、联系方式；

⑦ 是否提起附带民事诉讼；提起附带民事诉讼的，是否列明附带民事诉讼当事人的姓名、住址、联系方式，是否附有相关证据材料；

⑧ 侦查、审查起诉程序的各种法律手续和诉讼文书是否齐全；

⑨ 有无《刑事诉讼法》第15条第2项至第6项规定的不追究刑事责任的情形。

例如：犯罪已过追诉时效期限的；经特赦令免除刑罚的；告诉才处理的犯罪，没有告诉或撤回告诉的；犯罪嫌疑人、被告人死亡的；其他法律规定免予追究刑事责任的。

对公诉案件的审查，原则上采取书面方式，一般不提审被告人或询问证人、被害人等。

(2) 审查后的处理

根据《刑诉法适用解释》第181条的规定，人民法院对公诉案件审查后，应根据不同情况分别处理：

① 属于告诉才处理的案件，应当退回人民检察院，并告知被害人有权提起自诉；

② 不属于本院管辖或者被告人不在案的，应当退回人民检察院；

③ 不符合前条第2项至第8项规定之一，需要补充材料的，应当通知人民检察院在3日内补送；

④ 依照《刑事诉讼法》第 195 条第 3 项规定宣告被告人无罪后,人民检察院根据新的事实、证据重新起诉的,应当依法受理;

⑤ 依照本解释第 242 条规定裁定准许撤诉的案件,没有新的事实、证据,重新起诉的,应当退回人民检察院;

⑥ 符合《刑事诉讼法》第 15 条第 2 项至第 6 项规定情形的,应当裁定终止审理或者退回人民检察院;

⑦ 被告人真实身份不明,但符合《刑事诉讼法》第 158 条第 2 款规定的,应当依法受理。

人民法院对于公诉案件,决定是否受理,应当在 7 日以内审查完毕。

2. 开庭审理前的准备工作

人民法院对于决定开庭审理的案件,应进行如下开庭审理前的准备工作,并将工作情况记录在案:

(1) 确定审判长及合议庭组成人员;

(2) 开庭 10 日前将起诉书副本送达被告人、辩护人;

(3) 通知当事人、法定代理人、辩护人、诉讼代理人在开庭 5 日前提供证人、鉴定人名单,以及拟当庭出示的证据;申请证人、鉴定人、有专门知识的人出庭的,应当列明有关人员的姓名、性别、年龄、职业、住址、联系方式;

(4) 开庭 3 日前将开庭的时间、地点通知人民检察院;

(5) 开庭 3 日前将传唤当事人的传票和通知辩护人、诉讼代理人、法定代理人、证人、鉴定人等出庭的通知书送达;通知有关人员出庭,也可以采取电话、短信、传真、电子邮件等能够确认对方收悉的方式;

(6) 公开审理的案件,在开庭 3 日前公布案由、被告人姓名、开庭时间和地点。

根据《刑诉法适用解释》第 183 条至第 185 条的规定,审判人员可以依法召开庭前会议,并且可以视情况通知被告人参加,可以了解控辩双方关于管辖异议、申请回避、申请调取证据、提供新的证据、申请非法证据排除、申请不公开审理等情况,并听取他们的意见,以明确庭审重点,可以对附带民事诉讼进行调解。庭前会议情况应当制作笔录。合议庭在审理审理前,还可以拟定庭审提纲,,提纲一般包括以下 6 个方面的内容:① 合议庭成员在庭审中的分工;② 起诉书指控的犯罪事实的重点和认定案件性质的要点;③ 讯问被告人时需要了解的案情要点;④ 出庭的证人、鉴定人、有专门知识的人、侦查人员的名单;⑤ 控辩双方申请当庭出示的证据的目录;⑥ 庭审中可能出现的问题及应对措施。

3. 开庭审理

我国自 1996 年修订的《刑事诉讼法》实施以来,就开始对原有的审判方式进行了重大改革,进一步强化了法庭调查和法庭辩论程序,用控辩式的审判方式代替原来的纠问式的审判方式,对部分简单的刑事案件不再按照过去较为复杂的程序进行审判,同时,加强了法官独立审判的责任。具体表现在如下程序中:

（1）开庭审理前,书记员应查明公诉人、当事人、证人及其他诉讼参与人是否已经到庭;宣读法庭规则;请公诉人、辩护人入庭;请审判长、审判员入庭;审判人员、全体人员就座后,当庭向审判长报告开庭前的准备工作已经就绪。

（2）审判长宣布开庭,传被告人到庭后,查明被告人的下列情况:① 姓名、出生年月日、民族、籍贯、出生地、文化程度、职业、住址,或者单位的名称、住所地;② 是否受过法律处分及处分的种类与时间;③ 是否被采取过强制措施及强制措施的种类与时间;④ 收到人民检察院起诉书副本的日期;附带民事诉讼被告人收到附带民事诉状的日期。

（3）审判长宣布案件的来源、起诉的理由、附带民事诉讼当事人的姓名(名称),以及是否公开审理。对于不公开审理的案件,应说明理由。

（4）审判长宣布合议庭组成人员、书记员、公诉人、辩护人、鉴定人和翻译人员等诉讼参与人的名单。审判长当庭告知当事人及其法定代理人、辩护人、诉讼代理人在法庭审理中依法享有下列诉讼权利:可以申请合议庭组成人员、书记员、公诉人、鉴定人和翻译人员回避;可以提出证据,申请通知新的证人到庭,调取新的证据,申请重新鉴定或者勘验、检查;被告人可以自行辩护;被告人可在法庭辩论终结后作最后陈述。

（5）审判长分别询问当事人、法定代理人是否申请回避。如果申请回避,合议庭认为不符合回避的法定情形,应当庭驳回申请。如果申请人当庭申请复议,合议庭应当宣布休庭。待作出复议决定后,决定法庭是否继续审理。同意或者驳回回避申请的决定及复议决定,由审判长宣布,并说明理由。如果当事人不申请回避,或决定、复议决定驳回回避申请,法庭审理继续进行。

（6）审判长宣布法庭调查开始后,进入法庭调查阶段。首先由公诉人宣读起诉书;有附带民事诉讼的,由附带民事诉讼的原告人或者其法定代理人、诉讼代理人宣读附带民事诉状。

（7）在审判长的主持下,被告人、被害人可以就起诉书指控的犯罪事实分别陈述。公诉人可以就起诉书中所指控的犯罪事实讯问被告人。被害人及其法定代理人、诉讼代理人经审判长准许,可以就公诉人讯问的犯罪事实进行补充性发问。附带民事诉讼的原告人及其法定代理人或诉讼代理人经审判长准许,可以就附带民事诉讼部分的事实向被告人发问。经审判长准许,被告人的法定代理人、辩护人,附带民事诉讼被告人及其法定代理人、诉讼代理人可以在控诉一方就某一具体问题讯问完毕后向被告人发问。控辩双方经审判长准许,可以向被害人、附带民事诉讼原告人发问。

（8）审判人员可以讯问被告人。必要时,可以向被害人、附带民事诉讼当事人发问。

（9）对指控的每一起案件事实,经审判长准许,公诉人可以提请审判长通知证人、鉴定人出庭作证,或者出示证据,宣读未出庭的被害人、证人、鉴定人和勘验、检查笔录制作人的书面陈述、证言、鉴定意见及勘验、检查笔录。被害人及其法定代理人、诉讼代理人,附带民事诉讼的原告人及其诉讼代理人经审判长准许,也可以申请通知未出庭作证的证人、鉴定人出庭作证,或者出示公诉人尚未出示的证据,宣读尚未宣读的书面证人证言、鉴定意见及勘验、检查笔录。

(10) 被告人、辩护人、法定代理人经审判长准许,可以在起诉一方举证后分别提请通知证人、鉴定人出庭作证,或者出示证据、宣读未到庭的证人的书面证言、鉴定人的鉴定意见。

(11) 向证人、鉴定人发问,应当由提请通知的一方进行;发问完毕后,对方经审判长准许,也可以发问。审判人员认为有必要时,可以询问证人、鉴定人、有专门知识的人。证人、鉴定人不得旁听本案的审理。

(12) 公诉人、当事人或者辩护人、诉讼代理人对证人证言有异议,且该证人证言对案件定罪量刑有重大影响,人民法院认为证人有必要出庭作证的,证人应当出庭作证。人民警察就其执行职务时目击的犯罪情况作为证人出庭作证。经人民法院通知,证人没有正当理由不出庭作证的,人民法院可以强制其到庭,但是被告人的配偶、父母、子女除外。证人没有正当理由拒绝出庭或者出庭后拒绝作证的,予以训诫,情节严重的,经院长批准,处以10日以下的拘留。被处罚人对拘留决定不服的,可以向上一级人民法院申请复议。复议期间不停止执行。证人作证,审判人员应当告知他要如实地提供证言和有意作伪证或者隐匿罪证要负的法律责任。公诉人、当事人和辩护人、诉讼代理人经审判长许可,可以对证人、鉴定人发问。审判长认为发问的内容与案件无关的时候,应当制止。公诉人、当事人或者辩护人、诉讼代理人对鉴定意见有异议,人民法院认为鉴定人有必要出庭的,鉴定人应当出庭作证。经人民法院通知,鉴定人拒不出庭作证的,鉴定意见不得作为定案的根据。

(13) 在法庭调查过程中,合议庭对证据有疑问的,可以告知公诉人、当事人及其法定代理人、辩护人、诉讼代理人补充证据或者作出说明;必要时,可宣布休庭,对该证据调查核实。

(14) 当事人和辩护人申请通知新的证人到庭,调取新的证据,申请重新鉴定或者勘验的,应当提供证人的姓名、证据的存放地点,说明所要证明的案件事实,要求重新鉴定或者勘验的理由。法庭认为有必要的,应同意当事人的申请,并宣布延期审理;不同意的,应说明理由并继续开庭。

(15) 合议庭认为本案事实已经调查清楚,应由审判长宣布法庭调查结束,进入法庭辩论阶段,开始就与定罪、量刑有关的事实、证据和适用法律等问题进行法庭辩论。法庭辩论在审判长的主持下,按顺序进行:公诉人发言;被害人及其诉讼代理人发言;被告人自行辩护;辩护人辩护;控辩双方辩论。附带民事诉讼部分的辩论在刑事诉讼部分的辩论结束后进行。先由附带民事诉讼原告人及其诉讼代理人发言,后由被告人及其诉讼代理人答辩。

（16）在法庭辩论中，如果发现新的事实，合议庭认为要调查时，审判长可宣布暂停辩论，恢复法庭调查，待该事实查清后，继续法庭辩论。

（17）审判长宣布法庭辩论终结后，合议庭应保证被告人充分行使最后陈述的权利。被告人在最后陈述中多次重复自己的意见的，审判长可以制止。陈述内容藐视法庭、公诉人，损害他人及社会公共利益，或者与本案无关的，应当制止。在公开审理的案件中，被告人最后陈述内容涉及国家秘密、个人隐私或者商业秘密的，应当制止。被告人在最后陈述中提出了新的事实、证据，可能影响正确裁判的，应当恢复法庭调查；如果被告人提出新的辩解理由，合议庭认为确有必要的，可以恢复法庭辩论。

（18）附带民事诉讼部分可以在法庭辩论结束后当庭调解。不能达成协议的，可以同刑事诉讼部分一并判决。

（19）在庭审过程中，检察人员发现提起公诉的案件需要补充侦查，提出延期审理建议的，合议庭应当同意。但建议延期审理不得超过两次。补充侦查期限届满后，经法庭通知，人民检察院未将案件移送人民法院，且未说明原因的，人民法院可以决定按人民检察院撤诉处理。在开庭审理过程中，人民检察院要求撤回起诉的，人民法院应当审查撤回起诉的理由，作出是否准许的裁定。

（20）审判长在被告人最后陈述后，宣布休庭。合议庭进行评议和裁判。

4. 评议、裁判和宣判

合议庭在对该案评议时，应当根据已经查明的事实、证据和有关法律规定，在充分考虑控辩双方意见的基础上，确定被告人是否有罪，应否追究刑事责任；构成犯罪的，应否处以刑罚；判处何种刑罚；有无从轻或者免除处罚的情节；有无从重处罚的情节；附带民事诉讼如何解决；赃款赃物如何处理等。并根据不同情况，分别作出裁判：

（1）起诉指控的事实清楚，证据确实、充分，依据法律认定被告人的罪名成立的，应当作出有罪判决；

（2）起诉指控的事实清楚，证据确实、充分，但指控的罪名与人民法院审理认定的罪名不一致的，应以人民法院认定的罪名作出有罪判决；

（3）案件事实清楚，证据确实、充分，依据法律认定被告人无罪的，应当判决宣告被告人无罪；

（4）证据不足，不能认定被告人有罪的，应当以证据不足、指控的犯罪不能成立，判决宣告被告人无罪；

（5）案件部分事实清楚，证据确实、充分的，应当依法作出有罪或无罪的判决；对事实不清、证据不足部分，依法不予认定；

（6）被告人因不满16周岁，不予刑事处罚的，应当判决宣告被告人不负刑事责任；

（7）被告人是精神病人，在不能辨认或者不能控制自己行为时造成危害结果，

不予刑事处罚的,应当判决宣告被告人不负刑事责任;

(8) 犯罪已过追诉时效期限,并且不是必须追诉或者经特赦令免除刑罚的,应当裁定终止审理;

(9) 被告人死亡的,应当裁定终止审理;对于根据已查明的案件事实和认定的证据材料,能够确认被告人无罪的,应当判决宣告被告人无罪。

宣告判决,一律公开进行。宣判时,一般应通知公诉人、辩护人、被害人、自诉人、附带民事诉讼的原告人和被告人到庭。

当庭宣告判决的,应在5日以内将判决书送达当事人、法定代理人、诉讼代理人、提起公诉的人民检察院、被告人的辩护人和近亲属。定期宣告判决的,应先期公布宣判的时间、地点,传唤当事人并通知公诉人、法定代理人、诉讼代理人和辩护人。判决宣告后,立即将判决书送达当事人、法定代理人、提起公诉的人民检察院、辩护人和被告人的近亲属,判决生效后还应送达被告人所在单位或者他的原户籍所在地的公安局或派出所。被告人是单位的,应当送达被告人注册登记的工商行政管理机关。

人民法院在宣告第一审判决和裁定时,应明确告知被告人、自诉人及其法定代理人,如果不服本判决和裁定,有权在法定期限内以书状或者口头形式向上一级人民法院提出上诉;被告人的辩护人和近亲属在法定期限内经被告人同意,也可以提出上诉;附带民事诉讼的当事人和他们的法定代理人,可以对判决和裁定中的附带民事部分提出上诉。人民检察院认为第一审法院判决和裁定(含附带民事诉讼部分)确有错误可以提出抗诉。

(二) 第一审简易程序

简易程序,是指基层人民法院对某些简单、轻微的刑事案件依法适用较普通审判程序更为简单的一种刑事审判程序。它只限于基层人民法院适用,其他各级人民法院都不能适用简易程序。简易程序只适用于第一审程序。第二审程序、死刑复核程序和审判监督程序都不能适用简易程序。

1. 简易程序的适用范围

根据我国《刑事诉讼法》第208条的规定,下列案件可以适用简易程序:(1) 案件事实清楚、证据充分的案件;(2) 被告人承认自己所犯罪行,对指控的犯罪事实没有异议的案件;(3) 被告人对适用简易程序没有异议的案件。人民检察院在提起公诉的时候,可以建议人民法院适用简易程序。

根据我国《刑事诉讼法》第209条和《刑诉法适用解释》第290条的规定,下列案件不适用简易程序:(1) 被告人是盲、聋、哑人;(2) 被告人是尚未完全丧失辨认或者控制自己行为能力的精神病人的;(3) 有重大社会影响的;(4) 共同犯罪案件中部分被告人不认罪或者对适用简易程序有异议的;(5) 辩护人作无罪辩护的;(6) 被告人认罪但经审查认为可能不构成犯罪的;(7) 其他不宜适用简易程序审理的。

2. 简易程序的法庭审判

简易程序法庭审判有如下特点：

（1）可以由审判员一人独任审判。根据我国《刑事诉讼法》第210条规定，适用简易程序审理案件，对可能判处3年有期徒刑以下刑罚的，可以组成合议庭进行审判，也可以由审判员一人独任审判；对可能判处的有期徒刑超过3年的，应当组成合议庭进行审判。适用简易程序独任审判过程中，发现对被告人可能判处的有期徒刑超过3年的，应当转由合议庭审理。

（2）适用简易程序必须经被告人同意。我国《刑事诉讼法》第211条规定："适用简易程序审理案件，审判人员应当询问被告人对指控的犯罪事实的意见，告知被告人适用简易程序审理的法律规定，确认被告人是否同意适用简易程序审理。"

（3）法庭调查、法庭辩论程序简化。我国《刑事诉讼法》第213条规定："适用简易程序审理案件，不受本章第一节关于送达期限、讯问被告人、询问证人、鉴定人、出示证据、法庭辩论程序规定的限制。但在判决宣告前应当听取被告人的最后陈述意见。"简化了诉讼程序，有利于提高法庭的审判效率。

（4）适用简易程序审判案件的期限缩短。我国《刑事诉讼法》第214条规定："适用简易程序审理案件，人民法院应当在受理后20日以内审结；对可能判处的有期徒刑超过3年的，可以延长至一个半月。"这对及时惩治犯罪、化解公民之间矛盾、提高办案效率，具有重要的作用。

（5）简易程序可以变更为普通程序。人民法院在适用简易程序审理案件的过程中，发现不得或不宜适用简易程序的情形，应根据我国《刑事诉讼法》第215条的规定，变更为第一审普通程序重新审理。根据《刑诉法适用解释》第298条的规定，适用简易程序审理案件，在法庭审理过程中，有下列情形之一的，应当转为普通程序审理：

① 被告人的行为可能不构成犯罪的；
② 被告人可能不负刑事责任的；
③ 被告人当庭对起诉指控的犯罪事实予以否认的；
④ 案件事实不清、证据不足的；
⑤ 不应当或者不宜适用简易程序的其他情形。

转为普通程序审理的案件，审理期限应当从决定转为普通程序之日起计算。

（三）第二审程序

我国的第二审程序也称上诉程序，是指上一级人民法院根据依法提出的上诉或者抗诉，对下级人民法院所作的第一审未生效判决、裁定进行审判的诉讼程序。进行第二审审判的法院称为第二审法院，第二审法院审判的案件为第二审案件。

1. 第二审程序的提起

（1）上诉和抗诉

第二审程序是由于对未生效的第一审判决和裁定的上诉和抗诉而提起的。没有上诉和抗诉,就不会提起第二审程序。

上诉是法定的诉讼参与人不服地方各级人民法院尚未生效的第一审判决和裁定,依照法定的程序,要求上一级人民法院重新审判的诉讼行为。

抗诉是人民检察院认为人民法院尚未生效的第一审判决和裁定确有错误,提请人民法院重新审判并予以纠正的诉讼行为。

依法对第一审未生效判决、裁定的上诉和抗诉,其直接作用是防止该判决、裁定的生效,并移送第一审法院的上一级人民法院进行第二审审判。

(2) 有权提出上诉的人员包括:① 被告人、自诉人和他们的法定代理人;② 被告人的辩护人和近亲属,经被告人同意可以提出上诉。被告人不同意上诉的,则不能提起上诉;③ 附带民事诉讼的当事人和他们的法定代理人。这些人员只能对一审判决、裁定中的附带民事部分提出上诉。

(3) 有权提出抗诉的机关是我国各级人民检察院。最高人民法院的一审判决和裁定是终审的发生法律效力的判决和裁定,既不得上诉,也不得按上诉程序提出抗诉。

(4) 被害人及其法定代理人的请求抗诉权。被害人没有上诉权,但被害人及其法定代理人不服地方各级人民法院第一审判决的,自收到判决书后5日以内,有权请求人民检察院提出抗诉。人民检察院自收到这一请求后5日以内,应当作出是否抗诉的决定,并答复请求人。被害人及其法定代理人只能请求人民检察院对一审判决抗诉,而不能请求对一审裁定抗诉。

(5) 上诉、抗诉的期限。根据我国刑事诉讼法的规定,不服判决的上诉和抗诉的期间为10日,不服裁定的上诉和抗诉的期限为5日,从接到判决书或裁定书的第2日起计算。逾期不提出上诉、抗诉的,该第一审判决、裁定便发生法律效力。

2. 第二审案件的审查

(1) 对上诉、抗诉案件的审查

二审法院应当就一审法院判决认定的事实和适用法律进行全面审查,不受上诉或者抗诉范围的限制。主要审查以下内容:

① 一审判决认定的事实是否清楚,证据是否确实、充分,证据之间有无矛盾;
② 一审判决适用法律是否正确,量刑是否适当;
③ 在侦查、审查起诉、第一审程序中,有无违反法律规定诉讼程序的问题;
④ 上诉、抗诉是否提出了新的事实和证据;
⑤ 被告人供述、辩解的情况;
⑥ 辩护人的辩护意见以及采纳的情况;
⑦ 附带民事部分的判决、裁定是否合法适当;
⑧ 一审法院合议庭、审判委员会讨论的意见。

(2) 第二审案件的审判方式

① 对上诉案件,下列案件,应当组成合议庭,开庭审理:(a) 被告人、自诉人及

其法定代理人对一审认定的事实、证据提出异议,可能影响定罪量刑的上诉案件;(b) 被告人被判处死刑立即执行的上诉案件;(c) 人民检察院抗诉的案件;(d) 其他应当开庭审理的案件。

② 二审法院决定不开庭审理的,应当讯问被告人,听取其他当事人、辩护人、诉讼代理人的意见。合议庭全体成员应当阅卷,必要时应当提交书面阅卷意见。

③ 二审法院开庭审理上诉、抗诉案件,可以到案件发生地或者原审人民法院所在地进行。

3. 第二审案件的审判程序

二审法院开庭审理上诉或抗诉案件,除应参照第一审程序进行之外,还应依照下列程序进行:

(1) 人民检察院提出抗诉的案件或者二审法院开庭审理的公诉案件,同级人民检察院都应当派员出席法庭。二审法院应当在决定开庭审理后及时通知人民检察院查阅案卷。人民检察院应当在一个月以内查阅完毕。人民检察院查阅案卷的时间不计入审理期限。

(2) 在法庭调查阶段,审判长或审判员宣读第一审判决书、裁定书后,由上诉人陈述上诉理由或者由检察人员宣读抗诉书。如果是既有上诉又有抗诉的案件,先由检察人员宣读抗诉书,再由上诉人陈述上诉理由。法庭调查应当重点围绕对第一审判决提出异议的事实、证据以及提交的新的证据等进行;对没有异议的事实、证据和情节,可以直接确认。被告人犯有数罪的案件,对其中事实清楚且无异议的犯罪,可以不在庭审时审理。

(3) 在法庭辩论阶段,对上诉案件,应先由上诉人、辩护人发言,再由检察人员及对方当事人发言。对抗诉案件,应先由检察人员发言,再由被告人、辩护人发言。既有上诉、又有抗诉的案件,应先由检察人员发言,再由上诉人和他的辩护人发言,依次进行辩论。

(4) 对同案审理案件中未上诉的被告人,未被申请出庭或者人民法院认为没有必要到庭的,可以不再传唤到庭。同案审理的案件,未提出上诉、人民检察院也未对其判决提出抗诉的被告人要求出庭的,应当准许。出庭的被告人可以参加法庭调查和辩论。

4. 对第二审案件的处理

(1) 二审法院对不服一审法院判决的上诉、抗诉案件,经过审理后,应按照下列情形分别处理:

① 原判决认定事实和适用法律正确、量刑适当的,用裁定驳回上诉或者抗诉,维持原判。

② 原判决认定事实没有错误,但适用法律有错误,或者量刑不当的,用判决改判,不得发回重审,改判时应遵守上诉不加刑的原则。但人民检察院提出抗诉或自诉人提出上诉的,不受上诉不加刑原则的限制。

③ 原判决事实不清楚或者证据不足的，可以在查清事实后直接用判决改判；也可以用裁定撤销原判，发回重审。如果原判决是"证据不足、指控的犯罪不能成立的无罪判决"，二审中没有发现新的证据，原审法院适用法律又正确的，应用裁定维持原判，而不应发回重审。原审人民法院对于因原判决事实不清楚或者证据不足发回重新审判的案件作出判决后，被告人提出上诉或者人民检察院提出抗诉的，第二审人民法院应当依法作出判决或者裁定，不得再发回原审人民法院重新审判。

（2）二审法院发现一审法院的审理有下列违反法律规定诉讼程序的情形之一的，应当裁定撤销原判，发回原审人民法院重新审判：

① 违反刑事诉讼法有关公开审判规定的；
② 违反回避制度的；
③ 剥夺或者限制了当事人的法定诉讼权利，可能影响公正审判的；
④ 审判组织的组成不合法的；
⑤ 其他违反法律规定的诉讼程序，可能影响公正审判的。

三、行政案件的审判程序

（一）第一审普通程序

1. 审理前的准备

行政诉讼案件适用普通程序审理的审前准备，主要包括下列内容：

（1）组成合议庭。人民法院审理第一审行政案件适用普通程序的，由审判员或审判员、陪审员组成合议庭。合议庭成员应是3人以上的单数。

（2）交换诉状。人民法院一方面应在立案之日起5日内，将行政起诉状副本和应诉通知书发送作为被告的行政机关，通知其应诉；另一方面应在收到被告答辩状之日起5日内，将答辩状副本发送原告。被告应当在收到起诉状副本之日起15日内提出答辩状，并提交作出行政行为的证据和所依据的规范性文件。被告不提出答辩状的，不影响人民法院审理。根据2014年修订的《行政诉讼法》第34条第2款的规定，被告不提供或者无正当理由逾期提供证据的，视为没有相应的证据，但被诉行政行为涉及第三人合法权益，第三人提供证据的除外。

（3）处理管辖异议。当事人提出管辖异议，应在收到人民法院应诉通知书之日起10日内以书面形式提出。对当事人提出的管辖异议，人民法院应当进行审查。异议成立的，受诉人民法院应裁定将案件移送有管辖权的人民法院；异议不成立的，则应裁定驳回。

（4）审查诉讼文书和调查收集证据。通过对原、被告提供的起诉状、答辩状和各种证据的审查，人民法院可以全面了解案情，熟悉原告的诉讼请求和理由、被告的答辩理由及案件的争议点。人民法院如果发现当事人双方材料或证据不全，应当通知当事人补充；对当事人不能收集的材料和证据，人民法院可以根据需要主动调查收集证据。对于案情比较复杂或者证据数量较多的案件，人民法院可以组织当事人向对方出示或者交换证据,并将交换证据的情况记录在卷。

(5) 审查其他内容。在了解案情的基础上,人民法院还要根据具体情况审查和决定下列事项:更换和追加当事人;决定或通知第三人参加诉讼;决定诉的合并与分离;确定审理的形式;决定开庭审理的时间、地点等。

(6) 开庭准备。人民法院应在开庭前3日传唤、通知当事人、诉讼参与人按时出庭参加诉讼。对公开审理的案件,应当张贴公告,载明开庭时间、地点、案由等。

2. 开庭审理

(1) 庭审方式和原则

庭审是行政诉讼第一审程序中最基本、最重要的诉讼阶段,是保证人民法院完成审判任务的中心环节。行政诉讼第一审普通程序必须进行开庭审理。法庭审理应当遵循以下3个方面的原则:第一,必须采取言词审理的方式;第二,以公开审理为原则;第三,除行政赔偿、补偿以及行政机关行使法律、法规规定的自由裁量权的案件外,审理行政案件一般不适用调解。

(2) 庭审程序

行政诉讼案件的庭审程序,与民事诉讼案件审判基本相同,一般分为5个阶段:

① 开庭。开庭时,要核对当事人、诉讼代理人、第三人,宣布合议庭组成人员,告知当事人的诉讼权利和义务,询问当事人是否申请回避等。

② 法庭调查。法庭调查是庭审的重要阶段,主要任务是通过当事人陈述和证人作证、出示书证、物证、电子数据和视听资料,宣读现场笔录、鉴定意见和勘验笔录,来查明案件事实,审查核实证据,为法庭辩论奠定基础。法庭调查的基本顺序是:第一,听取当事人的陈述和询问当事人;第二,通知证人到庭作证,告知证人的权利义务,询问证人,宣读未到庭证人的证人证言;第三,通知鉴定人到庭,告知其权利义务,询问鉴定人,宣读鉴定意见;第四,出示书证、物证、电子数据和视听资料;第五,通知勘验人到庭,告知其权利义务,宣读勘验笔录。

③ 法庭辩论。行政案件法庭辩论的顺序是:第一,原告及其诉讼代理人发言;第二,被告及其诉讼代理人答辩;第三,第三人及其诉讼代理人发言或答辩;第四,互相辩论。在法庭辩论中,审判人员始终处于指挥者和组织者的地位,应引导当事人围绕争议焦点进行辩论,应为各方当事人及其诉讼代理人提供平等的辩论机会,保障并便利他们充分行使辩论权。

④ 合议庭评议。法庭辩论结束后,合议庭休庭,由全体成员对案件进行评议。评议不对外公开,采取少数服从多数原则。评议应当制定笔录,对不同意见也必须如实计入笔录,评议笔录由合议庭全体成员及书记员签名。

⑤ 宣读判决。合议庭评议后,审判长应宣布继续开庭并宣读判决。如果不能当庭宣判,审判长应宣布另定日期宣判。

(3) 审理期限

人民法院审理第一审行政案件,应当自立案之日起6个月内作出判决。不过,鉴定、处理管辖权异议和中止诉讼的期间不计算在内。有特殊情况需要延长的,由高级人民法院批准,高级人民法院审理第一审行政案件需要延长的,由最高人民法院批准。根据最高人民法院2000年《执行行诉法若干解释》仍然有效的第82条的规定,基层人民法院申请延长审理期限,应当直接报请高级人民法院批准,同时报中级人民法院备案。

3. 妨害行政诉讼行为的排除

根据行政诉讼法的规定,人民法院必须针对法定的妨害行政诉讼行为,依法采取强制措施。

（1）妨害行政诉讼的行为

根据行政诉讼法规定,妨害行政诉讼行为包括：

① 有义务协助调查、执行的人,对人民法院的协助调查的决定、协助执行通知书,无故推脱、拒绝或者妨碍调查、执行的；

② 伪造、隐藏、毁灭证据或者提供虚假证明材料,妨碍人民法院案件审理的；

③ 指使、贿买、胁迫他人作伪证或者威胁、阻止证人作证的；

④ 隐藏、转移、变卖、毁损已被查封、扣押、冻结的财产的；

⑤ 以欺骗、胁迫等非法手段使原告撤诉的；

⑥ 暴力、威胁或者其他方法阻碍人民法院工作人员执行职务,以哄闹、冲击法庭等方法扰乱人民法院工作秩序的；

⑦ 对人民法院审判人员或者其他工作人员、诉讼参与人、协助调查和执行的人员恐吓、侮辱、诽谤、诬陷、殴打、围攻或者打击报复的。

（2）排除妨害行政诉讼的强制措施

对实施上述妨害行政诉讼行为的行为人,人民法院可以根据情节轻重予以：训诫、责令具结悔过、罚款和拘留。罚款、拘留须经人民法院院长批准。当事人不服的,可以向上一级人民法院申请复议1次。复议期间不停止执行。

对实施上述妨碍行政诉讼行为的单位,人民法院可以对其主要负责人或者直接责任人员予以罚款、拘留,罚款均为1万元以下；构成犯罪的,依法追究刑事责任。

（二）第一审简易程序

2014年修订的《行政诉讼法》（修订后的内容自2015年5月1日起实施）,在第7章分成3节,即第一节"一般规定"、第二节"第一审普通程序"、第三节"简易程序",从而改写了我国以往行政诉讼没有简易程序的历史。修订的《行政诉讼法》用第82条至第84条,共3个条文,对行政诉讼案件一审简易程序予以了规定。

1. 适用的案件范围

首先,适用简易程序审理的第一审行政案件,限于事实清楚、权利义务关系明确、争议不大的案件,《行政诉讼法》第82条第1款对此进行了例举式规定,即以下三种案件：① 被诉行政行为是依法当场作出的案件；② 涉及款额为2000元以下的案件；③ 属于政府信息公开的案件。至于如何理解事实是否清楚、权利义务关系是否明确,争议是否不大,参照前文所述民诉法的有关规定。

其次,除了前面的概括式和例举式规定,《行政诉讼法》第82条第2款还规定,当事人各方同意适用简易程序的,可以适用简易程序。这就将适用简易程序的选择权交给了当事人。

最后,《行政诉讼法》第82条第3款又通过反面排除式的规定,规定发回重审、按照审判监督程序再审的案件不适用简易程序。

2. 适用的人民法院

与民事诉讼简易程序只能适用于基层人民法院及其派出法庭不同的是,行政诉讼案件简易程序的适用主体为基层人民法院和中级人民法院,比如中级人民法院管辖的,符合"事实清楚、权利义务关系明确、争议不大"的县级人民政府实施的不动产登记案,以及国务院各部门、县级以上人民政府的信息公开案件,等等。但高级人民法院和最高人民法院分别管辖本辖区内重大、复杂的第一审行政案件,故而不适用简易程序。

3. 适用的审判组织形式和审限

适用简易程序审理的行政诉讼案件,由审判员1人组成独任庭进行审理,而且审限不得延长,应当在立案之日起45天内审结。如果在审理过程中发现确有特殊情况不能在此期限内审结的,应当裁定转为普通程序。就审限不得延长这一点,是不同于民事诉讼简易程序的。

4. 简易程序与普通程序的转换

这种转换目前只能是单向的,只能从适用简易程序的案件转换为适用普通程序,即只能"简转普";而不能从决定适用普通程序后,又转换为简易程序,只能从一开始由人民法院决定或者当事人双方同意并申请适用简易程序,即不能"普转简"。人民法院在审理过程中,发现案件不宜适用简易程序的,裁定转为普通程序,一般有以下五种情形[①]:① 当事人就适用简易程序提出异议,且被人民法院审查确认异议成立的;② 因诉讼请求的改变或增加导致案情复杂化的;③ 因申请法院调查取证或证人出庭作证等原因导致案件不能在45日内审结的;④ 案件具有典型性,可能影响大量相同或者类似案件审理的;⑤ 关系到当事人基本的生产生活,可能引发群体性事件的。

(三) 第二审程序

1. 上诉和上诉的受理

(1) 上诉的提起

当事人上诉是行政诉讼引起第二审程序发生的唯一动因。当事人行使上诉权,提起上诉,必须符合以下条件:① 上诉人必须适格;② 必须是法律明文规定可以上

[①] 参见法律出版社法规中心编:《中华人民共和国行政诉讼法注释本:最新修正版》,法律出版社2015年版,第89页。

诉的判决、裁定。具体包括地方各级人民法院第一审尚未发生法律效力的判决和对驳回起诉、不予受理、管辖权异议所作出的裁定;③ 必须在法定期限内提出。判决的上诉期限为送达之日起 15 日内,裁定为 10 日内;④ 必须递交符合法律要求的上诉状。上诉既可以通过原审人民法院提出,也可以直接向第二审人民法院提出。当事人直接向第二审人民法院上诉的,第二审人民法院应当在 5 日内将上诉状移交原审人民法院。

(2) 上诉的受理

原审人民法院收到上诉状(包括当事人提交的和第二审人民法院移交的),应当审查:有欠缺的上诉,应当限期当事人补正。上诉状内容无欠缺的,原审人民法院应当在 5 日内将上诉状副本送达对方当事人,对方当事人在收到上诉状副本之日起 10 日内提出答辩状。对方当事人不提出答辩状的,不影响人民法院对案件的审理。

原审人民法院收到上诉状、答辩状,应当在 5 日内连同全部案卷,报送第二审人民法院。第二审人民法院经过审查,如果认为上诉符合法定条件,应于受理;如果认为不符合法定条件,应当裁定不予受理。

上诉一经受理,案件即进入第二审程序。

2. 上诉案件的审理

就基本过程而言,上诉案件的审理,与第一审案件大体相同。为避免立法上的重复,我国《行政诉讼法》仅对行政诉讼第二审程序的特殊之处作了规定。这些特殊之处主要体现在审理方式、审理对象和审理期限上。

(1) 关于审理方式。根据我国《行政诉讼法》第 86 条的规定,人民法院审理上诉案件,应当组成合议庭开庭审理,如果经过阅卷、调查和询问当事人,对没有提出新的事实、证据或者理由,合议庭认为不需要开庭审理的,也可以不开庭审理。这条规定,避免了以往我国民事诉讼法中的"迳行判决"与行政诉讼法中的"书面审理"可能产生的歧义,统一以"不开庭审理"来表述,体现了这两大诉讼法修改的科学性和务实性。

(2) 关于审理对象。第二审人民法院审理行政上诉案件,应当对原审人民法院的判决、裁定和被诉行政行为进行全面审查,不受上诉范围的限制。

这里应当注意与我国民事诉讼法相关规定的区别。

(3) 关于审理期限。人民法院第二审行政案件,应当自收到上诉状之日起 3 个月内作出终审判决,有特殊情况需要延长的,由高级人民法院批准。高级人民法院审理上诉案件需要延长的,由最高人民法院批准。

四、刑事附带民事案件的审判程序

(一) 刑事附带民事诉讼成立的条件

刑事附带民事诉讼是指司法机关在刑事诉讼中,在解决被告人刑事责任的同时,附带解决由遭受物质损失的被害人或者人民检察院所提起的、由于被告人犯罪行为所引起的物质损失赔偿问题而进行的诉讼。

根据有关法律规定,刑事附带民事诉讼的起诉条件包括以下五个方面:

(1) 原告人必须是有权提起附带民事诉讼的人。

(2) 有明确的被告人。这里的"被告人"指附带民事诉讼中依法负有赔偿责任的人。包括:① 刑事被告人及其没有被追究刑事责任的共同致害人;② 未成年刑事被告人的监护人;③ 已被执行死刑的罪犯的遗产继承人;④ 审结前已死亡的被告人的遗产继承人;⑤ 对刑事被告人的犯罪行为依法应当承担民事赔偿责任的单位和个人。

(3) 有请求赔偿的具体要求和事实根据。

(4) 被害人的损失是由被告人的犯罪行为所造成的,并仅限于犯罪行为造成的物质损失。

(5) 属于人民法院受理附带民事诉讼的范围和受诉人民法院管辖。

(二) 刑事附带民事诉讼的程序

1. 提起附带民事诉讼的期间和方式

附带民事诉讼应当在刑事立案以后及时提起。如果有权提起附带民事诉讼的人在第一审判决宣告以前没有提起,不得再提起附带民事诉讼,只能依据民法通则和民事诉讼法另行提起独立的民事诉讼。

提起附带民事诉讼一般应当提交附带民事诉状,写清有关当事人的情况、案发详细经过及具体的诉讼请求,并提出相应的证据。书写诉状确有困难的,可以口头起诉。审判人员应当对原告人的口头诉讼请求详细询问,并制作笔录,然后向原告人宣读;原告人确认准确无误后,应当签名或者盖章。

2. 刑事附带民事诉讼的审理程序

我国《刑事诉讼法》第102条规定:附带民事诉讼应当同刑事案件一并审判,只有为了防止刑事案件审判的过分迟延,才可以在刑事案件审判后,由同一审判组织继续审理附带民事诉讼。这就从原则上规定了附带民事诉讼的审理程序。根据最高人民法院的有关司法解释,附带民事诉讼的具体程序和做法包括以下方面:

(1) 人民法院审判附带民事诉讼案件,除适用刑法、刑事诉讼法外,还应当适用民法通则、民事诉讼法的有关规定。

(2) 人民法院受理刑事案件后,应当告知遭受物质损失的被害人(包括公民、法人和其他组织),或者其他依法有权提起附带民事诉讼的人有赔偿请求权。

(3) 人民法院收到附带民事诉讼状后,应当进行审查,并在7日以内决定是否立案。符合刑事诉讼法关于附带民事诉讼起诉条件的,应当受理;不符合的,裁定不予受理。

(4) 人民法院受理附带民事诉讼后,应当在5日内向附带民事诉讼的被告人送达附带民事诉讼起诉状副本,或者将口头起诉的内容及时通知附带民事诉讼的被告人,并制作笔录。被告人是未成年人的,应当将附带民事诉讼起诉状送达他的法定代理人,或者通知口头起诉的内容。人民法院在送达附带民事起诉状副本时,根据刑事案件审理的期限,确定被告人或者其法定代理人提交民事答辩状的时间。

(5) 附带民事诉讼案件的当事人对自己提出的主张,有责任提供证据。

(6) 审理附带民事诉讼案件,除人民检察院提起的以外,可以进行调解,调解应当在自愿合法的基础上进行。经调解达成协议的,审判人员应当及时制作调解书。调解书经双方当事人签收后即发生法律效力。调解达成协议并当庭执行完毕的,可以不制作调解书。但应当记入笔录,经双方当事人、审判人员、书记员签名或者盖章即发生法律效力。

(7) 经调解无法达成协议或者调解书签收前当事人一方反悔的,附带民事诉讼应当同刑事诉讼一并开庭审理。开庭审理时,一般应当分阶段进行,先审理刑事部分,然后审理附带民事部分。

(8) 对于被害人遭受物质损失或者被告人的赔偿能力一时难以确定,以及附带民事诉讼当事人因故不能到庭等案件,为了防止刑事案件审判的过分迟延,附带民事诉讼可以在刑事案件审判后,由同一审判组织继续审理。如果同一审判组织的个别成员确实无法继续参加审判的,可以更换,但不应另组合议庭审理。

(9) 人民法院经审理认定公诉案件被告人的行为不构成犯罪的,对已经提起的附带民事诉讼仍可以由同一审判组织作出刑事附带民事判决。

(10) 成年附带民事诉讼被告人应当承担赔偿责任的,如果他的亲属自愿代为承担,应当许可。

(11) 附带民事诉讼的原告人经人民法院传票传唤,无正当理由拒不到庭,或者未经法庭许可中途退庭的,应当按自行撤诉处理。

(12) 人民法院审理刑事附带民事诉讼案件,不收取诉讼费。

附录二　学生模拟审判随想十则

（一）模拟审判前共同商量判决结果的做法应禁止

　　模拟审判中过于追求所谓"完美"的程序，使人觉得在演戏。几天来的模拟审判练习，同学们为了审判程序的完美，对法庭审理的每一个细节都加以斟酌，如法官如何问话、法庭辩论中应注意哪些问题，证人该如何出场、如何站与坐等。同学们的这些做法应该得到肯定。但是，他们为了达到一个满意的结局，就连审判结果都要互相商量，分别扮演原告、被告、代理人、法官、证人等的同学在一起讨论该怎么确定判决结果。对于这种做法，我极力反对，一旦滋长此风，以后对于他们和社会都有很大的害处。法官审理案件不能先入为主，在法学界不知被强调过多少遍，而我们的同学却在不知不觉地犯着同样的错误。扮演法官的同学只以为模拟法庭的辩论对于原告、被告双方非常重要，而没有想到，如果不认真地组织和听取当事人双方的辩论，又怎么能确认证据的真伪、事实的真相？可是我们的同学却"家中有粮心不慌"，只等辩论结束就宣判早已定好的结果，这是何等的可怕！其实，法官的中立不是静止的中立，而是有所思考的中立，有所判断的中立。我们模拟法庭的目的并不很看重结果的对与错。既然是实习，就难免会出错，实习的目的就是发现错误并改正错误。宣判结果不对，老师会点评。但是先入为主，审判未完就先有结果，这种理想的程序，叫老师怎样去发现你的问题，而不知这样已潜伏了多少的危机！我们之所以开设模拟法庭，正如指导老师所说的，是为了"从中感受什么是审判，发现我们的不足"。我们感受的应该是实实在在的审判，而不是触摸理想的程序。我们的同学却浪费了老师的一片苦心。……我在这次模拟法庭中，只是一位证人，但我没有去"串供"，我所做的就是努力把自己想象成一位真正的证人，去模仿、体会证人该怎么说、怎么做，不是别人教的，我只把我知道的事实说出来。别人问我就说，不问我就不说，结果不仅没有因为我的"不合作"而破坏了整个程序，反而感觉这次庭审很实在，证人原来就应该这样做。我觉得，分数高低不是我们模拟法庭审判所要追求的目的，增长我们的能力才是目标。不要怕犯错误，要学会发现错误并改正，因为，我们可能是未来的职业法律人。

（陈福兵）

（二）时间能否更足些，案件能否更真些

　　名为两周，实为几天的民事审判实习就要结束了，在这忙碌的几天里，我看到了许多人和事，感触颇深。首先是学校考试时间的安排不合理，时间仅为两周的实习，却被学校安排了四次考试课，有了考试的挡驾，同学们哪有心思去全心搞实习？这

种在实习中安排考试的做法实际上体现出了学校管理层对于实习的不重视;其次,我们模拟法庭所用的案件材料,有的案件是老师从法院复印出来的,只有几样重要的文书资料,我们似乎在搞纯粹的"书面审",还有的纯粹是看到报纸或电视上的一个报道,而完全去想象案件的证据、争点的审理过程,这样都过于抽象。能不能请老师与法院联系,以"巡回审理、就地办案"的方式到学校来开庭,或者将所有的证据材料都提供给我们,先不让我们知道审判结果,然后让我们来"审判",看最后的结果与法院的判决有什么不同,看谁的审判更有说服力。总的来讲,这次实习,老师在模拟审判的评分、点评以及观众提问等方面的设计是比较合理和科学的,不仅给台上的同学以压力,也使台下的同学站在旁观者的位置来对案件进行评判,这样,大家都得到了锻炼和提高。希望这种审判实习越办越好,我们喜欢这种法律模拟的学习方式。

(孙毅)

(三) 一个知识产权案件模拟审判小组的总结

在本次模拟审判实习中,我们这一小组被安排在第一堂法庭审理,作为"第一个吃螃蟹"的我们,可能比其他小组的同学有更多的话要说。考虑到本学期开设的相关专业课程,比如知识产权法、国际私法等,与民事诉讼法有密切的联系,我们选择了著作权方面合作作品侵权的案件。……当看到我们后面的几组同学做得越来越好时,我们也清晰地看到本组存在的缺陷。本组的实体问题不大,主要缺陷在程序方面,我认为,首先是证据的采纳未予以明确的表示,合议庭应当在法庭调查的环节结束前,由审判长宣布哪几号证据是合法有效本庭予以采纳的,哪些证据是不被采纳或者是暂时不予认定的;其次是宣判以前缺少必要的庭审总结和说明,忘记了老师一贯强调的"宣判并不只等于宣读判决书",主要是大家坐在审判席一紧张就全忘了。此外,老师在点评时提到的三个细节问题,也是值得我们注意的,一是授权委托书不能笼统地以"全权代理"来表述代理权限,二是审判人员在听证和听辩的时候,要注意眼神的运用和现场过程的把握,三是在民事、行政案件中要称"被告"而不是"被告人","被告人"的称呼主要在刑事诉讼中。……最后,想谈谈我个人的一些看法。有些同学在模拟法庭中,为了少些麻烦,选择一些工作较轻松的工作,如承担法警这种不开口也不写材料的角色。我很不认同这种做法,学校的实习是我们梦想延伸的起点,现在多些实践机会就是为了以后真正工作时少些错误。后来,老师与组长们在台下评分时,那些拈轻怕重的同学的分就不高,打分制是一种很古老的方法,但也是一种很有效的方法。这样一来,大家都积极发言,争着写材料,但是我更希望,不仅仅是为了分数才这样表现。

(马菁)

(四) 法学可以实验吗

老师说我们法学院的模拟法庭就是法学的"实验室",这引起了我的思考。法学可以实验吗?我觉得要回答这个问题,首先要看法学有什么功能:第一,法学有理论认识的功能。法学充满了解释,它在诠释社会生活中的各种"法"现象时,又根据生活的原型来对法律规范进行预设;第二,法学有文化传播的功能。法律思想是有历史传承性的,这种传承性在很大程度上正是法学的意义所在;第三,法学有实践功能,要对法律实践问题进行指导。从"书本上的法"到"生活中的法",我们有了感性和理性的认识后,就应该自己动手操练一下,完成从"看"到"做"的飞跃。这样,才能深刻地认识法学理论,才能把所见的思想变成自己的思想。这样的操练,对于法学院的学生是十分必要和有益的。本次实习给我们提供了走出去看社会,走回来做"案子"的机会。这本身就是一种法学教育的认识实验。回归到我们的模拟法庭,严肃的操练,就是把所学的所见的实验一下。……在我们走出法学院的门,走向社会之前,这种法学的实验是必需的。上面所讲的是大学学习阶段的法学实验。我想,法学还有另一个更高层面的实验,那就是对法学创新进行实验。如果将来有机会进行法学的科研,我将投身到这场更具意义的法学实验中。

(胡会东)

(五) 法律是神圣的,也是世俗的,但绝对不能是随便的

这次模拟法庭,老师借来了法官袍和法槌。看到三位组成合议庭的同学穿起法袍,感觉真的很好。黑色的衣服上一条鲜艳的红色镶边,既威严又庄重。一颗国徽挂在领口。袖口和衣服都分别绣上了两把剑,一定是正义之剑。一件法官袍,包含了多少意义在其中,既是国家和人民的希望,也是法官自己的行为标准。法槌的柄上有麦穗和齿轮,槌的正面有鲜红的国徽。昨天去法院旁听时,我们还想着自己穿着法官袍、手执法槌的模样,没想到今天就可以实现这份心愿,我真的很高兴。虽然现在只是在学校的模拟法庭里穿,但我相信,只要我努力、用心,我一定能在现实生活中穿起法官袍。……今天我们自己搞的模拟法庭在程序上、气氛上远比昨天旁听的庭审好。昨天的庭审,合议庭的人民陪审员、公诉人、辩护律师总是不断地走动、打手机。这些都是开庭前书记员宣读的法庭纪律里所禁止的。加上一些无关人员总是随意地走入审判区,搞得很随便。让我怀疑除了被告,台下坐着的被告的亲朋,还有没有人在认真听别人的陈述。联想到我们自己,我们在毕业后真正走上司法工作的岗位后,一定要避免相同情况的出现,否则人民群众怎么会相信我们,相信法律?!老师经常讲的那句话,真的值得我们回味一辈子:"法律是神圣的,也是世俗的,但绝对不能是随便的。"

(孙洋)

(六) 刑事附带民事诉讼中的"分"与"合"

因为我们以前只搞过民事诉讼和刑事诉讼案件的模拟审判,对于刑事附带民事诉讼案件并没有直接的体会,对其具体操作程序并不怎么清楚。但通过了这几天的模拟实习,我明白了这里面的分、合关系:首先是案件的刑事和民事部分。这种程序并非我想象的作完刑事法庭辩论再回头重搞民事诉讼,而是依旧按法庭调查、法庭

辩论阶段进行,只不过是先搞刑事后搞民事而已,其他照旧,宣判时也是一并判决的;其次是被告人的辩护和代理问题。我们这次安排了辩护人和代理人两个角色分别就刑事、民事部分进行代理,指导老师肯定了我们的做法。其实法律也有明确规定,是否分别委托刑事辩护人和民事代理人,完全取决于被告人自己的选择。在现实生活中,辩护人和代理人"二合一"的做法有一定的合理性,但并非唯一的必然性。现实中的做法主要出于诉讼成本和方便的考虑,因为"二合一"不仅可以降低律师费用,而且可以便于律师把握、分析案情,为被告人进行"一体式"的辩护和辩论。但是,我认为如果在一宗较复杂而且涉案数额较大的刑事附带民事案件中,"二合一"的做法就未必能充分保护被告人的权利。

(胡昊昕)

(七) 行政模拟审判实习的两个阶段

这次实习,大致可以分为两个阶段:第一个阶段为期一周,主要是去法院旁听熟悉案卷材料,从理论上为开庭审理做准备。本组所接的案件是一个行政案件,作为审判长的我,主要集中收集和学习了行政诉讼庭审的有关资料,进一步明确了行政诉讼的证据规则、庭审中如何举证、如何质证、如何认证,以及对法庭调查和法庭辩论关系的把握进行了有意的思考。同时,由于是首次使用法槌和新发的法袍,因此对与之相关的信息资料,也进行了针对性的收集和学习。这既增强了对庭审程序的兴趣,又使自己对诉讼理论界当前的热点问题进行了初步把握;第二个阶段则是进行模拟审判练习和正式开庭审理,这增强了我们对庭审的直观体验,在实际操作中将理论和实践结合起来。同时,通过实践发现现实操作中出现的问题,又为今后的理论研究注入了动力。虽然在很多地方自己做得尚不够完满,但这些经验的积累将使我终生受益。

(刘克静)

(八) 校内模拟与法院审判之间的"得"与"失"

在旁听了法院的庭审后,我们在指导老师的带领下,到法院查阅复印了一些案卷。今天的模拟法庭正式开庭。开庭、法庭调查、法庭辩论、休庭评议和宣判,我们做得井井有条。老师在指出个别用语规范和细节错误外,也对我们的表现给予了肯定。在我看来,我们的模拟法庭的程序方面远胜于我们在法庭旁听的庭审。首先,在公诉人与被告的辩护人之间达到了程序上的平等,而这种程序上的平等在我看来是很重要的,因为程序公正是实体公正的基础和前提;其次,庭审的气氛很庄严。法院旁听的那个案件,公诉人随意在法庭上走动,而且还与合议庭递纸条,交头接耳,极其随便,庭上的随便也影响了庭下的气氛,整个法庭到了后期都已经很随意。当然,我们不能否认,真实的庭审往往时间很长,突发性的情况也会时有发生,而我们的"模拟"早有真实的案例和确定的结果,一切都可以预料得到,因此做起来就比较简单,也更容易使程序正规化。但不管如何,我们始终不要忘记程序的平等、法官的中立、语言的规范和庭审的有序对于实现法律公正的意义。法院旁听的那个案件,法官和检察官经常讲到道德问题,很像上政治教育课,虽然我们有法庭教育的任务,但也应该把握一个度,而不应该死死抓住不放。　　　　　　　　　　　　　(何金磊)

(九) 一次刑事案件法院旁听的观感

今天在指导老师的带领下,前往法院旁听了一起刑事案件的法庭审理。本案中,被告人一女三男涉嫌敲诈勒索被公诉机关起诉。案情并不是很复杂,被告人的辩护律师仅做了罪轻辩护。整个庭审过程中,审判长和辩护律师的个人表现也还不错,但庭审中出现的一些程序问题不能不让我们深思:一是四位被告人虽经取保候审但在庭审中并未被相互隔离,完全有庭外串供的可能。由于没有法警值勤,被告人不是由法警带进带出法庭,而是由自己走向被告席,当其中一个被讯问时,另外三个则站在门外等候,一个被告人被问完以后,还要负责传话让另一个被告人到庭。二是法庭秩序混乱,气氛没有一点庄严和肃穆。法庭的国徽竟然是歪的,也没有人想到把它扶正。尤其是到了庭审的后段,没有法警维持秩序,旁听席上有人抽烟,有人吃东西,有人接电话,还有人不停地出出进进,走来走去,审判长大概是见多不怪,也没有予以必要的制止。书记员只顾自己埋着头,审判席上的一个年纪大的法官不得不时时起来自己去倒开水。三是从合议庭到公诉人、辩护人说的都是地方方言,而且被告席上没有话筒,根本难以听清楚,偶尔听清楚几句,又因为是方言而难以听懂,这对于我们这些来自全国各地的同学来说,真的是很吃力。四是公诉人在庭审中过于放纵。在对方辩护律师发言或向被告人提问时,公诉人随意走动,或给审判长传纸条,这样既是对辩护律师的不尊重,又有违控辩双方地位平等的原则。更为甚者,公诉人竟然在庭审过程中公然接电话,而审判长却当没看见。五是陪审员的法律素质有待提高,庭审的职权主义色彩过于浓厚。坐在审判席上的一位退休老干部模样的陪审员,他问话的语气似乎不像一个陪审员,而更像是一名检察官,他在讯问被告人之前,首先是一番思想政治教育,而且明显地带有倾向性,或者带着教训的口吻说"年轻人犯了错误不要紧,关键是承认错误,如实供述……"或者劈头盖脸地说"……你说你神志不太清楚,那为什么会抬脚走路呢?"(难道神志不清楚,就一定要到不会抬脚走路的程度吗?)或曰:"……你们认为你们去敲诈勒索就能解决问题吗?你们'3·15'普法,学过法律没有?!"这不是典型的有罪推定吗?! 看来,司法公正还真是任重而道远啊。　　　　　　　　　　　　　　　　　　　　(罗剑)

(十) 给我们自己的模拟审判挑点"刺"

通过许多的训练和多次法院旁听,我们这次的模拟法庭,整个过程应该是比较成功的,气氛也很庄严肃穆,其严谨务实的态度也胜于旁听过的那些真案。但我这里要挑两处毛病:一是在开庭准备完成后,审判长没有对合议庭成员进行介绍,如果这样,当事人又怎么行使回避权呢? 二是在法庭辩论阶段,原告、被告以及第三人进行辩论时,合议庭没有进行必要的引导和归纳,我认为,合议庭应当在进入法庭辩论阶段时引导各方当事人就案件的事实、争点进行展开,而不是完全地居中不管,听凭各方去"吵",适当的引导是为了更好地了解案情,并正确适用法律。在某一辩论阶段结束时适当点评是十分可取的。作为"模拟"法庭,可能是大家对案情乃至审决结果已是了然于胸,故在操作时有比较明显的阶段感,似乎一个矛盾争点的几方一通讲话之后,法官一作总结就全部明了,各方也口服心服,实际的开庭中恐难见到。

(申友群)

北大法学·教材书目·21世纪系列

"教材书目·21世纪系列"是北京大学出版社出版的法学全系列教材,包括"大白皮""博雅""博雅应用型"等精品法学系列教材。教材品质精良,皆由国内各大法学院优秀学者撰写,既有理论深度又贴合教学实践,是国内法学专业开展全系列课程教学的最佳选择。

教师反馈及教材、课件申请表

尊敬的老师:

您好!感谢您一直以来对北大出版社图书的关爱。北京大学出版社以"教材优先、学术为本"为宗旨,主要为广大高等院校师生服务。为了更有针对性地为广大教师服务,满足教师的教学需要、提升教学质量,在您确认将本书作为教学用书后,请您识别下方二维码,填写相关信息并提交,我们将为您提供相关的教材、思考练习题答案及教学课件。在您教学过程中,若有任何建议也都可以和我们联系。

我们的联系方式:
北京大学出版社法律事业部
地　　址:北京市海淀区成府路205号　　联系人:李铎　孙嘉阳
电　　话:010-62752027　　　　　　　　传　　真:010-62256201
电子邮件:bjdxcbs1979@163.com
网　　址:http://www.pup.cn
北大出版社市场营销中心网站:www.pupbook.com